JOSEF MACKIEWICZ

DIE TRAGÖDIE AN DER DRAU

Aus dem Polnischen übertragen von Armin Droß

Schutzumschlag: Gabriele Feigl, München
Druck: Jos. C. Huber KG, Dießen
Binden: Thomas, Augsburg
Printed in Germany
ISBN 3-8004-1161-X

EINLEITUNG

I. Teil

WIE ES DAZU KAM

II. Teil

VON DEN WELLEN DER DRAU HINWEGGESCHWEMMT

III. Teil

ASIATEN

Zwei Wahrheiten gibt es auf dieser Welt. Die eine umfängt die Erde und spiegelt getreulich die am Himmel dahinschwebenden Wolken in jeder Wasserfläche wider. Das Echo in den Bergen ist ihre Stimme, und kein Rauschen des Waldes und des Rohrdickichts am See geht ihr verloren. Sie weiß, wo jeder Stein im flachen Bachlauf liegen muß, um das dahinfließende Wasser zum unaufhörlichen Plätschern zu bringen. Diese Wahrheit vernimmt das leiseste Summen der Insekten und das nichtigste Wort der Menschen. Sie lacht niemals, auch dann nicht, wenn sie zur Frühlingszeit mit den Sonnenstrahlen die Blütenblätter des Apfelbaums durchdringt. Aber sie ist auch niemals ergrimmt, ihr Antlitz verzieht sich auch dann nicht vor Verdruß, wenn sie die leichtesten weißen Wölkchen zu dunklen Regenwolken zusammentreibt und sie über die Erde dahinjagt. Sie zeigt nach außen hin weder Liebe noch Haß. Sie macht sich über nichts lustig, denn sie hält nichts auf dieser Erde für lächerlich. Es gibt nichts, was sie zur Verzweiflung bringen könnte, denn nichts auf dieser Erde scheint ihr dessen wert zu sein. Sie gibt keinem Ding eine andere Bedeutung. Hat jemand eine Fliege totgeschlagen, so hat er es eben getan, hat jemand einen Menschen umgebracht, so ist auch dies geschehen. Sie ist völlig ungerührt, diese Wahrheit, von einer stummen Gleichgültigkeit, sachlich in einem höheren Sinn. Sie ist vollkommen, weil von der Natur gebildet.
Doch ein Geheimnis ist ihr eigentümlich, und das ist ihre

einzige übernatürliche Eigenschaft, die bis zur Stunde noch niemand ergründet hat: Auf welche Weise und vor allem zu welchem Zweck wohl mag sie aus sich selbst heraus eine zweite Wahrheit hervorgebracht haben, im Wald und auf der Steppe, in den Städten und im freien Feld, zu Lande und zu Wasser? Es will so scheinen, als ob diese andere Wahrheit aus Gut und Böse bestehe, aber jeder ist betrogen, der ihr aufs Wort vertraut. Denn was sie gut oder böse nennt, sind relative Begriffe. Diese Wahrheit ist in ihrem Wesen voller Unruhe, und so kommt es, daß sie auch kein getreues Abbild des Lebens und Seins vermitteln kann. Daher auch verzerrt sie sich so oft durch ein hektisches Gelächter oder eine boshafte Fratze. Sie kann kaum all den unzähligen Worten und menschlichen Gebärden nachjagen, denn sie selbst ist ja in stetiger Bewegung. Sie gibt wohl vor, sie alle genau so getreulich verzeichnen zu wollen, wie es die erste Wahrheit tut, in Wirklichkeit aber ist es ihr Bestreben, alle Erscheinungen, Ereignisse und Äußerungen ihren wechselnden Zielen anzugleichen, und in der Hast entstellt sie die Wirklichkeit. Man könnte meinen, sie liege so leicht wie der Morgennebel über der Erde, den der erste Sonnenstrahl aufsaugen oder ein kleines Lüftchen in der Frühe verwehen könnte. Aber so ist es nicht. Sie haftet fest an der Oberfläche und hält sich krampfhaft wenigstens an einige Fetzen der ersten Wahrheit. Sie legt sich wie ein zäher Rauch über die Erde, beschwört das Bild der gleichen Wälder, Felder und Bäche wie die erste Wahrheit herauf. Sie beruft sich dabei auf Zeugen, sei es auf das Singen eines Vogels oder den Schrei einer zerrissenen Katze oder das Blut eines Menschen. Sie alle werden von ihr in leidenschaftlicher Erregung vor das Tribunal der menschlichen Einbildungskraft gezerrt, aber immer vermeidet sie dabei weitere Zeugen, die eine Gegenaussage machen könnten. Diese andere Wahrheit ist kokett wie ein eitles Mädchen, sie sucht Ausflüchte, wenn man sie stellen will, sie erhebt beschwörend die Hände zum Himmel und verwünscht Regen und Wind. Sie macht die größten Versprechungen und hält sie nur in den seltensten Fällen.

So stumm nun die erste der beiden Wahrheiten ist, so geschwätzig und auf Propaganda bedacht ist die zweite, und wo die eine sich gleichmütig zeigt, ist die andere voller Leidenschaft. Sie weiß es wohl, daß sie nicht d i e Wahrheit ist, aber um so lauter schreit sie heraus, sie sei die einzige und für alle verpflichtend. Sie hat dabei nicht einmal unrecht, denn sie ist die amtlich genehmigte Wahrheit, jeweils abhängig von der Ordnung und Verfassung des Staates, in dem sie verkündet wird. Mit einem Wort kann man von ihr sagen, daß sie die konjunkturbedingte Interpretation der eigentlichen Wahrheit ist.
Schon aus der Existenz dieser beiden Wahrheiten geht deutlich hervor, daß es nicht leicht ist, ein zutreffendes Bild des Schicksals eines Menschen zu entwerfen, und sei es eines, der ein ganz geregeltes und einfaches Leben führt. Um so schwerer fällt es, eine so verwickelte Lebensgeschichte darzustellen wie die des Alexander Kolzow, eines Kosaken aus einer Stanitza am Don. Lebte er heute noch, er wäre 97 Jahre alt. Aber er ist tot — seit dem 1. Juni 1945 — umgekommen bei den Ereignissen in der kleinen österreichischen Stadt Lienz im Tal der Drau. Wenn ich nun diese Vorgänge gewissenhaft berichten und Antwort geben will auf die Frage, warum Alexander Kolzow auf seine alten Tage so weit von seinem heimatlichen Chutor[1] verschlagen wurde, kann ich auf einige erklärende Worte nicht verzichten.

*

Kolzows Chutor lag am Ufer des Don. Die einzelnen Hofgebäude waren niedrig, ganz aus Holz errichtet und in einem Dickicht von Kirschbäumen versteckt. Von den großen und kleinen, den wichtigen und wohl nur dem Anschein nach unbedeutenden Geschehnissen im Leben dieses Kosakenhofes ist, wie sich versteht, nicht viel bekannt geworden in der großen Welt. Will man seine Lage in der Landschaft näher beschreiben, so genügt wohl die Feststel-

[1] Anwesen der Kosaken.

lung weniger Tatsachen wie zum Beispiel, daß an heiteren Sommerabenden von der Steppe her ein Duft von Ackersenf und Honig zu spüren war, und wenn der Mond über den weiten Grasflächen am Horizont aufging, voll und mächtig wie ein Zarenrubel, dann stand er leuchtend über einer grenzenlosen Weite, und es mochte wohl sein, daß er in den Seelen jene mystische Frömmigkeit erweckte, die man den Menschen Osteuropas zuschreibt.

Von dorther, wo im Westen das Waldmassiv Polesiens aufhört und die weiten Flächen sich breiten, hin über die Ukraine, den Don und den Kuban, zogen zweimal im Jahr, den großen Flüssen folgend, einmal nordwärts und dann nach Süden, unendliche Scharen von Zugvögeln. Nur wenige fielen den ausgestellten Netzen zum Opfer, denn die Ebene war weit und hatte Platz für alles Getier. Im Rohrdickicht an den Gewässern war es oft lauter um diese Zeit als in einer großen Stadt, und in einer Nacht wurde hier mancher Streit ausgetragen.

Ackersenf, Wermut, Kamille und hohes Gras machten weiten Schneeflächen Platz, wenn es an der Zeit war, ein blaßblauer Himmel wandelte sich in Grau, wölbte sich einmal hoch hinauf und erschien dann wieder niedrig und flach. Nur der Horizont blieb immer unverändert weit, und die Lieder, die sein Anblick erweckte, riefen Sehnsucht und Trauer nach irgendeiner unerklärlichen Ferne hervor...

Aber die Weite kann den Menschen auch froh stimmen. So eben war es an einem Frühlingsabend, als der älteste der beiden Kolzow-Söhne, nach seinem Vater Alexander genannt, zu Pferde aus der Stadt nach Hause zurückkehrte. Vom Fluß her wehte wie immer um diese Jahreszeit ein frischer Hauch, vermischt mit dem zarten Geruch von jungem Gras, von Veilchen und Wassertulpen, und als von fern her hinter dem Eichengehölz die Lichter des Wohnhauses aufleuchteten und er daran dachte, wie eben jetzt der Samowar in der Veranda vor dem Haus vor sich hinsummen mochte, wie die Nachtfalter schwirrend gegen den hellen Schirm der Lampe stießen und unbeholfen in die Glasteller mit den eingezuckerten Kirschen plumpsten, da überkam den jungen Alexander eine unbändige Freude: Er atmete tief die herbe Abendluft ein, stellte sich in den Steigbügeln auf und tat einen lauten Freudenschrei. Und dann galoppierte er an, hielt sich nicht mehr an den Weg, sondern jagte mitten durch die Steppe auf den Hof zu.

Ein solcher Freudenausbruch ist nicht immer leicht zu erklären. Die Frühlingsnacht kann ihn hervorrufen, die warme Luft, das jugendliche Alter, sogar die gute Verdauung. Das alles mag dazu beitragen, aber ohne das Hochgefühl der unbegrenzten Weite ist diese Freude undenkbar.

Als er dann das Pferd im Stall versorgt hatte und im Schein der Lampe unter der Veranda stand, schlug er mit der Reitpeitsche gegen den Stiefelschaft und sagte nur: „Ach Vater!"

„Na?" Und der Alte sah ihn fragend unter den eisgrauen Augenbrauen an.

„Nichts! Ich sag nur so. Leben möchte man — das ist es!"

Der Vater blickte auf die taunassen Stiefel herab, an denen das Gras in dünnen Streifen klebte, und erwiderte streng: „Hast keinen Weg, daß du übers freie Land jagen mußt? Was? Im Finstern triffst auf ein Loch oder eine Zieselhöhle. Brich du mir dem Pferd die Beine und ich werd' dir schon geben ‚Leben möchte man', daß du genug hast."

Das war eine rhetorische Wendung des Vaters, die ähnlichen Drohungen anderer Väter gleichen mag, ob sie nun in West-, Mittel- oder Südeuropa zu Hause sind.

Auch das mag hier kurz notiert werden.

Das Wohnhaus der Kolzows war ein langer Bau, ganz aus Holz errichtet, und das Blechdach war mit grüner Farbe gestrichen, denn der alte Kolzow gehörte zu den reichen Kosaken. Er besaß zwei Tula-Samoware, einen rot-kupfernen und einen aus Nickel, von dem er, der alte Kulak, behauptete, er sei versilbert. Er hatte also Besitz und war den gleichen Einflüssen ausgesetzt, die in ganz Westeuropa mit dem Privateigentum verbunden sind. Ebenso lebten in seiner Umgebung auch weniger vermögende Leute, ja sogar Arme. Sie neideten ihm die beiden Samoware, die großen Schafherden, die guten Pferde im Stall, das frisch gestrichene

Dach — am wenigsten jedoch brauchten sie ihm seine Bewegungsfreiheit zu neiden, denn sie waren selbst frei.

*

Diese Verschiedenheiten in der Struktur und in den Bestrebungen, man könnte auch sagen in den Idealen und in der Tradition, die zwischen dem Klassenkampf im damaligen Rußland und der übrigen Welt bestanden, hat Karl Marx richtig eingeschätzt und seine Lehre in erster Linie den Verhältnissen der engen Fabrikviertel des industrialisierten Westens angepaßt und nicht den Ländern mit weiten landwirtschaftlichen Horizonten. Ebenso wie in der übrigen Welt gab es auch in Rußland unzufriedene Massen, sieht man einmal ganz von den auf nationalpolitischen Gründen beruhenden Verfolgungen und der sich daraus ergebenden zwangsweisen Russifizierung nichtrussischer Völkerschaften ab. Jedoch in Rußland nahm diese Unzufriedenheit ganz spezifische Erscheinungsformen an. Weder die Bauernbewegung der NARODNIKI noch die aus ihr hervorgegangenen Sozialrevolutionäre (ESER) und die TRUDOWIKI gründeten sich auf der materialistischen Dialektik marxistischen Typs. Der Marxismus schritt vom Westen her nach Osten vor, nicht umgekehrt. Lenin reiste in die Schweiz, nach England, Belgien und Deutschland, um dort die neue Lehre in sich aufzunehmen. Von der deutschen Sozialdemokratie ausgehend drang der Marxismus gegen Ende des 19. Jahrhunderts nach Polen ein und beherrschte die Polnische Sozialistische Partei (PPS). Hauptsächlich aber fand er seinen radikalen, schon damals fast bolschewistischen Ausdruck in der ‚Sozialdemokratischen Partei des Königreichs Polen und Litauen‘ (SDKPiL), an deren Spitze später so bekannt gewordene Kommunisten standen wie Rosa Luxemburg, Marchlewski und der erste Leiter der russischen Tscheka, Felix Dzierzynski. Sie waren durch die Vorläufer des Weltkommunismus wie Karl Liebknecht und Karl Radek aufs engste mit der deutschen Sozialdemokratie verbunden und erhielten ihre ideologischen Inspirationen aus Berlin. Lenin selbst war ein enthusiastischer Verehrer der deutschen Sozialdemokratie bis zum letzten Entwicklungsabschnitt vor dem ersten Weltkrieg. Noch 1913 nannte er in der ‚Raboczaja Prawda' vom 16. Juli die deutsche Sozialdemokratie: „... die einzige, im besten Sinne fortschrittliche Massenpartei der Arbeiter!"

Chronologisch gesehen stellt der Marxismus, der durch die Führer des jüdischen ‚Bund' in Wilna im Einverständnis mit dem ‚Bund' in Kiew als ideologische Grundlage angenommen worden war, den Beginn der Russischen Sozialdemokratie (SDPRR) dar, als sie im März 1898 durch neun Personen, von denen fünf dem ‚Bund' angehörten, bei einer geheimen Zusammenkunft in Minsk gegründet wurde. Erst nach dem formellen Beitritt Lenins zur Partei kam es im Juli/August 1903 beim zweiten Parteitag in London zur Trennung in Menschewiki und Bolschewiki. Das wäre in kurzen Worten die Genealogie der späteren ‚Lenin-Stalin-Partei'.

Obwohl es nur widerspruchsvolle und auch in sich nicht ganz klare Berichte über den sogenannten ‚plombierten Waggon' gibt, in dem Lenin angeblich auf Betreiben des deutschen Generalstabes gegen Ende des ersten Weltkrieges nach Rußland gelangt ist, so ändert das doch nichts an der Tatsache, daß auch Lenin in dieser letzten Phase vor der Oktoberrevolution seinen Weg von Westen nach Osten nahm. Das geschah mit unauffälliger Unterstützung durch den ‚Westen', vielleicht sogar, wie einige Historiker behaupten, mit ausgiebiger materieller Hilfe, die Lenin durch Ludendorff zuteil geworden sein soll, der sich der deutschen Sozialdemokratie als stiller Vermittlerin bediente.

Die als ‚Intervention' bekannte Aktion der Westmächte zugunsten der Konterrevolutionäre verfolgte entgegen den Darstellungen der sowjetischen Geschichtsschreibung nicht das Ziel, den Bolschewismus zu bekämpfen. Es ging vielmehr darum, *die* Seite zu unterstützen, die, wie man in den Hauptstädten der Alliierten annahm, weiter Krieg gegen Deutschland führen wollte, während die Bolschewisten ja doch Friedensparolen verkündeten. Diese Aktion verlor für den Westen ihren Sinn, als der Kriegsbrand erloschen war.

Anfang 1918 interveniert Deutschland zugunsten einer freien Ukraine unter der Führung des Hetmans Skoropadzkij. Aber schon nach einem Jahr zieht es sich unter dem Druck der Ereignisse aus diesem Spiel zurück. Gleichfalls mit einem Fiasko enden die Versuche Polens, das sogenannte Direktorat unter Führung Petljuras zu unterstützen. Ab 1920 werden alle antibolschewistischen Interventionen zur Stützung der nationalen Befreiungsbewegungen praktisch liquidiert.

Als Wendemarke im Verhältnis Westeuropas zum Bolschewismus sollte man die charakteristische Tatsache anerkennen, daß die erste, im großen Maßstab angelegte selbständige politische Aktion Deutschlands nach Versailles die sogenannte Rapallo-Politik war, die in erster Linie von militärischen, also konservativen Kreisen unterstützt wurde. Diese Politik gab dem bolschewistischen Regime in Rußland wesentlichen Auftrieb, stärkte seine Position und leitete de facto die Periode der sogenannten Realpolitik der gesamten westlichen Welt in ihren Beziehungen zu den Sowjets ein. Seit dieser Zeit spricht man wieder von ‚Rußland' und nicht mehr, wie es weit zutreffender wäre und vorher üblich war, vom Bolschewismus, und der ideologische Kampf gegen den Bolschewismus hat in der Planung dieser Realpolitik keinen Platz mehr. Gegen den Bolschewismus als solchen kämpft seit dieser Zeit nur noch der ‚Osten' selbst und nicht mehr der ‚Westen'.

*

Der angeblich traditionelle revolutionäre Terrorismus, wie er sich im Rußland des 19. Jahrhunderts zeigte, ist in der Weltliteratur oftmals übertrieben dargestellt worden. Geht man den Dingen auf den Grund und betrachtet man die prozentuale Verteilung der Terroristen auf die Gesamtbevölkerung des früheren Imperiums, so kommt man oft zu Feststellungen, daß der überwiegende Teil der Terroristen aus den westlichen Provinzen Rußlands kam, die in enger Verbindung und unter dem unmittelbaren Einfluß westeuropäischer geistiger Strömungen standen. Der Mörder des Zaren Alexander II., Ignaz Hryniewiecki, der Führer der Terroristen-Fraktion ‚Narodnaja Wola' (Volkswille) in Petersburg, Josef Lukasiewicz, der Mörder des Kultusministers Bogolepow, der Student Piotr Karpowicz, waren Katholiken. Die Terroristin Giesia Helfman, Aron Zundelewicz, Isaak Demba, Sonia Ginzburg, Hirsch Lekert und viele andere waren Juden mit engen ideologischen und persönlichen Bindungen an das damalige Berlin.

Die Historiosophie dieser Periode schreibt mit Recht den Erfolg der großen russischen Revolution jenen Strömungen zu, welche die oberen Gesellschaftsschichten, die sogenannte ‚russische Intelligenz' durchdrangen und auf diese Weise eine verhältnismäßig breite geistige Grundlage schufen. Aber andererseits war ja die fast gewalttätig-oppositionelle Einstellung dieser Intelligenz, ihre traditionelle Haarspalterei, ihr ewiges ‚nach Gott und Wahrheit Suchen' der Ausdruck eines hochgradigen Skeptizismus, der so ganz im Gegensatz zu den orthodoxen Lehrsätzen von Marx und Engels steht, die ja von vornherein alle Entscheidungen vorwegnehmen und keinen Zweifel dulden.

Nicht die marxistische Dialektik und die Praktiken der Arbeiterbewegung haben den Bolschewismus in Rußland zur Macht gebracht und ihn in dieser Stellung erhalten. Er fand, ganz im Gegensatz zu den Voraussagen von Marx, die entscheidende Unterstützung in den Massen der Landbevölkerung. Er verdankt das der genialen Taktik Lenins, die nichts mit dem ideellen Programm gemein hat. Sie beruhte ganz einfach darauf, in die führungslosen und ungebildeten Massen diese damals revolutionären Parolen zu schleudern: ‚Schluß mit dem Krieg! Kehrt nach Hause zurück! Raubt das Geraubte!' Also in der Praxis: Nehmt den Gutsherren das Land weg! Er entfesselte damit weniger eine elementare Bewegung als vielmehr unkoordinierte Elemente, die in ihren Bestrebungen und Zielen den Grundsätzen des Kommunismus diametral entgegenstanden: denn sie trachteten ausschließlich nach Privateigentum. Daß man Lenin ein Genie nennt, geschieht mit Recht: denn es gelang ihm, eine Taktik zu entwickeln, durch die er die Massen einem Ziel

entgegenführte, das ihren Idealen völlig widersprach. Einfach ausgedrückt: Er brachte es fertig, Millionen zu täuschen, indem er die entsprechenden Parolen im richtigen Augenblick verkündete. Diese Methode des etappenweisen Vorgehens, die seit dieser Zeit zu den Grundzügen der bolschewistischen Politik und Taktik gehört, war gleichzeitig die einfachste, unkomplizierteste und gerade deswegen so genial. Indem sie das ganze Land in das Chaos der Revolution stürzte, unterband sie jede Möglichkeit einer Gegenaktion. Der Konterrevolution gelang es nicht, den Bolschewismus zu Fall zu bringen. Sie brach in sich zusammen, denn die Bauern wollten ganz einfach das Land behalten, das man dem Adel genommen hatte, und verbanden sich aus dem Streben nach Privateigentum mit der Revolution, die das Privateigentum beseitigen wollte. Man wurde sich dieser Täuschung größten Ausmaßes erst bewußt, als es für eine Besinnung zu spät war.
Und doch hängt das Schicksal des Bolschewismus trotz dieser für ihn günstigen Umstände im Jahre 1919 an einem Faden. Die Weiße Armee stößt bis Moskau vor. Das ganze Kosakenland greift zu den Waffen, um gegen die Roten zu kämpfen. Vielleicht bedurfte es nur noch eines oder zweier militärischer Erfolge der Weißen und die Geschichte der ganzen Welt hätte einen anderen Verlauf genommen.
Nach der militärischen Niederschlagung der Gegenrevolution macht der Bolschewismus eine zweite Krise durch, die ihn an den Rand des Abgrunds bringt. Es ist im Jahre 1921. Die erste große Welle der Enttäuschung erfaßt die Bauern. Bald kommt es zu Unruhen. Die antimarxistische Partei der ESER beherrscht das flache Land. Die Menschewiki gewinnen die Oberhand über die Bolschewiki. Unter den Arbeitern erhebt sich die Partei der sogenannten ‚Arbeiter-Opposition'. Sie fordert, die Industrie und die Fabriken nicht der Staatskontrolle, sondern der Gewerkschaftskontrolle zu unterstellen. Im Zentralkomitee der Partei selbst kommt es zu ernsten Meinungsverschiedenheiten und Zweifeln am Kurs der Parteiführung. Im Februar 1921 bricht in Petersburg ein Streik aus, der in seinen Auswirkungen die gesamte

Industrie und den Verkehr lahmlegt. Ein Bauernaufstand in der Gegend von Tambow greift auf andere Gouvernements über, in Kronstadt kommt es zu einer Meuterei der Marine. In dieser Situation rettet Lenin den Weltbolschewismus durch zwei weittragende Entschlüsse: Er erteilt Trotzki Sondervollmachten zur Niederschlagung der Unruhen und verkündet den NEP,[2] das heißt, er vollzieht nach außen hin eine Abkehr von den Grundsätzen des Bolschewismus. Er gibt also damit selbst zu, daß die Massen den Bolschewismus ablehnen und daß sie dieser ‚neuen Ordnung' feindlich gegenüberstehen. Jedoch von Lenin her gesehen handelt es sich um eine Wiederholung der alten Taktik, die das Ziel verfolgt, den nur dem Anschein nach eingeschlagenen Weg der Abkehr von den bolschewistischen Zielen zu verschleiern. Das Ganze ist ein Versprechen, das er nicht zu halten gedenkt und das er nur gegeben hat, um die Krise zu bannen und seinen Machteinfluß zu stärken.

*

Die Bolschewisten sind bestrebt, die ihrem Regime im Lande selbst entgegengebrachte Abneigung nicht nach außen hin sichtbar werden zu lassen. Sie geben sich darüber hinaus alle Mühe zu beweisen, daß eben diese Ordnung den Bedürfnissen Rußlands entspricht, da sie ja hier ihren Ursprung hat. Es kann nicht in Moskaus Interesse liegen, den westlichen Stammbaum des Bolschewismus anzuerkennen, besonders nicht, seitdem es die Befehlszentrale des Weltkommunismus geworden ist, von der aus die Richtlinien für die ‚Bruderparteien' in Westeuropa erteilt werden. Der ‚Kurze Lehrgang der Geschichte der Kommunistischen Partei Rußlands (Bolschewiki), dessen Autor angeblich Stalin selbst ist, interpretiert die ‚objektive Wahrheit' auf eine den Tagesbedürfnissen angepaßte Art: ‚Der Bolschewismus ist keine Schöpfung Westeuropas, er ist in Osteuropa entstanden, die größten Verdienste hat sich hierbei das russische Volk erworben!'

---

[2] Neue Ökonomische Politik.

Die Geschichte kennt eine Reihe von Fällen, in denen plötzlich niemand daran interessiert zu sein scheint, die wahren Tatbestände festzustellen. So auch hier. Zum ersten Male kommt es bei der Interpretation der Wahrheit zu einer völligen Übereinstimmung zwischen der westlichen Welt und dem internationalen Bolschewismus. Allen Beteiligten ist jetzt an einer Aufrechterhaltung dieser Fiktion gelegen: Den Bolschewisten in Moskau, um ihre Autorität in der Partei, ihre Macht im Innern und ihr Prestige nach außen hin zu wahren, den Kommunisten im Westen, um Moskau als Mekka der kommunistischen Idee hervorheben zu können, denn von dorther empfangen sie ihre geistigen Anregungen, ihre Weisungen und — Geld! Die demokratisch-christliche Welt schließlich, die man landläufig und verallgemeinernd auch den zivilisierten Westen nennt, ist aus verschiedenen Gründen gleichfalls an der Aufrechterhaltung dieser ‚Wahrheit' interessiert: Zunächst einmal möchte man sich die Hände in Unschuld waschen können und gegen den Vorwurf gewappnet sein, warum man denn nichts dazu tue, um ‚den Nächsten' zu schützen. Man redet sich damit heraus, daß ‚sie dort in einer Ordnung leben, die sie sich selbst gewählt haben' oder auch ‚wie sie ihrer Natur entspricht'. Dann möchte man sich im Westen nicht für eine Lehre verantwortlich fühlen, die hier ihren Ursprung hat und im Osten eine so abstoßende Verwirklichung fand. Schließlich kommt diese Fiktion pazifistischen Strömungen entgegen und löst angestaute Spannungen, indem sie die bolschewistische Gefahr dadurch bagatellisiert, daß man ihr spezifisch östliche Eigenschaften zuspricht, die ganz in die geopolitischen Grenzen der östlichen Welt gebannt seien und sich dem Westen angeblich nicht aufpfropfen ließen. Um diese These mit noch größerem Erfolg verkünden zu können, hat man das Schlagwort von der angeblich ‚asiatischen' Herkunft des Bolschewismus erfunden. Diese Legende nun steht in besonders grellem Widerspruch zur Wahrheit. Allein schon die Tatsache, daß die Gegenrevolution ihre letzte Unterstützung in den asiatischen Provinzen suchte und fand, nachdem sie den Bürgerkrieg selbst schon verloren hatte, ist ein überzeugender Gegenbeweis. Der einzige authentische Mongolenstamm auf dem Territorium des europäischen Rußlands, die Wolga-Kalmücken, gehörte zu den erbittertsten Feinden des Bolschewismus. Sie wurden von der Führung der ‚Weißen' als sogenannte ‚Strafabteilungen' eingesetzt, die wegen ihrer Grausamkeit gefangenen Bolschewisten gegenüber bekannt waren. Gerade in Mittelasien brachen immer wieder antibolschewistische Unruhen aus, bis ins Jahr 1927 hinein.

*

Der 2. Weltkrieg weist ungewöhnliche Paradoxe auf:

1. Die Politik eines antibolschewistischen Kreuzzuges, die nicht nur moralisch, sondern auch real gesehen als die einzig richtige europäische Politik nach 1918 erscheinen mußte, und alle freiheitliebenden Völker im Kampf gegen die Tyrannei hätte vereinen können, brachte Europa die größte Niederlage ein, weil Hitler diesen Kreuzzug verkündete. Sein politisches Programm und sein Vorgehen vermochten nicht, Europa gegen den Bolschewismus zu einer Einheit zusammenzufügen. Das Gegenteil trat ein: die Völker wurden von dieser Art Kreuzzug abgeschreckt.
2. Die Kriegsgegner Hitlers gingen ein Bündnis mit den Sowjets ein. Das hatte zur Folge, daß sich die westliche Kulturwelt im gleichen Lager mit dem internationalen Bolschewismus befand.
3. Die jungen Völker Osteuropas, die in einer bäuerlich-demokratischen Tradition wurzeln wie Finnland, Estland, Lettland, Litauen, Weißrußland, die Ukraine und die Slowakei sahen den Bolschewismus als Feind Nr. 1 an. Sie erklärten sich eher für Deutschland, da sie nun einmal in die Situation geraten waren, zwischen zwei Besatzungsmächten zu wählen, Hitler-Deutschland und Sowjet-Bolschewismus. Dagegen traten zwei Völker von ausgesprochen westlicher Kulturtradition, Polen und Tschechen, lieber an die Seite der Bolschewisten, da sie Deutschland für ihren Hauptfeind hielten.
4. Die Frontstellung der osteuropäischen Völker gegen den Bolschewismus angesichts der tödlichen Bedrohung ihrer

demokratischen Ideale wurde von den westlichen Demokratien als Verrat eben dieser Ideale und als Kollaboration mit dem Feind betrachtet.

5. In vielen europäischen Ländern benachteiligten die Westmächte ganz eindeutig jene Kräfte, die man landläufig als ‚westeuropäisch' bezeichnet und begünstigten ihre kommunistischen Gegner. So wurde der rechtmäßigen polnischen Regierung im Exil zugunsten der kommunistischen Marionettenregierung die Anerkennung entzogen. In Jugoslawien wurde der seinem König treu ergebene General Michailowitsch desavouiert und hinfort nur noch der Kommunistenführer Tito unterstützt, ja Churchill selbst zwang König Peter II. dazu, diesen kommunistischen Agenten als Führer der Regierungstruppen anzuerkennen. In Albanien erhielt von den drei bestehenden Gruppierungen, der königstreuen des Abbas Kupa, der westlich-demokratischen des Balli Kombetar und der kommunistischen Enver Hodschas die letztere die Unterstützung der Westmächte. Von den beiden antideutschen Partisanengruppen Griechenlands, der nationalen EDES und der kommunistischen ELAS wurde gleichfalls die zweite vom Westen her so reichlich mit Waffen, Munition und Geldmitteln versorgt, daß die königlich-griechische Regierung im Exil sich gezwungen sah, bei der britischen Regierung dagegen Protest einzulegen. Man könnte diese Beispiele noch um viele vermehren.
6. Hitler selbst tat alles, um seine natürlichen Bundesgenossen im Ostkrieg vor den Kopf zu stoßen, anstatt ihnen Halt und Unterstützung zu gewähren. Anstatt das bolschewistische Imperium von innen her zum Zerfall zu bringen, verfolgte er ein politisches Programm, das die Macht des Bolschewismus nur noch stärkte.

So kam es zu einer politisch-militärischen Gesamtkonstellation, die als Endergebnis ein Phänomen hervorbrachte, das man vielleicht eine chronologische Perversion bezeichnen könnte: Man macht bei der Beurteilung des deutsch-sowjetischen Paktes von 1939 nicht Hitler den moralischen Vorwurf, eine Annäherung an Stalin versucht zu haben, sondern man belastet gemeinhin Stalin wegen der Tatsache, daß er es war, der Hitler die Hand bot. Gleichwohl gingen die totalitären Tendenzen Stalins ja viel weiter als die Hitlers. Der Nationalsozialismus war erst 1933 zur Macht gekommen, der Bolschewismus dagegen schon 1917, die Bolschewisten kannten Konzentrationslager, Massendeportationen, Massenmorde schon, als Hitler noch den meisten Menschen unbekannt war.

Man könnte die Liste dieser Paradoxe gewiß noch um einige Beispiele erweitern. In diesem Zusammenhang verdienen Punkt drei und sechs noch einer besonderen Erläuterung. Die Tatsache, daß die Politik Hitlers und seine Methoden nicht dazu angetan waren, Bundesgenossen zu gewinnen, sondern vielmehr abschreckend wirkten, daß die Methoden oftmals geradezu an eine Provokation zugunsten der Sowjets grenzten und die brutalen Züge einer Massenbarbarei trugen, ist besonderer Beachtung wert. Nur in dieser Gegenüberstellung gewinnt man den rechten Maßstab für den Entschluß so vieler osteuropäischer Völker, trotz der verabscheuungswürdigen Methoden Hitlers dennoch lieber gegen den Bolschewismus zu kämpfen! Denn je abstoßender diese Methoden waren, um so augenfälliger läßt sich aus ihnen der Beweis ableiten, wie spontan und echt der Haß dieser Völker gegen das bolschewistische System gewesen sein muß.

Chronologisch gesehen gingen dieser Einstellung der meisten Völker an der Westgrenze der Sowjetunion Kriegsereignisse voraus, die in diesem Teil Europas mit dem sowjetischen Überfall auf Ostpolen und Beßarabien sowie mit der Nötigung der baltischen Staaten, Stützpunkte der Roten Armee auf ihrem Territorium zu dulden, begonnen hatten. Als 1939 der finnisch-sowjetische Krieg ausbrach, konzentrierten sich die Hoffnungen dieser Völker auf die Mannerheim-Linie und auf die von seiten der Westmächte erwartete Hilfe. Erst als diese Unterstützung nicht eintraf, die Mannerheim-Linie gefallen war und die grausame Wirklichkeit einer endgültigen Besetzung Osteuropas durch die Bolschewisten ihre düsteren Schatten vorauswarf, begann man in diesen Ländern nun nicht mehr auf die Westmächte, sondern auf Deutschland zu hoffen, und diese Hoffnungen schienen sich am 22. Juni 1941 verwirklichen zu wollen.

Auch die Bevölkerung innerhalb der alten Grenzen der Sowjetunion teilte diese Einstellung. Es ist allgemein bekannt, daß die Völker des Sowjetreiches auf den Krieg wie auf eine Erlösung warteten. Die Deutschen mußten ihnen als Befreier aus jahrzehntelanger Knechtschaft erscheinen. Um so größer war dann die Enttäuschung, als die Grundsätze der Politik Hitlers sich in einer grausamen Praxis offenbarten. Diese Politik und die allgemeine Enttäuschung, die sie hervorgerufen hat, sollte in naher Zukunft den Bolschewismus vor seiner Vernichtung retten. Das muß mit aller Deutlichkeit gesagt werden, denn erst bei Berücksichtigung dieser Tatsache kommt man zu einer richtigen Beurteilung der trotzdem weiterbestehenden antisowjetischen Gesamtstimmung.

Innerhalb der einheimischen Bevölkerung in den von den Deutschen besetzten Gebieten der Sowjetunion und vor allem der Landbevölkerung machte sich eine sehr fühlbare Differenzierung der politischen Ansichten bemerkbar. Nach dem Fazit aus Untersuchungen der Nachkriegszeit, die sich auf mühsam zusammengetragenes Material stützen, darunter auf eine Reihe von sowjetischen Quellen, ergibt diese Differenzierung in Prozentzahlen ausgedrückt folgendes Bild: In Weißrußland gab es nur noch 20 Prozent Sowjetanhänger, als uninteressiert an einem Wechsel des Regimes bezeichneten sich 29 Prozent, während 51 Prozent zu den erklärten Gegnern des Sowjetregimes gehörten. Auf der Krim lagen die entsprechenden Zahlen bei 9 Prozent (Sowjetanhänger), 30 Prozent (Uninteressierte), 61 Prozent (Antibolschewisten). Im Bezirk Leningrad: 14 Prozent prosowjetisch, 24 Prozent ohne Meinung, 62 Prozent Antibolschewisten. In der Ukraine: 9 Prozent prosowjetisch, 10 Prozent ohne Meinung, 81 Prozent antibolschewistisch. Im Nordkausasus: 4 Prozent prosowjetisch, 20 Prozent ohne Meinung, 76 Prozent antibolschewistisch. Im Don- und Kubangebiet: 4 Prozent prosowjetisch, 9 Prozent ohne Meinung, 87 Prozent sowjet-

feindlich. In einigen Gebieten gab es auch Abweichungen nach der einen oder anderen Seite wie zum Beispiel bei den Tataren, einigen kaukasischen Stämmen oder den Wolga-Kalmücken, die zu 100 Prozent sowjetfeindlich waren.
Das Endresultat aus allen diesen Zahlen und Tatsachen enthüllt in vollem Umfang dies Paradoxon des letzten Krieges, das in lapidarer Kürze lautet: Der ‚asiatische' Osten tritt als Feind, der ‚kapitalistische' Westen als Bundesgenosse der Bolschewisten auf! Auf dem Hintergrund dieser Ungeheuerlichkeit gewinnen historische Fakten besondere Bedeutung und Gewicht wie zum Beispiel, daß in einer Zeit zwangsweiser Massendeportationen die einzig freiwillige Wanderungsbewegung ganzer Völkerschaften die Flucht vor dem Bolschewismus war. Und die einzige große revolutionäre Bewegung in diesem Kriege war die antibolschewistische Gegenrevolution.
Während sich die spontane antisowjetische Partisanenbewegung nicht einmal annähernd in konkreten Zahlen ausdrücken läßt, ist die Zahl der Sowjetbürger, die in mehr oder weniger regulären militärischen Einheiten auf deutscher Seite kämpften, bekannt. Die sowjetische Propaganda hat dem letzten Krieg mit Deutschland in Anspielung auf den Napoleonischen Krieg von 1812 den hochtönenden Namen eines ‚vaterländischen Krieges' gegeben. Dabei war schon 1943 die Gesamtzahl der Sowjetbürger, die gegen das ‚Vaterland des Sozialismus' zu den Waffen griffen, doppelt so groß wie die der Grande Armée Napoleons und erreichte fast eine Million. 1944 waren es bereits 1 600 000 Mann einschließlich der ‚Russischen Befreiungsarmee' des Generals Wlassow.
Es konnte nicht im Interesse der Westmächte liegen, diese Wahrheit als Wahrheit anzuerkennen, denn während des Krieges waren sie ja Bündnispartner der Sowjets. Es bedarf keines Kommentars, daß auch Moskau selbst weder damals noch heute und in alle Zukunft daran interessiert sein kann, diesen Tatbestand aufzudecken. Hervorgehoben zu werden verdient jedoch der Umstand, daß sogar nach dem Krieg eine Interpretation, die sich nicht der offiziellen Version

bedient, in der öffentlichen Meinung des Westens eine gewisse Konsternation hervorrufen würde. Denn auf diese Weise würde nämlich die ‚Pflichtmeinung' vom zweiten Weltkrieg als einem ‚Befreiungskrieg' untergraben. Auch auf der Seite der westlichen Demokratien sind schließlich nicht wenige in diesem Krieg gefallen. In guter Gesellschaft pflegt man nicht über heikle Fragen zu sprechen, und die westlichen Demokratien möchten gern als gute Gesellschaft gelten, besonders jetzt, da ein so einschneidender Frontwechsel eingetreten ist. Die etwa gleiche Meinung vertritt ein bedeutender Teil der Repräsentanten osteuropäischer Völker in der Emigration. Vom Grundsatz einer sogenannten ‚Realpolitik' ausgehend — und welcher Politiker bezeichnete sich nicht selbst als Realpolitiker — erblickt man in diesen Kreisen, übrigens zu Recht, eine Zusammenarbeit mit dem Westen als die einzige Zukunftschance und hält die noch nicht ferne Vergangenheit des Kampfes gegen den Bolschewismus an Deutschlands Seite für eine mindestens peinliche Episode, über die man in guter Gesellschaft nicht spricht.
So kommt es, daß die historischen Erfahrungen mit den Sowjets während des letzten Krieges, welche die tiefe innere Zerklüftung und die Brüchigkeit des Sowjetimperiums offenbar werden ließen, in Vergessenheit geraten als etwas, das es nie gegeben hat. An ihre Stelle tritt die populäre Interpretation vom ‚bolschewistischen Osten' als Gegenpol der ‚westlichen Kulturwelt.'

*

In sonderbarer Übereinstimmung mit dieser festumrissenen Anschauung des Westens befand sich auch die Ansicht einer anderen westlichen Welt, nämlich die der Nationalsozialisten Deutschlands. Es handelt sich um die Vorstellungen vom ‚asiatischen' Ursprung des Bolschewismus wie sie von den Theoretikern Hitlers, in erster Linie von Alfred Rosenberg, vertreten wurden. Diese Überzeugung drückte Rosenberg im Juli 1941 im Gebäude der ehemaligen jugoslawischen Botschaft in Berlin in folgenden Worten aus: „Der Bolschewismus hat die ehemalige Herrenschicht Rußlands ausgelöscht und an ihre Stelle eine Führungsschicht kaukasisch-asiatischer Herkunft gesetzt.“ Adolf Hitler selbst, der Erfinder des östlichen ‚Untermenschentums‘, hat diese Theorie in der Praxis allen Völkern gegenüber angewandt, die ostwärts der Warthe und des Njemen wohnen. Besonders ausgeprägt war seine Abneigung den slawischen Völkern gegenüber. Zu Wutausbrüchen reizten ihn die Pläne militärischer Kreise, die antibolschewistische Bewegung innerhalb der osteuropäischen Völker als gleichberechtigten Bündnispartner im Kampf gegen die Sowjets zu behandeln. Es gibt bestimmte Anhaltspunkte dafür, daß der ehemalige Oberbefehlshaber des Heeres, Generaloberst von Brauchitsch, im Dezember 1941 sein hohes Kommando auch deswegen niederlegen mußte, weil er eine Konzeption unterstützte, die er für ‚kriegsentscheidend‘ hielt und die eine Einbeziehung der osteuropäischen Völker als Bundesgenossen in den strategischen Gesamtplan vorsah. Äußerst widerwillig nur genehmigte Hitler schließlich die Aufstellung von Hilfswilligen-Formationen, die nach seinem Willen eine untergeordnete Rolle als Hilfstruppe ohne jede politische Zielsetzung spielen sollten. Alle im Osten besetzten Gebiete sollten zukünftig eine Art Kolonialstatus erhalten, ihre Bewohner gedachte man etwa wie afrikanische Eingeborene zu behandeln. So kam es, daß die Aufstellung antibolschewistischer Kampfeinheiten aus der ganz persönlichen und unauffälliger Initiative einzelner Militärs erfolgte und völlig inoffiziell vor sich ging, oftmals vor der obersten Führung geheimgehalten wurde. Die Knebelung von oben her ließ keine breit angelegte Aktion zu. Schließlich wartete Hitler, der doch einiges davon erfahren hatte, nur auf eine passende Gelegenheit, um zu einem entscheidenden Schlag auszuholen, der alle diese Fragen in seinem Sinne bereinigen sollte.

Diese Gelegenheit bot sich ihm am 14. September 1943. Von Tag zu Tag verschlimmerte sich für Deutschland die Lage an allen Frontabschnitten. Die von Hitler befohlene Offensive bei Kursk blieb stecken. Am Südflügel der an dieser Offensive teilnehmenden Armeen liefen etwa 1300 Angehörige antibolschewistischer Hilfstruppen zur Roten Armee

über. Himmler überbrachte diese Meldung bei einer Lagebesprechung im Hauptquartier. Hitler bekam einen Wutanfall und schrie: „Nun ist es aber genug! Ich befehle, alle diese Einheiten zu entwaffnen und die ganze Bande in die französischen Bergwerke zum Kohlenkratzen zu schicken!" Es rundet das Gesamtbild ab, wenn man in diesem Zusammenhang erwähnt, daß der von Hitler gebrauchte Ausdruck ‚Bande' als Bezeichnung für die antibolschewistische Freiheitsbewegung gleichlautend auch in Moskau, London und Washington angewandt wurde.
Die Hinweise, daß eine Entwaffnungsoperation und Massenverschickung einen ungeheuren Energie- und Zeitverlust bedeuten würden und sich nicht in 48 Stunden bewerkstelligen ließen, trafen bei Hitler auf taube Ohren. Er tobte. Erst einige Tage später gelang es militärischen Kreisen durch mühevolle Überredungen und politisches Hintertreppenspiel diesen schmachvollen Befehl rückgängig zu machen. Hitler ging darauf ein, die Entwaffnung nicht durchführen zu lassen und von einer Deportation in die Bergwerke abzusehen. Er beharrte jedoch darauf, daß alle antibolschewistischen Befreiungseinheiten von der Ostfront abgezogen und an verschiedene Abschnitte des westlichen Kriegsschauplatzes geworfen würden.

*

So kam es, daß Alexander Kolzow, Senior eines Kosakenstammes, auf seine alten Tage in die österreichischen Dolomiten, ins Tal der Drau, verschlagen wurde.

I. TEIL

DIE FAMILIE

Alexander Kolzow kam in einer ungewöhnlich stürmischen Winternacht des Jahres 1860 auf dem Chutor von Jaglica am Don zur Welt. Man erzählte sich später, Himmel und Erde seien in dieser Nacht gleichsam zusammengeflossen, so dicht sei das Schneetreiben gewesen. Nicht einmal die ausgestreckte Hand habe man sehen können, nur eine vom wütenden Sturm gepeitschte, vibrierende Schneewand. Es hatte viel Mühe gekostet, eine alte Frau von einem Nachbarhof herbeizuholen, die der Mutter beistehen konnte. In der Steppe wurde der ganze Wagentroß eines Kaufmanns vom Schnee begraben und es hieß, man habe die Leichen der umgekommenen Menschen und Pferde erst im nächsten Frühjahr gefunden. Da aber niemand den Ort der Katastrophe kannte, ließ sich auch später nicht mehr ergründen, ob das nur eine Legende oder wirklich geschehen war. Fest steht jedoch, daß der Schneesturm drei Tage und drei Nächte lang tobte, und der Nachbar Timotheus Osmuchin, der sich auf Zeichen am Himmel und auf der Erde verstand, sagte schon damals dem neugeborenen Alexander ein bewegtes Leben und ein stürmisches Ende voraus.

Diese Prophezeiung erfüllte sich jedoch vorläufig nicht. Der Wohlstand im Land wuchs und wurde durch keinen Krieg erschüttert. Auch die Armen in der Stadt konnten sich um eine Kopeke für das Pfund ihr Brot kaufen, und für ein Paar gute Stiefel zahlte man damals nicht mehr als zwei Rubel.

Einzig bemerkenswert in Alexander Kolzows Dasein war, daß er sehr spät — er war damals bereits 34 Jahre alt — ein um vierzehn Jahre jüngeres Mädchen zur Frau nahm, ganz im Gegensatz zu seinen Altersgenossen, die schon längst verheiratet waren. Sein erstgeborener Sohn kam 1895 zur Welt und wurde wie sein Vater zu Ehren zweier Zaren auf den Namen Alexander getauft. Im nächsten Jahr, dem Krönungsjahr Nikolaus II., wurde ihm der zweite Sohn geboren und erhielt den Namen Nikolaus. Dann erst traf Kolzow der erste Unglücksschlag. Im Alter von noch nicht ganz zwei Jahren ertrank der kleine Nikolaus im Don. Es war ein sonderbarer Unfall. Die Mutter hatte den Kleinen am flachen Ufer in den Sand gesetzt, Muscheln und Kieselsteine gesammelt und ihm zum Spielen gegeben. Dann machte sie sich ans Waschen, und über dem Klatschen des Holzprügels auf den nassen Wäschestücken hatte sie nicht gehört, wie das Kind ins Wasser fiel. Aber der traurige Unglücksfall selbst löste gar nicht einmal so große Anteilnahme aus als vielmehr ein bis dahin noch nicht dagewesener Umstand, daß man nämlich trotz angestrengten Suchens die Leiche nicht hatte finden können. Der gleiche Timotheus Osmuchin, nun schon ein uralter Mann, erzählte überall, ein Fischadler habe die Kindesleiche davongetragen, und deshalb suche man vergebens. Man glaubte es ihm nicht. Die einen meinten, ein Fischadler mache nur auf Fische Jagd, die anderen sagten, es käme wohl auch vor, daß ein Fischadler junge Hasen oder Zieselmäuse schlage, aber Aas nehme er niemals an.

Der Schmerz des Vaters hielt nicht lange an, wie es eben bei Vätern ist, aber der Mutter hatte dieses Unglück einen solchen Schlag versetzt, daß etwas in ihr zerrissen schien und sie für immer in Trauer versank. Und doch brachte sie fünf Monate später ein gesundes kräftiges Mädchen zur Welt, Ula getauft, 1902 wurde als viertes Kind Raja geboren und schließlich, 1907 der Jüngste, Mitia.

Der erstgeborene Sohn, Sascha genannt, wuchs zur ungetrübten Freude des stolzen Vaters heran. Als sein Jahrgang an der Reihe war, brachte der Vater, der es bis zum Wachtmeister gebracht und trotz seiner Jahre noch am Russisch-japanischen Krieg teilgenommen hatte, den Sohn selbst zu seinem Truppenteil. Bei Kriegsausbruch 1914 kam Sascha zum 3. Kosakenregiment und marschierte mit der ersten Armee des Generals der Kavallerie von Rennenkampf in Ostpreußen ein. Als Melder geriet er am 19. August in den Kampfabschnitt des Garde-Kavallerie-Regiments in der Nähe des Städtchens Kauschen. War es nun Mangel an

Kampferfahrung oder überschäumende Lebenslust, jedenfalls schloß er sich ganz aus freien Stücken einer Schwadron der Garde-Kavallerie an, die unter dem Rittmeister Baron Wrangel gerade zu einer Attacke gegen eine deutsche Batterie ansetzte. Schon durch die erste Galoppsprünge angefeuert, preschte Saschas Pferd, von reinstem Don-Blut, der Schwadron weit voraus und erreichte die feindlichen Geschütze noch vor den anderen. Sascha, den der Pistolenschuß eines deutschen Offiziers verfehlt hatte, traf mit einem Säbelhieb seinen Gegner mit solcher Wucht, daß er ihm die Schädeldecke über den Ohren abschlug und die Hirnschale zusammen mit dem spitzen Helm ins blutbespritzte Gras rollte.

Dies Kriegserlebnis sollte für das weitere Leben des jungen Kosaken noch recht bedeutungsvoll werden. Er wurde mit dem St. Georgskreuz IV. Klasse ausgezeichnet und bekam kurz darauf einer kleinen unbedeutenden Verwundung wegen Urlaub. Den deutschen Offiziershelm hatte er damals als sichtbares Siegeszeichen vom Schlachtfeld mitgenommen, und so kam er auf den väterlichen Chutor. Sicherlich traf es zu, was er erzählte, nämlich daß der Rittmeister Wrangel ihm die Hand gedrückt habe. Sascha sprach von ihm und der Attacke immer nur mit höchster Begeisterung.

Der Vater strahlte vor Stolz. Allein die Mutter seufzte nur, als sie die prahlerischen Reden ihres Sohnes hörte, denn sie hatte von den anderen Frauen schon genug vom Feldzug in Ostpreußen gehört, zu dem so viele junge Kosaken aus der Umgebung ausgezogen waren, und sie sagte sorgenvoll: „Aber du, Saschenka, denk immer dran, nimm nichts, was dir nicht gehört und raub die Menschen nicht aus!"

Sascha hatte die Satschirken[3] aufgegessen, schob den Teller zurück und machte ein finsteres Gesicht: „Ich nehm' schon nichts. Mit dem Rauben, das ist alles nur dummes Gerede."

Die Mutter seufzte ein zweites Mal und sagte dann mit ihrer eintönigen und nach der Tagesarbeit müden Stimme: „Sie plündern doch, Söhnchen, sie plündern. Sie haben es doch erzählt. Der Ostapienko Simeon, der Bursche vom

---

[3] Milchsuppe und Mehlklößchen.

Sotnik Wicenowski, hat sogar ein paar Kanarienvögel da irgendwo aus Ischburg mitgebracht."
„Istenburg!" verbesserte sie der Sohn.
„Ich weiß nicht, wie das heißt. Es ist eine deutsche Stadt. Aber daß sie sogar Kanarienvögel mitnehmen . . ."
„Er redet dummes Zeug, der Ostapienko."
„Nein, er redet kein dummes Zeug. Raja hat sie selbst gesehen bei den Wicenowskis. Gelb, so gelbe kleine Vögelchen!"
„Und sie singen so schön", ergänzte Raja.
„Was hängt ihr euch an diese Kanarienvögel wie Vogelläuse", sagte ärgerlich der alte Kolzow. „Was ist denn schon groß dabei! Was ist denn so ein Vogel wert? Für einen halben Rubel kannst du in Rostow ein ganzes Dutzend kaufen."
„Hier geht es nicht um einen halben Rubel." Die Mutter sagte es fast feierlich.
„Ach, Mutter versteht nichts vom Krieg", beendete Sascha das Gespräch.

*

Das war im ersten Kriegsjahr. Später dann lernte Sascha den Krieg besser kennen als viele andere. Er wurde zu einer anderen Einheit versetzt, war wieder bei einer Attacke der kaukasischen Kavallerie-Division bei Koluschki am 23. Oktober 1914 mit dabei. Es ging darum, den Durchbruch der deutschen Armee bei Brzeziny in der großen Schlacht bei Lodz zu vereiteln. Er wurde ein zweites Mal ausgezeichnet, in den nächsten Jahren noch zweimal verwundet, brachte es bis zum Uriadnik und wurde aus dem Lazarett entlassen, als die Revolution schon begonnen hatte.
Aber es zog ihn nicht zur Heimat am Don, wo, wie man überall erzählte, der Kampf gegen die Bolschewiken tobte, sondern dorthin, wo man den Namen Wrangel nannte, der nun schon General war. Unter dem Befehl des Generals Schkuro, der zusammen mit den Einheiten der Terek-Division am 5. Mai 1919 bei Illowajsk die Bolschewiken zu Paaren trieb, zeichnete er sich erneut aus. Es hieß, er habe an dem siegreichen Marsch auf Charkow und später am großen Rückzug an den Kuban teilgenommen. Aber nicht ein einziges Mal

gelang es ihm in allen diesen Jahren, den heimatlichen Hof wiederzusehen. Bei Kachowka geriet er verwundet im Abschnitt der 13. Sowjet-Division in Gefangenschaft, entkam wie durch ein Wunder und erreichte im letzten Augenblick Nowotscherkask. Zu Schiff kam er dann auf die Krim und stieß zu den letzten Resten der Wrangelarmee. Was aus dem Hof, was aus der Familie geworden war, er erfuhr es nicht bis zum Ende, obwohl ihn mancherlei Gerüchte erreichten, die sich aber alle widersprachen. 1922 schließlich landete er als Emigrant in Belgrad.

*

Schon längst hatte der Wind den Schnee der Kirschblüten in die weidengeflochtenen Zäune und zwischen die Tomatenstauden verweht, hatte die zarten Blättchen hinaus auf die Felder und in die Steppe getragen. Sie wurden trocken und gelb, verdarben im Regen und vergingen. An den Zweigen hingen schon die ersten, rötlich angehauchten, aber noch unreifen Früchte. Den ganzen Tag über hatte die Sonne heruntergebrannt, nun war der Himmel fahl und eben wie die Steppe. Die Abendkühle, die vom Fluß heraufsteigt, ist irgendwo auf halbem Wege stehengeblieben und hat den Chutor von Jaglica nicht erreicht. Es riecht wie immer nach bäuerlichem Hab und Gut, aufgeweichter Wagenschmiere, trockenem Gras und ausgedörrter Erde. Ochsen ziehen den Feldweg herauf, eine Staubwand steht regungslos über ihrer Spur und will sich nicht niedersenken. Die beiden Pappeln an der Hütte des Nachbarn Maschtschenko, der längst nicht so wohlhabend wie die Kolzows ist, neigen ihre Wipfel wie immer ein wenig nach Osten. Der alte Kolzow steht mit offenem Zipun im Hausgang und kratzt sich das graustoppelige Kinn. Er möchte seine Gedanken sammeln, an irgend etwas Nützliches denken, jetzt da die Sonne, eben noch wie eine gelbe Sonnenblume strahlend, allmählich die Farbe einer aufgeschnittenen Wassermelone annimmt und sich den fernen Fronten des ersten Weltkrieges zuneigt. Aber die Gedanken laufen ihm davon, verwehen wie der Staub des Alltags. Und doch wird Alexander Kolzow niemals diesen Sommerabend des Jahres 1916 vergessen.

Den mit schwerem Schritt davonstampfenden Ochsen entgegen kam ein Man den Weg herauf, eine kaukasische Mütze auf dem Kopf und auf den Schultern eine farbige Last.
„Hej Armenier, was verkaufst du?“ rief Kolzow ihm zu.
Abbas Malek war kein Armenier, sondern ein Aserbeidschaner, bis vor kurzem noch Tagelöhner in Elisabethpol jenseits des Kaukasus. Im Zeichen des wachsenden Wohlstandes im Lande war er Kaufmann geworden.
„Teppiche“, schrie er zurück. „Kauft, reicher Kosak!“ Er machte nicht den Versuch, die leicht anrüchige Bezeichnung als Armenier zu berichtigen, obgleich doch dieses Volk hierzulande sich nicht gerade eines soliden Rufes erfreute.
„Du hast gut von Reichtum reden, wo du doch ohne Dach über dem Kopf umherstreunst“, polterte Kolzow los, aber dann besann er sich. Die wandernden Händler wußten schon, warum sie jetzt aufs flache Land hinauszogen. Je länger der Krieg andauerte, desto höher stiegen die Preise für die Erzeugnisse der Bauern. Man brauchte den Rubel nicht mehr dreimal umzudrehen, ehe man ihn ausgab. Der alte Kolzow liebte den Wohlstand wie alle alten Leute, die sich dem Diesseits desto mehr zuneigen, je näher sie dem ewigen Leben sind. Er hatte sich schon ein Grammophon angeschafft und eine Singernähmaschine, zwar schon gebraucht, aber dafür auch um geringen Preis. Ein Teppich wäre nicht schlecht.
„Komm, zeig mal her.“
Abbas Malek erklärte im Näherkommen ,daß er noch viele andere Muster zur Auswahl in seinem Wagen habe, der am Dorfrand mit seinem Gehilfen wartete. Er war schlank gewachsen, dunkelhaarig und von guten Umgangsformen, und wenn er sprach, blitzten seine Zähne aus einem sonnenverbranntem, dunklem Gesicht. Seine Art zu reden war nicht ohne Würde, und bei passender Gelegenheit flocht er ein, daß er kein Armenier sondern Aserbeidschaner sei.
„Türkischen Glauben?“ fragte Kolzow.
„Mohammedanischen“, verbesserte höflich der Ankömmling.
„Mir ist das gleich. Hab’ zwar noch niemals gegen die Türken gekämpft, weiß aber, daß sie keinen Schnaps trinken und

mehrere Weiber haben. Sollen sie doch! Werd' sie ihnen nicht wegnehmen, wenn auch jetzt wieder Krieg mit ihnen ist."

„Krieg ist auf der ganzen Welt."

Eine Tür knarrte.

„Ula", der Alte wandte sich an seine Tochter, die auf den Hausgang herausgetreten war, „sieh hier die Teppiche, die der Mann mitgebracht hat."

Die Ochsen zogen vorbei, die dichte Staubwolke hinter ihnen hielt sich in der Luft, ohne sich aufzulösen. In diesem Augenblick wurden die Lose geworfen, die über Leben und Tod dieser drei Menschen hier schon in naher Zukunft entscheiden sollten. Ula erblickte zuerst den Mann, nicht die Teppiche. Sie sah ihm in die Augen, und dann erst glitt ihr Blick über die bunten persischen Muster. Es war, als fühle sie sich auf seltsame Art willenlos werden wie ein Braßfisch an der Angel. Es war sehr heiß, und Abbas Malek trat einen Schritt zurück und wischte sich den Schweiß von der Stirn, nicht mit dem Ärmel wie ein Bauer, sondern mit einem karierten Tuch, das er umständlich aus der Hosentasche zog. Ula war damals erst 18 Jahre alt, aber sie war schon voll entwickelt und die festen Brüste rundeten sich unter dem gestickten Hemd, das in den Hüften von einem groben Arbeitsrock zusammengehalten wurde. Sie hatte fahlblondes Haar und dunkelblaue Augen. Solchen Mädchen begegnete Malek zu Dutzenden auf seinen Fahrten, aber er war es gewohnt, sich nur um seinen Handel zu kümmern.

Der Alte betastete prüfend den Teppich mit seinen groben Fingern und entschied sich schnell: „Fahr' herein, wir wollen auch die übrige Ware sehen."

Der Aserbeidschaner lenkte das Gefährt durchs Hoftor. Zwei kleinere Teppiche nahm ihm der Alte ab, behandelte den Händler beinahe wie einen Gast und wunderte sich selbst wohl darüber, und kurz danach wußte er nicht, warum sich das so geschickt hatte. Bis in den späten Abend hinein saßen sie auf der Veranda, zuletzt nur noch Malek und Ula. Mitia war nicht da, denn er hatte den ganzen Tag über mit seinen Freunden gefischt, war enttäuscht nach

Hause gekommen und schon beim Abendbrot eingeschlafen. Gegen den Willen der Mutter hatte sich Raja zu einem Abendschwatz mit anderen Mädchen aus dem Haus geschlichen, und später gingen auch die Eltern schlafen. So kam es, daß niemand wußte, wie es begonnen hatte. Selbst der Mond stand in dieser Nacht nicht am Himmel, und die Sterne blinkten wie fahle Lichter durch den Dunst, der von der Erde aufstieg, als seien auch sie von der Hitze des Tages ermattet.

Am nächsten Tag machte sich Malek noch nicht zur Weiterfahrt bereit, obwohl er am Abend angekündigt hatte, er werde im Morgengrauen weiterziehen. Er werkte an seinem Fahrzeug und brachte ein Wagenteil in die Dorfschmiede. Es wunderte den alten Kosaken sehr, daß der wandernde Händler sich großzügig erwies und ihm als Gastgeschenk einen kleinen Teppich überreichte, aber er nahm die Gabe an. Erst am dritten Tage nach dem Frühstück fuhr der Gast weiter. Ula ließ sich nichts anmerken. Aber noch am gleichen Tage machte sie sich auf, um eine ältere Freundin zu besuchen, die vor vier Monaten geheiratet hatte und auf einem Chutor in der Nachbarschaft wohnte. Die Eltern hatten sie gehen lassen, denn es war ein Samstag. Sie verließ den Hof und kam nie wieder.

Das war ein harter Schlag. Zuerst hatte man auf ihre Rückkehr gewartet, und bis man dann erfuhr, daß sie gar nicht bei ihrer Freundin gewesen sei, und bis man schließlich darauf kam, daß sie mit dem hausierenden Händler auf und davon gegangen war, vergingen einige Tage. Selbst mit dem schnellsten Pferd konnte man jetzt den ‚verdammten Türken' nicht mehr einholen, zumal sich niemand mehr daran erinnern konnte, welche Richtung er eingeschlagen hatte, und sein Wagenpferd war auch nicht gerade ein Klepper. Nach diesem Schicksalsschlag ging selbst der alte Kolzow einige Tage wie unter einer Last daher: Der obdachlose Landstreicher, der Schuboj, der Landhausierer, der Ungläubige — das war zu viel für seine gesunden Sinne. Und dazu die eigene Tochter! Und jetzt das Getuschel, die Spottreden der Nachbarn und, was am schlimmsten war, das geheuchelte

Mitleid. Denn schließlich ist es überall so auf der Welt, daß sich jeder Mensch freut, wenn nicht ihn, sondern den anderen ein Unglück trifft. In aufsteigender Wut wollte er schon in die Stadt fahren, Anzeige zu erstatten und zu sagen, Malek sei ein türkischer Spion gewesen, aber er bezähmte sich. Schließlich waren ja Kriegszeiten, und das Ganze könnte wer weiß wie sehr aufgebauscht werden. Ob er diesen Schritt nun unterließ, um die eigene Tochter zu schonen, oder ob es die Furcht vor der Prozedur der Untersuchung und den Besuchen des Polizei-Oberpristaw war, oder ob ihm sein eigenes Ehrgefühl verbot, sich so zu erniedrigen — man weiß es nicht. Raja ging mit verweintem Gesicht umher, und der neunjährige Mitia dachte nur an seinen neuen Bogen, den er eben schnitzte. Die Mutter dagegen ertrug den schweren Schlag besser, als man es hätte erwarten können. Sie hörte bald auf zu lamentieren und versuchte, sich das Dasein ihrer ältesten Tochter ganz sachlich und in allen Einzelheiten vorzustellen. Vielleicht würde sie es nicht aushalten und nach Hause zurückkommen? Und ob Malek sie wirklich heiraten würde?

„Dumm bist du", sagte Kolzow. „Er wird sie schon bei seinem Rumzigeunern wegjagen. Und wenn er sie heiratet, was ist das schon? Weißt nicht, daß die Muselmanen viele Weiber haben, was?"

„Ach, ach ... Und warum straft der Herrgott solche Leute nicht mit einem Blitzschlag? Ich versteh' das nicht."

„Ja! Den Herrgott zu verstehen, da müßte man zuviel Zeit drüber verlieren. Nichts, nur nachdenken! Die Wirtschaft vernachlässigen und selbst betteln gehen."

In dieser Nacht, als der Alte schon schlief, segnete ihn seine Frau dreimal mit dem heiligen Zeichen des orthodoxen Kreuzes, um seine bösen Gedanken zu vertreiben.

*

Zwei Monate waren vergangen. Der Alte machte sich zur Stanitza auf, um dort einen schon lange gefaßten Plan voranzutreiben, der die Ausbildung Mitias betraf. Auch waren ein paar Einkäufe zu machen und ein Paket an den ältesten

Sohn abzuschicken, der wieder einmal in einem Feldlazarett lag. Bei dieser Gelegenheit holte er die Postsachen für die ganze Nachbarschaft ab, und darunter war auch ein Brief für ihn.

Ulas Brief klang ein wenig gekünstelt. Ula schrieb so, wie sie es in der Schule gelernt hatte, gleich am Anfang ein wenig breit und ungeschickt alle guten Wünsche und Grüße an die Eltern, die ganze Familie und alle Bekannten. Sehr demütig bekannte sie ihre große Sünde, noch zerknirschter klang ihre Bitte um Verzeihung und ihr Fußfall vor dem Vater. Dann schrieb sie, daß Abbas Malek sie wirklich geheiratet und daß die Trauung in der prawoslawischen Kirche stattgefunden habe. Und weiter, daß es ihnen gut gehe, was vielleicht ein sichtbares Zeichen für Gottes Vergebung sei, und jetzt warte sie darauf, daß der Vater ihr auch verzeihe.

Kolzow las den Brief mit steinern-unbewegtem Gesicht, dann riß er ihn in kleine Fetzen und wollte sie schon mit dem Wind davonfliegen lassen. Aber er besann sich, steckte die Schnippsel in seine Hosentasche, um sie zu Hause zu verbrennen. Nicht einmal der Wind sollte eine Spur davon in die Welt tragen.

Auf der Heimfahrt begleiteten ihn das unaufhörliche Zirpen der Grashüpfer, die holprigen Wagenspuren des Feldweges, das Gleichmaß der Steppe und die Sonne, die nicht mit leuchtendem Abendrot wie an den Tagen zuvor, sondern hinter leichten Dunstschleiern unterging. Zu Hause erwähnte er den Brief mit keinem Wort. In der Nacht, als alles schlief, tappte er barfuß in die Küche hinaus und versuchte bei Kerzenlicht, die Papierfetzen zusammenzulegen, wie man es mit einem chinesischen Bilderrätsel tut. Er suchte lange, bis er die Anschrift zusammengebracht hatte: In Armawir am Kuban. Er steckte sie in ein Geheimfach seiner Brieftasche, die er vor kurzem auf dem Jahrmarkt gekauft hatte, häufelte die übrigen Schnippsel zusammen, verbrannte sie, nahm die Asche sorgsam in die hohle Hand und warf sie in den erkalteten Herd.

Am nächsten Morgen begann es zu regnen, wie man es schon seit Tagen erwartet hatte, und nun wurde das Wetter trübe.

MITIA

Noch bevor im Herbst jenes Jahres 1916 die Schlechtwetterzeit begann und man die Bahnstation von Kachalinsk noch ohne im Schlamm zu versinken erreichen konnte, hatte der alte Kolzow die Sachen gepackt und sich mit seinem jüngsten Sohn auf den Weg nach Kiew gemacht. Mitia war damals erst neun Jahre alt. Die Nachbarn hatten abgeraten und die Mutter weinte in den Nächten, denn sie wollte ihren geliebten Jüngsten nicht hergeben, gerade jetzt nicht, da der Älteste ständig im feindlichen Feuer lag und man jeden Tag befürchten mußte, daß ein amtlicher Brief mit der Todesnachricht eintreffen könnte. Aber der Vater blieb hartnäckig dabei, seinen kühnsten Lebenstraum in die Wirklichkeit umzusetzen: Sein jüngster Sohn sollte Offizier werden! Er dachte dabei auch an Sascha, aber der würde schon zurechtkommen im Leben, wenn er nicht im Felde fiel, was der Herrgott verhüten wolle — und wenn ihn doch eine Kugel träfe, dann sollte wenigstens der Jüngste den Offizierssäbel tragen.

Günstige Zeiten waren herangekommen: die Getreidepreise zogen an und der Hof brachte immer mehr ein. Er nahm alte Beziehungen wieder auf, schrieb an seinen ehemaligen Kompanieführer aus dem Japankrieg, sprach hier und da bei einflußreichen Leuten vor und beschloß, den Jungen, ein Kind noch, im Kadettenkorps unterzubringen.

Daß die Wahl gerade auf Kiew fiel, war, wenn man an die Tradition der Kosaken denkt, ein wenig überspannt und vom Vater auch gar nicht beabsichtigt. Das hatte nun aber die Mutter durchgesetzt, denn in Kiew wohnte ihre jüngste, ihre Lieblingsschwester, die durch Heirat mit einem Steuerbeamten Karriere gemacht hatte. In ihrem Hause würde Mitia wohl ein wenig Nestwärme finden und an den Sonn- und Feiertagen sowie an den Festen des Zarenhauses bei seiner Tante und ihren Kindern sein können. Die beiden Schwestern hatten einander zwar lange nicht mehr gesehen,

aber Familie bleibt doch immer Familie, und so blieb es denn dabei, daß Mitia nach Kiew sollte.
Am schlimmsten war es nun für Mitia selbst. Erst in späteren Jahren erscheint einem die Kinderzeit von lauter Freuden wie mit Goldfäden durchwebt. Es ist so wie mit einem Rückblick auf die ‚guten alten Zeiten'. In Wirklichkeit aber ist der heitere Lebensfrühling von vielen dunklen und abgründigen Tagen getrübt. Wie ein wüster Traum erschien es dem kleinen Mitia, daß er nun das Haus, den Hof und den Garten, wo alles ihm vertraut und nahe war, verlassen sollte und mit all den tausend Dingen keinen Umgang mehr haben dürfe. Es wollte ihm nicht in den Kopf, daß er die barfüßige Freiheit gegen die strenge Zucht des Internats und den strengen Vater, vor dem er sich fürchtete, gegen einen sicherlich noch weit strengeren, ja vielleicht sogar feindlich gesonnenen Offizierslehrer eintauschen sollte. Da hilft es nichts, wenn man auf die Zukunft vertröstet wird und es heißt, diese Jahre seien nur ein Übergang. Wenn die Alten auch darüber klagten, daß die Zeit so schnell dahingehe, Mitia, für den ein Jahr fast ein Zehntel seines Lebens darstellte, schienen sich zwölf volle Monate ins Unendliche zu dehnen. Ihn jetzt im Herbst damit zu trösten, daß bald der Frühling käme, mußte ihm wie ein schmerzlicher Hohn auf die harte Wirklichkeit und wie eine Drohung mit einer Düsternis erscheinen, der er sich ausgeliefert sah. Die großen, schwarzen Schatten über der sonnigen Welt der Kinderzeit werden später von neuem Gewebe überwachsen, und unwichtig erscheint, was in Wirklichkeit aber nicht unwichtig war. Nun sah er den am Fenster des Abteils vorüberhuschenden Telegrafenmasten nach, und es mochte ihm scheinen, als ob für immer das Lächeln glücklicher Tage ausgelöscht sei. Bärtige Fuhrleute mit langen Peitschen und schwarzen Schirmmützen warteten auf den kleinen Haltestellen, hinter den Stationsgebäuden rupften Pferde Heu aus Bündeln, die vor ihnen lagen, oder warfen mit schnellem Ruck den Futtersack hoch, den man ihnen vors Maul gebunden hatte. Auf den größten Stationen war ein Gendarm zu sehen, die Menschen hatten es eilig, ein Bahnbeamter stand unter einer

Glocke auf dem Bahnsteig. Alles verschwand in der Ferne, in der unendlichen Ebene. Und wieder nur Telegrafenmasten, und es regnet draußen und Wassertropfen laufen träge an den Scheiben herunter, verschwommen irgendwo am Horizont die Zwiebeltürme einer Dorfkirche mit den gedoppelten Kreuzen, die kein Sonnenstrahl golden aufleuchten läßt. Dumpfig riecht es im Abteil nach Stiefelleder, nassen Pelzen und schlechtem Tabak, und der Zug fährt und fährt. Manchmal verhängt der Dampf der Lokomotive das Fenster, dann zerflattert er wieder und gibt den Blick frei auf die Schwalben, die auf den Drähten sitzen, oder auf die dichten Hecken, die den Bahndamm im Winter von Schneewehen freihalten sollen. Wohin fährt der kleine Mitia? Wird er das Holzhaus mit dem grün gestrichenen Blechdach wohl noch einmal wiedersehen?
Und keine jener angeblich unfehlbaren mütterlichen Vorahnungen, von denen man immer so rühmend spricht, hatte Mitias Mutter zugeflüstert, daß ihre Wahl auf einen Platz gefallen war, der beim Ausbruch der Revolution zu einem ihrer Brennpunkte gehören sollte. Von allen europäischen Großstädten wechselte Kiew seit dem Beginn des ersten Weltkrieges am häufigsten ihren Besitzer. Schon im Frühjahr 1917 waren die Zeiten so unsicher, daß Mitias Tante ihm nicht erlauben wollte, allein nach Hause zu fahren. So behielt sie ihn bei sich. Mitia fühlte sich wohl im Kadettenkorps, das kindliche Grauen der ersten Wochen war längst vergessen. Er war härter und männlicher geworden und ein guter Schüler. Das historische Geschehen, das er miterlebte, begann ihn zu interessieren.

*

Als das Chaos der Revolution immer weiter um sich griff, hatte man wenigstens die jüngeren Jahrgänge des Kadettenkorps nach Odessa evakuieren können. Diesmal verspürte Mitia kein Heimweh auf der Reise, sondern er erlebte das Ganze wie ein erregendes Abenteuer. In Odessa fand er sich in einer völlig neuen Umgebung wieder, denn vor dem Wüten des Bürgerkrieges hatte man noch andere Kadettenschulen hierher verlegt. Ebenso wie seine Altersgenossen sehnte sich der elfjährige Junge nach Kriegsabenteuern und verabscheute die Bolschewisten mit einem kindlichen und bedingungslosen Haß. Aber schließlich nahm der Schulbetrieb dann doch in der gewohnten Weise seinen Fortgang. Die Prophezeiungen derjenigen, die noch in alten Vernunftvorstellungen lebten, erfüllten sich nicht. Auch die Hoffnung auf eine wirksame Hilfe des Westens versank in Enttäuschung. Die bolschewistischen Armeen unter Führung von Lejb alias Lew Bronstein-Trotzki drangen immer weiter von Norden nach Süden vor. Im Oktober-November 1919 durchbrach die Reiterarmee des 37jährigen ehemaligen Wachtmeisters Simeon Budjenny die Front der Weißen an der Nahtstelle zwischen der Don- und der Freiwilligenarmee.

Die Hauptmacht der Konterrevolutionäre zog sich hinter den unteren Don und den Manytsch zurück und versuchte, dort eine neue Verteidigungslinie aufzubauen. Die von den Hauptstreitkräften abgeschnittene Gruppe des Generals Slaschtschew, welche die vierte Division und einige Donkosaken-Abteilungen Miedwiediews umfaßte, zog sich auf die Krim zurück und wollte hier auf der Landenge von Perekop Widerstand leisten. Nur die sogenannte Kiewer-Tschernichowsker Gruppe des Generals Bredow wälzte sich langsam auf die Linie Odessa-Nikolajew zurück. An ihr hing die einzige Hoffnung auf Rettung der Stadt, aber auch diese Hoffnung erwies sich als trügerisch.

Flüchtlinge und Versprengte erfüllten die Straßen Odessas. Hunderttausende verzweifelter Menschen erfüllten die Luft mit ihren Flüchen, lebten notdürftig von der Hand in den Mund und hielten sich von Tag zu Tag durch phantastische Gerüchte aufrecht. Ein schlechter Ratgeber ist die Verzweiflung und ein miserabler Taktiker zugleich. Es kommt freilich auch vor, daß Soldaten in einer schier verzweifelten Lage mit äußerstem Heldenmut kämpfen, aber so häufig auch in Büchern davon die Rede ist, die nüchterne Wirklichkeit sieht meistens anders aus. So kamen Fälle von Fahnenflucht immer öfter vor und Zersetzungserscheinungen griffen überall um sich. Feldlazarette wurden nach Odessa verlegt. Der Hunger trat seine Herrschaft an und, was weit schlimmer war, der Typhus. Auf das Meer und die Schiffe setzten die verzweifelten Menschen ihre Hoffnung, die sich zu Lande nicht erfüllt hatte. Aber es gab nur wenige Schiffe, und es waren viele, unzählige, die vor den Bolschewisten fliehen wollten. Panik und Hoffnung verwoben sich wie ein Weidengeflecht und schlossen die Stadt Odessa gleichsam wie in einen riesigen Korb ein, den jedoch keine menschliche Kraft aufheben und einfach davontragen konnte, um dem unaufhaltsam herannahenden Verhängnis zu entgehen. Die Schüler des Kadettenkorps fanden keinen Schlaf in den langen Nächten. Die Schlafsäle waren kaum geheizt, die Mägen der Jungen waren leer. Es war im Januar 1920.

„Du", flüsterte in einer solchen Nacht Mitia und duckte sich unter seiner dünnen Decke zusammen.

„Na?" erwiderte aus dem Nachbarbett Saschka Biernacki, der Sohn des Odessaer Kadettenkorps-Kommandanten, eines Obersten der Kriegsrechtsakademie.

„Schläfst du schon?" Zum erstenmal konnte Mitia nicht an sich halten und gab zu erkennen, daß Zweifel in ihm aufstiegen. „Sag es, aber ganz richtig, so, wie du denkst, wie endet das hier?"

„Komischer Kerl! Wie denn? Das ist doch klar, gut. Bredow hält die Linie Wozniesiensk—Tyraspol, Slaschtschew hält die Stellung bei Perekop und von der Flanke Angriff der Donkosaken und der Freiwilligenarmee... Du weißt doch, von den Flügeln her. Da bleibt von den Bolschewiken nicht mehr als ein feuchter Fleck!"

„Ha!" rief begeistert Jacenko vom andern Bett zu den beiden herüber. „Und vergeßt nicht, wenn auch noch die Engländer helfen und die Franzosen... Saschka hat recht."

„Ach, ihr Strategen!" ließ sich eine verschlafene Stimme vernehmen, „vielleicht könnt ihr die Operationen auf morgen früh verschieben? Was? Ist doch Nacht, stört doch im Schlaf."

Aber lange ging noch ein Flüstern zwischen den Betten hin und her, wie man den Feind am besten zerschmettern und die bolschewistische Pest ausrotten könne.

Schließlich zog Mitia die Decke über den Kopf. Was Saschka gesagt hatte, dachte er, das hat er nicht von sich. Das weiß er sicherlich von seinem Vater und der vielleicht wieder von noch höheren Generalen. Ach, wenn es doch so wäre! Schlafen, schlafen. Zum erstenmal in seinem noch nicht ganz dreizehnjährigen Leben versuchte er, die Wirklichkeit zu vergessen und mit seinen Gedanken in eine ferne Zukunft zu fliehen.

Aber keiner der in dieser Nacht erwogenen Pläne wurde verwirklicht. Am nächsten Tage schon, am 20. Januar 1920, sah General Bredow es für sinnlos an, den Rückzug in die bereits teilweise eingeschlossene Stadt Odessa fortzusetzen. Er änderte die Marschrichtung und wendete sich nach Nordwesten in der Hoffnung, sich nach Polen oder Rumänien durchschlagen und wenigstens seine Leute in Sicherheit bringen zu können. Wenige Tage später erkannten sogar die jüngsten Kadetten, daß keine Möglichkeit mehr bestand, die Stadt zu halten. Dagegen erfüllte nun ein anderes Gerücht alle Herzen mit Zuversicht: Das Kadettenkorps wird nach Jugoslawien evakuiert und unter den Schutz Seiner Königlichen Hoheit, des Thronfolgers Alexander gestellt. Dort wird der Abschlußkurs gemacht, und dann kehren sie alle in die befreite Heimat zurück.

Nicht allen Kadetten war das recht, denn sie brannten darauf, sich noch im Kriege gegen die Bolschewisten auszuzeichnen, aber die Aussicht auf die weite Reise war doch sehr verlockend.

„Bist wohl auch neugierig auf fremde Länder?“

„Hast recht“, meinte Mitia und stellte sich vor, wie er später im Elternhaus von Taten und Wundern berichten werde, wie damals sein Bruder Sascha, als er von der Front in Ostpreußen auf Urlaub kam.

Indessen stellte sich heraus, daß die letzten Schiffe am Tage zuvor den Hafen verlassen hatten. Der Weg über die See war nicht mehr frei, und so blieb nur der Landweg über Rumänien. Die Zeit drängte. In den Vorstädten fielen schon die ersten Schüsse. Aber ehe die Marschkolonne stand und die Troßwagen zur Stelle waren, vergingen nochmals einige

Stunden. Der Abmarsch erfolgte am 25. Januar um drei Uhr nachmittags. Nur noch ein paar versprengte Trosse waren auf den erschreckend leeren Straßen zu sehen. Die Kolonne marschierte in Richtung auf Owidiupol, von dort aus sollte es weiter über den Dnjestr, nach Akkerman, über die rumänische Grenze gehen. Wenn sie erst bis zur Grenze kämen, dann wären sie gerettet. Die Rumänen würden sie dann mit der Bahn nach Jugoslawien bringen. Die Lehrer hatten schon gelegentlich darauf hingewiesen, daß die jetzige rumänische Königin eine Enkelin des Zaren Alexander II sei.

Daß die Proviantwagen an der Spitze fuhren, unerreichbar für die hungrigen Kadetten, war allerdings bitter. Die älteren Jahrgänge bildeten die Nachhut. Sie waren mit Karabinern bewaffnet und sollten die jüngeren, die vornweg marschierten, bei einem Angriff schützen. An diesem ersten Marschtag legten sie ganze acht Kilometer zurück. Der Morgen des 26. Januar war hell und die Sonne schien. Die Kälte wurde von Stunde zu Stunde schneidender. Gegen Mittag kam ein scharfer Wind auf und leichtes Schneetreiben setzte ein. Da marschierten sie nun, die Zehn- und Elfjährigen, unter ihnen der eben dreizehnjährige Mitia. Sie kamen nicht weit. In einem leeren Schulhaus fanden sie ein Strohlager vor, das eine durchziehende Abteilung für ein kurzes Nachtlager aufgeschüttet haben mochte. Auf den nassen Strohhalmen wimmelt es von Läusen. Die Jungen fallen müde und hungrig — denn die ausgegebenen Rationen sind klein — auf ihr dumpfiges Nachtlager. Läuse kriechen über die schmucken neuen Kadettenuniformen, die sie erst vor Wochen empfangen haben. Man müßte sich waschen, aber es ist kein Wasser da, nur Schnee. Niemand wäscht sich.

Nachts wird Alarm gegeben:

„Alle Einheiten sind schon nach Owidiupol abgezogen. Wir sind die Letzten, hinter uns die Bolschewiken!"

Man muß die todmüden Kinder aus dem Schlaf reißen: „Ihr wolltet doch Offiziere werden, was? Also dann, marsch — marsch!"

Mitia kommt aus dem muffig-kalten Schulzimmer in die frische, schneidende Luft. Er fühlt sich schlecht, ‚schäbig', wie er sagt. Jeder Knochen tut ihm weh, heiß-kalte Schauer schütteln ihn.

„Ach, so ein Glas heißen Tee!“ Er versucht zu scherzen und dabei klappern ihm doch die Zähne. „Das Königreich Jugoslawien für ein Glas Tee!“

Ein älterer Kadett eilte an ihm vorüber, aber er verzog sein düsteres frühreifes Gesicht nicht einmal zu einem Lächeln, brachte nur den Karabiner auf seiner Schulter in die richtige Lage. Mitia lief schnell zum Sammelplatz.

Der Leutnant Rogajski, der im Krieg gegen die Deutschen die linke Hand verloren hatte, übernahm das Kommando über die Nachhut. Die Lage ist sehr ernst, und sie marschieren in stumpfer Erbitterung. Nachts waren sie aufgebrochen und erreichten Owidiupol nach siebzehn Stunden. Von den Troßwagen warf man Gepäckstücke herunter, einfach in den Schnee, um Platz für einige der jüngsten Kadetten zu schaffen, die zu Tode erschöpft waren. Nur mit letzter Willenskraft hielt sich Mitia aufrecht, und es erschien ihm schmachvoll genug, daß er kaum noch ein Bein vor das andere setzen konnte. Owidiupol bot ein Bild des Elends und der Auflösung. Alle Gassen waren mit Troß- und Flüchtlingswagen verstopft, und wo die Häuser nicht als Militärquartiere besetzt waren, lagen Flüchtlinge dicht bei dicht auf den Dielen und in jedem Winkel. Eine Abteilung Gardepioniere trat den Kadetten ihr Quartier im Schulhaus ab. Nicht aus Barmherzigkeit und Mitgefühl, sondern erst auf ausdrücklichen Befehl ihres Kommandeurs, des Obersten Stessel. Im Krieg hat niemand Zeit für Regungen der Barmherzigkeit, besonders dann nicht, wenn es einem bösen Ende zugeht. Die Soldaten fluchten lästerlich, als sie ihr Quartier räumen und auf die Straße hinaus mußten, durch die ein eisiger Wind fegt. Wieder fanden die Kadetten ein verlaustes Strohlager vor, und der Schnee, den sie an den Stiefeln hereingeschleppt hatten, zerging langsam auf den Dielen.

Der Dnjestr bildet bei Owidiupol, dort, wo er ins Schwarze Meer mündet, ein neun Kilometer breites Delta, den sogenannten Liman. Am anderen Ufer des Liman verläuft die

rumänische Grenze. Dort steht eine alte Festung aus der Türkenzeit, dort liegt die Stadt Akkerman, oft von Dichtern besungen. Im kalten Morgenlicht der Wintersonne konnte man die weißen Mauern der Festung deutlich erkennen, und zwischen ihr und dem östlichen Ufer des Liman, flach wie ein Tisch, die gewaltige Eistafel des zugefrorenen Dnjestr.
„Ach, man könnte es mit der Hand erreichen, möchte man meinen", sagten die am russischen Ufer wartenden Flüchtlinge. Sie stehen und kneifen die Augen zusammen vor dem harten Glanz der unendlichen weißen Fläche. Warum stehen sie hier? Weil immer noch nicht die von Stunde zu Stunde erwartete Erlaubnis der Rumänen zum Überschreiten der rettenden Grenze eingetroffen ist. Weder für das Militär noch für Zivilpersonen. Sie stehen hier und warten. Die Nachricht soll jeden Augenblick eintreffen.
Für die Kadetten ist alles klar geregelt. Die Kadettenschule und die Kinder muß man ja als erste hinüberlassen. Der Kommandant, Oberst Biernacki, hat sich schon auf die andere Seite zu den Rumänen begeben, um die Formalitäten zu erledigen.
„Ach, ist das ein Schicksal", seufzt jemand auf. „Man müßte jetzt zehn, zwölf Jahre sein! Da könnte man über jede Grenze gehen!"
Am Morgen des 28. Januar 1920 tritt das Odessaer Kadettenkorps jahrgangsweise in Marschkolonne an. Sie steigen vom Ufer herab und gehen, weit auseinandergezogen, auf dem hellen Eis, einer neuen Zukunft entgegen. Die Sonne scheint, es ist ihnen froh zumute. So ist es nun einmal: Kinder brauchen eben nicht viel: ein bißchen hohen Barometerdruck und die Aussicht auf ein Abenteuer. Nur Pawluscha Djatschenko, der neben Mitia einhertrottet, zieht die Augenbrauen zusammen und setzt die Miene eines ernsten Denkers auf. Und redet, was er irgendwo aufgeschnappt hat: „Was soll man da sagen, mein Lieber, wir sind selbst schuld. Paß auf: der Westen. Da gibt es keinen Bolschewismus. Und warum? Weil da Kultur ist, kultivierte Menschen. Sogar die Rumänen, selbst die verstehen es ..."
Mitia hörte ihm kaum zu. Er fühlt sich jetzt in der Sonne

ein wenig besser, aber ein inneres Fieber schüttelt ihn immer noch. Er blickt um sich. Vor ihnen gegen den kaltblauen Himmel die Festung Akkerman. Und er sieht, wie seitwärts und hinter ihnen einzelne Flüchtlinge über das Eis nach drüben streben — immer mehr und mehr. Auch waffenlose Soldaten schließen sich an. Angesichts der zum westlichen Limanufer marschierenden Soldaten drängen nun auch Pferdeschlitten mit Flüchtlingen nach. Alle möchten sie der Vorteile des sogenannten Asylrechts teilhaftig werden — die einzige Hoffnung, die ihnen geblieben ist.
„Was verstehen sie“, fragt Mitia zerstreut.
In diesem Augenblick geschieht etwas Unbegreifliches: Auf der Türkenfestung blitzt es auf, eine kleine weiße Rauchwolke ist zu sehen, und mit dem Dröhnen eines fernen Abschusses vermischt sich das durchdringende Pfeifen des herannahenden Geschosses. Es schlägt wenige hundert Meter rechts von der Marschkolonne der Kadetten aufs Eis, ein Feuerstrahl und eine Wasserfontäne steigen vor dem Schlitten eines Flüchtlings auf. Das Eis erzittert und zerspringt, der Gaul rutscht aus, steckt mit der Kruppe im dunklen Wasserloch und der Schlitten steht steil auf den vorderen Kufen. Ein Schrei, und alles ist wieder still wie im Grab. Nur das gläserne Brechen des Eises klingt noch in den Ohren.
„Was ist das?“
„Was soll das heißen?“
„Warum schießen sie?“
Mitia dachte in diesem Augenblick an etwas ganz anderes: „Es ist der erste Granateinschlag, den ich in meinem Leben sehe . . .“
Aber er gab das nicht laut zu, sondern sagte nur zu Djatschenko: „Da hast du es!“
Die Kolonne geriet in Unordnung. Die Offiziere eilten nach vorn.
„Ein klarer Warnschuß!“
„Sicherlich, weil die Flüchtlinge uns alle nachkommen!“
„Ein Mißverständnis!“
Oberst Biernacki begab sich sofort ans rumänische Ufer, um den Zwischenfall aufzuklären. Einstweilen aber bleibt nichts

anderes übrig, als umzukehren und ans russische Ufer zu marschieren.

„Ach, ist das ein Hundeleben! Und wir waren schon fast drüben.“ Der Rückzug übers Eis erscheint ihnen viel länger. Und dann wieder das verlauste Stroh und für jeden nur ein Stückchen Brot mit Speck und ein Schluck heißes Wasser. Der 29. Januar war ein nebliger Tag. Die Bastion von Akkerman war nicht zu erkennen. Oberst Biernacki hatte das Mißverständnis aufgeklärt und ein Einvernehmen mit den Rumänen erzielt. Die Kadetten marschierten wieder über das Eis des Liman. Diesmal wird alles gut werden. Sie schreiten frisch aus und sind schon an der Stelle, wo die Granate gestern das Pferd getroffen hatte. Dunkel ragt der Kadaver aus dem Wasserloch, das schon wieder zugefroren ist, ein düsterer Schemen im weißen Nebel, aus dem plötzlich menschliche Gestalten auftauchen, die ihnen entgegenkommen. Viele von ihnen tragen Kavalleriesättel auf den Schultern. Es ist die ukrainische Abteilung des Atamans Struk. Er hatte sich nach Tyraspol durchschlagen wollen, aber die Bolschewisten verlegten ihm den Weg und drängten ihn an den Dnjestr. So hatte er die rumänische Grenze überschritten. Die Rumänen gewährten den Versprengten nur für kurze Zeit Quartier, nahmen ihnen dann die Waffen und Pferde ab und trieben die Menschen übers Eis zurück. Schattenhaft glitten sie im Nebel aneinander vorbei und verhielten nicht. Nur vereinzelt fiel ein erbittertes, ein böses Wort über ihr schlimmes Geschick.

Den Rest des Weges legten sie ohne Zwischenfall zurück. Am anderen Ufer sahen sie, zum erstenmal seit langer Zeit, gut gekleidete und fröhliche Menschen. Junge Herren und Damen aus der Stadt winken ihnen artig zu, verteilen belegte Brote, heiße Milch und Wein. Aufrichtiges Mitgefühl spricht aus ihren Gesichtern. Man führt die Kadetten in ein Schulhaus. Es gibt dort wohl kein Heulager, auch keine Strohsäcke, aber alles ist sauber, das frisch gewachste Parkett spiegelt nur so. Und vor allen Dingen: Es ist warm hier und anheimelnd. Nach ein paar Stunden wieder ein Imbiß und gute, aufrichtige Worte. Als dann die Sonne zu sinken beginnt, kennen die Jungen nur noch den einen Gedanken: Schlafen, schlafen ... Endlich einmal ganz ausschlafen, in Frieden und mit dem Gefühl der Sicherheit. Mitia meldet sich nicht krank, er schämt sich immer noch seiner Schwäche. „Ich werd' schon durchhalten", denkt er bei sich. Als sich Pawluscha Djatschenko zufrieden die Stiefel auszieht, brummt er vor sich hin: „Siehst, ich hab' es doch gesagt, daß ..."

„Ja, aber außer uns haben sie niemand herübergelassen. Meinst vielleicht, das ist in Ordnung?"

„Hab' keine Angst, Brüderchen. Alle lassen sie herüber, alle. Und ich sag' dir, außerdem ..."

Aber Mitia hat sich schon auf den Parkettboden hingelegt und ist sofort eingeschlafen wie ein Stein. Er schläft den Schlaf einer tiefen Erschöpfung wie ein Kranker.

Es mußte wohl schon ein Uhr nachts sein, als er erwachte; aber es waren weder Lärm noch nächtliche Traumgesichte, die seinen Schlaf störten. Er glaubte Zurufe, Schimpfworte und lautes Zanken durch viele Türen hindurch zu hören. Gewaltsam riß er die Augen auf, um sich zu überzeugen, ob das die wache Wirklichkeit sei, aber die müden Lider fielen ihm wieder zu und er schlief ein. Manchmal können eine, zwei Minuten sehr lang erscheinen. Oder waren es nur ein paar Sekunden? Ein Stiefeltritt weckte ihn ein zweitesmal: „Aufstehen! Los, marsch, schnell weg hier!" Er sperrte die Augen weit auf. Über ihm stand ein rumänischer Soldat.

„Was denn?"

„Los, los! Aufstehn, mach schon!"

Licht wurde gemacht und man hörte den Obersten Biernacki auf dem Flur erregt und laut französisch sprechen:

„Das ist eine Schande! Morgen erfährt das die ganze zivilisierte Welt!" Aber er wurde sofort in andere Zimmer abgedrängt und seine Stimme verstummte. Ein rumänischer Offizier kam in den Saal. Er war blaß und ein gequälter Ausdruck stand in seinem Gesicht. Seine Hände zitterten, und mit diesen zitternden Händen fingerte er aus seinem Etui ein paar Zigaretten und reichte sie gedankenlos den Kadetten hin, den Kindern, die noch niemals geraucht haben.

„Leider, leider“, stieß er französisch hervor, „das ist so befohlen, so ein Befehl. Ich kann da nichts gegen tun. Ihr müßt zurück, zurück müßt ihr!“
Ein zehnjähriger Kadett begann zu weinen. Er wollte sich beherrschen, schluckte die Tränen hinunter und biß die Zähne zusammen, aber es wollte ihm nicht gelingen. Mitia sah Djatschenko an. Er wollte etwas sagen, ihm seinen Optimismus von gestern unter die Nase reiben, aber als er die helle Verzweiflung sah, die sich in Djatschenkos Augen widerspiegelte, blieb er stumm.
Man jagte die Kadetten wieder auf die russische Seite zurück, neun Kilometer über das Eis des Liman. Sie marschierten nun schon zum viertenmal die gleiche Strecke. Die Bolschewisten waren noch nicht in Owidiupol einmarschiert. General Wasiljew unterstellte alle Versprengten, die von den Rumänen abgewiesen oder nach kurzem Aufenthalt wieder hinausgeworfen worden waren, seinem Kommando und beschloß, mit dieser Abteilung über Tyraspol zu marschieren. Er wollte noch einmal versuchen, sich zur polnischen Grenze durchzuschlagen. Die älteren Jahrgänge der Kadetten sollten sich einer dieser Abteilungen anschließen. Was aber sollte aus den jüngeren werden, den zehn- und elfjährigen Kindern? Für sie sind keine Wagen da, und einen beschwerlichen Marsch überstehen sie nicht, wenn man schon davon absieht, daß auch dieses Unternehmen zum Scheitern verurteilt zu sein scheint; denn es ist eher von der Verzweiflung als von der Vernunft diktiert.
„General, die Kleinen schaffen es nicht. Sie mitzunehmen bedeutet, sie dem sicheren Tod auszuliefern.“
„Was raten Sie, Oberst?“
Da entschließt sich Oberst Biernacki zu einem letzten verzweifelten Schritt: Er will sich selbst an die Spitze dieser 600 Kinder setzen und sie zurück nach Odessa führen, den Bolschewisten entgegen, und indem er sich freiwillig in ihre Hände gibt, wird er, den sicheren Tod vor Augen, für seine jungen Zöglinge um Erbarmen bitten.
Es war keine Zeit mehr zu verlieren. Beide Gruppen bereiteten sich fieberhaft auf den Abmarsch vor. Mitia wollte mit

den Älteren zusammen nach Norden aufbrechen. Aber er fühlt sich immer elender und wird als Kranker nicht in diese Marschgruppe aufgenommen. Er bittet Sascha Biernacki, den Sohn des Korpskommandanten, sich für ihn einzusetzen.

„Nein, Mitia, es hat keinen Sinn! Hältst dich ja kaum auf den Beinen — mußt ins Lazarett und nicht an die Front!"

„Da hast du's nun! Wohin willst du mich schicken? Ein feines Spital da bei den Bolschewiken! An den nächsten Baum!"

„Mach's nicht dramatisch, Mitia. Keinen werden die hängen. Da wird auch viel übertrieben. Mein Vater geht doch mit euch, der weiß schon, wie man mit denen da reden muß. Wenn was passiert, dann doch nur ihm! Und doch geht er! Euch Rotznasen wird niemand ein Haar krümmen."

„Saschka, du verstehst mich nicht. Das Fieber geht doch vorbei!" — „Hast recht, Brüderchen, das geht vorbei, aber in Odessa, wenn du im Bett liegst. Auf dem Marsch bist du zu nichts nütze. Guck mal Djatschenko an, der ist gesund und geht doch zurück. Wir sehen uns ja bald wieder. Hab' keine Angst, ich rechne spätestens nach einem Jahr! Was denkst du dir denn, meinst die ganze Welt wird keinen Finger rühren gegen die bolschewistische Pest?! Nei--n, Brüderchen, das kommt nicht in Frage!"

Am 1. Februar 1920 stieß Oberst Biernacki auf dem Marsch nach Odessa an der Spitze seiner Kadetten, die alle noch im kindlichen Alter standen, auf die Vorausabteilung der Bolschewisten. Wie vorauszusehen war, verhafteten sie den Obersten sofort zusammen mit einigen anderen Offizieren, die gleich ihm die Rückkehr gewagt hatten. Von den Offizieren hat man nichts mehr gehört. Dem Obersten Biernacki dagegen als Lehr-Offizier einer Höheren Militär-Akademie rettete ein Befehl Trotzkis das Leben. Trotzki hatte angeordnet, daß alle Offiziere mit bestimmter Qualifikation, die zukünftig als Lehrkräfte an den Akademien der Roten Armee von Nutzen sein könnten, am Leben bleiben sollten. Kurz und bündig hieß das: Eine Kugel durch den Schädel oder Vorlesungen in militärischen Lehrgängen. Biernacki wählte das letztere.

Den Kadetten-Kinderschwarm beachteten die Bolschewisten kaum. Sie winkten nur verächtlich ab: „Schert euch wohin ihr wollt."
Als die müde Kolonne von den Roten angehalten worden war, an jenem ersten Februar, legte sich Mitia erschöpft in den Schnee, um auszuruhen, und schlief ein. Wie man ihn in die Stadt gebracht hatte, daran konnte er sich später nicht mehr erinnern. Erst nach längerer Zeit erwachte er aus seiner Bewußtlosigkeit. Er lag in einem entsetzlich schmutzigen Lazarett. Er hatte Typhus.

*

Es ging alles vorüber. Später verschwamm das alles, die Zeit der Krankheit, des Aufenthaltes im Spital, die ärztliche Behandlung, die bösen und guten Mienen der Pflegerinnen, in Mitias Erinnerung wie in einem trüben Nebel. Bedeutungslos und unwichtig, auch wem einmal jener viel zu große Anzug gehört haben mochte, der um seine mageren Glieder schlotterte und den man ihm mitgegeben hatte, als er aus dem Spital entlassen wurde. Es war Anfang Juni. Wenn der Wind von Süden wehte, kam ein warmer Hauch von durchsonnter Frische vom Meer herauf.
Wichtig dagegen war diese Begegnung: Am zweiten Tage nach seiner Entlassung — er hatte sich noch nichts zusammenbetteln können — traf er auf der Großen Fontanna-Straße seinen Freund Djatschenko. Pawluschas Gesicht zeigte den ersten Anflug von Männlichkeit, er war sonnverbrannt, aber sehr abgemagert. Seine Kleidung war dürftiger als die Lumpen, die Mitia im Spital erhalten hatte.
Sie begrüßten einander wortlos mit einem kaum wahrnehmbaren Lächeln um den Mund. Beide wußten sie schon bei der Begrüßung, daß es nichts zu reden gab zwischen ihnen, und warum sollte man vom Vergangenen reden? Djatschenko bot Mitia eine Handvoll Sonnenblumenkerne an, sie gingen auf der Schattenseite die Straße herauf, denn es war heiß. Später erst begann Djatschenko an die Vergangenheit zu erinnern, weil sie gerade am Gebäude des einstigen Kadet-

tenkorps vorbeikamen. Zuerst zog er mit einer ganzen Litanei fachgerechter Flüche, die er beim Umhervagabundieren gelernt hatte, gegen die Rumänen los, dann erzählte er von der Gruppe der älteren Kameraden, die damals mit der Kolonne des Generals Wasiljew abmarschiert war. Es war nämlich ein ihm bekannter Unteroffizier der Pawlograder Husaren in Zivilkleidung von dort zurückgekehrt, der in den letzten Tagen zu den Kadetten gestoßen war, um so über die Grenze zu kommen. Aber man hatte ihn nicht herübergelassen. Man hatte überhaupt niemanden außer einer Handvoll Kadetten die Grenze überschreiten lassen. Die Abteilung war im Kampf mit den Bolschewisten aufgerieben worden. Wer nicht gefallen war, geriet in Gefangenschaft. Die Rumänen duldeten nicht einmal die Verwundeten in ihrem Land und lieferten sie den Bolschewisten aus. Die Kadettengruppe war wohl nach langem Hin und Her endlich aufgenommen worden, aber viele von ihnen waren ebenfalls umgekommen. Schließlich hatte doch wohl ein Telegramm an die Königin Maria etwas genutzt, aber es hatte einige Zeit gedauert, bis man wußte, wo die Königin sich aufhielt. Sie weilte gerade zur Erholung in Sinaja oder da irgendwo ...

„Das ist wohl die Enkelin Alexanders II.?"

„Ja, ja, na also, Brüderchen, endlich hat man die Kadetten nach Belgrad gebracht. Übrigens ist das ja auch nicht so wichtig."

„Und was ist denn wichtig?" fragte Mitia und biß ein paar Sonnenblumenkerne auf.

„Leben muß man — oder nicht?"

Beide waren sie damals vierzehn Jahre alt, und sie begannen ihr Leben auf den unendlich verwahrlosten Straßen von Odessa.

Von den unmittelbaren Folgen der Revolution stach zu jener Zeit eine allgemeine Verelendung am meisten hervor. Das Elend war so groß, daß sich niemand vorher eine Vorstellung davon hatte machen können. Diese Not hatte noch eine andere Erscheinung zur Folge, die in diesem Ausmaß bisher noch niemals aufgetreten war, und zwar große

Scharen umherstreunender obdachloser Kinder. Sie sind in die Geschichte unter dem Namen der ‚Besprisorny' eingegangen, eine Bezeichnung, die man ihnen in der neuentstandenen Nomenklatur der Revolution gegeben hatte. Sie sollten bald zu einer wahren Landplage des ganzen ausgedehnten Sowjetimperiums werden.

Djatschenko kannte den Anführer einer von diesen Besprisorny-Banden, die schon damals kurz nach der Revolution entstanden. In der Sprache der Blatnoj, einem Kriminal-Jargon, nannte man ihn ‚Schegan'.

Schegan musterte Mitia mit kritischem Blick, aber dann nahm er ihn gnädig in die Bande auf.

Sie lebten, wie es eben ging. Sie bettelten und stahlen umschichtig, aber da die Bettelei wenig einbrachte, verlegten sie sich mehr aufs Stehlen. Die Beute wurde geteilt. Manchmal kam es dabei zu Schlägereien, manchmal ereignete sich sogar ein Mord. Sie machten Schwarzfahrten mit der Eisenbahn und raubten, was ihnen bei solchen Reisen unter die Finger kam. Es dauerte gar nicht lange, und auch kleine Mädchen tauchten in der Besprisorny-Bande auf — auf lächerlich dünnen Beinchen, aber mit einem herausfordernden Ausdruck im Gesicht, der durchaus nicht lächerlich war. Sie waren meistens ungewaschen und selten nur gekämmt. Sie schliefen mal hier, mal dort: Unter Brücken, bei warmem Wetter auf Gartenbänken und sogar am Strand. Im Winter in Erdlöchern auf Vorortgrundstücken, in Feldhütten, in verlassenen Ziegeleien, in Schuppen und ausgedienten Badehäuschen. Nach dem Vorbild der Erwachsenen versuchten sie, sich gegenseitig in zynischen Reden zu übertreffen. Sie würfelten sogar um ‚ihre' Mädchen, um forsch und ganz erwachsen zu erscheinen, aber das wollte ihnen meistens nicht gelingen, wirkte unbeholfen und unecht.

Einmal fiel der Blick eines der ältesten Mädchen auf Mitia, es war die fünfzehnjährige Mascha, von der es hieß, sie sei die Tochter eines griechischen Kaufmanns. Sie musterte ihn von Kopf bis Fuß — aber dann zuckte sie nur die vom Hunger dürren Achseln.

Mitia wollte nicht hinter den anderen zurückstehen. Einmal

machte er den Versuch — es war im Spätherbst — mit einer käuflichen Dirne eine Nacht zu verbringen, aber er war nicht nur zu jung und unreif, sondern ständig vom Hunger geplagt und dadurch allzu schwach und zu elend. Und es endete damit, daß er eng an sie geschmiegt und fest in ihr Schultertuch gehüllt in irgendeiner Höhle die erste wirklich warme Nacht seit Wochen durchschlief. Als sie ihn morgens weckte, wunderte sie sich nur, daß er wie in einem plötzlichen Krampf und mit Entsetzen in den aufgerissenen Augen auffuhr.

„Hast geträumt?“ fragte sie.

„Aber wo, was kann man da schon träumen“, antwortete er mit gespieltem Gleichmut.

Einmal, es war im Winter und die Woche war ganz schlecht ausgefallen, gelang es Djatschenko, einer, wie man sah, sehr armen alten Frau einen Korb zu entreißen. Als er sich mit den anderen davonmachte, setzte sich die Alte einfach in den Schnee und begann so bitterlich zu jammern, daß Pawluscha plötzlich im Lauf anhielt: „Ich geb' ihn ihr zurück.“

„Untersteh' dich!“ drohte Schegan. „Das ist nicht mehr deins, das gehört uns allen, das teilen wir. Und daß sie heult — was ist schon dabei? Wenn einer von uns heult, geben sie ihm dann was dafür, hej?“

Die Beute bestand aus einem ansehnlich großen Stück Schwarzbrot und einer dünnen Scheibe Speck. Und während mit dem Taschenmesser des Anführers der Raub geteilt wurde, verriet Mitia zum erstenmal seine geheime Sehnsucht, an den Don zurückzukehren und seine Familie wiederzufinden.

„Gib Ruh!“ schrie Schegan los und überschüttete ihn mit Blatnoj-Schimpfworten. „Du Schpendrik, Curik, Ogoletz du! Die sind doch längst nicht mehr da, alle zerhauen. Am Don ist vielleicht der Hunger noch schlimmer. Und von den Kosaken zu stehlen, ist sicher nicht so leicht wie hier von irgendeinem Weib!“

Mitia antwortete nicht. Er blieb weiter bei der Bande und zog mit ihr umher, solange die Behörden nicht zu resoluten Maßnahmen griffen.

Wieder wurde es Frühling. Die Saatkrähen waren schon da. Am Rand einer alten Lehmkuhle saßen die Halbwüchsigen und berieten den Plan ihres nächsten Raubzuges. Hier hörten sie den ersten Lerchentriller über den schon schneefreien Feldern. Und hier war es auch, wo sie bei einer Razzia erwischt wurden. In wilder Flucht versuchten sie, die Vorstadtgärten zu erreichen. Pawluscha Djatschenko wurde unter der linken Schulter getroffen, als er eben über einen Zaun setzte. Er starb, wo ihn die Kugel erwischte. Mitia blieb zu seinem Unglück zwischen Stachelbeersträuchern und Stacheldraht hängen. Er wurde gefaßt, durchgeprügelt und auf die Wache geschleppt. In Viehwagen verschickte man ihn nach einigen Tagen mit anderen zusammen in ein Lager für Minderjährige.

Im ersten Monat machte er zwei Fluchtversuche. Als man ihn zum zweitenmal eingefangen hatte, wurde er zu fünf Jahren Lagerhaft verurteilt. Er fand sich mit seinem Schicksal ab und versuchte nicht mehr, zu fliehen. Wer lesen und schreiben konnte oder eine angeborene Intelligenz verriet, wurde für die Lager-Berufsschulen ausgesiebt.

In der Schule herrschte die gleiche strenge Zucht, aber es wurde ihnen wenigstens etwas beigebracht. Mitia kam später in einen Lehrgang für Agronomen. Wie sich versteht, gab er nicht zu erkennen, daß er einige Jahre hindurch die Mittelschule im Kadettenkorps besucht hatte, und so kam es, daß man ihn für außergewöhnlich begabt hielt, weil er sich so schnell den Wissensstoff aneignete. Seine Lehrer behandelten ihn mit Auszeichnung. Seine Herkunft aus einer Kosakenfamilie verschwieg er gleichfalls. Schon in den Verhören bei der Miliz hatte er sich eine Legende über seinen angeblich proletarischen Vater ausgedacht, der von den Weißen erschossen worden sei. Man konnte sich damals leicht so ein Märchen zusammenlügen. Ohne weiter darauf zu achten, hatte er jedoch gleich bei der ersten Frage seinen richtigen Namen angegeben. Aber der Name Kolzow war weit verbreitet in Rußland und erwies sich schließlich ebenso gut wie jeder andere.

Mitia beendete die Schule und später die Agronomie-Kurse

mit Auszeichnung. Er wurde entlassen und zur Arbeit in die Gegend von Bobriki im Bezirk Tula geschickt.[4] Das war im Jahr 1928, und Mitia war damals einundzwanzig Jahre alt.

*

Als Mitia nun ein zweites Mal seit der Zeit im Odessaer Krankenhaus in die Welt zog, hatte sich diese Welt von Grund auf verändert. Wenn im Krieg ein in vielen Kämpfen erprobter Soldat in Gefangenschaft gerät, so erfaßt ihn oft schon nach wenigen Stunden der bekannte Gefangenen-Komplex. Der ehemalige Haudegen ist nicht wiederzuerkennen. Er läßt die Arme kraftlos hängen, die Augen verlieren ihren Glanz, und tiefe Apathie zeichnet sein Gesicht. Verständlicherweise vollziehen sich solche Veränderungen bei ganzen Völkern und Ländern erst nach längerer Zeit.

Im bolschewistischen System genügten wenige Jahre für diesen Prozeß. Im übertragenen Sinn pflegte man zu sagen: „Das Leben hat aufgehört, lebenswert zu sein." Aber das traf die Sache nicht eigentlich. Die Menschen werden immer leben wollen. Es traf nur zu, daß das gegenwärtige Dasein im Vergleich zum früheren Leben an Wert eingebüßt hatte, nicht nur deswegen, weil es ärmer geworden war. Es war ganz einfach irgendwie farbloser und grauer geworden und wie mit einer Schimmelschicht von fader Langweile überzogen. Seine einzige Gemütsbewegung war die Angst, das einzige Ziel dieses Lebens: Zu überdauern, sein Inhalt: Für sich selbst ein besseres Alltagsleben, ein besseres Durchschnittsdasein zu ergattern. Denn alles, was über dieses Durchschnittsdasein hinausragt, gehört zu einem Lebenskreis, der schon im Widerspruch zum wissenschaftlichen Materialismus steht, und das ist gefährlich, denn es nähert sich allzu sehr der idealistischen Weltauffassung, die nach dem neuen Recht strafbar ist.

Mitia verließ das Lager im Juli, die Jacke lose um die Schultern gehängt, ein Holzköfferchen in der Hand, wie es einst

[4] 1934 wurde Bobriki in Stalinogorsk umbenannt.

die Rekruten vom Land bei ihrer Einziehung mit sich führten. Am Fahrkartenschalter trat der diensthabende GPU-Mann auf ihn zu und fragte: „Und du wohin?"
Er antwortete gleichgültig: „Nach Bobriki."
„Die Dokumente!"
Er zeigte sie gleichgültig vor.
„Warum dahin?"
„Zur Arbeit geschickt!" erwiderte er gleichgültig.
„Na, denn ab!"
Er nickte mit dem Kopf. Er wußte, das mußte alles so sein, das war so an der Ordnung. Niemals wäre es ihm in den Kopf gekommen und schließlich war es auch gar nicht möglich, daß ihm solche Gedanken kamen, etwa ein Individualist, ein Idealist oder gar ein Konterrevolutionär zu werden. Das einzige, was er aus vergangenen Zeiten bewahrt hatte, war sein Name, der aber so weit verbreitet war, daß er ihn in der farblosen Masse der Sowjetmenschen in der Union der Sozialistischen Sowjetrepubliken verschwinden ließ.
Vielleicht steckte in seinem jungen Schädel wie ein kleiner Splitter die Erinnerung an jene Nacht der größten Enttäuschung seines Lebens, als er auf dem gewachsten Parkett eines Schulzimmers durch den Tritt eines rumänischen Soldatenstiefels geweckt worden war. Aber er berührte diesen Splitter nicht, damit er nicht schmerzte. Gleich nach der Ankunft an seinem Bestimmungsort trat er in den Leninschen Komsomol ein.
Im Jahr darauf erhielt er zusammen mit einem Arbeitskollegen Urlaub. Der redete auf Mitia ein, die Urlaubszeit zu einer gemeinsamen Fahrt an den Don zu benutzen.
„Warum?" fragte Mitia.
„Ich habe Verwandte dort!"
„Und was soll ich da?"
„Irgendwas, Fische fangen, frische Luft schnappen!"
„Frische Luft gibt es auch hier genug", erwiderte Mitia.

Immer eintöniger gingen die Jahre dahin.
Im Jahre 1929 verheiratete sich Mitia mit einem jungen, hübschen Mädchen, einer Kursantin der Zootechnik und Komsomolzin, Lydia Bondariew. Sie ließen sich vor dem ZAGS[5] trauen, wie sich das gehörte, und gingen nicht zur Kirche. Es kam Mitia niemals in den Sinn, seiner angetrauten Frau etwa von seiner Jugend, seiner Herkunft oder etwas über sein Leben im Kadettenkorps zu berichten. Das erschien ihm nicht einmal unnatürlich. Ganz im Gegenteil, er war ganz aufrichtig mit sich selbst, wenn er das alles als Geheimnis für sich behielt. Er hatte sich schon so daran gewöhnt, nicht nur seine Worte zu tarnen, sondern auch seine Gedanken, daß er sogar die Wahrheit aus seinem Kopf verbannte, die ein für allemal durch jene ersetzt werden sollte, die er in die verschiedenen Fragebögen eingetragen hatte. Die harte Schule, die er bei den Besprisornys, im Zwangsarbeitslager, in der Berufsschule durchlaufen hatte, und schließlich die Lehre der ihn umgebenden Wirklichkeit hatten alle Vorurteile und alten Bindungen fortgespült. Mitia wurde zu einem Menschen neuen Typs. An Mutter, Vater und Geschwister dachte er nicht mehr. Sie existierten einfach nicht, und sie durften auch nicht mehr existieren, denn sonst hätte es unberechenbare Komplikationen gegeben. Es ging dabei nicht allein um sein berufliches Fortkommen. Sein ganzes Leben stand auf dem Spiel.
„Sollen doch die Weisen darüber nachdenken, und sie finden auch kein höheres Ziel als das Leben an sich. Etwas anderes ist es mit dem Sinn dieses Lebens. Darüber kann man nachdenken, gewiß. Aber welchen Sinn soll man wohl im Lagerdasein erblicken, zu dem man mir nichts dir nichts verurteilt werden kann?“ Solche Überlegungen stellte Mitia an.

---

[5] Standesamt.

Das geschah nicht, weil er etwa herzlos oder weil er schlechter als die anderen geworden, oder überhaupt schlecht von Grund auf war. Ganz im Gegenteil: Er liebte seine Frau und sein Söhnchen, das bald zur Welt gekommen war. Er war nur eben ein Sowjetmensch geworden.
Und doch lebte sein Vater, der alte Alexander Kolzow, er war noch da.

*

Vor Jahren, als die Kosaken während des Bürgerkrieges zu den Waffen gegriffen hatten und aufgestanden waren, ihre Heimat und ihre Chutors vor den Bolschewisten zu schützen, hatte sich auch der alte Kolzow noch für das Verteidigungswerk zur Verfügung gestellt, soweit es seine Jahre zuließen. Weder die mancherlei Neuerungen noch der damals ins Kraut schließende Separatismus der Kosaken fanden seine Zustimmung, aber er hielt das alles für ein geringes Übel verglichen mit dem großen Unglück, das über das ganze Land gekommen war. Zum Frontdienst taugte er nicht mehr, denn er war schon zu alt. Dagegen nahm er nach dem Tod des Stanitzen-Atamans dieses Amt und diese Würde an. So fiel es ihm auch zu, einem Standgericht vorzusitzen, das ad hoc einberufen worden war, als man den Kosaken Nikita, den Sohn Wasyl Maschtschenkos, des nächsten unbegüterten Nachbarn Kolzows, gefangen hatte. Es war derselbe, dessen beide Pappeln, die vor seiner Hütte standen, mit leicht gekrümmten Wipfeln seit ewigen Zeiten in die Hofstatt Kolzows hineinlugten. Nikita Maschtschenko war zu den Bolschewiken übergelaufen. Der Verrat war offenbar, das Kriegsrecht galt und der alte Kolzow konnte nichts anderes tun, als seine Unterschrift unter das von den Ältesten ausgesprochene Todesurteil zu setzen. Und daß man den jungen Nikita, anstatt ihn zu erschießen, an einem Balken zwischen den beiden Pappeln und vor den Augen von Vater und Mutter auf gräßliche Weise erhängte, war wirklich ein Auswuchs von Grausamkeit und geschah ohne Kolzows Wissen. Er mußte am Tage der Exekution in wichtigen Amtsgeschäften verreisen und war nicht dabei, als dies geschah. Die alte Awdotja Maschtschenko schrie vor Schmerz zum Steinerweichen, und der Vater Wasyl verschwand am Tag darauf von seinem Hof.

Nach erbitterten Kämpfen zerbrach die Front der Kosaken am Don. Die Rote Armee drängte vorwärts. Wer sich rühren konnte, belud die Treckwagen und floh vor den Roten an den Kuban. Nur wenige blieben zurück. Kolzow war damals weit fort von seinem Chutor, und obwohl jeder Mann und jedes Pferd gebraucht wurden, jagte er einen umsichtigen Boten zu seiner Frau, sie solle sofort mit der Tochter und den anderen zusammen auf die Flucht gehen, wenn irgend möglich sogar noch vor den anderen. Die Frau dankte dem Boten für den Brief, versorgte ihn und sein Pferd und schickte ihrem Mann ein paar Kleinigkeiten mit. Sie beschloß aber, nur ihre Tochter wegzuschicken und selbst zurückzubleiben. Sie sagte dem Boten nichts davon. Das hatte sie sich so in den Kopf gesetzt, weil sie in der letzten Zeit eine immer stärkere, fast schon schmerzhafte Sehnsucht nach Mitia verspürte. Seit sie gar erfahren hatte — die Schwester fand eine Gelegenheit, sie zu benachrichtigen — daß Mitia von Kiew nach Odessa evakuiert worden sei, wollte sie sich nicht durch eine neue Frontlinie von ihm trennen lassen, und rechnete auch damit, daß sie selbst nach Odessa aufbrechen und ihren Sohn suchen könne, sobald das ganze Land einmal von den Bolschewisten besetzt sein würde.

Es kam für die Mutter ganz unerwartet, daß Raja sie nicht verlassen wollte und erklärte, auch sie werde dableiben. Tagelang ging der Streit zwischen ihnen hin und her, und auch die Nachbarn versuchten, sie zu überreden. Sie setzten ihr auseinander, daß es Wahnsinn sei, hier zu bleiben, nicht allein des Amtes wegen, das ihr Mann inne hatte, sondern auch weil Nikita erhängt worden sei. Aber sie widersprach: „Hab' ich denn Schuld daran? Ich hab' ihn nicht verurteilt, ich hab' ihn nicht erhängt."

Die Leute zuckten die Achseln: Es ist schwer — sagten sie — gegen Weiberverstand anzugehen.

Eines Tages um die Mittagszeit — es waren nur noch wenige

Leute im Chutor zurückgeblieben, die entweder nichts zu verlieren hatten oder insgeheim den Bolschewisten gut gesonnen waren — packte Raja plötzlich eine entsetzliche Angst, eine so würgende Angst, daß sie den Flüchtlingen nachjagen wollte, ohne Sattel, auf der einzigen Stute, die noch im Stall stand. Es war eine tierische Furcht, die nicht einmal durch die tiefe Liebe, die sie ihrer Mutter entgegenbrachte, eingedämmt wurde. Vielleicht auch stand dieser plötzliche Ausbruch mit dem Wetter im Zusammenhang, denn die dunklen Wolken wurden immer dichter, ballten sich zu einer drohenden Wand zusammen, die unaufhaltsam näher rückte. Wenn auch kein Blitz über die Steppe zuckte und kein Donner die Luft zerriß, so herrschte doch jene bedrückende Stille wie vor einem Gewittersturm. Die unheimliche Ruhe, die nach dem lärmenden Abzug der Flüchtenden im Chutor eingezogen war, wurde so noch gespenstisch gesteigert. Raja lief in den Pferdestall, die Mutter rief vom Hausgang aus hinter ihr her:

„Raja, nimm wenigstens ein warmes Tuch um!"

Aber es war schon zu spät. In diesem Augenblick ritt die erste Abteilung der Roten in den Chutor ein. Sie zogen weiter und jagten südwärts. Eine halbe Stunde später kam die zweite, größere Abteilung, mit ihr der alte Wasyl Maschtschenko.

Der Abteilungskommandant, in rötlich verwitterter Lederjoppe, am Mützenrand einen roten Stern, eine Nagan-Pistole mit langem Lauf an der Seite, und eine Nagajka in der Hand — eine Erscheinung, wie sie später in die antikommunistische Literatur eingegangen ist —, näherte sich wortlos dem Wohnhaus. Einen halben Schritt hinter ihm ging Maschtschenko. Stumm kamen auch die Soldaten näher. In ihren Augen stand eine düstere Drohung, die ihre eigene Unsicherheit und vielleicht auch ein Gefühl der Beschämung verdecken sollte, und die alte Kolzowa las aus diesen Augen ihr Todesurteil ab.

Sie machten sich daran, beide Frauen zu binden.

„Warum denn?" stieß die Kolzowa aus zusammengeschnürter Kehle hervor. „Jesus Christus, Gottesmutter Allerhei-

ligste ...“ — „Ja eben“, zischte der in der verwitterten Lederjoppe durch die Zähne. „Sollen sie doch ihre Macht zeigen und dich retten, deine Götter alle.“
Raja wurde bleich wie der Schnee. Sie konnte weder schreien noch überhaupt ein Wort hervorbringen. Sie schnappte nach Luft wie ein Fisch, den man aufs Trockene gezogen hat, und alles Wasser strömte aus den Schleusen ihres Leibes: Tränen, Schweiß und Urin. Sie zitterte ganz leise und mit kleinen Bewegungen wie eine Maus. Die Soldaten wollten sich zuvor noch an ihr vergehen, aber der in der Lederjoppe erlaubte es nicht. Er befahl, die gefesselten Frauen auf den Fußboden zu legen. Dann wurde das ganze Haus sorgfältig mit Stroh bedeckt, wie es ein guter Hausvater tun würde. Ein Unteroffizier wollte den beiden Opfern einen Knebel in den Mund zwängen, aber jetzt wandte Wasyl Maschtschenko ein:
„Sollen sie doch ein bißchen schreien!“
Der andere ging darauf ein. Mit Petroleum übergossen sie das Stroh, öffneten die Fenster und zündeten an. Wann Raja verbrannte, weiß man nicht. Nur die alte Kolzowa schrie, sie schrie entsetzlich und solange, bis der Rauch sie erstickte oder die Flamme sie erreichte. Breitbeinig stand Maschtschenko vor dem Haus und hörte zu. Er stand solange dort, bis das Blechdach zusammenstürzte, das einst mit reiner Ölfarbe grün gestrichen war, die aber, seit Jahren schon verblichen, große Rostflecke wie Spuren von eingetrocknetem Blut hervortreten ließ.

*

Vergeblich suchte Kolzow seine Frau und seine Tochter unter den Flüchtlingen am Kuban. Vergeblich forschte er unter den Leuten. Endlich traf er mit seinen nächsten Nachbarn zusammen, aber auch sie wußten nichts anderes zu sagen, als daß seine Frau und später auch seine Tochter sich zum Bleiben entschlossen hatten. Erst nach einigen Wochen erschien ein Kosak vom Chutor Jaglica, der dort hatte bleiben wollen, es jedoch nicht aushielt und floh, als schon die Zeit der roten Herrschaft angebrochen war. Er war der

erste, der die düstere Geschichte von der Rache, die man wegen seines Nachbarn Maschtschenko Wasyl an seiner Familie genommen hatte, in allen Einzelheiten berichtete.
Der Alte erblaßte kaum, als er ihn anhörte; er blinzelte nach seiner Art und kaute nur an seinem dichten Bart, so, als ob er mit gesunden Zähnen Sonnenblumenkerne zermalmte. Die Einheimischen aber, auch seine Bekannten wunderten sich darüber, daß er so unbewegt die Nachricht von dieser Tragödie ertragen konnte, um so mehr, als der Kosak, der die Geschichte erzählte, leicht übertrieb und sagte, daß Kolzows Tochter Raja auch furchtbar geschrien habe. Er zitierte sogar einige ihrer angeblichen Ausrufe. Jemand bemerkte: „Warum wundern? Ihm geht's nicht allein so. Nicht nur seine Familie ist ermordet worden. Milliooònen ..." endete er und betonte das letzte langgezogene Wort und beschrieb mit einer ausholenden Handbewegung einen weiten Halbkreis von West nach Ost.
Recht hatte er, dieser Mann. Schon kurz danach wälzte sich unaufhaltsam das Unheil heran und begrub auch das ganze Kuban-Gebiet unter sich. Kolzows möglicher Fluchtweg wurde abgeschnitten, und er konnte sich nicht mehr ans Ufer des Schwarzen Meeres zur Weißen Armee durchschlagen. Verkleidet gelang es ihm, seine Herkunft zu verbergen. Sein hohes Alter und sein langer weißer Bart waren ihm dabei von Nutzen, und so spielte er in Lumpen gekleidet einen Bettler, der früher einmal vor den Kirchentüren gehockt haben mochte. Er änderte auch seinen Wohnsitz, indem er sich vorsorglich aller Papiere und jedes Gegenstandes entledigte, der ihn hätte verraten können. Nur eins behielt er: Die nun schon alte, abgegriffene Brieftasche.
Der Bürgerkrieg ging verloren. Es war alles vorbei. Immer wieder jedoch brachen hier und da lokale Aufstände aus. Das Kuban-Gebiet wehrte sich noch in Partisanenkämpfen. So kämpften in der Gegend der Stanitza von Starominsk noch die Aufständischen-Gruppen der Atamane Mozul und Drofa. Bei Kanielowsk war die Abteilung Iwtschenko noch in Aktion und in der Umgebung der Stanitza Kopansk die Gruppe des Obersten Suchenko. Im Frühjahr 1922 kam

dann der TSCHEKA-Chef der Stadt Jejsk namens Bugajew auf den Einfall, die Aufstandsbewegung dadurch zu liquidieren, daß er die Väter und Mütter der noch kämpfenden Kosaken als Geiseln nahm, und als die Söhne zum festgesetzten Termin ihre Waffen nicht niederlegten, wurden diese Geiseln öffentlich auf den Plätzen der Stanitzen erschossen. Das tat seine Wirkung. So etwa seit Mai dieses Jahres begannen die letzten Brandherde des Krieges zu erlöschen. Gegen den Herbst zu, als alle Hoffnung schon begraben war, als Armut und Hunger sie niedergeschlagen hatten, das Netz der Polizei sich immer enger zusammenzog und Verhaftung drohte, erinnerte sich der alte Kolzow an die Anschrift seiner älteren Tochter Ula, die er einmal — jetzt schien ihm das schon eine Ewigkeit zurückzuliegen — in seiner Brieftasche versteckt hatte.

*

Was Hunderten anderer junger Mädchen zustößt, wenn sie von dem ersten Ansturm der Gefühle überwältigt werden und den Segen der Eltern, ihre Vernunftgründe und Erfahrungen in den Wind schlagen, davor war Ula verschont geblieben. Der wandernde Kaufmann hatte sie nicht bei der ersten besten Gelegenheit davongejagt. Im Gegenteil: er hatte sie geheiratet und erwies sich trotz des trügerischen Scheins, den sein Wesen und sein Temperament hätte erwecken können, als ‚der beste Ehemann unter der Sonne'.

Sie lebten in Eintracht. Einmal nur wäre es beinahe zu einem Bruch zwischen ihnen gekommen. Es ging dabei um ihren Sohn. Dieser Sohn kam ein Jahr nach der Hochzeit zur Welt. Und als nun Ula schon mit den Vorbereitungen für die beabsichtigte Tauffeier begann, erklärte der Vater, das Kind werde nicht christlich getauft, sondern bei seinem Namen Ali — Malek war ein Schiite — der Lehre des Propheten die Treue halten.

„Hast dir was Neues ausgedacht? Vielleicht noch was?" entgegnete drohend Ula.

„Was du eben hörst", antwortete Abbas ruhig.

„Bist wohl verrückt geworden?"

„Nein!“
„Das werden wir schon noch sehen!“
„Dabei bleibt’s.“
„Dann geh’ ich nach Hause!“
„Dein Haus ist hier!“
Ula hatte das damals noch herrschende Recht, das in gemischtkonfessionellen Familien das christliche Bekenntnis mit besonderen Vorrechten umgab, auf ihrer Seite. Ein innerer Aufruhr erregte sie, der aus der Überraschung entstanden war. Niemals hätte sie es für möglich gehalten, daß ihr Mann, nach dem so ohne Schwierigkeiten erreichten Einverständnis mit ihrer christlichen Trauung — bekanntlich hatte sie auf ihre Bitte hin in der Kirche stattgefunden — nun plötzlich eine ‚solche Geschichte‘ machen würde.
Am Tage nach dieser Auseinandersetzung schien der endgültige Bruch beinahe schon beschlossene Sache zu sein. Aber im letzten Augenblick dachte Ula an ihren Vater und sein Schweigen, dessen eisige Kühle sie auch auf diese Entfernung hin spürte, und sie fragte sich: Wohin soll ich Unglückliche wohl gehen? Und sie gab nach. Sie einigten sich. Die Jahre danach waren allzu unruhig, um sich darüber lange auszulassen, in welcher Religion ihr Sohn wohl aufwachsen sollte. Das galt um so mehr nach dem Sieg der Revolution, als schon offensichtlich war, daß er von der Schule aus als Gottloser erzogen werden sollte.
Vor dem Oktoberumbruch bereits erweiterte Abbas Malek seinen Handel auch noch auf andere Waren als nur auf Teppiche. Später schloß er sich weder der Konterrevolution noch der Revolution an, obwohl er es in seinen persönlichen Beziehungen eher mit den sogenannten ‚Nicht-Ortsansässigen‘, das heißt mit jener Schicht von Handwerkern und Arbeitern hielt, die nicht in dieser Stadt beheimatet waren. Und diese ‚Nicht-Ortsansässigen‘ sympathisierten, besonders in der ersten Zeit, zum Teil mit den Roten.
Sehr oft sagte jedoch Malek zu seiner Frau: „Mir ist das alles eins. Ich weiß mir unter jeder Herrschaft zu helfen.“ Und er wußte sich zu helfen. Als die bolschewistische Ordnung eingeführt worden war, der Handel allzu riskant

wurde und im Verhältnis zum Risiko allzu wenig Gewinn abwarf, verlegte sich Malek auf ein Handwerk und verkündete laut: „Was wollt ihr denn, ich bin doch ein geborener Proletarier." Er gab sogar vor, daß er den Roten und ihren Parolen geneigt sei. Ula hörte zu und sprach nicht dagegen. Sie wußte aber, daß es da etwas gab, was ihren Mann abstieß von der neuen Herrschaft: Das Einerlei und die damit verbundene graue Langweile, die so gegensätzlich zu seinem vielseitigen Charakter war. Er war nicht geeignet für das Programm eines persönlichkeitsfeindlichen Massendaseins.

Zu dieser Zeit erschien bei ihnen der alte Kolzow, ihr Vater. Sein Enkel Ali war damals vier Jahre alt.

Und wieder nahm alles einen ganz anderen Verlauf als bei vielen anderen Familien dieser Zeit. Abbas Malek war anfänglich unangenehm überrascht. Vielleicht hätte er sogar seinem Schwiegervater die Aufnahme verweigert, wenn nicht die Rücksicht auf Ula gewesen wäre, die er aufrichtig liebte. Die Tochter aber verleugnete ihren Vater nicht, obwohl seine Anwesenheit ihre Familie in Gefahr bringen konnte. Im Gegenteil, sie nahm ihn mit offenen Armen auf. Nach kurzer Zeit verschaffte ihr Mann dem alten Kolzow irgendwelche Dokumente und fiktive Bescheinigungen, indem er seine alten Beziehungen zu den mehr nach der Seite der Roten neigenden ‚Nicht-Ortsansässigen' Mitgliedern des ehemaligen Kuban-Sowjet ausnützte. Dieser Kuban-Sowjet war seiner Zeit durch den Ataman der Weißen, Oberst Folimonow, verjagt worden.

Es kam die Zeit der NEP, der von Lenin erfundenen Neuen Ökonomischen Politik. Malek, der zum Optimismus neigte, begann von neuem an die Zukunft zu glauben, und er träumte von dieser Zukunft und legte sich sogar schon konkrete Pläne zurecht. Aber bald kam das Jahr 1928 mit der bis zur Unmöglichkeit angezogenen Schraube der zwangsweisen Ablieferung landwirtschaftlicher Erzeugnisse. Dann kam die Kollektivierung und das gespenstische Jahr 1933. Züge mit ungefederten Güterwagen deportierten Tag und Nacht ‚entkulakisierte' Bauern und Kosaken in unbekannter

Richtung. Es folgte die Zeit des großen Hungers, da sich die Fälle von Menschenfresserei zu mehren begannen. Die örtlichen Behörden wendeten kein einheitliches Strafmaß an, da im Strafgesetzbuch der Russischen Föderalistischen Sozialistischen Sowjetrepubliken das Verbrechen des Kannibalismus nicht vorgesehen war. Es kam vor, daß man im Kuban-Gebiet durch die Finger sah, wenn sich Fälle von Kannibalismus ereigneten, während — wie man erzählte — in der Ukraine der Vertraute Stalins, Nikita Chruschtschow, Strafbestimmungen anwenden ließ, die aus dem Dekret des Zentralen Vollzugskomitees des Rats der Volkskommissare vom 7. August 1932, Artikel II, Absatz 2 entnommen waren und die Todesstrafe durch Erschießen für die ‚Plünderung sozialistischen Eigentums' vorsahen.
Eines Tages dieses schrecklichen Jahres 1933 kehrte Malek von der Arbeit zurück und warf zwei Pfund Kartoffeln auf den Tisch, die in ein Zeitungsblatt des ‚Sowjet-Kuban' eingewickelt waren. Dann aber fiel ihm etwas ein, er zog die Zeitung unter den Kartoffeln hervor, schüttelte flüchtig den Sand ab, wies mit dem Finger auf die Überschrift und sagte zu Kolzow:
„Da!"
„Ich seh nichts, wo ist meine Brille? Wart mal!" Der Alte wollte sich erheben und suchen gehen.
„Nicht nötig. Ich sag's euch: Die Vereinigten Staaten von Nordamerika haben die Sowjetregierung anerkannt."
Ula stellte den Wassertopf auf den Herd und sagte:
„Gib her zum Feuer machen."
„Und womit sollen wir Zigaretten drehen?"
„Gib wenigstens ein Stückchen, das Holz ist naß, es ist zum Verzweifeln!"
„Hier hast!" Wütend warf er ihr einen Fetzen hin. Abbas war in diesen Tagen ganz gegen seine Art gereizt und starrte finster vor sich hin. Und als sie dann die ungeschmälzten Kartoffeln aßen, wendete er sich plötzlich an seinen Schwiegervater.
„Es hilft nichts, du mußt irgend etwas arbeiten. Bei trockenen Kartoffeln kann man noch leben, aber ohne . . ."

„Ach, sei doch ruhig", rief Ula laut, „in seinem Alter!"
„Abbas hat recht", unterbrach sie der Vater. Ich muß was finden, eben was meinem Alter entspricht."
Der Gedanke, daß er nicht mehr länger seiner Tochter und seinem Schwiegersohn zur Last fallen dürfe, wurmte den alten Kolzow schon lange. Bisher hatte er im Haus geholfen oder kleine Gelegenheitsarbeiten übernommen. Eine feste Beschäftigung hatte sich jedoch nicht geboten. In eine Fabrik oder in ein anderes staatliches Unternehmen konnte er nicht gehen, schon des inquisitorischen Verfahrens der unzähligen Fragebögen wegen, selbst wenn man ihn in seinem Alter noch angenommen hätte. Freilich, das war in diesen Jahren der größten Depression und der bittersten Not, die man gerade jetzt durchlebte, keine einfache Sache. Erst gegen Ende des nächsten Jahres, 1934, hatte er eine entsprechende Beschäftigung gefunden. Er wählte sich einen jener wenigen Berufe, die keiner schärferen Kontrolle unterlagen, er wurde Glaser. Dies Handwerk wurde des großen Bedarfs wegen noch geduldet. Als Glaser zog er nun mit seinem hölzernen Gestell in die Stadt umher, ging auch auf die umliegenden Dörfer und dehnte seine Wanderfahrten immer weiter aus. Manchmal kam er wochenlang nicht nach Hause. Bei seiner Rückkehr teilte er jedesmal mit peinlicher Gewissenhaftigkeit seinen Verdienst und, was noch weit wichtiger war, die mitgebrachten Lebensmittel.
An einem Herbstabend war er etwas früher zurückgekehrt. Draußen regnete es. Stöhnend zog er die nassen Stiefel aus. Ula hängte die feuchten Fußlappen in der Nähe des Ofens auf. Die Petroleumlampe brannte auf dem Tisch, und bei ihrem Schein machte Ali seine Schularbeiten. Mit einer Stunde Verspätung kam Abbas aus der Fabrik zurück, weil er an diesem Tag noch an einer politischen Versammlung hatte teilnehmen müssen. Über dererlei Dinge hielt man sich schon nicht mehr auf. Sie waren eben ein Teil des Alltages, sie hatten sich wie Kletten in die Haut eingefressen.
Zum Abendessen gab es Kartoffeln und ein Quart Milch. Der Alte hatte von seiner letzten Wanderschaft nur etwas Geld aber nichts zu essen mitgebracht. Sie aßen schweigend.

Einmal nur unterbrach Abbas die stumme Mahlzeit mit einer Frage, die er an seinen Schwiegervater richtete.

„Was gibt's Neues?"

„Wo meinst du?"

„Wo du warst."

„Immer dasselbe."

Nach dem Abendbrot rutschte Ali an die andere Tischseite und nahm seine Schulhefte zur Hand. Ula seufzte plötzlich tief auf und sagte mit leiser Stimme in den Raum hinein:

„Was mit der Mutter und mit Raja geschehen ist, weiß man ..."

„Ssst", zischte Abbas.

„Aber was ist mit den Brüdern, Saschka, Mitia, leben sie noch?" fuhr sie fort, ohne auf ihren Mann zu achten. „Gott allein weiß ..."

„Ssst", unterbrach Abbas sie zum zweitenmal und deutete mit den Augen auf Ali.

Ein mütterliches Lächeln überflog ihr Gesicht, sie beugte sich über den Tisch, streckte die Hand aus und strich glättend über sein dunkles, leicht gekräuseltes Haar.

„Lern, Söhnchen, lern. Was hast du heute auf?"

„Von Lenin, Mama."

„Von Lenin, Kind, das weiß ich, das lernst du oft. Aber heute?" Ali schob die Ellenbogen vor und stützte den Kopf in die tintenbekleckste Hand.

„So eine Erzählung, wie man früher die Armen gequält hat", erklärte er gähnend.

„Lern nur, lern. Gleich ist's Zeit zum Schlafengehen."

Der alte Kolzow ballte ganz unverhofft beide Hände zu Fäusten. „Ich werd' leben", sagte er leise. „Ich werd's erleben, und wenn ich hundert Jahre alt werden muß ...", und er preßte seine Finger zusammen, daß die schmutzigen Nägel an seiner Greisenhand ganz weiß wurden.

*

Im vergangenen Jahrhundert, als man sich schon in Westeuropa darüber laut aufzuhalten begann, also von 1823 bis

1877, das heißt also im Verlauf von fünfzig Jahren, verbannte die zaristische russische Regierung 598 000 Menschen nach Sibirien.
Nach dem Sturz der Zaren-Regierung und dem Ausbruch der bolschewistischen Revolution verkündete der Rat der Volkskommissare auf Grund einer persönlichen Instruktion Lenins am 20. September 1917 ein Dekret über die Einsetzung der ‚Außerordentlichen Kommission zum Kampf mit der Konterrevolution und Spekulation', allgemein unter der Abkürzung TSCHEKA bekannt geworden.
Am 15. April 1919 verkündete das Allrussische Zentrale Vollzugskomitee, unter der Abkürzung WCIK bekannt, das erste Dekret über die Einrichtung von Zwangsarbeitslagern. Dies Dekret wird später erweitert und detailliert durch den Erlaß vom 17. Mai 1919, der die Unterschrift des damaligen Vorsitzenden des WCIK, Awanesow, trägt. Vorläufig entstehen 97 Konzentrationslager.
Am 6. Februar 1922 wird durch Beschluß der IX. Tagung des Obersten Sowjets die TSCHEKA in ‚Spezielle Politische Staatsbehörde' oder in der Abkürzung OGPU umbenannt. Durch Dekret vom 10. Juli 1934 wird die OGPU unter der Bezeichnung GUGB (Hauptamt für Staatssicherheit) dem allgemeinen Kommissariat für Innenpolitik — NKWD — eingegliedert. Gleichzeitig werden, um die Bekämpfung der Konterrevolution zu erleichtern, besondere sogenannte ‚Urteils-Kollegien' gebildet (OS — Osoboje Sowieschtschanje), die Urteile im Administrativ-Verfahren fällen. Die Zahl der in diesem Verfahren zum Tode Verurteilten und derer, die eine Strafe in den Konzentrationslagern vor dem Ausbruch des zweiten Weltkrieges, das heißt also im Verlauf von 22 Jahren verbüßten, beträgt mehr als 22 000 000 Menschen.
Die Zahl der Konzentrationslager übersteigt nun schon 200. Sie gliedern sich in eine Reihe von Unterlagern, sogenannte ‚Lagpunkty' auf. Darunter befinden sich auch solche Riesenlager wie Kolyma, das drei Millionen Häftlinge umfaßt.
Der allgemeine Bevölkerungsverlust Rußlands, der durch die Revolution, den Bürgerkrieg, durch Terror und Kollektivierung, Hunger und Konzentrationslager im Verlauf die-

ser 22 Jahre vor dem zweiten Weltkrieg entstanden ist, beträgt 40 Millionen Menschen.

*

Außer den gerichtlichen und außergerichtlichen Urteilen des ‚Spezialkollegiums' der NKWD werden 1930 noch die sogenannten ‚Miliz-Trojken' gebildet, die auf Grund des Artikels 35 des sowjetischen Strafgesetzbuches den Kampf gegen ‚Sozialgefährliche Elemente' zu führen haben. Bis 1936 beträgt die Zahl der auf Grund dieses Dekrets Verhafteten zwei Millionen Menschen.

Unter den Begriff ‚Sozialgefährliche Elemente' fällt unter anderen auch die Kategorie von Sowjetbürgern, die schon vorher einmal für Vergehen nach dem sowjetischen Strafgesetzbuch verurteilt worden sind. Auf diese Weise wird Mitia am 31. März 1932 überraschend verhaftet. In seinem Personalkarteiblatt steht nämlich die Notiz, daß er seinerzeit mit Verwahrung in einem ‚Arbeits- und Erziehungslager für Minderjährige' bestraft worden war. Seitens der Behörden war das freilich eine falsche Auslegung des Begriffs ‚Sozialgefährliche Elemente' und eine völlig ungerechtfertigte Anwendung dieses Paragraphen. Bis aber das Mißverständnis aufgeklärt wurde, saß Mitia dreizehn Monate im Gefängnis. Dann entließ man ihn und klopfe ihm bei der Entlassung sogar noch wohlwollend auf die Schulter.

Aber die ‚Arbeiter- und Bauernmacht' schaut in die Zukunft. So sieht sie auch voraus, daß, wenn wirklich jemandem durch sie eine Ungerechtigkeit, eine Kränkung widerfährt, objektive Gründe dafür entstehen, daß eben dieser jemand ihr gegenüber feindlich gesonnen sein und auf diese Weise ihr aktiver Gegner werden könne. Einen solchen Menschen aber sollte man von vornherein nicht aus den Augen lassen. So also hatte die Tatsache einer irrtümlichen Verhaftung für Mitia zur Folge, daß er weit genauer beobachtet wurde als andere Bürger. ‚Ob er nicht seine Unzufriedenheit kundtut und antisowjetische Reden führt und verbreitet.' Obwohl nun Mitia nichts davon wußte, schwieg er allein schon aus Gewohnheit.

Einmal nur — es waren schon fünf Jahre vergangen — als er sich bei offenem Fenster rasierte — es war im Juli und der Duft blühender Linden strömte ins Zimmer und vom Teich her drang das morgendliche Geschnatter der Kolchosgänse herein — sagte er: „Kanaille."
Es war so, daß Lydia, seine Frau, ihm gerade erzählte, daß ihr Sohn Piotr, den sie Pietia nannten, berichtet habe, sie hätten bei der Pionierversammlung gestern die Heldentat eines gewissen Pawlik Morozow aus dem Dorf Gierasimowka da irgendwo in der sibirischen Taiga besprochen.
„Du hast davon gehört?"
„Mmm", brummte Mitia, ohne den Mund zu öffnen.
„Aber ich hab' schon vor langer Zeit einmal davon gehört. So hat er den eigenen Vater, einen Kulaken im gleichen Dorf, Trofim Morozow, der GPU in die Hände gespielt und sich dadurch um die Sowjetmacht Verdienste erworben. Du weißt doch, daß Pietia gestern gerade erzählt hat, daß man dem Jungen ein Denkmal setzen will. Sogar ein Theaterstück wird man darüber schreiben oder einen Film machen, ich weiß nicht recht ... Pietia! Pietia!" rief Lydia. Ihr Mann rasierte sich gerade die Unterlippe, stülpte sie vor und mit dieser Mundstellung stieß er jenes ‚Kanaille' hervor. Er sagte es ganz ruhig, aber es klang sehr nachdrücklich und sogar ein wenig grollend. Später konnte er sich nicht die Spur mehr erinnern, warum er das gesagt hatte. In einer plötzlichen Zerstreutheit, einer Geistesumnachtung? Ob er vielleicht mit seinen Gedanken ganz woanders war an diesem Morgen, da das Viereck des Fensters sich als Sonnenfleck auf dem Fußboden abzeichnete und die Linden so stark dufteten? Oder war es aus dem Unterbewußtsein in ihm aufgestiegen, weil auch er einen kleinen Sohn hatte? Einen kleinen geliebten Sohn mit dem zärtlichen Namen Pietia? Aber das Fenster ...
„Wer ist eine Kanaille?" fragte Lydia.
„Niiichts, nur so. Warum hältst du eigentlich ewig das Fenster offen?"
„Was ist mit dir? Es ist warm, Sommer, schön draußen, und er will nicht das Fenster offen haben!"

„Aber nicht, wenn ich mich rasiere."
„Ach Mitia, mit dir ist das, als wenn man ein zweites Kind hätte." Seine Frau stand von dem kleinen Sofa auf, wo sie mit untergeschlagenen Beinen gesessen hatte.
„Na, ist schon alles eins. Bin ja schon fertig jetzt mit rasieren. Laß sein, soll's doch offen bleiben. Gib mir Waschwasser."
Mitia wurde am nächsten Tag oder vielmehr in der Nacht nach einer Haussuchung verhaftet, diesmal nicht als ‚Sozialgefährlicher', sondern wegen konterrevolutionärer Tätigkeit durch Verbreitung sowjetfeindlicher Parolen.
Im Gefängnis in Stalinogorsk wurde er durch das Spezial-Kollegium der NKWD des Bezirks auf dem Verwaltungsweg nach Paragraph 58 Punkt 10 des Strafgesetzbuches zu fünfzehn Jahren Straflager verurteilt. Mitia nahm das Urteil mit der ihm eigenen Resignation entgegen.

*

Er wurde nach Solikamsk verschickt, eine Lagergruppe, die fünfzig Lagerpunkte umfaßt, in jedem dieser Einzellager durchschnittlich etwa 1500 Häftlinge. Er kam in das Lager Golownoj mit der Nummer 244/16/g am Westhang des Ural. Hauptsächlich arbeitete er beim Holzeinschlag, aber auch beim Brückenbau. Die Arbeit war schwer, von sechs Uhr früh bis abends acht, ohne Mittagspause.
Ende 1937 begann die schwerste Zeit. Die große ‚Säuberung' und eine neue heftige Terrorwelle, die das ganze Land erfaßte, machten sich auch in der Lagerleitung bemerkbar. Hungerrationen bei gleichzeitiger Erschöpfung des Organismus durch übermäßige Arbeit verursachten Massenerkrankungen an Schwindsucht, Magengeschwüren, Hypertrophie und Dystrophie. Die Sterblichkeitsquote erreichte 30 Prozent. Gleichzeitig nahm der Terror der Lagerleitung zu. Nach den offiziellen Daten der GULAG, der Hauptverwaltung der Lager, wurden im ganzen Sowjetimperium etwa 10 Prozent der Gefangenen wegen unterschiedlichster Vergehen erschossen. In einigen Lagern dezimierten Todesurteile etwa 25 Prozent der Lagerbelegschaft. Moralische Zerrüttung, Läuse, Hunger, Zuträgerei und Verzweiflung hielten

Millionen von Häftlingen unter einem unerträglichen Druck. Damals wurde — mit Ausnahme des Dezembers 1938 — die Freilassung nach Abbüßung der Strafe eingestellt. Und alle wußten, daß es nun keine Hoffnung mehr gab.
Die eigene harte Vergangenheit, die ihn widerstandsfähig gemacht hatte, und vor allem die Zeit seiner Kindheit bei den ‚Besprisornys', rettete Mitia vom Tode.
Die größte Plage aller sowjetischen Lager waren wohl die kriminellen Elemente, die sogenannten ‚Urki'. Sie terrorisierten ihre politischen Mitgefangenen mehr noch als die Lagerleitung und lebten unter günstigeren Bedingungen als die ‚Politischen.' Mitia brachte es nun fertig, ihre Gunst durch seine guten Kenntnisse der ‚Blatnoj'-Sprache, eines Kriminal-Jargons, zu gewinnen. Er hatte es noch in Odessa gelernt. Mit einem dieser Kriminellen freundete er sich an. Der hatte auch einmal zu den Odessaer Besprisornys gehört und kannte sogar den Anführer der Bande, deren Mitglied Mitia einmal war. Wegen Doppelmordes und Beraubung einer Genossenschaft war er verurteilt worden, hatte im Lager großen Einfluß und ließ Mitia seine Protektion angedeihen.
Im Januar wurde Mitia zur Kanzlei gerufen. Dort schob man ihm ein Dokument zur Unterschrift zu. Es handelte sich darum, daß er die Schritte zur Kenntnis nehmen sollte, die seine Frau, Lydia Bondariew, unternommen hatte, um sich von ihm scheiden zu lassen, denn sie wollte nicht länger in ehelicher Verbindung mit einem ‚Volksfeind' stehen. Mitia unterschrieb und fragte, ob noch irgendwelche Formalitäten zu erfüllen seien.
„Abführen!" sagte der Kanzleibeamte zu dem Wachmann, gab Mitia keine Antwort und sah ihn nicht einmal an.
Sie gingen in die Baracke zurück. Der Schnee knirschte unter ihren Füßen. Am westlichen Himmel stand ein eisgrünes Licht. Das Thermometer zeigte 38 Grad Frost an.

DIE GROSSE FREUDE

Zwei Jahre waren vergangen. Wieder wurde es Frühling, wenn auch sehr spät in diesem Jahr. Allzu lange hatte tiefer Schnee gelegen, der tagsüber an der Oberfläche auftaute und in den frostigen Nächten zu einer dick verharrschten Fläche erstarrte, über die man sich mit großer Geschwindigkeit und unbegrenzt auf Schneeschuhen fortbewegen konnte. Als dann aber die Wende eintrat, wurde es auf einmal so warm wie im Sommer.

„Warum", so stellte der Kriminalverbrecher aus Odessa seine Betrachtungen an, „warum ist das so eingerichtet in der Welt, daß nichts verloren geht in der Natur. Nimm nur die Wärme: sie war nicht da, aber sie ist nicht verlorengegangen. Das heißt, sie hat sich erhalten und traktiert uns nun mit einer doppelten Portion."

„Denkst wohl, daß wir dafür, weil wir im Lager gesessen und unsere Freiheit verloren haben, irgendwann später mal mehr Freiheit haben werden? Ausgerechnet dafür?" sagte Mitia.

„Aber freilich, ganz klar! Nimm doch mal einen normalen Menschen, einen freien, wenn auch nur einen von hier, aus Solikamsk. Er geht den Weg lang, läßt die Nase hängen, glotzt vor sich hin und von Freude spürt er nichts. Aber wenn sie uns beide plötzlich freiließen, Brüderchen! Würden wir wohl so hinschleichen? Wir würden krähen vor Freude und singen, jedes Bäumchen ansehen, jedes Gräschen, jedem freien Vögelchen nachschauen. Der gleiche Weg wäre für uns ein Glück. Es hat sich in uns aufgespeichert, das heißt, ist nicht verlorengegangen und ist auf einmal wieder da. Und für den Freien was? Täglich die gleiche Balanda-Suppe,[6] und das Leben ist ihm zum Kotzen."

„Und wenn sie uns überhaupt nicht herauslassen, bis zum Lebensende? Wo bleibt dann deine aufgesparte Freude, he?"

[6] Dünne Kohlsuppe.

Der Mörder kratzte sich am Kopf, spuckte im Gehen vor sich hin. Schweigend gingen sie eine Weile in der Gefangenenkolonne weiter, zur Arbeit, obwohl es Sonntag war.
„Das ist ja gerade der Haken. Hab' schon drüber nachgedacht, meinst wohl, ich hätte nicht nachgedacht. Hab' hin und her überlegt. Weiß der Teufel, die ganzen Popen mit ihrem ewigen Gerede — aber wer weiß, weißt du, ob sie nicht doch bißchen recht haben. Denn du sagst ganz richtig: wo kommt das hin? Von Rechts wegen kann es nicht verlorengehen. Das heißt, verflucht nochmal, vielleicht gibt's doch in der anderen Welt wenigstens Tagelohn dafür ... Meinst nicht auch?"
„Das könnte man schon denken, aber man kommt zu keinem Ende, das ist's."
Auf die morschen Barackendächer des Lagers 214/16/9, auf die hölzernen Wachtürme mit den sich drohend abzeichnenden Silhouetten der Posten fiel die ungetrübte Junisonne. Mit ihrem Glanz übergoß sie die langen Stacheldrahtlinien, die bräunlich von Rost waren wie Unkrautstengel im Herbst. Über den ganzen Westhang des Ural ging ein trockener Wind, in dem sich die schopfigen Kronen der Kiefern und die spitzen Wipfel der Fichten wiegten, die wie Pfrieme in den Himmel stachen. Der Himmel aber strahlte in unveränderter Bläue, und der Wind brachte keinen Regen, ja nicht einmal leichte Sommerwölkchen herbei. Er strich nur rauschend durch den Wald. In den granitenen Bruchflächen der steilen Felsabstürze brach sich funkelnd das Sonnenlicht. Unsichtbar im Äther liefen zur gleichen Zeit noch andere Wellen, Radiowellen. Wjatscheslaw Michailowitsch Molotow, Volkskommissar für die Außenpolitik der Sowjet-Union, hielt eine Ansprache. Er gab den Kriegsausbruch bekannt. Der Wandkalender in der Lagerkanzlei zeigte den 22. Juni 1941 an.
Wie lange schon hatte man auf diese Nachricht gehofft? Seit den ersten Verwicklungen nach dem 1. September 1939? Seit dem Eintritt der Westmächte in den Krieg? Seit dem Ausbruch des Finnlandkrieges? Seit diesem oder jenem trügerischen und erfundenen Gerücht, und wenn es auch noch so

töricht war, von Monat zu Monat, von Woche, von Tag zu Tag? Oder vielleicht schon immer, seit vollen 24 Jahren?
In der Natur geht nichts verloren. Was sich in diesen Jahren schweigender Erwartung angestaut hatte, brach nun plötzlich mit um so größerer Macht hervor. Es trat etwas ein, was die Lagerbehörden nicht erwartet hatten: Mitten zwischen den zugrunde gerichteten, verprügelten, korrumpierten und siechen Gefangenen, unter diesen Haufen von Zuträgern, die kaum noch die Beine heben konnten, von notorischen Spitzeln, die für ein Kochgeschirr fauliger Kohlsuppe oder für ein Stück lehmigen Schwarzbrotes ihren verächtlichen Dienst leisteten — an die Mauern und Zäune gekritzelte Parolen wie: ‚Hitler wird uns retten!' — ‚Das bolschewistische Regime wird durch deutsche Waffen untergehen!' — ‚Widersetzt euch nicht dem Kriegsgegner!"
Schwer, sehr schwer ist das heute zu verstehen, nach so vielen Jahren, die den Krieg verfluchen und jeden einen Verbrecher heißen, der zum Krieg geraten hat. Ach, wie schwer ist es, sich der Wahrheit zu erinnern, welch unendliche, große Freude das Wort ‚Krieg' von den westlichen Grenzen bis an den östlichen Rand der Union der Sozialistischen Sowjetrepubliken auslösen konnte, vom Njemen bis zur Amurmündung, von Murmansk bis zum Berge Ararat!
‚Krieg! Habt ihr schon gehört? Krieg! Welch ein Glück, kaum zu glauben!'
Nicht nur in den Verließen und Gefängnissen, in den Lagern, Isolatoren, Katorgen und Kasematten. In den Städten und Kolchosen standen die Menschen mit westwärts gewendetem Gesicht und blickten dem herannahenden Krieg entgegen, als wenn sie ein Wunder von ihm erwarteten. Nach einer 24 Jahre währenden Knechtschaft erwarteten sie nun die Freiheit, nach 24 Jahren bolschewistischer Herrschaft erwarteten sie nun deren Ende. Ganz gleich wer, ein Guter oder Böser, ein Rechter oder ein Linker, Hitler oder Churchill, jeder war recht, wenn er nur als erster das Wort ‚Krieg' aussprach. Es gab auch solche, die Ehrenpforten bauten. Sie pflückten Blumen auf den Wiesen und empfingen die Sieger mit Salz und Brot. Sie begrüßten nicht die Deutschen, nicht Eng-

länder, Franzosen, Japaner oder Neger, sie begrüßten: den Krieg!

Schon am nächsten Tag, dem 23. Juni, als Mitia von seiner Pritsche kroch, um zur Latrine zu gehen, wunderte er sich über die vielen Aufschriften. ‚Fort mit der Sowjetmacht!' war mit Kreide auf den dunklen Steinsockel der Baracke geschrieben, ‚Stalin den Tod!' — mit Kohle auf die weißgekalkte Wand der Latrine und sogar: „Es lebe die Freiheit!"

Lange saß er auf der stinkenden Latrine, da ein nervöser, durch die Erregung ausgelöster Muskelkrampf und sein völlig erschöpfter Organismus ihn daran hinderten, seine Notdurft zu verrichten, obwohl er befürchtete, daß ein Verdacht der Aufschriften wegen auf ihn fallen könne.

Die Lagerbehörden wandten drakonische Strafen an. Funktionäre der III. Operativen Abteilung der KGB nahmen jeden fest, bei dem man ein Stückchen Kohle, Kreide oder einen Bleistiftstummel fand, später sogar jeden, der auch nur einen Kohlefleck, Kreide- oder Kalkstaub an seiner Kleidung hatte. Wieder kam es zu Massenerschießungen in den Lagern wie in den Jahren 1937/38. Aber nichts half, weder diese Vorbeugungsmaßnahmen noch die Spitzelmeldungen, die sich zu ganzen Stößen in den Büros der Sicherheitsabteilungen auftürmten. Die Aufschriften erschienen weiter. Andererseits machte fast jeder dritte Gefangene eine Eingabe um Entlassung aus dem Lager; denn es sei ‚sein größter Wunsch, an die Front zu gehen, um für die Partei, das Vaterland und den geliebten Woschd Stalin zu kämpfen.'

Auch Mitia schrieb eine solche Eingabe im gleichen schwülstigen Stil. Leider jedoch wurde schon im August 1941 eine Verfügung erlassen, um weitere Freilassungen an die Front abzustoppen, weil man festgestellt hatte, daß es die Entlassenen nur auf einen Vorwand und eine Gelegenheit abgesehen hatten, um überzulaufen.

Ernst denkende Funktionäre des NKWD und NKGB hatten damit gerechnet. Daher wurde schon vom ersten Kriegstag an befohlen, alle Gefangenen, die man nicht vor der deutschen Invasion evakuieren könne, zu ‚liquidieren'.

So kam es im Juni-Juli 1941 zu Massenerschießungen von

Gefangenen in Prowienischki in Litauen, in Budslaw, Wilejka, Lemberg, Minsk, Kiew und anderen Lagern.

*

Die Parolen an den Mauern, die unbeholfen geschriebenen Flugblätter und Aufforderungen, das bolschewistische System zu stürzen, erschienen im ganzen Land. Meist waren sie nicht gedruckt sondern in Massen handschriftlich vervielfältigt.
Indessen rückten die deutschen Armeen weiter vor und nahmen im Oktober Moschajsk ein. Am 16. Oktober brachen in Moskau Unruhen aus. Das Volk beherrschte die Straßen. Staatliche Läden und Fabriken wurden zertrümmert. Auf der Sadowa-Straße demolierten die Massen das Kaufhaus ‚Select' für privilegierte höhere Staatsbeamte und später das Lebensmittelgeschäft ‚Prodmag' für gewöhnliche Sowjetbürger. Auf der Twer-Straße, auf der Miasnitzka, Pokrowka und Marosiejka wurden die Schaufenster eingeschlagen und die Türen aufgebrochen. Pflastersteine und Ziegel flogen in die Fenster. Feuersbrünste brachen aus und schwarzer Rauch, mit Staubwolken vermischt, verwob sich zwischen den Häusern und über der wogenden Menge zu dunklen Knäueln.
„Gromi! Gromiii! Uraaa!" — „Schlagt rein!"
An den Schlagbäumen der Ausfallstraßen wurden Autos mit fliehenden Würdenträgern und höheren Parteifunktionären, vollgepackt mit Staatseigentum, angehalten. Alles, was sie mitnehmen wollten, wurde ihnen abgenommen und gestohlen. Ein Spaßvogel nannte diese Art von Pfandnahme an den Schlagbäumen: „Station Kriech-heraus — Alles-aus!" „Kriech' raus du, hast dich genug vollgefressen, unser Blut gesoffen!" Und die noch gestern allmächtigen Parteigewaltigen stiegen folgsam aus und waren froh, mit dem Leben davonzukommen. Komsomolzen und einfache Parteimitglieder, die in der Hauptstadt geblieben waren, zerrissen in ängstlicher Eile ihre Parteibücher, verbrannten Dokumente und warfen ganze Stöße marxistischer Literatur aus den Fenstern. Der Wind erfaßte die Papiere und trug sie über die Straßen hin.

„Aaa! Hahaha!" heulte die Menge.
Sie trampelten mit den Füßen auf den mit Profilbildern Lenins und Stalins geschmückten Buchumschlägen umher. Plakate und Aufrufe der Regierung wurden von den Wänden gerissen, Bilder der Parteigrößen vernichtet.
Aber es war eine unorganisierte Revolution, ohne Führer.
Stalin selbst ließ den Moskauer Stadtkommandanten, General Silinow, zu sich kommen und befahl ihm, die Unruhen um jeden Preis zu ersticken. Silinow warf mit Maschinen-Pistolen bewaffnete Spezialabteilungen des NKWD in die Stadt. Am 17. Oktober beherrschten sie die Situation im ganzen Stadtgebiet, und am nächsten Tag, am 18. Oktober, war in Moskau die Ruhe wiederhergestellt. Nur die Hauswarte fegten mit ihren großen Besen ganze Berge von kommunistischen Büchern und Parteiausweisen, mit Glasscherben vermischt und in den Straßendreck getrampelt, zu Kehrichthaufen zusammen.
Es war eine Revolution ohne Führer und ohne Organisation. Die Roten Armeen, die an einigen Frontabschnitten erbitterten Widerstand leisteten, ja sogar tapfer kämpften, bewiesen in ihrer überwiegenden Masse nicht nur mangelnde Widerstandskraft, sondern manchmal sogar eine ausgesprochene Unlust zum Kampf. Die Zahl der Gefangenen wuchs ins Unermeßliche. Am 10. Juli betrug ihre Zahl allein im Kessel von Bialystock-Minsk 323 898. Bis zum Ende des gleichen Monats wuchs sie auf 895 000 an. Anfang September legten bei Uman 600 000 Mann die Waffen nieder. Bis zum Ende der Schlacht um die Ukraine waren es 665 000. In der Schlacht am Asowschen Meer im Oktober machten die Deutschen 100 000 Gefangene. Und die am 17. Oktober abgeschlossene Operation im Raum von Wjasma-Brjansk brachte die Kapitulation von 67 sowjetischen Infanterie- Divisionen, 6 Divisionen Kavallerie sowie von 6 Panzerdivisionen und 7 Panzerbrigaden. So hohe Gefangenenzahlen in so kurzer Zeit waren in der Kriegsgeschichte bis dahin unbekannt.
Ein besonderer Typ des Sowjetsoldaten bildete sich heraus, der schon nach wenigen Kriegswochen die weitverbreitete Bezeichnung ‚Nurik' (Taucher) erhielt. Wenn auch nicht

wörtlich zu nehmen, so hatte er doch etwas von einem Taucher an sich. Er warf die Waffen weg, tauchte in der Weite des Raums und der Masse unter und zeigte sich erst wieder, wenn die deutsche Besatzung da war und mischte sich dann unter die übrige Bevölkerung, um zu überdauern, um abzuwarten, bis das bolschewistische System vernichtet sein werde. Eine derartig inaktive Masse ist psychologisch erklärlich bei Umwälzungen, denen die einheitliche Führung, ein deutlich umrissenes Ziel und klare Losungen fehlen.

Das vermindert jedoch nicht das Potential der antisowjetischen Einstellung, es charakterisiert nur ihren Hintergrund gerade in diesem Zeitabschnitt.

Die antibolschewistische Konterrevolution in den Jahren 1941/44 war eine typische Bewegung von unten her. Wenn gerade die russische Intelligenz es war, welche die Umwälzungen 1917 in Rußland vorbereitete, und wenn das organisatorische Talent und der eiserne Wille Lenins den bolschewistischen Umbruch vollbrachte, wenn sich die Überzeugung festigte, daß jede Revolution gerade von einer intellektuellen Oberschicht gemacht wird, die sie dann erst den Massen aufzwingt, so könnte die letzte russische Konterrevolution eine sonderliche Ausnahme von dieser historischen Regel darstellen. Sie war eine Revolution der unteren Schichten, eine Revolution der Massen, ohne Lebensbeschreibung und Bildnis ihrer Führer, die später einmal Handbücher zieren könnten. In dieser Hinsicht hat die antibolschewistische Konterrevolution dieser Jahre — mit dem Recht des Paradoxons — eher die marxistische Geschichtsauslegung von dem durch die unteren Volksschichten gekennzeichneten Charakter der Massenbewegung bestätigt. Doch ihre Geschichte setzt sich ausschließlich aus der Lebensgeschichte unzähliger einfacher Einzelmenschen zusammen.

Schon damals begann man zu sagen: „Wenn Hitler doch mit einer konstruktiven, positiven politischen Konzeption hervortreten würde!“ Aber auch das wäre nicht einmal erforderlich gewesen, um das bolschewistische System zu stürzen. Es hätte ausgereicht, wenn er nicht jede Organisation dieser Bewegung schon in ihren ersten Anfängen unterdrückt, wenn er sie mit seinen Methoden und mit seiner eigensüchtigen Politik nicht bereits an der Wurzel abgehauen hätte und ihr so jeden Sinn, jede Hoffnung nahm, ihr Ziel zu erreichen.

*

Der Bischof von Wlodzimierz in Wolhynien, Polikarp, die orthodoxen Bischöfe und Erzbischöfe von Litauen, Kiew, Narwa und Mitau versicherten in einem Schreiben an Hitler, sie würden ihre Gebete zum Allerhöchsten schicken, er möge denen den Sieg verleihen, die den heroischen Kampf gegen die Bolschewisten aufgenommen hätten.

Eine Abordnung von Tataren übergab dem General von Manstein, dem Eroberer der Krim, kostbare Gewebe als Geschenk mit der Bitte, sie an den ‚Befreier vom bolschewistischen Joch, Adolf Effendi' weiterzuleiten.

Die kaukasischen Stämme der Kabardiner und Balkaren überreichten dem ehemaligen Konsul, Hauptmann Bräutigam, ein schön ziseliertes, mit reinem Gold beschlagenes Zaumzeug und baten ihn, er möge dieses Geschenk Hitler als ein Zeichen der Dankbarkeit für ihre Befreiung aushändigen.

*

Noch vor Beginn des Rußlandfeldzuges, am 24. April 1941, ließ Hitler den Spezialisten für Weltanschauungsfragen der NSDAP, Rosenberg, den er später zum Minister für die besetzten Ostgebiete ernannte, zu sich kommen und erklärte ihm: „Göring arbeitet eben an einem Vierjahresplan für die Gebiete, die wir im Osten erobern werden. Alle Rohstoffe werden sofort nach Deutschland transportiert. Um die Polizeifragen wird sich Himmler kümmern. Er hat eine harte Hand."

Am 9. Mai 1941 erklärte Hitler: „Mich interessieren die wilden kaukasischen Völker nicht, mich interessiert nur ihr Öl."

Am 22. Juni soll Staatssekretär Backe vom Reichministerium für Ernährung und Landwirtschaft, erklärt haben: „Die Kolchosen bleiben bestehen. Wenn die Sowjets sie nicht er-

funden hätten, so müßten sie von uns zur besseren Ausnutzung des Ostens erfunden werden."
Am 1. August erklärte der neuernannte Reichskommissar für die Ukraine, Erich Koch: „Die Ukrainer sind Urslawen. Ich werde sie mit Machorka, Schnaps und Reitpeitsche regieren."
Nach offiziellen Angaben blieben im Lager für sowjetische Kriegsgefangene bei Tschentochau von 30 000 Turkmenen nur 2000 am Leben. Der Rest wurde von einem Einsatzkommando des SD erschossen als auf dieser Welt überflüssige ‚Asiaten'.
Die Regierungspraktiken des Reichskommissars für die Ukraine, Koch, der de facto Hitler unmittelbar unterstand, grenzten schon bald an eine den Sowjets in die Hand spielende Provokation, so daß in deutschen Militärkreisen folgende Anekdote weite Verbreitung fand: „Als Stalin im Winter 1942/43 auf dem Kreml Orden verteilte, soll er die erste Auszeichnung mit folgenden Worten zurückgelegt haben: Diesen höchsten Orden kann ich heute noch nicht verleihen. Ihn hat der Reichskommissar Erich Koch verdient, aber der ist gegenwärtig auf seinem Einsatzposten in der Ukraine und dort für die sowjetischen Interessen unentbehrlich."
Deshalb kämpften die Ukrainer im Sinn des schon vorher gefaßten Beschlusses der ukrainischen Organisation OUN[7] nicht nur gegen die Bolschewisten, sondern auch gegen die Deutschen. Sie nehmen also gleichzeitig an zwei Fronten den Kampf auf, und dieser Kampf entbrennt 1942/43 besonders heftig. In die Konzentrationslager von Dachau und Auschwitz, in die Gefängnisse von Lemberg, Krakau, Berlin, Wien werden immer mehr Ukrainer eingeliefert.
Die im Bereich der Armee des Generals von Bock erscheinende Frontzeitung ‚Der Durchbruch' schrieb in einer Ausgabe vom Juli 1941 in einem Feuilleton-Beitrag unter dem Titel ‚Der Brunnen': „Durstig kommen wir zum Brunnen. Die Menschen am Bug begrüßen uns, als seien sie unsere Bundesgenossen. Sie begreifen es nicht, daß wir eines Bünd-

[7] Ukrainische-National-Organisation.

nisses mit ihnen nicht bedürfen. Wir brauchen nur ihren — Brunnen."

Am Abend des 8. Mai 1943, nach der Lagebesprechung, an der die Generale Keitel, Zeitzler, Schmundt und Oberst Scherff teilgenommen hatten, kam die Rede auf die Bewegung des Generals Wlassow. Bei dieser Gelegenheit präzisierte Hitler seinen Standpunkt folgendermaßen: „Wir müssen uns jeden Gedanken an eine solche Lösung aus dem Kopf schlagen ... Wir haben da doch die Erfahrung mit Polen 1916. Ludendorff hat später erklärt, daß er 500 000 Mann gewinnen wollte. Aber jeder vernünftige Mensch hätte ihn von vornherein warnen können: Sie werden diese 500 000 Mann bekommen, aber nicht zum Kampf gegen Rußland. Die Polen stellen eine Armee nur auf, um — Polen zu befreien. Wir brauchen keine unabhängigen Staaten, deren Interessen sich nicht mit den unsrigen decken. Über die Front hinüber können wir eine Propaganda machen, wie wir sie wollen. Da können wir alles tun und alles sagen. Aber in unserem Hinterland darf nichts geschehen, was zu einer Wiederholung des Jahres 1916 führen könnte."

Natürlich fanden sich unter den verschiedenen Nationalitäten sowie in Kreisen der antisowjetischen Emigration eine ganze Reihe einzelner und auch ganze Gruppen von Opportunisten, die — wie das überall und immer bei tiefgreifenden Umwälzungen und in großen Kriegen zu sein pflegt — die Konjunktur für ihre persönlichen Ziele und Ambitionen ausnutzen wollten. Sie taten das, indem sie ‚nationalfaschistische Bewegungen' organisierten, sich im Antisemitismus förmlich übersteigerten und auf andere Weise versuchten, sich die Geneigtheit und Unterstützung der Behörden zu erwerben. Alle diese Versuche, einen Kompromiß mit dem Nationalsozialismus zu schließen und sich seinem Programm anzugleichen, wurden jedoch mit nicht weniger Geringschätzung, dafür aber mit um so größerer Verachtung behandelt, endeten gewöhnlich mit einem Absinken in die Rolle untergeordneter Agenturen und konnten daher keinen Einfluß ausüben.

Hitler wollte keine antibolschewistische Konterrevolution.

Als vor Beginn der Kampfhandlungen gegen die Sowjets — man arbeitete noch über den Plänen des kommenden Feldzuges — im Mai 1941 die Rede auf die verwaltungsmäßige Gliederung der Gebiete kam, die erobert werden sollten, rief Hitler aus: „Gouvernements? Die Bezeichnung gefällt mir nicht! Das klingt zu zaristisch. Nennen wir sie doch Kommissariate!"

„Aber mein Führer, Kommissariat erinnert doch dem Klang nach an die bolschewistische Herrschaft."

„Desto besser, desto besser! Sollen sie uns doch fürchten wie die Pest, wenn wir dort unsere Herrschaft stabilisieren wollen. In dieser Hinsicht habe ich dem Reichsführer SS radikale Befehle erteilt!" Es dürfte keine Übertreibung sein, wenn man unterstellt, daß Hitler aus seiner tiefen Abneigung gegen jede Art von ‚Reaktion' die Konterrevolution nicht weniger haßte als Stalin selbst. Allein aus vorübergehenden militärisch-taktischen Erwägungen erlaubte er, wie er selbst zugab, den trügerischen Anschein zu erwecken, als habe sie Erfolgsaussichten. Und obwohl diese Chancen verschwindend gering waren, griffen alle jene nach ihnen, für die das Leben im bolschewistischen System gar keine Chancen bot.

Wenn also die absolute Mehrheit der Sowjetbürger in diesem ersten Abschnitt des Rußlandkrieges nur auf die Parole wartete, um gemeinsam den Kampf gegen das bolschewistische System aufzunehmen, so kam es auf diese Weise im weiteren Verlauf des Krieges zu jener Entzweiung, deren scharfe Schneide die Volksmassen, die unter sowjetischer Führung gestanden hatten, trennte. Während ein Teil durch die Politik Hitlers in die antideutschen Partisanen-Einheiten getrieben wurde, griff ein anderer Teil gegen die Sowjets zu den Waffen. Es war ein wirres Durcheinander von Partisanen und Antipartisanen. In dem riesigen Gebiet des Hinterlandes der Okkupationsarmee, vom Finnischen Meerbusen bis zu den Bergen des Kaukasus, entbrannte ein zweiter Bürgerkrieg.

Er unterschied sich gleichwohl dadurch vom ersten Bürgerkrieg, daß nur eine Seite, und zwar jene kommunistische, eine Führung und eine von oben durchgegliederte Organisation hinter sich stehen hatte. Denn selbst wenn sich auf dieser Seite ein Führer gefunden hätte, so wäre er entweder in Dachau gelandet oder ganz einfach auf Befehl Hitlers liquidiert worden.

*

Zu Beginn des Jahres 1942 erneuerte Mitia seine Eingabe um Freilassung aus dem Lager an die Front. Als man 1935 unbezahlte Arbeitskräfte benötigte, hatte man Mitias Vergehen für schwerwiegend angesehen. Jetzt, 1942, als man Soldaten für die Front brauchte, wurde Mitias Gesuch sehr genau geprüft und sein Vergehen als belanglos erkannt. Das Urteils-Kollegium sprach eine vollständige Rehabilitierung aus. Mitia wurde im Februar entlassen.
Ende März dieses Jahres schritt ein 35jähriger Sowjetmensch, die Spuren schweren Erlebens auf dem unrasierten Gesicht, mit schief sitzender Mütze und offenem Mantel, einen Sack auf dem Rücken und mit einem Marschbefehl in der Tasche durch die Straßen des Städtchens Kamyschtschin an der Wolga. Er empfand jedoch nicht jenes Freudengefühl, das ihm sein Freund und Genosse der Lagerknechtschaft, der Doppelmörder aus Odessa, prophezeit hatte. An einem sehr hohen Himmel zogen bis in die Unendlichkeit hin kleine Lämmerwölkchen wie eine Herde weißer Karakuls. Tauwetter hatte eingesetzt. Es roch nach wässrigem Schnee, der sich matschig unter den Rädern der Wagen mit lehmfarbenen Blott mischte. Um die Kuppel der orthodoxen Kirche, deren Glocken schon lange verstummt waren, kreisten Dohlen, ihre Schreie kündeten ein zeitiges Frühjahr. Auf dem großen Platz ballte sich ein Haufen evakuierter Zivilisten und marschierende Soldaten zusammen. Mißtönig hupende Lastkraftwagen, Pferdefuhrwerke auf Rädern und auf Kufen zogen vorüber. Vor den Augen flimmerte es von den Mützenschildern der Zivilisten, Winter-Papachen, Schaffellmützen und den eng um die Köpfe gehüllten Tüchern der Frauen. Und dennoch ein eintöniger Hintergrund: man sah keine lebhafteren Farben, nur schwarz, grau, schmutzig-grau,

weiß und wieder grau. Diese Luft, die den Frühling ankündigte, ertönte wie in einem Bienenschwarm von einem Gewirr von Stimmen, vom Schlurfen unzähliger Füße über das schlammige Pflaster und einzelnen Flüchen. Jemand rief aus der Menge:
„Mitia, Mitia!"
Er aber wußte, daß man nicht ihn anrief. Daß es niemanden gab, der ihn suchen, rufen, wiedererkennen oder gar hätte wissen sollen, daß er hier und nirgend woanders sei. Und vielleicht befiel ihn gerade deswegen, während er über diesen Marktplatz ging, wo niemand etwas kaufte und niemand etwas zu verkaufen hatte, eine sehr unrealistische Vorstellung:
Er trifft in dieser Menschenmenge seine Frau, Lydia, mit dem kleinen Piotr, den sie am Händchen hinter sich herzieht. In plötzlicher Verwunderung weiten sich ihre Augen: Mi... flüstern ihre halbgeöffneten Lippen kaum hörbar, Mitia? sagt sie leise und verwundert. Du bist es, Mitia?... Und er drängt sich schweren Schritts neben ihr durch, bahnt sich mit dem Arm, der durch den Sack auf seiner Schulter behindert ist, einen Weg durch das Gedränge und blickt nicht einmal hin. Nein, nicht einmal auf seinen kleinen Sohn. Das ist vorbei. Mitiaaa! — ruft Lydia ihn an und streckt die Hand aus, du mein Lieber! Versteh doch, ich mußte doch... Aber ihre Hand gleitet von dem rauhen Stoff seines Soldatenmantels ab, er stapft unerbittlich weiter, schlappt durch Mist, der im Schneewasser zerflossen ist, tritt Strohhalme in den Dreck und ist schon einen, zwei, drei, vier Schritte weg von ihr: er taucht in der Menge unter und sieht sich nicht um. Er beißt nur die Zähne zusammen, um nicht in dieses einstmals geliebte, eng von einem auf den Straßen der Flüchtenden abgetragenen Kopftuch umhüllte Gesicht zu schreien: ‚Mit wem du... alle die Jahre hindurch... als ich...'
„Du! Flügellose Krähe! Wo drängst dich rein? Willst das Kind zertrampeln!" Eine junge Frau, den Kopf dicht in ein Tuch vermummt und einen kleinen Jungen an der Hand, stößt ihn unversehens zurück. Mitia erhob seinen schweren

Blick, riß ihn von den ihn innerlich bewegenden Gedanken los.
Nicht einmal ähnlich ist sie ihr. Ganz und gar nicht, stellte er fest. Er erwiderte kein Wort und drängte weiter. Pietia ist doch jetzt nicht mehr so klein. Gleich, wie alt wird er denn? ... Und doch, so ohne Begleitposten zu gehen, das ist immer eine gute Sache. Selbst in dieser vom Mißgeschick getriebenen Menge. Du willst's und du kehrst dich nach rechts, du willst' anders, und du wendest dich links, da in diese Gasse ohne Gehsteig.
Diese Gedanken und diese seelische Verfassung Mitias muß man berücksichtigen, will man recht verstehen, warum er, scheinbar ganz ohne Grund, von der befohlenen Marschroute abwich und von Kamischtschin an begann, mit verschiedenen Verkehrsmitteln auf die Station Kachalinsk zuzusteuern. Von dort aus, meinte er, würde er schon zum Chutor Jaglica hinfinden.
Herumirrende Leute gab es damals sehr viele. Es war fast unmöglich, die Dokumente und Personalangaben aller dieser Menschen zu prüfen. Trotz des verschärften Kriegsrechts kontrollierte man vorwiegend auf den größeren Straßen, und dann wurden hauptsächlich diejenigen einer Überprüfung unterzogen, die mit ihren Familien ostwärts strebten. Sich in entgegengesetzter Richtung nach Westen, vorwärts zu bewegen, war mit einem Marschbefehl in der Tasche nicht allzu schwierig. Oftmals meldete sich Mitia sogar bei Kontrollposten, so als ob er von der Marschroute abgeirrt wäre, weil er nicht in den richtigen Zug eingestiegen sei und bat darum, daß ihm die Richtung gewiesen werde. Er kannte sich auf derlei Art zu reisen aus.
Auf diese Weise kam es zu einer anderen Begegnung als der, über die er in Kamischtschin nachgegrübelt hatte.
Er hatte noch viele Werst hinter sich zu bringen. Im Land herrschte eine Stimmung, die unter einer äußeren Hülle von Schweigen und Argwohn etwas zu verbergen schien. Es kam vor, daß Gespräche plötzlich verstummten, wenn er, der Unbekannte, sich den Menschen näherte. Manchmal fing er auch einen Satz auf wie zum Beispiel diesen:

„Schlimmer wird's nicht werden ..."
Er selber sprach nicht viel. Hatte er einmal ein Nachtquartier, dann zog er die Stiefel aus und deckte sich bis über den Kopf mit seinem Mantel zu. Am Morgen marschierte er weiter, bei guten Leuten mit einem Stück Brot oder sogar mit einer Schüssel warmen Essens bewirtet, schritt in einem erfrischenden Wehen tüchtig aus, manchmal, nach einem leichten Nachtfrost, zerstapften seine Stiefel mürbes Eis auf den Straßenpfützen, manchmal versanken sie schon im Blott, den die Frühlingssonne tief aufgeweicht hatte. Die nach Süden abfallenden Feldhänge befreiten sich schon vom Schnee. Hier und da leuchtete ein junges Grasspitzchen hervor.
Jaglica erkannte er fast nicht wieder. Es war jetzt eine Kollektivwirtschaft, die Kirow-Kolchose. Neue Gebäude waren entstanden: ein langer, unproportionierter Kuhstall und eine erst vor kurzem erbaute Schule, wie man an den frischen Balken und umherliegenden Spänen erkennen konnte; noch ein — zwei Gebäude mit amtlichen Schildern an der Vorderseite. Die alten Hütten waren verfallen, ihre Dächer neigten sich noch tiefer der Erde zu. Wie sollte man wohl bei ihrem Anblick das fröhliche Treiben von früher wiedererkennen?! Die Zäune um die alten Gehöfte herum durchlöchert, die Hoftore schief in den Angeln hängend. Vom Haus mit dem grünen Dach keine Spur. Dort, wo es hätte stehen müssen, eine Lache von Schmelzwasser im Geviert der Fundamente, zwei Enten schwammen darin. Mitia ging an der Lache vorbei, wehrte einen kläffenden Hund mit seinem Haselstock ab und schritt auf die kleine Brücke bei der Mühle zu, wo er eine Menschengruppe stehen sah. Er wußte noch nicht, was er ihnen sagen würde.
Viele von ihnen waren offensichtlich im militärpflichtigen Alter, als ob sie nur eben mal aus ihrem Versteck herausgekommen wären. Unter den älteren stand, auf das Brückengeländer gestützt, ein Greis mit langem weißen Bart. Unwillkürlich kniff Mitia ein paarmal die Augenlider fest zusammen und dachte: „Der Vater." Er näherte sich, hielt mit der linken Hand das zusammengewundene Ende des

Sacks auf seinem Rücken fest, mit der rechten den Haselstock. Mißtrauisch blickten ihm jene entgegen. Ihr Gespräch brach ab.

„Ihr, vielleicht, seid ihr nicht Kolzow!" fragte Mitia und wendete sich an den Alten.

Der Greis maß ihn mit kaltem Blick:

„Und du? was für ein Geschäft hast hier? Welche Kolzows suchst?"

„Mein Name", erwiderte Mitia, „ist Kolzow."

„Kolzow? . . . Na, Jungens", er warf das Kinn hoch, „nachsehen, was das für einer ist."

Jene gehorchten ihm, als ob er hier irgendein Amt bekleide. Aber er sah nicht so aus, als sei er der Vorsitzende des Dorfsowjet oder des Kolchos. Er sah so aus, als sei er der Vater. In den Augen derer, die nun auf Mitia zutraten, glimmte ein feindliches, ungutes Feuer. Mitia wartete jedoch nicht erst auf den Befehl, sondern ließ mit einer an Kontrollen und Durchsuchungen gewöhnten Bewegung den Sack auf die Erde gleiten und langte geschäftig in die Hosentasche nach seinen Dokumenten.

„Habt vielleicht Machorka, eine Zigarette zu drehen, Genossen, hab' seit Tagen nicht geraucht."

„Wart' noch, ob wir dir nicht den Hals umdrehen. Was für einer?" Ein Älterer in halbmilitärischer Kleidung drehte das Dokument zwischen den Fingern hin und her, entfaltete es, vom Winde abgewandt und las, zuerst stumm, für sich, indem er die Lippen bewegte, und dann laut und jede Silbe einzeln aussprechend: „Dy . . . mitr Alexandrowitsch Kolzooow. So ist's. Hier geschrieben."

In diesem Augenblick erhob der also Überprüfte seinen Blick, sah den Greis an und sagte: „Ich bin Mitia . . ."

Der Ausdruck des von tiefen Furchen durchzogenen Gesichtes änderte sich nicht, und auch die Augen blieben eisgrau wie immer. Ein kurzes Schweigen trat ein. Sie standen einander gegenüber, Mitia fast wie in Achtung-Stellung beim Lagerappell. Der Vater machte die erste Bewegung: er riß sich vom Brückengeländer los, trat näher, näher, ganz nahe heran, streckte wie ein Blinder die Finger aus, berührte den Sohn,

tastete über seine Arme, den Hals, die eingefallenen Wangen, und fragte:
„Mitia?" — „Ich bin's."
Da stützte sich der Greis mit seiner ganzen Körperschwere auf die Schulter seines Sohnes, neigte den Kopf und starrte auf die blottigen Bohlen der Brücke. Mitia stand immer noch aufgereckt, wie beim Appell. Nach einer längeren Weile erst ließ sich der Vater vernehmen, und er hob dabei nicht den tief gesenkten Kopf:
„Wir hier, Mitia, wir hören Musik. Hörst, Mitia, die Musik?" Mitia lauschte. Weit her, hinter dem Tschir, und wer weiß vielleicht noch hinter dem Donez, von sehr weit her, aus dem Westen kam ein undeutlicher, durch die Wellen des Windes unterbrochener dumpfer Geschützdonner.

*

Die Begegnung mit seinem Sohn war eine Überraschung. Aber der alte Kolzow befand sich nicht zufällig auf seinem Chutor, der jetzigen Kirow-Kolchose.
Seit der ersten Nachricht vom Ausbruch des Krieges hatte er unablässig an diese Rückkehr gedacht. Als die Panzergruppe des Generals von Kleist vom unteren Dnjepr aus in Richtung auf das Donezbecken vorstieß und am 21. November 1941 Rostow zum erstenmal einnahm, hatte der Greis — er verriet sein Geheimnis nicht einmal seiner eigenen Tochter — das Holzgestell mit den Glastafeln aufgehuckt und gesagt, man solle ihn nicht so bald zurückerwarten. Ula war im dreiundvierzigsten Jahr ihres Lebens sichtlich gealtert. Sie war abgemagert. Ali, ihr einziger Sohn, noch im Juni mobilisiert, hatte außer zwei Briefen in den ersten Wochen kein Lebenszeichen mehr gegeben. Vielleicht war er schreibfaul, aber vielleicht... Ula war in diesem Punkt der Mutter ähnlich geworden. Wie die Mutter einst sich nach ihrem Jüngsten, Mitia, gesehnt hatte, so verband jetzt Ula alle Hoffnung, mütterliches Leid, Sehnsucht und alle Wünsche ihres Lebens, mit Ali, ihrem Einzigen. Ihr Mann hatte schon längst die ihm eigene Verve eingebüßt. Er war mürrisch geworden und seiner Umgebung gegenüber unleidlich. Nur der Vater schien

immer wie aus Stahl geschmiedet und hielt sich immer gleich: „Ob er wirklich vorhatte, hundert Jahre alt zu werden?"

Kolzow erreichte Jaglica nicht ohne Umwege. Die Nachricht von der Wiedereroberung Rostows durch Timoschenko am 28. November traf ihn in Pschegradny. Aber er gab sich keinen pessimistischen Stimmungen hin. Er glaubte fest an Gott. Die Zweifel von einst, die er in sich hatte aufkommen lassen, suchten ihn nicht mehr heim, und das geschah in eben dem Maße, wie alles sich zum Schlechteren wendete und die Menschen ringsum, einer nach dem andern, ihren Glauben verloren. Aber er erlangte ihn gleichsam wieder:

„Der Herrgott hat es niemals eilig gehabt", sagte er. „Aber er tut das Seine. Er kennt sein Fach. Nicht Menschensache, sich in seine Pläne einzumischen."

„So wie in Ägypten. Kennst das Märchen von Ägypten?"

„Was für ein Märchen?"

„Nuja, man sagt, der Herrgott war immer gerecht. Die Pharaonen quälten die Menschen, quälten sie, bis nach ein paar tausend Jahren, sieh mal an, und schon gibt's keine Pharaonen mehr. Die Gerechtigkeit hat triumphiert. Können wir ja auch paar tausend Jahre warten."

„Dummes Märchen, und du bist auch dumm", gab Kolzow zur Antwort.

In Pschegradny hatte er einen Bekannten, Iwan Fomin, einen an Jahren um vieles jüngeren Kosaken, der ebenso wie er selbst seit dem Bürgerkrieg seine Herkunft verheimlichte. Bei ihm saß er den Januar 1942 über, und Anfang Februar machten sie sich gemeinsam auf den Weg über Salsk, Cymljansk nach Nischnij-Tschir. Lange irrten sie durch die Kolchosen am Tschir, bis daß die steigenden Frühlingssäfte Kolzow in sein ausgebranntes Nest trieben.

Nur zwei von den ältesten Leuten erkannten ihn, und sie schwiegen darüber wie ein Grab. Sein größter Feind, den er hätte fürchten müssen, der alte Wasyl Maschtschenko, war während der Kollektivierungszeit mit seiner ganzen Familie deportiert worden, und seitdem hatte man nichts mehr von ihm gehört. Man erzählte, er habe allzu heftig aufgetrumpft und sich angebiedert, sei zu dreist in seinen Widerreden

gewesen, indem er sich ständig auf seine Verdienste um die Revolution und auf seinen von den Weißen zu Tode gemarterten Sohn berufen habe.
„Ich“ — man sagte, er habe das laut herausgeschrien. „Ich erlaube hier dieses und jenes nicht!“
„Als ob die einen um Erlaubnis fragen! War ja lächerlich, so was überhaupt zu hören! Und das nun, ein alter Mann, und solche Dummheiten hat er herausgeschrien!“
„No, und zum Schluß?“ fragte Kolzow.
„Wie es nur enden konnte. Man hat ihn, den gleichen Wasyl, als ‚Podkulatschnik‘ angesehen, der mit den Kulaken gegen Kolkosen sympathisiert. Und haben ihn weggeschleppt. Wohin, weiß man nicht.“
Kolzow verharrte in finsterem Schweigen, und erst nach einer längeren Pause fragte er und blickte dabei vor seine Füße: „Und — von meinen Leuten, von der Frau und ... die Gebeine wo?“
„Begraben“, antwortete man ihm unlustig.
Er fragte nicht weiter. War das nicht alles gleich? Man weiß ja, wo: in der Erde, wo denn sonst.
Sein weiteres Verbleiben schickte sich von ganz allein. Man kann nicht einmal genau sagen, wie das alles geschah. Niemand organisierte etwas, keiner wurde herausgestellt.
Es gab keine Untergrund-Bünde, keine organisierte Propaganda. Und dennoch wußten alle plötzlich genau: Alle Donkosaken würden gegen die Sowjetmacht aufstehen. Obwohl der alte Kolzow vielleicht noch schweigsamer war, als die andern, erwarb er im Kirow-Kolchos von heute auf morgen bei allen großes Ansehen. Es hatte den Anschein, als ob ihn jemand — und man wußte nicht wer — vorausschauend zum Ataman ernannt habe. Tatsächlich aber war weder eine Ernennung erfolgt noch waren Wahlen abgehalten worden. Das Wort ‚Ataman‘ war weiterhin verboten.
Wohl zwei Monate nach Mitias Ankunft begann man mit dem Fortschaffen von Kolchos-Eigentum. Schon seit längerer Zeit waren die Behörden recht nachsichtig geworden. Die strenge Zucht hatte sich gelockert. Wie gewöhnlich kamen die Kosaken gegen Mittag auf der kleinen Brücke bei der

Mühle zusammen. Einer sagte: „Ach was, schlimmer als bei den Bolschewiken wird's nicht werden."
Es war das kühnste Wort, das so offen und laut fiel. Niemand antwortete. Man hörte, wie die Arbeiter der Maschinen-Traktoren-Station die Motoren der Lastwagen anließen. Der Kolchos-Vorsitzende lief aufgeregt hin und her und lud seinen Kram auf einen Wagen. Niemand hinderte ihn daran. Ein paar Arbeiter des staatlichen Gestüts drückten sich gebückt und mit Bündeln beladen vorbei, ohne einen Blick auf die auf der Brücke Stehenden zu werfen. Sie eilten zu den bereitstehenden Wagen. Auch ihnen verlegte niemand den Weg. Man wußte nur, daß sie es nicht wagen, alle Pferde mitzunehmen. Vom Bezirk waren nur zwei NKWD-Leute eingetroffen, die Räumung zu beaufsichtigen. Sie kamen gerade aus der Kanzlei des Sielsowjets, die Maschinenpistolen über die Schultern gehängt. Der Rangältere wich dem Blick Kolzows aus, der die beiden scharf beobachtete, und sagte mit gekünstelter Sorglosigkeit, als sie über die Brücke marschierten:
„Na was denn, Jungs, helft nicht bei der Räumung?"
Das dumpfe Schweigen der Versammelten antwortete ihm. Sie gingen an ihnen vorüber, und als sie von der Brücke auf die Straße traten, zuckte der Jüngere plötzlich die Achseln und sagte scherzend und halblaut zu seinem Genossen:
„Vielleicht stammt der Herrgott wirklich aus dem ‚heiligen Rußland' ... Mit einem so langen Bart wie der da und mit einem so drohenden Blick, a?"
„Was sagst? Bist wohl besoffen?"
Es war ihnen scheußlich, weiterzugehen und Ruhe vorzutäuschen, und dabei doch den Feind im Genick fast greifbar zu spüren. In diesem Augenblick fielen, beinahe gleichzeitig, zwei Schüsse: tach — tach.
Der Größere schwankte, den Bruchteil einer Sekunde mochte es scheinen, als überlege er, ob er den Kopf wenden solle ... dann stürzte er seitwärts auf die Straße. Der Kleinere stolperte, griff mit beiden Händen nach dem Kolben und fiel, die Nase voraus. Über den Staub hin floß Blut und vermischte sich sogleich mit Sand zu einer klebrigen Masse.

Man wußte nicht, wer geschossen hatte. Wohl hinter der nächsten Hütte her. Langsam und nach verschiedenen Richtungen gingen die Kosaken von der Brücke auseinander und warfen keinen Blick auf die Erschossenen. Nur Nikolai Prozenko allein ging mit beherztem Schritt auf die Liegenden zu, berührte den toten Körper mit der Stiefelspitze, bückte sich und legte die Waffe des Toten sorgsam zur Seite und dann begann er, dem größeren von beiden das Koppel abzuziehen. Bei dieser Arbeit erhob er ein wenig den Kopf und schrie aus voller Kehle:
„Ej, was ihr? Jungs, bringt Schaufeln. Waniaaa! Schaufeln! Mitia, schnell, schnell! — Dawaj!"
Unwillkürlich lachte Mitia leise bei diesem Anruf, der so persönlich und an ihn selbst gerichtet war, mit fröhlicher munterer Stimme, wie ihn schon lange niemand mehr angerufen hatte.
Im Kleefeld hinter dem Kolchos rief eine Wachtel. Aus dem ungemähten Gras zog ein Duft von Kräutern und Honig. Die Sonne stand einsam am Himmel, wenn man das Wölkchen neben ihr nicht rechnet, wer weiß woher herbeigeweht, winzig und unbewegt. Es war windstill. Nur an den Pappeln, die alles überdauert hatten und hochgewachsen immer noch vor der einstigen Hütte Maschtschenkos standen, vibrierten die Blätter, als ob sie nach dem Schuß nicht zu sich kommen oder sich angesichts der ausgestreckten Leichen nicht beruhigen könnten.
„Und was jetzt?" brummelte Iwan Fomin beklommen und sah Kolzow von der Seite her flüchtig an. Der Alte blickte zum Himmel und breitete die Arme aus:
„Was soll denn sein! Sieh nur, welch ein Wetter. Vom Wetter hängt das meiste ab. Es hat mehr Einfluß auf den Menschen als Predigten in der Kirche. Ach, unser Sonnchen, liebes!"
Und so fing es an.

Wahrscheinlich wird sich niemals genau feststellen lassen, wann und wo in den gewaltigen Gebieten Rußlands die ersten antisowjetischen bewaffneten Volksabteilungen während des zweiten Weltkrieges in Erscheinung traten. Vielleicht sollte man zu einer der ersten das Freiwilligen-Bataillon bei Brjansk rechnen. Vielleicht auch die in Mohylew unter der Führung des ehemaligen Majors der Roten Armee Kononow aufgestellten sechs Kosaken-Sotnien. Im rückwärtigen Gebiet der deutschen Armee, in dem auf Moskaus Befehl abgesetzte Fallschirmjäger den Partisanenkampf organisierten, entstehen aus eigenem Antrieb schnell formierte Antipartisanen-Einheiten.
Schon im Oktober 1941 arbeitet der erste Generalstabsoffizier der deutschen Heeresgruppe Mitte, Oberst von Treskow, eine Denkschrift aus, die er dann der höheren Führung vorlegt und welche die Aufstellung einer vorläufig 200 000 Mann starken russischen antisowjetischen Armee vorsieht. Aus wohlbekannten Erwägungen jedoch wurde das Projekt von Treskow nicht einmal geprüft.
Am 28. Juni 1942 beginnt die große Offensive der deutschen Heeresgruppe Süd. Sie erreicht am 5. Juli den Don unterhalb von Woronesch. Von dort aus überschreitet die 4. Armee des Generals Hoth zusammen mit der 1. Panzerarmee von Kleist am 11. Juli den Donez und nimmt am 24. des gleichen Monats Rostow ein. Am selben Tage erzwingt die 6. Armee des Generals Paulus den Übergang über den Don westlich des ehemaligen Zarizyn, des heutigen Stalingrad. Die aus der südlichen Heeresgruppe ausgegliederte Heeresgruppe A rückt auf den Kuban vor und nimmt am 8. August Armawir ein, an den folgenden Tagen Majkop, Pjatigorsk, Noworossyjsk. Am 22. August erreicht sie den Gipfel des Elbrus und rückt ostwärts bis nach Grozny vor. Überall wird sie als Befreierin vom bolschewistischen Joch begrüßt.
Zu beiden Seiten des Don tauchen, gleichsam plötzlich der

Steppe entwachsen, Kosaken in ganzen Gruppen auf. Sie hatten sich vor der Einberufung zur Roten Armee versteckt gehalten. Die alten Waffen und sogar die alten Uniformen hat man ausgegraben. Reguläre Einheiten der Kosaken-Kavallerie gehen von der Sowjetarmee zur deutschen Seite über. Ehemalige, schon ergraute Teilnehmer des Bürgerkrieges kommen aus ihrem Versteck. Die Geistlichen aller Bekenntnisse legen die ihrem Stand zukommenden Gewänder an. In den orthodoxen Kirchen werden die ersten feierlichen Gebete abgehalten. Der ehemalige Feld-Ataman Kulakow und der bekannte Held des Bürgerkrieges, General Schkuro, erscheinen unerwartet bei den Kosaken. In der Ortschaft Wojenstroj-Sieleschtschyn wird ein provisorisches Zentrallager eingerichtet, und dorthin ziehen sich die Kosaken einzeln oder in geschlossenen und bewaffneten Abteilungen zusammen. Eine politische Organisation entsteht unter der Bezeichnung ‚Kazackoje Nacjonalno-Oswoboditielnoje Dwschenje'.[8] Sechzehn selbständige Kalmücken-Schwadronen werden aufgestellt. Die Kosaken von Stawropol, vom Terek und vom Kuban, die Tscherkessen, Karatschaier, Balkaren, Osseten, Dagestaner, Kabardiner, Inguschen, Tschetschenen, Aserbeidschaner und Georgier greifen zu den Waffen in Erwartung irgendeines feierlichen Manifest, einer ‚Magna Charta' mit dem Ziel, den einheitlich geführten heiligen Krieg gegen die Bolschewisten aufzunehmen.

Aber niemand verkündet die Magna Charta. Ein Manifest wird weder in den Städten noch in den Stanitzen, Chutoren, Kolchosen noch überhaupt irgendwo angeschlagen.

Sie begegnen von seiten einzelner deutscher Truppenführer nur nebelhaften Versprechungen, die in einem ein wenig verlegenen Ton gehalten sind, auf zaghafte Versuche, eine Militärorganisation aufzubauen, die von einigen Offizieren auf eigenes Risiko und Verantwortung unternommen werden.

Niemand weiß: was soll werden?

Im Juli 1942 hatte sich Mitia mit einer Gruppe von Kosaken

---

[8] Befreiungsbewegung der Kosaken.

aus der Umgebung im Lager Wojenstroj-Sieleschtschyn gemeldet. Der Vater dagegen, der 82jährige Alexander Kolzow, wartete nicht erst die Nachricht von der Einnahme Armawirs durch die Deutschen ab, sondern zog hinter der siegreichen Armee her in Richtung auf den Kuban. Er hatte sich nämlich in den Kopf gesetzt, daß er sein Haus und seine Wirtschaft in Jaglica mit Hilfe der Tochter und des Schwiegersohnes wieder aufbauen werde. So hatte er sich denn vorgenommen, die beiden unverzüglich herbeizuholen.

In Kirow-Kolchos hatte man ihn sogar mit einem gar nicht schlechten Pferd und Wagen ausgestattet. Weil sich der Alte aber in Kriegsläufen halbwegs auskannte, vermied er die direkten Wege und die Hauptstraßen. Er zockelte auf Seitenwegen und sogar durch die Steppe, damit ihm die Deutschen, obwohl er sie als Verbündete ansah, nicht Pferd und Wagen abnähmen. Bis er die Fahrt beendet hatte, ging es schon auf den Herbst zu. Er traf Ula ganz verzweifelt an. Ihr Mann, Abbas Malek, war nach Krasnodar gefahren, gewagter Geschäfte wegen, und dort hatten ihn die Deutschen als Spekulanten oder um eines anderen Vergehens wegen erschossen. Vielleicht weil Gikiejew ihn angegeben hatte. Dieser Gikiejew, ein Bergkaukasier, der sich während der ganzen Zeit der Sowjetherrschaft nicht ergeben hatte, war jetzt mit der Aureole eines Volkshelden aus seinem Versteck hervorgekommen, und der deutsche Kommandant hatte ihm für seinen Bereich umfängliche Machtbefugnisse erteilt. Wie sich versteht, machte er mit persönlichen Abrechnungen den Anfang.

„Gott, o Gott! Dieser Gikiejew, ein Bandit! Eine Bestie!" Ula zerfloß in Tränen.

Kolzows Blick ging suchend durch die Stube und fand in einem Winkel die bis jetzt in einer Truhe verborgen gehaltene Ikone der Mutter Gottes vom Don. Der Alte neigte den grauen Kopf, schlug dreimal das Kreuz, obwohl er für die Ruhe der Seele eines ungläubigen Muselmanen bat.

„Von Ali", fuhr die Tochter unter Tränen fort, „kam bisher keine Nachricht. Vielleicht ist er schon tot..."

„In Gefangenschaft sicherlich", tröstete der Vater. Ula

seufzte schwer und blickte ratlos auf ihre Hände, die ausgestreckt auf ihren Knien lagen, und deren graublaue Adern sich unter der Haut abzeichneten.
„No, und wie ist's jetzt?" Der Alte betonte nachdrücklich ‚jetzt'. „Wie ist's hier bei euch in der Stadt?"
„Ach!" Eine geringschätzige Handbewegung war ihre ganze Antwort.
Der Vater berichtete wie er Mitia getroffen habe und setzte ihr dann seinen Plan von der Rückkehr und dem Wiederaufbau des Hofes auseinander.
„Wie sieht er aus, der Mitia?"
„Gut sieht er aus."
„Sehr alt geworden?"
„Ist doch noch jung! Nein, nicht gealtert. Und was den Hof angeht ..." nahm er den Faden wieder auf, brach aber ab, als er Ulas Blick begegnete. ‚Mein Gott', dachte sie in diesem Augenblick, ‚und er ist 82 Jahre alt!' Jedoch, sie sagte nur unwillig: „Und geben sie's denn wieder?"
„Wieso, warum? — —"
„Die Leute reden jetzt, die Deutschen lassen die Kolchosen nicht auseinander. Und wo sie doch aufgelöst haben, da bringen sie's wieder zusammen."
„Sie lügen, Agenten bolschewikische", der Alte sagte es überzeugt.
Ehe jedoch den deutschen Feldtruppen die große Enttäuschung über die deutsche Zivilverwaltung und alle Befehle von Görings ‚Vierjahresplan' folgen konnten, rollten die historischen Ereignisse in einer anderen Reihenfolge der Geschicke ab.

*

Es ist zur Gewohnheit geworden, die Niederlage der Deutschen bei Stalingrad als Wendepunkt des deutsch-sowjetischen Krieges anzusehen. Zweifellos war dies der größte der bis dahin versetzten Schläge. In der strategischen Situation jedoch, wie sie sich zu diesem Zeitpunkt darstellte, erfolgte die eigentliche Wende nicht erst in Folge der Vernichtung der sechsten Armee von Paulus, deren Schicksal am 1. Februar 1943 besiegelt war, sondern am 17. Dezember 1942.

An diesem Tage nämlich überschritten die zusammengefaßten Verbände der Sowjetarmeen, und zwar die ‚Woronescher Front' unter der Führung Golikow und die ‚Südwest-Front' des Generals Watutin den oberen Don im Abschnitt zwischen den Stanitzen Kasanskoja und Wjeschenskoja und der Chopr-Mündung, brachen den Widerstand der 1. und 2. rumänischen Armee, jagten die 8. italienische Hilfsarmee, die den Flankenschutz des deutschen linken Flügels darstellte, auseinander, warfen die Armeeabteilung des Generals Hollidt zurück und stürmten nach Süden und Südwesten vor. Sie drohten auf diese Weise nicht nur die Donez-Übergänge zu unterbrechen, sondern auch die deutschen Truppen, die in einem Keil bis an den Kaukasus auseinander gezogen waren, von den Übergängen am Don bei Rostow und sogar am Dnjepr abzuschneiden.

Die am weitesten nach Südosten vorgeschobene erste deutsche Panzerarmee erhielt am 29. Dezember den Rückzugsbefehl. Schon vorher war ein Gerede von der Niederlage der Deutschen in den Stanitzen umgegangen. Jetzt gab es keine Zweifel, keine Täuschung mehr. Volksmassen strömten auf die Straßen der Städte und Dörfer und nahmen die immer schreckhafteren Gerüchte auf. Alle wollten sie der Rache der Bolschewisten entgehen. Man begann auch schon, sich in großer Eile zum Abmarsch zu rüsten. Die Wetterlage komplizierte das Ganze wesentlich: Anfang Dezember herrschte im Kubangebiet Tauwetter, beinahe Frühling. Als der Januar begann, war beißender Frost.

Am 2. Januar 1943 wurde in Pjatigorsk unter der Leitung des Generals Mierczynski ein Evakuierungsstab gebildet. Er war jedoch nicht in der Lage, die Situation in diesem ungestümen Andrang zu beherrschen. Zehntausende von Kosaken und kaukasischer Stammesangehöriger beluden ihre Wagen und Schlitten, um möglichst viel von ihrer Habe mitzunehmen. Sie führten ihr Vieh mit sich und ihre Schafherden. Und die Straßen nach Rostow waren von der auf dem Rückzug befindlichen Armee blockiert. Hier ließ man die Zivilbevölkerung nicht passieren. Man mußte Seitenwege und Umgehungsstraßen suchen. Am 24. Januar zogen die letzten Kolonnen der 1. Panzerarmee durch Armawir. Und die letzten Abteilungen der 5. Infanteriedivision begannen am 31. Januar den Rückzug, als Rostow von den Roten bereits besetzt war. Sie rückten deshalb im Verband der 17. Armee auf Krasnodar und nahmen von dort die Richtung auf Kertsch.

Zwischen diesen beiden Hauptwellen der zurückflutenden deutschen Armeen, die alle Wege überschwemmten und alle Flüchtlinge von den Straßen fernhielten, blieb für die Zivilbevölkerung als freier Raum für eine Fluchtbewegung nur jenes Dreieck, dessen Basis das Asowsche Meer darstellt. In dieses Dreieck nun ergossen sich unübersehbare Menschenmassen. Kolzow verließ am 23. Januar zusammen mit Ula die Stadt in einem leichten Wagen, der auf Kufen gestellt und mit dem Pferd bespannt war, das man ihm in Kirow-Kolchow mitgegeben hatte.

Dereinst, nach Jahren spricht Protorej Pater Timofiej Soin von diesem Zug in erhabenen Worten: „Und wir schritten vom Sturmwind getrieben, mit klirrem Frost beschlagen." Die Wirklichkeit war banaler. Kurz die Tage. Wolkenbedeckt der Himmel, der niedrig über den Steppen hängt. Groß die Furcht in den Herzen. Das Leben drehte sich um solche Dinge wie Futter für Pferde und Vieh, Brot für die Menschen, einen warmen Pelz, scharfe Stollen für die Hufeisen. Ständig plagten sich die Menschen darum, daß die Stränge hielten, die Seile nicht rissen, eine Achse, ein Rad nicht zerbrach, daß die Kinder nicht erfroren. Das Wetter war unbeständig. Zuweilen fiel dichter, nasser Schnee, dann wieder packte der Frost zu, blies der Wind und über den grenzenlosen Feldern wehte stäubend der Schnee in weißem Gestöber. Sie zogen auf Koniewsk, auf die Stanitzen Starominsk, Staroschtscherbinsk, auf den Hafen Jejsk. Von dort aus über die Bucht des Asowschen Meeres, übers Eis nach Asow, Taganrog, Mariupol ...

Iwan Fomin, der sich jetzt immer dicht an den alten Alexander hielt, fuhr in seinem Schlitten eine Strecke neben ihnen her, sprang herunter, indem er Eiszapfen von der Wollkapuze brach, die seinen Kopf vermummte.

„Wir gehen wie die Juden durchs Rote Meer, in der Bibel, was?“ — „E, das war schmal wie ein Darm“, bemerkte einer, der gleichfalls um sich warm zu machen durch den Schnee stampfte. „Aber unsers ist breit.“
„Stimmt nicht, sieht nur auf der Karte schmal aus. Und wirklich ist's breiter als unsers.“
„Da in der Bibel, Brüderchen, war's leichter“, entschied Kolzow. „Warm, aber hier ...“ und er wies mit dem Peitschenende von seinem Schlittengefährt aus auf den über die Eisfläche vom Wind gejagten Schnee.
Hinter dem Verdeck ihres Wagens her mischte sich Ula in den Wortwechsel:
„Auch der Vater, alt, aber redet daher ohne Ahnung. Wie würden wir denn übers Eis gehen, wenn es warm wäre und nicht zugefroren.“
„Sie mal an, ein Weib und hat doch seine Wahrnehmungen. Und recht hat sie“, gab Fomin zu. „Man sieht, vielleicht absichtlich hat der Herrgott den Bolschewiken im Winter den Sieg gegeben. um uns den Weg mit Eis zu überbrücken ... He, he, he —“
„Der Herrgott, wenn es ihm beliebt, kann nicht nur solche Wunder vollbringen“, erwiderte Kolzow streng. „Er weiß, was er tut. Und keiner sieht ihm in die Karten, die er in der Hand hält.“
„Spielt der Herrgott Karten? He, he, he, ha, ha, ha“, klang hier und da ein Lachen auf. „Ach unser Ataman wird alt, man sieht's.“
Kolzow fühlte sich gekränkt, da es aber, wie er sich eingestand, sein eigenes Verschulden war, antwortete er versöhnlich: „Lachen ist gut zum Warmwerden!“
„Ihr da, vergnügt euch mit Lachen“, schrie jemand aus den vorderen Schlitten herüber, „und hier paßt auf, kommt ein Flieger.“ Alle hoben die Köpfe. Am Himmel war ein näherkommender Punkt zu sehen, Motorenlärm wurde hörbar.
„Deutscher Focke-Wulf.“
„Ach du, setz die Brille auf. Ist's nicht manchmal ein JAK?“
„Weiß der Teufel ...“
Die Maschine flog ostwärts. Das ungeübte Auge konnte in

dieser Höhe weder die Farben noch die Form des Flugzeugs erkennen. Der Pilot dagegen sah unter sich weit über die Ebene hingezogen und ohne Ordnung, wie Ameisen, die man aus ihrem Bau verscheucht hat: Fuhrwerke, Schlitten, Menschen und Pferde wandernder Völkerschaften. Wieviele mochten es sein? Hundert-, zweihunderttausend?
Vom Don und Donez auf Poltawa und Krementschug — und von dieser Straße abgedrängt — auf Nikopol, Saporosche, auf die Dnjepr-Übergänge bei Beryslaw — zogen die gleichen Trecks. Sie wälzten sich in Kolonnen vorwärts oder suchten einzeln einen Ausweg aus der Falle, die ihnen das Schicksal gestellt hatte. Sie waren darauf aus, andere Heimatlose ohne Haus und Herd zu überholen und zu überlisten, die gleich ihnen nach Westen zogen, nicht aus Lebensübermut, sondern ganz einfach, um sich zu retten.
In Waffen und waffenlos zogen sie dahin. Der Diktator der Ukraine, Erich Koch, nahm die Kalmücken-Schwadronen von der Straße weg für seine Zivilverwaltung als Eisenbahnschutztruppe in Beschlag. Sie rebellierten, raubten, liefen auseinander und gingen aus Verzweiflung auf die sowjetische Seite zurück. Hier schenkte man den Versicherungen ihrer ehrlichen Absichten keinen Glauben und erschoß sie nach kurzer Untersuchung.
Allein in dem Gebiet zwischen Perejaslaw und Saporosche setzten 100 000 Ukrainer vom linken auf das rechte Ufer des Dnjepr über und entgingen der für sie schrecklichsten ‚Befreiung' durch die Rote Armee.
Kolzow und seine Tochter gelangten mit Mühe am 30. Januar nach Taganrog. Zwei Tage zuvor hatten hier sowjetische Flugzeuge angegriffen, und Ula wollte um keinen Preis in der Stadt bleiben. Sie bestand darauf weiter zu ziehen. Fomin grübelte fortwährend darüber nach, ob nun der Ataman der Stanitza Starominsk, Emilian Us, dem eine Bombe das Bein abgerissen hatte, in Taganrog zurückgelassen werde, oder ob ihn „gute Leute" mitnähmen. Bis schließlich Kolzow diese Erwägungen abschnitt: „Was hat er denn noch vom Leben, ohne Bein!"
„Ach, und was denkst, haben wir alle noch vom Leben? . . ."

„Das, Brüderchen, werden wir noch sehen."
„Kennst das Sprichwort: das werd' ich sehen", sagte der Blinde . . .
„Du krächzt wie eine Rabe über dem Aas!"
Fomin und Ula seufzten fast gleichzeitig auf und das Gespräch brach ab.

*

Die damals schon aufgestellten Einheiten, das 1. Kuban-Kavallerieregiment und das 2. Kuban-Infanterieregiment, schirmten den Rückzug der Flüchtlingsmassen ab. Sie zogen unter den Atamans Solomacha und Biely auf Cherson. In der Luftlinie betrug die Entfernung je nach dem Ausgangspunkt 500 bis 700 Kilometer. Ehe sie ihr Ziel erreichten, war es schon Frühling im Süden. Es war der 10. März 1943, als die ersten Treckwagen in Cherson einzogen. Drei Tage später marschierten auch die 1. Kuban-Reiter dort durch.
Über die Landenge von Perekop flohen indessen die Krim-Tartaren. Es flohen die Menschen im ganzen Rückzugsgebiet der deutschen Armeen. Gleichzeitig kämpften im Osten, in verschiedenen Abteilungen, Gruppen und Hilfseinheiten zerstreut, Don-Kosaken, Kuban-Kosaken, kaukasische Völkerschaften und andere Freiwillige aus Osteuropa gegen die Bolschewisten.

*

Im Frühling 1943 wurde endlich eine leidliche Einteilung vorgenommen. Man begann, die einzelnen Kosaken aus der Masse der Flüchtlinge und auch aus den Gefangenenlagern auszusondern und reguläre Regimenter aufzustellen. Sachwalter dieser Aktion waren auf deutscher Seite hauptsächlich die gleichen Wehrmachtskreise, aus denen sich die politische Opposition nicht nur gegen die im Osten von Hitler praktizierte Politik, sondern auch gegen seine Person und das ganze Regime rekrutierten, und die im Juli 1944 den Versuch eines Umsturzes unternahmen. Und gerade der Oberst Graf Stauffenberg, der später den Anschlag auf Hitler unternahm, damals Offizier in der Organisationsabteilung des Generalstabs, setzte trotz verschiedener Widerstände den Plan durch, eine selbständige Kosakendivision aufzustellen. Als Sammelplatz wurde die Stadt Mlawa in Polen bestimmt. Zum Führer der geplanten Division schlug Stauffenberg den damaligen Obersten, späteren General, Helmut von Pannwitz vor. Als Kader sollte die 1. Kosakenabteilung dienen, die seinerzeit unter der Führung des Majors Kononow entstanden war. Kononows Kosaken trafen schon im Juni 1943 in Mlawa ein. Später stießen weitere Gruppen hinzu, um nach endgültiger Aufstellung als einheitliche Truppeneinheit in den Kampf gegen die Bolschewisten zu ziehen.

Indessen, es kam anders: nicht nach Osten zogen sie zum Einsatz.

Es gibt bestimmte Anhaltspunkte, die darauf hinzuweisen scheinen, daß der bekannte Wutausbruch Hitlers am 14. September 1943, als er nach der fehlgeschlagenen Offensive bei Kursk, die unter dem operativen Kennwort ‚Zitadelle' lief, „alle diese Banden zum Kohlenkratzen nach Frankreich" schicken wollte, auch wieder nicht so spontan war. Ein Vorwand, der ihm verhaßten antibolschewistischen Konterrevolution ein definitives Ende zu setzen, mußte damals schon von Hitler konkret vorbereitet worden sein.

Die Operation ‚Zitadelle', die nebenbei gesagt, der letzte Versuch war, den Sowjets die Initiative zu entreißen, begann am 5. Juli. Vier Tage zuvor, das heißt genau am 1. Juli, berief Hitler in sein Hauptquartier in Ostpreußen alle höheren militärischen Führer, die an dieser Offensive teilnehmen sollten. Nachdem die militärische Seite des Gesamtplans, die strategischen und taktischen Einzelheiten der Operation besprochen worden waren, ging Hitler plötzlich auf politische Themen über und erklärte:

„Von keinen Plänen, nicht einmal von Versprechungen für die sowjetischen Völker kann die Rede sein. Der deutsche Soldat kämpft im Osten einzig und allein, um für sich, seine Kinder und Enkel Lebensraum zu erobern. Das ist das einzige und ausschließliche Ziel dieses Krieges. Der größte Fehler des ersten Krieges war gerade das Fehlen eines konkreten höheren Zieles!"

Diese Erklärung enthielt im Grunde nichts Neues oder Überraschendes; denn die politischen Ansichten und Pläne Hitlers waren hinreichend bekannt und wurden von ihm auch nicht geheimgehalten, sondern oftmals geäußert. Dagegen verleiht die Wiederholung und die nachdrückliche Akzentuierung dieser Pläne gerade in diesem Augenblick dem Ausspruch Hitlers nicht ganz zweieinhalb Monate später eine besondere Bedeutung.

Wie bereits bekannt, gelang es gewissen Militärkreisen diese Abteilungen vor der Entwaffnung und Deportation in die Kohlengruben zu bewahren. Aber die Verfügung des Generalstabschefs, General Zeitzler, die auf Befehl Hitlers erlassen wurde, klang endgültig:

„Alle antisowjetischen Einheimischen-Formationen sind sofort von der Ostfront abzuziehen."

Von Ende September 1943 an begann also eine zwangsweise Massenverteilung von 800 000 bis 1 Million Menschen über ganz Europa hin. Nach Griechenland und Dänemark, nach Frankreich, Italien, auf den Balkan, nach Norwegen, auf die holländischen Inseln, in die Alpen — — —

Bestürzung und Niedergeschlagenheit herrschten im Kosakenlager in Mlawa. Zu dieser Zeit waren im Rahmen der selbständigen 1. Kosakendivision schon folgende Regimenter aufgestellt worden: Das 1. Don-Regiment, das 2. Sibirische Regiment, das 3. und 4. Kuban-Regiment, das 5. Don-Regiment und das 6. Terek-Regiment sowie eine bespannte Batterie. Die Division erhielt Befehl zum Abmarsch auf den Balkan. Man überließ es der Entscheidung der einzelnen Truppenführer, eine propagandistische Beeinflussung zu versuchen und den Menschen zu erklären, warum sie sich plötzlich über alle Grenzgebiete Europas verstreuen sollte, anstatt gegen die Bolschewisten zu kämpfen, wozu sie ja allein zu den Waffen gegriffen hatten.

Es gibt mehrere Charakteristiken des Generals von Pannwitz. Einige behaupten, daß er kein weitblickender Mann gewesen sei: eher ein im Dienst aufgehender Offizier der alten Schule, politisch nicht allzu scharfblickend. Jedoch keine dieser Charakteristiken, besonders die aus den Reihen der ihm unterstellten Kosaken, macht ihm zum Vorwurf, daß

er kein erstrangiger Reiter, ausgezeichneter Truppenführer und mutiger Soldat war. Der spätere Verlauf der Ereignisse scheint darüber hinaus darauf hinzuweisen, daß er ein aufrichtiger und begeisterter Bewunderer „seiner“ Division, der Kosaken-Division war. In diesem kritischen Augenblick aber bewies er gleichfalls auch politischen Sinn: Er wandte sich nämlich an den in der Emigration in der Nähe von Berlin lebenden General Piotr Krasnow mit der Bitte, er möge nach Mlawa kommen und eine Defilade der Kosaken-Division vor ihrem Abrücken auf den Balkan abnehmen.
Piotr Nikolajewitsch Krasnow ist in die Geschichte als Führer der Don-Kosaken eingegangen. Vor 25 Jahren, am 5. Mai 1918, war General Krasnow durch das damalige ‚Krug Spassenia Dona‘[9] zum Ataman gewählt worden. Am 8. September 1918 überreichte man ihm feierlich, schon nach der Bildung einer selbständigen Don-Regierung, erneut den Feldherrnstab eines ‚Atamans des allgewaltigen Don-Heeres‘. In der Emigration machte er sich als Schriftsteller einen Namen, und sein großer Roman ‚Vom Zarenadler zur Roten Fahne‘ wurde in viele Sprachen übersetzt. Zu dieser Zeit war er 74 Jahre alt.
Krasnow kam nach Mlawa. Er nahm den Vorbeimarsch ab. Er hielt eine flammende Ansprache an die Kosaken und rief sie dazu auf, die Kommunisten überall dort zu schlagen, wo sich nur eine Gelegenheit biete! Zweifellos glaubte er aufrichtig an die Zweckmäßigkeit und den Nutzen, der in dem Bestehen einer selbständigen Kosakeneinheit lag, unter welch ungünstigen und fatalen Umständen — vorläufig — sie auch immer entstehen sollte. Jemand hat ihm auch den Ausspruch zugeschrieben, der später in der Travestie Stalins anders klang. Aber Krasnow soll gesagt haben: „Die Hitler kommen und gehen ... Der einmal zerschlagene Bolschewismus dagegen steht nie wieder auf!“
Einige Tage später rollten die Transporte der 1. Division durch Warschau, die Slowakei, Ungarn, wurden in Jugoslawien im Raum Ossiek-Ruma ausgeladen und setzten sich

[9] Kreis zur Rettung des Dongebietes.

in Marsch, zum Kampf gegen die kommunistischen Partisanen Titos.

*

Indessen begann man im Hauptsammelpunkt der Kosakenflüchtlinge, nicht von heute auf morgen, gleichwohl aber nach und nach geordnete Verhältnisse zu schaffen. Die Mehrheit der waffenfähigen Kosaken rückte zu den militärischen Einheiten ab, hauptsächlich zur 1. Division nach Mlawa. Jedoch zogen vom Osten her weiterhin einzelne und auch größere Gruppen, Packwagen, Berittene, oftmals ganze Trecks heran und verschmolzen mit der Menge, wie kleine Bäche mit der Hauptströmung eines Flusses zusammenfließen. Damals übernahm der Oberst S. W. Pawlow, der aus der Stanitza Ekatierinsk stammte, das Kommando über diese Menschenmenge. Einstimmig zum Feld-Ataman ausgerufen, verkündete er die Bildung des ‚Kosaken-Stans', einer Art Kosaken-Zentrums. Zwar bestand wie früher auch diese organisierte Gemeinschaft hauptsächlich aus Frauen, Kindern und Alten, doch wuchs von Tag zu Tag die Zahl der neu hinzukommenen Männer im besten Alter.
Als Standort wies man ihnen den Raum von Kamieniec-Podolsk zu. Die Gegend war gut geeignet: Vorgebirgssteppe. Anders zwar, aber auch wieder nicht allzu abweichend vom Bild der heimatlichen Landschaft. Menschen und Pferde ruhten ein wenig aus nach den Beschwernissen der großen Wanderung.

*

„Was denn", so trösteten sich einige. „Wenn es darum geht, so ist's schon nicht so weit ... Übern Bug, Dnjepr und da zum Don ... so ein gutes Pferd ..."
Aber bis zum Dnjepr waren es 500 Kilometer und mehr.
„Mit 'ner Schwalbe kannst nicht hinfliegen. Und sogar das beste Pferd kannst zuschanden reiten. Oj, es ist weit, weit", jammerten andere.
„In's Mauseloch sind wir geraten: Im Rücken Rumänien, da so ein Karpaten-Rußland. Kommst nicht raus, nein." Verständigere antworten darauf mit einem Argument, das übrigens immer öfter zu hören war:

„Beklagt euch nicht, Stanitzer, beklagt euch nicht. Wenn es nur nicht schlimmer wird ...“
In der Tat, nach der Niederlage von Kursk gingen die deutschen Truppen schon zur endgültigen Defensive über und die sowjetischen setzten ihnen hauptsächlich in Richtung Süd-West hart nach. Und nun verlegte Ataman Pawlow den Kosaken-Stans nach Norden in das zugewiesene Gebiet Nowogrodek-Baranowitschi.
Es war Frühling 1944, als sie den Raum erreichten.
Die weißrindige Birke herrschte hier vor, von ihr leitet gewissen Überlieferungen nach der Name Weißrußland (Bjelorußland) seinen Ursprung ab. Nicht etwa, daß es hier mehr Birken gab. Nein, es gab mehr Kiefern und Fichten, Haselsträucher, Erlen an feuchten Plätzen, Espen in gemischten Wäldern. Aber die Birke fiel am eindrücklichsten in die Augen: Jung und zierlich im jungwüchsigen Wald und alt und gebeugt über den breiten, staubigen Landweg. Über die leichtgewellten Flächen zogen sich schlechtbestellte, schlecht besäte Felder zwischen den Wäldern hin. Den Menschen lag nicht viel am Ackerbau, da man, immer fort und stets aufs neue, im Ungewissen darüber war, wem diese Felder gehören würden und wer ihre Erträge ernten werde. Ohne Ende wurde diese zerfurchte, nicht eben fruchtbare Erde zertrampelt, wie wenn sie plötzlich allen bei der Erreichung ihrer fernen, fremden Ziele hinderlich wäre. Es mochte scheinen, daß sie abseits liege, im Schutz dichter Wälder und schlechter Wege, die im Sommer zu trocken, im Herbst zu blottig, im Winter zu verschneit waren — im Frühjahr kam es sogar vor, daß man hier überhaupt nicht durchkam.
Ohne Erdschätze, ohne den Anspruch, sich an den Händeln der Welt zu beteiligen, ohne Rassevieh, in den Dörfern die Katen mit Stroh bedeckt und von gewöhnlichen Kötern bewacht, — aber nein, immerfort drang man gewaltsam ein, mit Truppen und Kanonen, mit Ideen, mit fremdem Recht; bald mit Zahnpasta-Reklame, bald mit Stacheldraht, bald mit einem Schützengraben mitten durchs Roggenfeld.
In Bjelorußland wurden niemals Kavalleriepferde gezüchtet. Pferdchen nur, um den Pflug oder den Leiterwagen

des Bauern zu ziehen. Klein, stämmig, selten gestriegelt, lief es in Zockeltrab vor sich hin in der Aureole des hölzernen Kummetbogens über dem Kopf, ohne sich darum zu kümmern, ob es der Bauer am Sonntag zur orthodoxen oder katholischen Kirche lenkte. Es gab Raum für alle, auch für die jüdische Synagoge und die Tartaren-Moschee. Fremde Menschen aber begannen sie ein Dorn im Auge zu sein, den einen die orthodoxen, den andern die katholischen Kirchen, die dritten fingen an, die Synagogen anzuzünden. Fremde Menschen störte offenbar das einträchtige Zusammenleben der Sprachen, Bekenntnisse und Sitten. Schließlich kamen die, denen kein religiöses Bekenntnis recht war und keiner der alten Gebräuche, nicht einmal der Brauch der ureigenen Hütte. Und zuletzt kamen wieder solche Menschen, bei denen überhaupt nicht herauszufinden war, was ihnen recht war und was ihnen nicht recht war. Und der bjelorussische Bauer legte, wenn er einer Staubwolke ansichtig wurde, nach altem Brauch die Hand vor die Augen — aber bis er erkannte, wer da wieder näher kam, zitterte diese Hand voller Unruhe.

Bjelorußlands Erde nahm die Ankömmlinge vom Don und Kuban nicht gerade freundlich auf. Die Menschen am Njemen, durch den Krieg verelendet, blickten mit Angst auf die des Weges dahinziehende neue Plage verelendeter Menschen mit den vom Wind und Unbilden des Wanderlebens dunkel gegerbten Gesichtern. Von vornherein war vorauszusehen, daß sie damit beginnen würden, die Saaten niederzutreten, fremde Wiesen abzuweiden, fremde Kleefelder zu mähen, ihr schlimmes Geschick dabei zum Vorwand nehmend und es zu allen Teufels Müttern verfluchend, als ob das eigene arge Schicksal ihnen das Recht gäbe, anderer Menschen Los zu verschlimmern.

In diesem Gebiet waren zwei Partisanengruppierungen in Aktion: die sowjetische und die polnische, außerdem die Partisanen-Bekämpfungseinheiten der einheimischen Polizei und die weit verstreuten deutschen Truppenabteilungen. In den Wäldern hielten sich Juden verborgen. In die Gegend von Iwienietz waren Ungarn gekommen. Jetzt bezogen die

Troßkolonnen der Kosaken im breiten Gürtel ihren Bestimmungsraum nach ihrer Zugehörigkeit zu den einheimischen Stanitzen vom Don, Kuban und Terek.
Man setzte Bezirks-Atamane ein, gründete eigene Schulen, eigene Handwerksbetriebe, eine Druckerei, die mit der Herausgabe einer Zeitung begann. Pater Wasyl Grigoriew begab sich zum orthodoxen Bischof Afanasy von Nowogrodek und erwirkte von ihm den Segen für die Adminstration einer selbständigen Kosaken-Diözese. Die Geistlichen übernahmen die ihnen zugewiesenen Pfarrgemeinden. An den Sonntagen schlug man häufig das schräge Kreuzeszeichen der Orthodoxen und betete zu Gott, auf daß Wahrheit werde, was in der Kosakenzeitung geschrieben stand: Nämlich, daß es nicht so schlecht stehe, daß die Bolschewiken geschlagen und sie alle noch auf ihre heimatlichen Höfe zurückkehren würden.
Iwan Fomin und Ewgenij Kiijow, ein Kosake vom Chopr, hatten einst bei einer Hütte vorgesprochen, in der Kolzow im Quartier lag, und sie trafen ihn an im Streit mit dem Bauer: „Brauch' dein Land nicht, noch deinen Klee!" schrie der Alte auf den bjelorussischen Bauern ein. „Was ist schon, daß das Pferd ein Maul voll gefressen hat. Das Pferd muß fressen. Nimm's dir vom Munde weg, aber dem Pferd gib! Siehst nicht, daß ringsum Krieg?" Es hatte keine ganz logische Verbindung, was Kolzow da herausschrie, aber Kiijow ahnte, worum es ging.
„Was, er gönnt uns das bißchen Klee nicht?" Und er wandte sich seinerseits an den Bauern: „Du was, hast Sehnsucht nach den Kolchosen? Wart nur bißchen, sehn' dich nicht, bald kommen deine geliebten Sowjets und werden dich schon jagen zusammen mit deinem Klee . . ." endete er mit drohender Stimme.
„Hab mich nach ihnen genau so wenig gesehnt, wie nach euch", antwortete hart der Bauer, ging zu seinem Wagen, der auf dem Hof stand, und fing an, mit dem Beil die Runge festzuschlagen. „Sind uns über den Hals gekommen, wie die Borkenfresser . . . und mit den Sowjets schreck' mich nicht, genug so Schlaue gibts bei euch, andern zu drohen. Paß auf,

daß ich dir nicht mit ihnen drohe ...“ Man sah, der Mensch war bis zum äußersten gereizt und die Wechselfälle des Kriegsgeschehens hatten auch sein Herz hart gemacht.
„Ach ihr Prawoslaven-Leute ...“ versuchte Fomin zu besänftigen.
„Bin Katholik, nicht orthodox“, verbesserte ihn der Bauer.
„Hab ich denn was, Brüderchen, gegen deinen Glauben. Sei meinetwegen Katholik oder was du willst. Aber ist jetzt Zeit zum Zanken“, fuhr Fomin versöhnend fort. „Siehst du, die Wälder sind voll Partisanen, umzingeln uns wie Dachse im Loch, denkst wohl, wir sind zum Vergnügen zu dir gekommen? Nicht zum Vergnügen, Brüderchen, ist ein schweres Los.“
„Seid für mich nichts Besseres als Partisanen. Die kommen, rauben. Ihr kommt und nehmt, was jene nicht gestohlen.“
Ewgenij Kiijow setzte sich auf die kleine Bank vor der Hütte, zog ein Säckchen mit Machorka hervor und änderte plötzlich seine Meinung:
„Recht hat der Mensch. Schlecht sind sie alle, warum die Wahrheit verschweigen. Nur, wer ist dran schuld, a?“ Er wandte sich an Kolzow und bot ihm Tabak an.
Der setzte sich gleichfalls, nahm eine Fingerspitzevoll, schüttete sie auf einen abgerissenen Zeitungsfetzen und drehte schweigend. Sie rauchten alle, den Bauern nicht ausschließend, dem Ewgenij auch Tabak angeboten hatte. Die aufgeworfene Frage war schwer zu entscheiden, und so nahm niemand das Wort, lange und verträglich.
„Ich denk so“, ließ sich der Bauer als erster vernehmen. „Im ersten Krieg damals, erinnere ich, haben sie auch Menschen vernichtet, in Massen. Aber Soldaten, an der Front. Ist ihnen vom Herrgott schon so bestimmt und beschieden. Man hat auch bißchen geraubt, wenn auch nicht so viel. Aber außer an der Front hat man sich in anderer Leute Sachen nicht reingemischt. Was einer hatte, das war seins, und wenn's nicht vernichtet wurde, blieb's auch seins. Wenn manchmal auch schlecht, aber man konnte leben. Und heute? Was für ein Leben! ... Was haben sie aus dem Menschen gemacht? Erbsen, die am Weg wachsen: Wer will, der reißt sie raus, wer will, zertrampelt sie. Und wer hat das so gemacht?“

Und wieder blieb die Frage ohne Antwort. Und nur leichter Tabaksrauch umwölkte sie und wand sich über den gebeugten Köpfen zu Fragezeichen zusammen.
„Wer es getan hat? ..." nahm Fomin das Gespräch wieder auf. „Die was verbessern wollten ..."
„Was?"
„Das Leben der Menschen."
Vom nahen Wald her, hinter dem Kleefeld, um dessentwillen der Streit begonnen hatte, weil Kolzow dort Pferdefutter gemäht hatte, war die Salve einer Maschinenpistole zu hören ... Ein Augenblick Stille. Dann eine zweite, eine dritte Salve. Und wieder Stille. Der Bauer rauchte seine Zigarette zu Ende, warf sie fort, zertrat den Stummel mit dem Fuß, spuckte aus und stand auf und machte sich unlustig an die Arbeit. Die Kosaken saßen immer noch schweigend da.
Es war nichts zu machen. Die sowjetischen Partisanen, gut versorgt und geführt durch den Zentralen Diversionsstab in Moskau, und besonders die Brigaden Linkows und Sidor Kowpaks gaben keine Ruhe. Ataman Pawlow begann also die ersten Regimenter des Kosaken-Stanes zum Zweck der Verteidigung zu organisieren. In den Nächten wurden Posten ausgestellt.
Mitia kam am 7. Juni 1944 an, gerade als die Nachricht von der Invasion der Allierten in Frankreich eintraf. Er hatte anfänglich am Don gekämpft. Am 7. Januar 1943 verteidigte die Kosakenabteilung, in der er Dienst tat, zusammen mit einem aus deutschen Zollbeamten formierten Bataillon einen Frontabschnitt ostwärts von Nowotscherkask. Der unerwartete Vorstoß einer starken sowjetischen Kampfgruppe hatte sie weggefegt und zersprengt. Seit Mai des gleichen Jahres befand sich Mitia in der Kosakenabteilung, die von dem Obersten von Jungschulz geführt wurde, und nahm teil am Kampf mit einer sowjetischen Partisanenbrigade im Dreieck zwischen den Flüssen Dnjepr und Desna. Die Brigade wurde gänzlich zerschlagen, aber Mitia bekam einen Handgranatensplitter ins Bein, dicht über dem Knie und kam ins Spital. Die Wunde schwärte. Es gelang ihm, die Genesungszeit

irgendwie hinzuziehen, schließlich wurde er einstweilen zum Kosaken-Stan bei Nowogrodek in Marsch gesetzt, anstatt auf den Balkan zu fahren, wohin seine Abteilung transportiert worden war.

Es war seine erste Begegnung mit Ula. Er kannte die Schwester nicht; denn er hatte sie seit 28 Jahren nicht mehr gesehen. Sie begrüßen sich wie Fremde und hatten einander eben nichts zu sagen. Schon am ersten Tag nach dem Abendbrot, als man über die kleinen Alltäglichkeiten des Lebens genug geredet hatte, und sich, wie das so nach kurzem Schweigen vorkommen mag, ein ernsterer Gedankenaustausch aufdrängte, sagte Mitia, indem er ein Stückchen Schwarzbrot zu einem Kügelchen knetete und starr vor sich auf die Tischplatte blickte:

„Zugrunde richten uns die Deutschen ...“

Darauf räusperte sich der Alte, strich sich glättend den Bart und erwiderte nach längerem Schweigen:

„Wart' noch ab, nicht nur die Deutschen gibt's auf der Welt.“

„Wen denn, meinst noch außer ihnen?“

„Na die da ...“ mit einer Kopfbewegung deutete er auf das kleine Fenster der Hütte, hinter dem über dem weiten Sumpfgelände rot die Sonne unterging. „Die da in Frankreich gelandet sind ...“

„Was helfen die schon“, warf Ula ins Gespräch ein.

„Eee, da mit Weibern reden! Was verstehst denn du von Politik?“ wies der Vater sie scharf ab.

„Seit wie vielen Jahren schon hör' ich nur immer: ‚Ein Weib, versteht nichts von Politik, bist dumm‘ und so immer im Kreis rum. Die da“, mit einer heftigen Kopfbewegung nach Westen hinter dem Fenster, „helfen den Bolschewiken nach allen Kräften. Und die hier behandeln uns wie das Vieh. Wollen uns nicht und Schluß. Was soll man da sagen. Weder eure Atamans noch euer ‚allgewaltiges‘ Kosakenheer ... Ist doch allen klar. Hätten wir still sitzen sollen und nicht die Finger zwischen die Tür stecken. Und jetzt haben sie zugeklemmt, versucht mal, sie wieder rauszuziehen.“ Sie erhob sich und räumte heftig die Teller weg.

Auch Mitia stand auf. Auf die Rede seiner Schwester antwortete er nichts, ging in den Flur hinaus, und schwerfällig schritt er vom Hausgang herunter und setzte sich einsam auf die kleine Bank. Im Westen zog sich immer noch über dem Sumpfwald ein roter Streifen hin. Fast betäubend waren die würzigen feuchten Abenddünste. Vom Birkenhain her, der mit dichten Unterholz bestanden war, drangen die Laute einer Nachtigall, bald schnarrend, bald wie eine Flöte so lieblich. Eine zweite, dritte antwortete. Hinter dem Wald, dort weit hinter dem Dorf, antwortete eine vierte. Mitia war ganz im Lauschen vertieft. Eine, zwei Salven aus einer Maschinenpistole antwortete ihnen. Dann ein einzelner Gewehrschuß. Dann wieder die Nachtigallen. Später irgendwo erneut eine Salve, diesmal entfernter. Echo. Stille. Und wieder die Nachtigallen.

*

Inzwischen zerbrach und zerbröckelte die deutsche Front. An mehreren Stellen durchstoßen, geriet sie in Verwirrung und wich, trotz der immer wiederholten Befehle Hitlers, bis zum letzten Geschoß standzuhalten und kein Gelände mehr aufzugeben. Unter dem Eindruck dieser Niederlagen vollzogen sich manche Veränderungen. Dazu ist auch zu rechnen, daß die zu dieser Stunde zweifellos zweite Person im Staat, der nach Hitler mächtigste Mann, Heinrich Himmler, es für notwendig hielt, seine Ansichten über die ‚Untermenschen'-Theorie, zu deren eifrigsten Anhängern er bis dahin zählte, ein wenig zu revidieren.
Im Ergebnis dieser Wandlung gelang es gewissen militärischen Kreisen, die sich bis dahin ergebnislos bemüht hatten, auf einen Wandel der Ostpolitik Hitlers einzuwirken, wenigstens halbe Maßnahmen durchzusetzen. Das fand seinen Niederschlag vor allem in der Aktivierung der Wlassow-Bewegung. Aber alles kam jetzt zu spät.
Unter anderem wurde am 31. März 1944 die Bildung einer Hauptverwaltung der Kosaken-Truppen durch einen vom General der Kavallerie Köstring unterzeichneten Akt genehmigt. Zum Chef dieser Verwaltung wurde der General

Piotr Krasnow gewählt. Als Mitglieder kamen hinzu: General Naumenko, Oberst Pawlow, Oberst Kulakow. Der Kosaken-Stan wurde unmittelbar der Befehlsgebung dieser Verwaltung unterstellt.

Am 17. Juni geschah ein Unglück: Der Feld-Ataman Pawlow wurde erschossen, als er nachts die Posten abfuhr, man weiß nicht, ob durch Unachtsamkeit der eigenen Feldwachen oder durch sowjetische Partisanen. General Krasnow ernannte an seiner Stelle den Oberstleutnant, den späteren Generalmajor Timofiej Iwanowitsch Domanow zum Ataman. Diesem fiel auch zu, den Kosaken-Stan aus dem Njemengebiet herauszuführen, nachdem er nur wenige Monate dort gelagert hatte.

Es gab nur noch eine Richtung, der Weg nach Westen, auf dem im weiteren Verlauf die Wanderung der Völkerschaften vor sich ging.

Schon im August 1943 begann der Rückzug der sogenannten Brigade Kaminski. Sie war 1941 im Raum von Brjansk durch den ehemaligen Hauptmann der Roten Armee, Kaminski, aufgestellt worden. Kaminski, 1896 in Posen geboren, der eine Deutsche zur Mutter und einen Polen zum Vater hatte, brachte sofort nach dem Einmarsch der Deutschen den ausgedehnten Bezirk unter seine Herrschaft und verwandelte mit stillem Einverständnis des Führers der 2. Panzerarmee, General Schmidt, dieses Gebiet in eine Art Miniaturstaat mit eigener Verwaltung und eigener Armee. Unter dem Druck der sowjetischen Offensive beschloß Kaminski, sich mit seinem ganzen ‚Land', das 30 000 Flüchtlinge umfaßte, nach Lepel zurückzuziehen. Hier geriet er, mit einem Troß von Frauen, Kindern und allerlei Hab und Gut belastet, in eine Gegend, die fast völlig von sowjetischen Partisanen beherrscht war. Ein Kampf auf Tod und Leben begann. Damals schon tat sich Kaminski durch seine Tapferkeit aber auch durch seine Grausamkeit hervor. Seine Brigade, die er pathetisch RONA[10] zur Unterscheidung von

---

[10] Russkaja Oswoboditielnaja Narodnaja Armia — Russische Nationale Befreiungsarmee.

der ROA[11] des Generals Wlassow nannte, ging jedoch in diesen erbarmungslosen Waldkämpfen voller Verrat und Hinterlist nicht nur physisch, sondern auch moralisch vor die Hunde. Erbittert durch vielfach erfahrene Entäuschungen, bar jeder Hoffnung auf ein Gelingen der ‚großen Sache', gänzlich demoralisiert durch ein Leben von Raub und Plünderung, das die einzige materielle Grundlage ihrer Existenz darstellte, verwandelten sich diese Menschen in Halb-Banditen. Zu allem Übel stellte sich die Situation ihrer Familien geradezu verzweifelt dar. Immer häufiger ereigneten sich Fälle von Desertion zu den Partisanen und von Meuterei. Kaminski vermochte sie wohl blutig zu ersticken, konnte aber dadurch die Situation weder ändern noch bessern. Im Gegenteil, er selbst verfiel in eine Art blutigen Kampfesrausches, ohne sichtbaren Sinn und Zweck.
Als es so stand, wurde der SS-Chef von Bjelorußland, von Gottberg, auf Kaminski aufmerksam. Er bot ihm als Gegenleistung für die Eingliederung der Brigade in die SS einen militärischen Dienstrang und für seine Leute Uniformen, Verpflegung, bessere Bewaffnung und Sold an. Darüberhinaus versprach er, für ihre Familien irgendwo in Ungarn einen ruhigen Aufenthalt zu organisieren. Kaminski ging sofort darauf ein. Im Frühjahr 1944 begann der Marsch der ehemaligen RONA durch Bjelorußland nach Südwesten. Aber der versprochene Transport nach Ungarn blieb unterwegs stecken. Sie kamen nur bis nach Schlesien. Gauleiter Bracht verweigerte ‚dieser russischen Bande' die Verpflegung. Gänzlich korrumpiert geriet die Brigade Kaminski schließlich unter das Kommando des Obergruppenführers Bach-Zelewski, wurde gegen die Aufständischen von Warschau eingesetzt und durch unerhörte Grausamkeit, Gewalttat und Raub berüchtigt. Alle Schranken wurden überschritten. Weder seine Leute noch Kaminski selbst sahen noch ein anderes Ziel vor sich. Sie krallten sich an die Stadt, in der sie ungestraft rauben durften, wollten sich nicht von ihr losreißen lassen und befolgten keine Befehle mehr. Damals

---

[11] Russkaja Oswoboditielnaja Armia — Russische Befreiungsarmee.

stand deshalb drohend ein Abbruch der Kapitulationsverhandlungen um Warschau bevor.
Da befahl Himmler, Kaminski zu verhaften. Er wurde gewarnt und floh in die Karpaten. Aber südlich von Tarnow überfielen ihn die Leute des Krakauer Gestapo-Chefs Bierkamp und ermordeten ihn. Die Brigade aber wurde später zusammen mit dem ganzen Ziviltroß nach Münsingen bei Ulm transportiert und dort in die jetzt aufgestellte Armee Wlassow eingegliedert.
Im gleichen Jahr 1944 brach auch der hochbetagte Altgläubige Sujew, der Starost des Dorfes Saskorki im Polozker-Gebiet nach Westen auf. Er schritt an der Spitze seiner ‚Republik', deren Unabhängigkeit er ebenso von den deutschen Behörden wie von den Partisanenverbänden grimmig erstritten hatte mit Hilfe von Waffen, die er 1941 nach dem Rückzug der Roten Armee aufgestapelt hatte. Die Geschichte dieser ‚Republik' ist gleichfalls eins jener ungewöhnlichen Kapitel, das die paradoxen Komplikationen dieses Krieges kennzeichnet. Sujew, der sich unter der Bevölkerung großer Autorität erfreute, war es gelungen, einige im Wald verlorenen Dörfer zu einem unabhängigen ‚Land' zu vereinen. Den Deutschen gab er zu wissen, er werde ihnen die geforderten Lebensmittelkontingente liefern, jedoch unter der Bedingung, daß sie ihn nicht weiter belästigten und sich nicht in die Angelegenheiten der Bevölkerung einmischten. Als sie es doch einmal versuchten, wies er die ausgesandte Abteilung mit wohlgezieltem Feuer ab. Von da an hatte er Ruhe. Die sowjetischen Partisanen dagegen rottete er in seinem Bereich erbarmungslos aus.
Im Frühsommer 1944 überschritt die ‚Republik' Sujews die Dwina und floh mit den Familien, mit Vieh und Hab und Gut vor der zu erwartenden ‚Befreiung' durch die Armee der Roten.
Es floh auch das ‚unabhängige Land' des Dorfes Sapigi im Bezirk Gluchowsk. Es flohen in Massen die Menschen aus Newel, nach dem blutigen Gemetzel, das die Bolschewisten noch im Herbst 1943 unter den dortigen Bewohnern angerichtet hatten. Es flohen die starken Antipartisanen-Einhei-

ten aus Wietrow, denen sich unterwegs in dem Maße, wie sich die Armee der Roten näherte, sogar sowjetische Partisanen selbst anschlossen. Den Rückzug trat die Ukrainische Legion unter Führung des Obersten Andreas Melnyk an, den Rückzug traten die Ukrainischen Aufständischen und die Armee-Abteilungen (UPA) und Massen ukrainischer Zivilflüchtlinge an.

Vom Finnischen Meerbusen, von den Waldai-Höhen, aus den Wäldern von Brjansk, Bjelorußlands, Litauens, Polesiens, aus dem ukrainischen Steppengebiet, aus dem Karpatenvorland flohen die Menschen vor den Bolschewisten. Wieviele mögen es gewesen sein?

Eine Statistik darüber gibt es nicht. Sie existiert nicht und kann ‚aus wohl verständlichen Gründen' auch gar nicht vorhanden sein. Man könnte wohl die Feststellung riskieren, daß keiner von diesen Menschen nach 1945 zugegeben hat, freiwillig geflohen zu sein. Weder auf dieser noch auf jener Seite des Eisernen Vorhangs. Alle gaben sie sich als zwangsweise nach Deutschland zur Arbeit Verschickte aus, nicht nur, um die materielle Hilfe der UNRRA und Trockenmilch für ihre Kinder zu erhalten. Aber auch aus vielen anderen Gründen, die teilweise noch bis zum heutigen Tag gelten, haben sie als Wahrheit Nummer 2 übernommen, welche die offizielle Wahrheit und also die verbindliche wurde. Es gab auch keine Partei mehr, die an der Veröffentlichung einer solchen Statistik interessiert gewesen wäre, und vielleicht noch weniger als andere die Partei gerade derer, die Objekt dieser Statistik hätten werden können.

*

Der Kosaken-Stan unter der Führung des Atamans Domanow brach Anfang Juli 1944 aus dem Gebiet von Nowogrodek auf, wandte sich dem Inneren Polens zu und bezog ein provisorisches Lager in Zdunska Wola.

Während dieses Aufenthalts bemühte sich die deutsche Führung, die Kosaken als Kampfgruppe gegen den Warschauer Aufstand einzusetzen. Dieser Forderung widersetzten sich die Kosaken und erklärten unter anderem, sie seien als vorwiegend kavalleristische Einheiten nicht sonderlich für die Straßenkämpfe in der Stadt geeignet. Schließlich gelang es Bach-Zelewski, nur eine unbedeutende Abteilung unter Führung von Oberst Bondarenko zu gewinnen.

Im September dieses Jahres erhielt die Hauptverwaltung der Kosaken das Einverständnis des in Triest residierenden Obergruppenführers Globotschnik, der in diesem Gebiet die Macht ausübte, für eine zeitweise Ansiedelung der Kosaken in Norditalien.

Also begann die vierte Etappe ihres Wanderlebens. Tausende von Pferdefuhrwerken, wie auf einer Schnur über eine Strecke von 15 Kilometern auseinandergezogen, strebten in das Innere Westeuropas, diesmal der uralten Wiege seiner Kultur entgegen, nach Italien. Ihr unmittelbares Ziel war die Gegend von Gemona-Tolmezzo in der Provinz Friuli deren Bewohner sich heute noch zu einem Teil im täglichen Verkehr der altromanischen Sprache bedienen.

II. Teil

Von den Wellen der Drau hinweggeschwemmt ...

DEN SÄBEL IN DER HAND

„Mitia", sagte Kolzow zu seinem Sohn im Januar 1945, als sie sich schon im Dorf Olesso gut eingelebt hatten. „Mitia, sehr alt bin ich. Fahr' Söhnchen, nach Jugoslawien, wer weiß, Gott läßt es vielleicht zu, daß du Sascha wiederfindest. Werd' mal mit dem Starschina Rotow reden, daß sie dir eine Kommandierung geben."

Mitia zog verwundert die Augenbrauen hoch und machte darauf aufmerksam, daß Rotow, zum Ataman der Don-Stanitzen in Italien ernannt, wahrscheinlich nach Udino gereist sei.

„Ganz gleich, red' ich eben mit dem Stellvertreter, mit Charytonow und wenn nicht, dann mit Domanow selbst. Fahr' nur, vor meinem Tod hör' ich vielleicht einmal noch von Sascha. Ich weiß, Kosaken haben's gesagt, daß er in Belgrad war. Nur keine Anschrift, nichts Gewisses. Aber irgendwas sagt's mir ein, daß er wohl noch lebt."

„Wie alt wird er jetzt schon sein?"

Der Alte zog seine Stirn in Falten, beugte ein wenig den Kopf, während er in Gedanken zählte und antwortete nicht gleich: „Neunundvierzig . . ."

„Hoho!" stieß Mitia mit einer gewissen Mißbilligung aus. Aber er war dann doch mit dieser Fahrt einverstanden, fuhr sogar ganz gern.

Zu dieser Zeit unterstand der Hauptverwaltung der Kosakentruppen mit General Krasnow an der Spitze nur der Kosaken-Stan in Italien. Dagegen hatte man die Kosaken, die 1943 unter der Führung von Pannwitz aus Mlawa nach dem Balkan abgerückt waren, der Befehlsgewalt der Hauptverwaltung entzogen, obgleich Pannwitz selbst mit Krasnow persönlichen Kontakt unterhielt. Sie unterstanden ausschließlich der deutschen Führung. Als der endgültige Zusammenbruch Deutschlands nur noch eine Frage der Zeit war, unternahm man plötzlich von den verschiedenen Emigran-

ten-Zentren aus Versuche, über die Köpfe der deutschen Führungsstellen hinweg miteinander Verbindung aufzunehmen, und zwar mit dem Ziel der Verständigung und Koordinierung eines gemeinsamen Standpunktes der einzelnen in ganz Europa verstreuten antisowjetischen Truppenteile und ebenso der verschiedenen politischen Gruppen, Formationen und Komitees. Zu einer solchen Verständigung kam es nie und zwar nicht nur wegen Verkehrsschwierigkeiten und Zeitmangel angesichts des sich rasch nähernden Kriegsendes, sondern hauptsächlich wegen tiefgreifender politischer und nationaler Unterschiede, gegensätzlicher Bestrebungen, gegenseitiger Animositäten, Haß und voneinander abweichender nationalpolitischer Ziele. Trotzdem entstanden, übrigens nie realisierte Pläne einer gemeinsamen Front, jedenfalls innerhalb der gleichen völkischen Gruppen. Ataman Domanow unternahm auch seinerseits den Versuch, eine Vereinigung der beiden Hauptzentren der Kosaken herbeizuführen und es hieß, daß er zu diesem Zweck beabsichtige, eine Verbindungsgruppe von Italien aus auf den Balkan zu entsenden, um zu einem Einvernehmen mit General Kononow zu gelangen, die deutsche Führung dabei übergehend.
Diese Gerüchte nun hatte der alte Kolzow im Sinn, als er durchaus wollte, daß sein jüngerer Sohn die Gelegenheit nütze und sich der geplanten Delegation anschließe, um irgendwo in Jugoslawien den älteren Bruder wiederzufinden. Indessen, die Angelegenheit zog sich hin und kam schließlich nicht zustande, wahrscheinlich, weil, wie man sagte, Kononow auf eigene Faust Verbindung suchte und zu General Wlassow gefahren war, um von ihm die Ernennung zum Feld-Ataman zu erlangen. Erst in den ersten Februartagen gelang es Mitia, sich auf dem Weg über private Protektion mit den notwendigen Papieren zu versehen und auf eigenes Risiko abzureisen.
Die 1. Kosaken-Division war seit ihrer Ausladung in Jugoslawien 1943 bis zum November dieses Jahres durch örtliche Gefechte mit Titos Partisanen in der Gegend von Fruskagora gebunden. Anschließend wurde eine der Brigaden zur Sicherung der Eisenbahnstrecke nach Sarajewo abkommandiert,

eine zweite dagegen im Raum von Brody an der Save konzentriert. Die Kämpfe wurden immer verbissener. Die kommunistischen Abteilungen Titos waren schon kurz darauf, als die Politik der Westmächte dem der Königlichen Regierung treu ergebenen General Michailowitsch gegenüber eine Änderung erfuhr, im gleichen Maße sowohl von Großbritannien als auch von Amerika mit Kriegsmaterial versorgt worden. Die militärische Macht Titos wuchs von Monat zu Monat. Im Frühjahr 1944 wurden die Kosaken in die Gegend von Agram verlegt, und im Sommer gruppierte sich die 1. Division nördlich von Sissak an der Save. Aber auch ihre Stärke wuchs, trotz der erlittenen Verluste. Unaufhörlich zogen Freiwillige heran. Es fehlte nur an einer Ausrüstung wie die, über die Tito verfügte.

Im Juli 1944 begab sich von Pannwitz nach Berlin, um für seine Kavallerie etwas herauszuschlagen. Die Lage war schlimm. Niemand hatte etwas anzubieten und niemand dachte daran, ausgerechnet etwas für die Kosaken zu tun. Von irgendeiner Intervention bei der Obersten Führung konnte, wie sich versteht, nicht die Rede sein. Zu allem, was über das Verhältnis Hitlers zum politischen Aspekt dieser Frage bekannt war, kam noch ein besonderer Umstand hinzu: Hitler nämlich konnte persönlich die Kavallerie und die Kavalleristen nicht ausstehen. Wie manche zeitgenössischen Diktatoren von radikaler Tendenz empfand auch er eine hemmungslose Abneigung gegen Dinge, die auf irgendeine Weise, und sei es durch ein Sporenklirren, an die ‚alte Reaktion' erinnerten. Er begeisterte sich an exakten Zahlenangaben, Statistiken, Motoren und chemischen Erzeugnissen. Für Pferde, eine suspekte kavalleristische Tradition und erst recht für Kosaken hatte er mehr als nur ein Achselzucken, nämlich aufrichtige Verachtung. Auch in diesem Fall teilte er nicht die Ansichten Napoleons und seines Ministers Duc de Vincence Marquis de Caulaincourt, der 1812 ausgerufen hatte: „Rußland verdankt seinen Sieg den Kosaken!"

Dem Anschein nach hatte Hitler, 130 Jahre nach der Niederlage Napoleons, recht. Wahrscheinlich berücksichtigte er jedoch eine Besonderheit nicht, die übrigens auch von vielen anderen gering eingeschätzt wird, nämlich daß der letzte und von allen bisherigen modernste Krieg gleichzeitig ein Krieg war, in dessen Verlauf die primitiven Operationen der Partisanen ein nicht nur im Feldzug von 1812, sondern in der Kriegsgeschichte überhaupt noch nicht verzeichnetes Ausmaß erreichten.

General von Pannwitz stellte fest, daß es bei der Wehrmacht keine Vorräte an Kriegsmaterial mehr gab. Insgeheim riet man ihm, er möge sich an die einzige Instanz wenden, die an der Schwelle des endgültigen Zusammenbruchs krampfhaft versuchte, die Initiative in der Hand zu behalten und die noch im letzten Augenblick entgegen allen bisherigen politischen Schemata neue, beziehungsweise bis jetzt verpönte Wege zur Rettung suchte. Diese einzige Instanz, die in dem wachsenden Chaos noch über gewisse materielle Mittel verfügte, war die Waffen-SS. Auf eigene Verantwortung begann sie jetzt, in ihrem Bereich fieberhaft antibolschewistische Landes-Einheiten aufzustellen und zu bewaffnen.

Daß die Kosaken der Leitstelle SS unterstellt wurden, hatte weder vom politischen noch vom formellen Gesichtspunkt aus eine Bedeutung. Für die Kosaken selbst war das in ihrer Situation vollkommen gleichgültig, wenn die Nachricht davon überhaupt bis zu ihnen drang. Praktisch dagegen bedeutete das für Pannwitz nicht nur eine ergiebige Spritze für die Bewaffnung seiner Division, sondern es gab ihm vor allem die Möglichkeit, die verstreuten Kosakeneinheiten aus den verschiedensten Winkeln Europas loszueisen und sie in einem größeren Truppenkörper zusammenzufassen.

Auf diese Weise wurde, im Herbst 1944, die ehemalige Division in das XV. Kosaken-Kavallerie-Korps in Stärke von anfänglich zwei Divisionen, seit Winter 1945 drei Divisionen umgewandelt. In den Verband der 1. Division traten folgende Regimenter: Das 1. Don-Regiment, das 2. Sibirische und das 4. Kuban-Regiment, unter Führung von Oberst Wagner, Zum Verband der 2. Division: das 3. Kuban-Regiment, das 5. Don-Regiment und das 6. Terek-Regiment unter der Führung von Oberst Schulz. Die 3. Division schließlich setzte

sich aus zwei Plastun[12]-Regimentern, dem 7. und 8. Regiment Kononows zusammen.
Später kamen auch noch andere Kosaken-Einheiten hinzu, darunter auch eine aus Frankreich abgezogene.

*

Sascha Kolzow hatte zwanzig Emigrationsjahre in Belgrad zugebracht und der Reihe nach verschiedene Berufe ergriffen. Es ging ihm leidlich. Hier auch verheiratete er sich in jungen Jahren mit einer Russin, mit der er einen Sohn und zwei Töchter hatte. Eine von ihnen, Maria, starb im Alter von acht Jahren, und die zweite heiratete einen Serben. Der Sohn Michael blieb beim Vater und beendete die Schule. Nach der Einnahme Belgrads durch die Deutschen, am 13. April 1941, traten unter der Masse der hier konzentrierten russischen Emigration anfänglich Verwirrung und ernsthafte Meinungsverschiedenheiten hinsichtlich der politischen Orientierung auf. Als jedoch im Juni dieses Jahres der deutsch-sowjetische Krieg ausbrach und in diesem Zusammenhang die alten Hoffnungen auf eine Befreiung von der bolschewistischen Herrschaft wiederauflebten, sprach sich die absolute Mehrheit für eine deutsche Orientierung aus. Sofort entstand auch der Plan, ein national-russisches Korps zu bilden. Zur großen Verwunderung jedoch und aus zunächst unverständlichen Erwägungen zögerten die deutschen Führungsstellen, die Genehmigung zur Aufstellung eines solchen Korps zu erteilen. Erst im folgenden Jahr, 1942, gab man die Erlaubnis dazu, aber mit einem noch verwunderlicher anmutenden Vorbehalt: ‚Das Korps wird gegen die Kommunisten kämpfen, jedoch nur in Jugoslawien. Nach Rußland wird es nicht verlegt.‘
So empfindlich auch die Enttäuschung für die russische Emigration war, sprach sich die Mehrheit doch für die Bildung einer eigenen Kampfeinheit aus; denn — wie man sagte — die Umstände können sich ändern, aber das Korps wird in

[12] „PLASTUN“ nannte man in alten Zeiten die Kosaken zu Fuß, die im Kaukasus als Grenzwachen eingesetzt wurden. Die Kosaken-Infantrie behielt seitdem diese traditionelle Bezeichnung.

jedem Fall eine vollendete Tatsache sein. Noch in diesem Jahr wurde es in einer Stärke von 15 000 Mann unter der Führung des russischen Generals Staifon aufgestellt.
Kolzow trat, obwohl einem älteren Jahrgang angehörend, ohne Zögern zusammen mit seinem Sohn in das Korps ein. Als jedoch nach einem Jahr die 1. Kosaken-Division in Jugoslawien auftauchte, ließ er seinen Sohn im Korps zurück, und er selbst wechselte zu den Kosaken über.
Unter den alten und den jüngeren Landsleuten, die aus der Heimat gekommen waren, versuchte Sascha, etwas über seine Familie und über sein Heimatland zu erfahren. Von der Heimat erzählte man ihm viel, vorwiegend Dinge, die ihn nicht interessierten. Über seine Familie dagegen konnte ihm niemand Auskunft geben, außer dem einen sommersprossigen Iwan Awdoschka, der versicherte, er habe von seinem Vater gehört, daß der Chutor von Jaglica im Bürgerkrieg gänzlich eingeäschert und alle seine Bewohner, einschließlich der Kinder ermordet worden seien. Jedoch, wie sich später herausstellte, fand Awdoschka an ‚kräftigen' Erzählungen Gefallen, mit denen er bei den Zuhörern Eindruck machen konnte, und daher verdienten seine Berichte nicht immer Vertrauen.
Dem ältlichen Sascha, der einige vierzig Jahre alt war und seit zwanzig Jahren kein Pferd mehr bestiegen hatte, war viel von seiner früheren Bravour verloren gegangen. Er hielt sich jedoch unerwartet gut im Sattel, im Unteroffiziers-Rang eines Ober-Uriadnik, der ihm aus dem ersten Krieg erhalten geblieben war. Er wollte auch nicht, wie man ihm mehrmals vorgeschlagen hatte, zum rückwärtigen Dienst beim Troß, in der Schreibstube oder bei der Intendantur übertreten. Er bestand auf seinem Kopf und blieb bei der kämpfenden Truppe.
Es war für Mitia keine leichte Sache, den Bruder wiederzufinden. Am Standort des Stabes konnte ihm niemand eine konkrete Auskunft geben. Die Stimmung war mürrisch und unlustig. Das war übrigens nicht verwunderlich; denn die Lage war tatsächlich, wie die Kosaken sagten, ‚räudig'. Schon am 8. August des vergangenen Jahres hatten die

Rumänen das Feuer eingestellt, am 4. September die Finnen, am 5. drehten die Bulgaren ihre Waffen um und begrüßten die Bolschewisten in Sofia. Auf dem Balkan herrschte ein unbeschreibliches Chaos, Gewalttat, Mord und Raub. Auf den ersten Blick mochte es scheinen, als ob alle gegen alle kämpften. Sich unter diesen Bedingungen irgendwohin auf den Weg zu machen und allein zu reisen, war unmöglich. Man mußte eine Gelegenheit abwarten. Mitia gab sich schließlich auf diese Weise Rat: Nachdem er endlich erfahren hatte, in welchem Regiment sein Bruder diene, meldete er sich ganz einfach als Freiwilliger und wurde, nachdem er ein paar Tage in der Etappe gesessen hatte, mit einer Munitionskolonne zur Kampflinie geschickt.

Sie fuhren mittags ab, in Richtung Waraschdin. Dort, so sagten die Kosaken, setzen sie uns hart zu, ob es nun Tito-Leute sind oder reguläre sowjetische Truppen von Ungarn her oder Rot-Bulgaren oder weiß der Teufel wer ... Hauptsächlich wohl Bulgaren, sagten sie. Beim Abenddämmern kamen sie an eine Stelle, wo der Weg erst kürzlich durch Bomben aufgerissen worden war. Sie mußten die Munition umladen und selbst auf zweirädrige Karren umsteigen. Auf Gebirgspfaden und durch wegloses Gelände fuhren sie weiter. Die Februarnacht versprach, ungewöhnlich warm zu werden. Es herrschte Tauwetter. Niedrige Wolken verhängten die Berge. Rauchen war verboten. Nach schlaflos verbrachter Nacht vernahmen sie noch vor dem Morgengrauen das ferne Rattern schwerer Maschinengewehre, das aus der Richtung kam, in der sie fuhren.

Die Wagen hielten in einer steinigen Siedlung. Es war dämmerig, dunkle Dämmerung vor dem Morgengrauen. Feucht, unbehaglich, nirgends ein Lagerfeuer. Mitia kletterte vom Karren herunter, streckte seine vom langen Sitzen steifen Beine aus, ging um einen Mauerknick herum, stolperte auf dem steinigen Boden und fiel über einen Kosaken, der heftig auf ihn fluchte. Allmählich erst erkannte er, daß überall an den Häusern gesattelte Pferde standen. Ehe er sie erblickte, hatte sein geübtes Ohr das charakteristische dumpfe Klappern der Hufe wahrgenommen, wenn sie von einem Bein auf das andere übertreten, das leise Werfen und Schnauben in die umgehängten Futterbeutel. Das Gewehrfeuer hinter dem Dorf verstummte für einen Augenblick. Ein Offizier, in der Dunkelheit nicht zu erkennen, schrie mit erregter, sich überschlagender Stimme Befehle heraus. Mitia vermutete, daß hier sicherlich die Pferdehalter der abgesessenen Sotnie stünden und ging der Stimme des Offiziers nach. Er erkannte die Dienstgradabzeichen nicht und wollte ihn etwas fragen. Aber jener gab auf Mitias Worte nicht acht und stieß ihn auf eine in der Nähe stehende Kosakengruppe zu:

„In die Schützenlinie, nach vorn!" schrie er heiser. „Marsch, Hurensöhne! Zu viele von euch haben sich nachts hier gesammelt, sich hinter den Mauern zu verstecken!"

Eine Gruppe von Kosaken setzte sich mit Karabinern in der Hand auf den Dorfrand zu in Marsch. Mitia ließ sein Gewehr von der Schulter gleiten, und während der Kolben fast über die Steine schleifte, kam er von hinten an die Gruppe heran und schloß auf.

Es begann, hell zu werden. Ganz langsam erhob sich das fahle Morgengrauen. Auf der abfallenden, mit Maisstoppeln bedeckten Fläche, sah man, wie sich hier und da die eigenen Leute in der Schützenlinie abwechselnd erhoben und wieder verschwanden, wenn sie nach dem anderen Dorf hinüberschossen, dessen Umrisse kaum aus dem fahlen Morgenlicht traten. Sie machten halt. Von der anderen Seite erwiderte niemand das dünne Feuer der Schützenlinie. Links, 50 Meter schräg vor der eigenen Linie, war eine einzelne strohbedeckte Hütte sichtbar. Dicht dahinter, aus Felsgestein gefügt, eine Art von kleiner Mauer, ohne Anfang und Ende. Offenbar hatte der Bauer einst diese Umfriedung aufzuschichten begonnen und dann die Lust verloren. Das Feuer wurde immer träger.

„Ej da! Jacenkooo!" ließ sich die Stimme eines Offiziers vernehmen, der inmitten von Unkrautstauden lag. „Den Beobachtungspunkt besetzen! Sofooort!"

Unweit erhob sich ein Unteroffizier auf die Knie und ließ den Blick über die Schützenlinie gleiten, als wenn er überlegte, wen von den Kosaken er für diese Funktion bestimmen

solle. Mitia näherte sich ihm, ging jedoch nicht am Boden in Deckung und sagte:
„Ich werd' gehen!" Er hatte ein gutes Zeißglas bei sich, das er beim Troß gestohlen hatte, als er noch beim Stab in Sissak war. Der Unteroffizier verlor keine Zeit damit, im Halbdunkel festzustellen, wer da sprach und erwiderte:
„Zieh' ab! Aufs Dach der Hütte da, siehst?"
„Ich seh!"
Die Bauernhütte war von ihren Bewohnern verlassen. Mitia kroch die angelehnte Leiter herauf legte sich flach auf die unbequeme Schräge des Strohdachs, nahm das Fernglas vor die Augen und schaute: Er sah vor sich die Häuserreihe der Ansiedlung, in welcher der Feind lag. Davor, genau in der Mitte dieser Reihe, ein mächtiger Baum. „Bin neugierig, was das für ein Baum ist", dachte er, „vielleicht eine Eiche!" In dem Augenblick bemerkte er menschliche Gestalten um den Stamm herum, die sich da in gebeugter Haltung zu schaffen machten. „Wie nichts, die stellen ein s. M. G. auf." Er schob das Glas weiter nach links: Der mit Pappeln bepflanzte, von Gräben begrenzte Weg führte zur Ansiedlung. Kein Mensch weit und breit. Er setzte das Glas ab und schaute die Linie entlang. Sie lagen ausgestreckt, einige verbesserten immer wieder ihre Lage. Es wurde hell. Er blickte nach oben: Die Wolken zogen in mehreren Schichten, unten dunklere, weiter oben hellere, vom Südwind nach Norden getrieben. Es war still und es roch nach einem fremden, in seinen Düften unbekannten Frühling. Er fühlte sich auf irgendeine Art leicht und beinahe wohl, obgleich er unausgeschlafen war. Er streckte sich auf dem unbequemen, altersverwitterten Stroh unter dem verhängten Himmel aus, und es fehlte nicht viel, so wäre er eingeschlafen vor huschenden Gedankenfetzen, die kamen und gingen. Sehr fern im Osten begann kaum die Sonne, die Morgendämmerung zu durchdringen, vielleicht fielen ihre Strahlen schon irgendwo auf die Erde. Er schob sich wieder zurecht, nachdem er das linke Bein über den Dachfirst geworfen hatte, um fester zu liegen, und schob den Karabiner vor.
Gedankenfetzen zogen vorüber wie die zerzausten Wolken

über ihm und verweilten nicht. Er versuchte, irgendeinen von diesen Gedanken festzuhalten: „Wann eigentlich war es ihm in seinem ganzen Leben gut gegangen. Wann war es ihm wirklich einmal besser als hier auf diesem fremden Strohdach, in diesem fremden Land?" Aus diesem wachen Dahindämmern riß ihn ein Schuß, ein zweiter, ein dritter. Die Schützenlinie der Kosaken begann wieder schleppend zu feuern. Jetzt brauchte er das Glas schon nicht mehr. Es hatte sich soweit erhellt, daß er mit bloßem Auge die vier kleinen Gestalten sah, die sich bei dem großen Baum zu schaffen machten, hinter einem Schleier von hohem Gras. Einen Augenblick dachte er an das Visier. Dann stützte er sich auf den Ellenbogen, zielte lange, ließ das Visier aufsitzen und der Schuß brach! — Die kleinen Figuren gingen in Deckung. Er lud durch und schoß nochmal. Dann ließ er seinen Blick kreisen:
„Echeeee! . . . Die rennen zwischen die Häuser!"
Vom Beobachtungspunkt aus zu schießen verbot das Reglement, aber Mitia feuerte mehrmals hintereinander.
„Ah, da, da. Am Weg, auf dem weißen Pferd, deckt sich nicht mal, zwischen den Pappeln!" Plötzlich schüttelte ihn eine innere Verbissenheit, eine Wut, vielleicht um sein ganzes verpfuschtes Leben, vielleicht einfach deswegen, weil er keine Wirkung seiner Schüsse sah. Er erhob sich auf der abfallenden Fläche des Daches: Auf den! — Der auf dem weißen Pferd ritt in den Graben, aber er bewegte sich weiterfort. Und immer noch erwiderte niemand von der anderen Seite seine Schüsse. Was ging eigentlich in ihm vor, in Mitias Innerem? Er stand herausfordernd auf, stellte sich mit den Beinen fest auf beide Seiten des Daches und indem er so seine ganze Gestalt dem Feind aussetzte, legte er den Kolben an die Backe und schoß im Stehen. Er feuerte immer nervöser. Gerade stieß er den vierten Ladestreifen in das Magazin, als man endlich zu antworten begann. Es kümmerte ihn wenig.
Pak, zzjuuu! Pak, pak. Tjuuuu, Zjuuu! — dicht am Kopf vorbei. „Sie schießen nur mit Gewehren, nicht mit Em-Ges, um deren Stellung nicht zu verraten", konnte er

noch denken. Pak, tjuuu ... pak, pak, pak, pak ... tjuu, ziuuu, ffiii ...! — Eigentlich hat jede Kugel einen anderen Ton beim Fliegen ... „Jetzt zielen natürlich alle auf mich!" Mit bedächtiger Ruhe legte er sich wieder hin und kehrte zu der früheren flachen Lage auf dem Dach zurück. Tjuu! — sehr dicht flog ein Geschoß vorbei, ganz nahe, versengte fast sein Ohr.

So bemerkte er es gar nicht, wie auf der Leiter zu ihm aufs Dach Jacenko heraufkletterte. Der legte sich dicht an seine Seite, stützte sich fest mit dem Ellbogen auf den First und erst nachdem er flüchtig Mitias Gesicht gestreift hatte, gab er seiner Verwunderung Ausdruck:

„Und du? Wer?"

„Heute als Freiwilliger gekommen."

„Aha!" — Tjuu! — Jacenko hatte keine Zeit, zog instinktiv den Kopf zwischen die Schultern. „Na, was sieht man hier?" fragte er schnell.

„Da, scheint mir, unter dieser großen Eiche muß ein Mm-Ge-Nest sein. Aber sie tarnen es noch."

„Das ... Woher weißt, daß eine Eiche?" Jacenko kniff die Augen zusammen. „Hast gute Augen."

„Nein ... Ich sag's nur so. Hör mal, wo kann man hier im Regiment den Kosak Alexander Kolzow finden? Ist Unteroffizier, schon älter. Aus der ersten Emigration. Er muß hier sein."

„Ist auch. Nur in der berittenen Sotnie, Ober-Uriadnik. Sie haben uns, siehst du, seit Abend zugesetzt, Bulgaren mit den Bolschewiken. Wir haben kaum die Front gehalten, haben zu Fuß gekämpft. Und da, zwei Sotnien von rechts sollen sie gleich mit Kavallerie-Attacke von der Flanke aus fassen. Und du, warum Kolzow ..."

Tfych! Lautlos bohrte sich eine Kugel gerade unterhalb des Ellbogens Jacenkos ein und beulte die Strohhalme auf, daß sie wie eine Bürste hochstanden.

„Ohoho! hier ist's heiß, Brüderchen, bei dir", knurrte er, ließ sich an der Leiter vom Dach gleiten, sprang über die kleine Felssteinmauer und kroch zu seinen Leuten in der Schützenlinie zurück.

Irgendeine ganz alltägliche Bewegung, irgendein ganz einfaches Wort kann plötzlich die Klaviatur der Nerven anschlagen und unerwartete Vorstellungen auslösen. Niemand weiß, wann und warum solches geschehen kann. ‚Heiß' — ein Wort wie tausend andere, das man wohl unzählige Male gehört und ausgesprochen hat im Leben. Plötzlich brannte dieses Wort Mitia wie heißer Dampf. Eine furchtbare Angst erfaßte ihn, eine Angst, die sich zur Panik steigerte: „Jetzt trifft's mich ... In diesem Augenblick, ganz gewiß! ..." Er warf den Karabiner vom Dach, damit er ihm nicht hinderlich sei und, während er kaum nach den Sprossen der Leiter griff, ließ er sich, halb stürzend, vom Dach herunter und warf sich flach auf die Erde. Seine ganze Willenskraft mußte er dann sammeln, um sich zum Aufstehen und zum Sprung über die steinerne Mauer zu zwingen, hinter der er schon in Sicherheit war. In ihrem Schutz lag er schwer atmend. Er lebte. Er atmete. Nicht einmal ein Streifschuß hatte ihn verletzt. Er kam zu sich. Er erinnerte sich nicht, sich jemals so gefürchtet zu haben. Wenige Minuten nur waren vergangen, als er von weit rechts einzelne Schreie hörte, die, anfänglich abgerissen, in ein langgezogenes Geschrei übergingen:
„Hurrraaaaaa ... aaa ... ha!!!"
Die Angst, die ihn heimgesucht hatte, wich ebenso plötzlich wieder von ihm, sie flog wohl hinüber zu den Sterbenden. Mitia erhob sich, klopfte sich Staub und Dreck ab, nahm den Karabiner auf, kroch über die Mauer und kletterte aufs Dach zurück. Jetzt schoß übrigens niemand mehr auf ihn. Der Gegner richtete sein ganzes Feuer nach rechts, auf den Flügel. Sie hatten auch schon mit dem Maschinengewehr die Stellung gewechselt, und es feuerte jetzt wie toll, nervös und in langen Stößen, — Mitia stellte sich vor, wie es bebte! — von irgendwoher hinter den Häusern. Durchs Glas war deutlich zu sehen, wie die Attacke der Kosaken in geschlossener Front heranbrauste. Vielschichtige Wolken verhüllten noch immer die Sonne, und so gaben die hoch über den Köpfen geschwungenen Säbel keinen Glanz und sahen aus wie stählerne kleine Schatten.

Daß der Feind im Raum von Waradschin geschlagen und zurückgewiesen wurde, war ein großer taktischer Erfolg, der den Rückzug des linken Flügels der weichenden Truppen von der ungarischen Grenze her abschirmte. In den Sotnien, die an der Kavallerie-Attacke teilgenommen hatten, waren einige wenige Kosaken gefallen und etwa 40 leichter oder schwerer verwundet worden, darunter auch der Starschy-Uriadnik Alexander Kolzow. Mitia erfuhr das sofort, als sie vorrückten und das von den Bulgaren verlassene Dorf besetzten, wohin man schon die gefallenen und verwundeten Reiter brachte. Ein rothaariger Kosak mit Sommersprossen antwortete ihm zuerst auf seine Frage mit einer Gegenfrage:

„Und du, was? Was willst eigentlich?"

Als Mitia ihm erklärte, daß er der Bruder sei, sperrte Iwan Awdoschka das Maul auf, und dann wies er mit unbestimmter Handbewegung auf eine Gruppe von Leuten. Sie trugen jemanden in einer ausgebreiteten Plane, die sie an den vier Zipfeln hielten. Und lange noch betrachtete Iwan den Rücken und dann die guten Stiefel des Ankömmling, der sich in der gewiesenen Richtung entfernte ... Den Bruder trugen sie nachlässig, den Kopf ein wenig zu tief, die Beine hingen an der anderen Seite herab. Mitia erblickte ein ihm völlig fremdes Gesicht, alt, in diesem Augenblick von fahl-grüner Färbung, vom nahen Tod gezeichnet. Er nahm viele kleine zusammenlaufende Fältchen wahr, grau wie Asche und mit einem Strich schwarz-geronnenen Blutes im Mundwinkel. Auch auf der Brust zeichneten sich zwei dunkle Flecke ab und einer mitten auf dem Oberschenkel. Eine Maschinengewehrgarbe mußte ihn getroffen haben. Dieser Anblick erweckte in Mitia keinerlei Gefühlsbewegung. Gleichgültig fast, registrierte er nur die Tatsachen. Er hatte schon allzu viele Gefallene gesehen. Rundheraus, ein Fremder, im Krieg gefallen. Er hätte ihn ja doch niemals erkannt, nicht einmal geahnt, daß so jener Sascha aussehen solle, über den er so viel vom Vater gehört hatte. Der, den sie da trugen, öffnete plötzlich die Augen, aber nur, um im Todeskampf das bläulich-fahle Weiße nach oben zu verdrehen. Durch seinen Kör-

per lief ein kaum wahrnehmbares Schauern. Die Kosaken ließen ihre Bürde vorsichtig auf die Erde nieder und hielten immer noch die Zipfel der Plane fest.
„Tot ist er", sagte einer und hob die Hand zur Stirn, als wolle er das Kreuzeszeichen schlagen, aber er besann sich und schob nur seine Papache auf dem Kopf zurecht.
„No, was steht ihr?! Tragt doch, tragt!" rief von hinten ein Unteroffizier, der im Laufen die Säbelscheide mit der linken Hand festhielt.
Die Nachricht von der Ankunft des Bruders und dem dramatischen Wiedersehen auf dem Schlachtfeld nach neunundzwanzig Jahren rief eine kleine Sensation hervor. Es war wirklich ein nicht alltäglicher Vorfall, und die Kosaken liefen zusammen, um zuzuschauen.
„Da, wie sie sich getroffen haben, die Brüderchen!"
„Jaaa ... Es kommt schon vor."
„Alt war er schon, konnte zu Hause sitzen ... Würd' jetzt noch leben."
„Nnno, kämpfen wollt' er."
„Für wen, frag' ich! Ah! für wen?"
Jemand spuckte aus. Einer versuchte es sogar mit einem Scherz an Mitias Adresse:
„Ist aber zur Zeit gekommen! Gerade zum Leichenschmaus!"
Niemand lachte.
„Soll er sein Pferd nehmen."
„Hat sich wohl schon ein Liebhaber gefunden."
„Fürs Pferd oder für die Satteltaschen?"
Der Sotnik, ein Mann mittleren Alters, drückte Mitia schweigend die Hand. Der nahm dienstlich die Hacken zusammen, während er den Händedruck erwiderte. In diesem Augenblick trat Jacenko hinzu:
„Kolzow? Ich hatte auch mal einen Kameraden namens Kolzow, im Kadettenkorps in Odessa."
„Jacenko ...", begann Mitia sich zu erinnern wie durch einen Nebel. „Gleich, gleich ... Wart' mal ..."
Sie verstanden und erkannten einander nicht gleich. Wanja Jacenko war jünger als Mitia, aber als gesund, ungewöhnlich weit in seiner körperlichen Entwicklung und kräftig war

er seinerzeit mit der Gruppe des Generals Wasiljew marschiert.

Mitia bekam schließlich doch das Reitpferd seines Bruders, wenn auch jemand die Satteltaschen geleert hatte. Nachmittags rückten sie in Marschkolonne ab, in irgendeiner Richtung, das war ihnen gleichgültig. Um einige Pferdelängen dahinter: der Uriadnik Jacenko und Mitia, Bügel an Bügel.

„Erinnerst dich", fragte Mitia, „da war doch ein Saschka Biernacki, der Sohn des Direktors?"

„Ja freilich."

„Was ist jetzt mit ihm? Er wollte doch auch nach Belgrad. Haben sie ihn vielleicht umgebracht unterwegs?"

„Ihn nicht. Hat sich selbst umgebracht."

„Wie das?"

„Ganz einfach, hat sich erschossen."

„Warum denn?"

„Siehst du, es ging um seinen Vater. Man sagte, der Vater sei später zu den Bolschewiken übergegangen. Na, und Saschka hat sich das schrecklich zu Herzen genommen und Selbstmord begangen."

„Was du sagst! Den Vater haben sie doch, wie ich gehört hab', nur unter Zwang als Lehr-Offizier an ihre Kriegsakademie geholt. Das ist das ganze ‚Überlaufen!'"

„Ja, aber Saschka wollt' nicht mal das überleben."

„Ach, was für ein Narr, ein Dummkopf!" Mitia brauste auf, wurde ganz erregt, zog unwillkürlich die Zügel an und setzte die Sporen ein, so daß sich sein Pferd aufbäumte, sich fast auf die Hinterhand setzte, und die beschlagenen Hufe schlugen Funken aus dem steinigen Weg.

„Na, weißt du ... Das ist nun Ansichtsache. Warum beschimpfst du den Toten, Gott hab' ihn selig. War doch ein Gold-Junge." — „Warum? Darum! Warum denn sollt' er sich erschießen?! Was konnt' denn der Vater tun? Sich für die Welt zerreißen? Für was für eine Welt? Draufgehen wie mein Bruder heut? Wie wir alle draufgehen, wo doch diese Welt Stalin am Arsch ... leckt! Vielleicht für die Deutschen, die uns so reingeritten haben!"

„Vergeblich redest du so, vergeblich. Die Deutschen haben

uns reingeritten, das stimmt, aber auch sich selbst ins Verderben geritten. Damit ist's aus. Nur mit uns steht's noch nicht so schlecht wie du sagst."
„Wie denn: nicht schlecht?"
„Eben so, mein Lieber, mit dem ‚Lecken' der ganzen Welt, da wart' noch ein bißchen. Zum Glück ist das nicht so einfach. Heute wird der christliche Westen mächtiger denn je."
„Der Westen! Denkst noch an Akkerman? Erinnerst dich noch, wie sie uns weggejagt haben wie die Hunde, in die Hände der Bolschewiken, und das uns, damals noch Kinder? Denkst noch an den Gaul, im Liman eingefroren? Erinnerst dich an die Rumänen? Das war doch auch ‚der Westen'. Damals glaubten wir an den ‚Westen', und der Vater von diesem Saschka, ich weiß noch, schrie damals in der Nacht, als man uns aufs Eis jagte: ‚Die ganze zivilisierte Welt wird das morgen erfahren!' Da, siehst ja, sie hat's erfahren. Da hast auch das ‚Morgen!' Nach diesem ‚Morgen' reiten wir, du und ich, auf diesen Pferden und sitzen uns am Sattel Hämorrhoiden an. Und werden bis zum roten Teufel reiten. Die da helfen ihm, und Hitler hat uns weggejagt und hat nicht mal erlaubt, gegen die Sowjets zu kämpfen. Weißt du überhaupt, was man in unserer Heimat angerichtet hat?"
„Fiuuu! Wenn du wüßtest, was man hier auf dem Balkan anstellt! Ohoho! Nur eben von beiden Seiten . . ."
„Hab' gehört davon. Und du sagst: ‚der Westen.' Rrrumänen, die einen wie die andern."
„Hör' mal, Mitia, du gehst hoch, regst dich auf, und ich versteh dich. Heut ist schließlich dein Bruder gefallen und so weiter. Aber wie kannst du denn die Rumänen da oder diesen Balkan gegenüberstellen und vergleichen mit dem, was wir unter dem Wort ‚Westen', ‚westliche Kultur' verstehen? Sei nicht böse, weiß nicht, ob du . . . Das heißt, du warst doch die ganze Zeit in der Sowdepja[13] eingesperrt. Und ich, siehst du, hab' die Universität beendet, hab' eine Masse gelesen, bin mit dieser Welt in Berührung gekommen. Ich kenne sie. Ich war in Rom. Vier Jahre hab' ich in Paris

[13] Abschätziger Ausdruck für das Regime der Sowjetunion.

gewohnt, zwei Jahre in London. Wenn du wirklich diese Welt kennen würdest! Doch das, was heute der Westen aus sich heraus ‚darstellt ... na, ich war nicht in Amerika, aber ich weiß da auch Bescheid ... Das eben und Bolschewien das sind zwei unversöhnliche Welten. Kein Zusammenleben möglich, mein Lieber. Die unterstützen die Sowjets heute nur taktisch. Aber wenn sie die Deutschen schlagen, wenn sie mit den Sowjets in Berührung kommen, nno! Vielleicht schon übermorgen, vielleicht morgen. Dann, Brüderchen, geht's nicht so wie bei Hitler! Die sind doch nicht so dumm! Kurz und gut: Du sagst, die Deutschen haben uns nicht gegen die Sowjets kämpfen lassen ... Weißt du, was ich dir sagen werd? Gott sei Dank, daß sie nicht gelassen haben. Gott sei Dank, daß Hitler so dumm war. Gott sei Dank, daß er uns nicht hat ausbluten lassen für seine Interessen an der Ostfront und uns alle nach dem Westen gejagt hat, weißt du, was er damit gemacht hat? Durch seine Dummheit hat er uns das beste Geschenk gemacht, was er nur machen konnte, ein Geschenk für Churchill und Roosevelt! Ein richtiges Geschenk. Denn jetzt erst, nach der Niederlage Deutschlands, werden die Westmächte ihre ganze Macht gegen die Bolschewiken richten. Und uns, die wir im Westen sind, uns werden diese Mächte gerade am notwendigsten brauchen. Freilich nicht als militärischen Faktor, aber als moralischen, uns, die ideellen Antibolschewisten."
„Eee, hab' dieses Geschwätz schon oft gehört. Aber wer weiß, ob meine Schwester nicht recht hatte, als sie mal sagte, daß man ‚nicht die Finger zwischen die Tür hätte stecken sollen.'"
„Nein, sie hatte nicht recht. Hier geht's nicht um Geschwätz. Es geht um Tatsachen." Jacenko zog die Zügel an und hielt sein Pferd etwas zurück, da sie zu nahe auf das Ende der Marschkolonne aufgeritten waren, und dann setzte er von neuem an: „Weißt du wohl, was sich in der Wlassow-Armee tut? Die Alliierten bombardieren ganz Deutschland, aber sie fliegen über die ganz offen daliegenden Lager in Münsingen und Heuberg, wo diese Armee steht, und nicht die kleinste Bombe." Er ließ seine Stimme sinken, obwohl auch so kein Fremder zuhören konnte: „Hier im russischen Korps

nebenan, da ist ein Offizier mit Namen Biezkarawannyj. Er ist zum ROA-Stab gefahren. Da spricht man schon ganz offen, daß sie nicht nur Kontakt zu den Engländern haben, sondern direkt die Versicherung von Churchill selbst, daß sie gleich nach Beendigung der Kampfhandlungen gegen die Deutschen den Bolschewiken ans Leder gehen und daß sie Wlassow brauchen werden. Biezkarawannyj hat mit Wlassow persönlich gesprochen. Weißt, was der ihm gesagt hat? Daß mit den Engländern sogar schon die Gegend festgelegt ist, soll da irgendwo im südlichen Österreich sein, wo sich alle antisowjetischen Truppen sammeln sollen."

Mitia zog die Füße aus den Steigbügeln, und während er die Beine geradestreckte und die Füße in den Knöcheln bewegte, betrachtete er schweigend seine neuen Stiefel. Irgendwo, nicht allzu weit entfernt, fing Artillerie zu schießen an. Jacenko hob den Kopf und lauschte:

„Scheint so, als sei's unsre bespannte Batterie."

Sie waren ein kurzes Stück geritten, als sich Mitias Pferd plötzlich so heftig nach links herumwarf, daß er sich kaum im Sattel hielt und nach dem vorderen Sattelbogen und nach der Mähne griff.

„Laß' im Feld die Bügel nicht fahren!" lachte Jacenko, dessen Pferd gleichfalls tief auf die Hinterhand ging und schnaubend und schnorchelnd durchaus rückwärts treten wollte. Jacenko gab ihm die Sporen.

„Was denn ...", begann Mitia, unterbrach sich aber in der Frage, da er die Ursache bemerkte: unter den Sträuchern heraus sah das aufgedunsene grünlich angelaufene Gesicht einer Leiche zu ihnen herüber, mit schrecklich bewegungslosen Augen, in denen alles Entsetzen von Kampf und Tod erstarrt war. Der Mund war eine weit geöffnete, schwarzblutige Höhle, und was am entsetzlichsten war: wie eine mächtige Zigarre ragte ein abgebrochener Lanzenschaft heraus. Mit dem rechten Fuß erwischte Mitia den Steigbügel, den linken Bügel hielt er mit der Hand fest, und nachdem er die Stiefelspitze hineingesetzt hatte, war er wieder Herr über sein Pferd.

„Was denn, kämpft ihr noch mit Lanzen?"

„Gibt noch ein paar Liebhaber. Schnitzen sie sich selbst aus Holz."
Der Tote lag im Gesträuch, nur der Kopf war auf den Weg herausgerollt. Daneben ein zweiter mit dem Gesicht zur Erde, sehr wahrscheinlich durch einen Hieb über den Schädel niedergemacht. Wenige Schritte weiter ein vom Rumpf geschnittener Kopf, an den Haaren mit einer Schnur an einem Zweig aufgehängt. Wie aus den Uniformen zu ersehen, waren es Tito-Leute. Mitia betrachtete sie und sagte nur:
„Habt's ihnen aber tüchtig gegeben!"
„Sie machen's mit unsern noch schlimmer, wenn sie sie erwischen. Vor allem, sie schneiden ihnen, du weißt schon was ... ab. Kürzlich fanden wir einen von uns so: den Bauch bei lebendigem Leibe aufgeschlitzt und mitten rein, in die Därme, Sand geschüttet. So einen Krieg führen wir hier, Brüderchen."

*

Es war im gleichen Monat, am 8. Februar 1945 im Palast auf der Krim, der einst dem von den Bolschewiken ermordeten Nikolaus II. gehört hatte, eines Oheims mütterlicherseits des regierenden Königs von Großbritannien, Imperators von Indien und Fidelis Defensor, Georgs VI. — da erhob sich der Minister seiner Königlichen Majestät, Winston Churchill, und ergriff sein Glas:
„Es ist keine Übertreibung, auch kein blumiges Kompliment von mir, wenn ich sage, daß wir das Leben Stalins für etwas sehr Kostbares für unsere Hoffnungen und für unsere Herzen halten ... Ich gebe meinem aufrichtigen Glauben daran Ausdruck, daß der Marschall der Sowjetunion und uns erhalten bleiben möge, um uns zu helfen, vorwärts zu schreiten weniger unglücklichen Zeiten entgegen als denen, die wir vor kurzem durchlebten. Ich selbst gehe mit größerer Zuversicht und Hoffnung durch diese Welt, da ich der Freundschaft und des Vertrauens dieses großen Menschen gewiß sein kann, dessen Ruhm heute nicht nur über ganz Rußland, sondern auch über den ganzen Erdball erschallt."

*

Etwa sechzehn Tage nach der Schlacht im Gebiet von Waraschdin bemühte sich Mitia unter Vermittlung des Sotniks, der ihm beim Tod des Bruders die Hand gedrückt hatte, mit Erfolg um Papiere für die Rückkehr, verabschiedete sich herzlich von Jacenko, klopfte dem Pferd seines Bruders ein letztes Mal den Hals und brach nach Italien auf.
Unterwegs hockte er zweieinhalb Stunden auf dem Eisenbahnknotenpunkt Villach während eines Luftangriffes im Luftschutzbunker. Mit dem Zug erreichte er noch die Station Tarvisio, aber weiter war die Strecke zerstört. Glücklicherweise jedoch konnte er einen deutschen Militärlastwagen besteigen und kehrte nach Olesso zurück, ohne größere Abenteuer, heil und gesund.
Vor dem Vater verbarg er die Wahrheit nicht, er färbte sie nur ein wenig zum Trost seiner alten Jahre. Er versicherte nämlich, er habe mit eigenen Augen gesehen, wie Sascha den bloßen Säbel in der Hand an der Spitze der Kavallerie-Attacke dahingeflogen und wahre Wunder an Tapferkeit vollbracht habe. Dem Vater stiegen die Tränen in die Augen. Das war mit ihm noch nie geschehen, wenigstens hatte ihn Mitia niemals weinend gesehen. Vielleicht nicht so sehr aus Trauer wie aus Rührung, vielleicht sogar aus Stolz. Es mochte auch ganz einfach sein, daß seine stählernen Kräfte ihn zu verlassen begannen. Mit dem Handrücken wischte er die betränten Augen ab und ließ sich, über Erwarten ruhig, vernehmen:
„Na ja, haben mir die Kommunisten die Frau, die Tochter erschlagen, jetzt auch den Sohn.“
Um ihn von seinen schweren Gedanken abzulenken, wechselte Mitia schnell das Thema und begann ihm alles zu berichten, was er von Jacenko Tröstliches über die politischen Aussichten gehört hatte.
Ula, die bei diesem Gespräch dabei war, hörte schweigend und mit einem Ausdruck finsteren Mißtrauens zu, aber sie äußerte sich mit keinem Wort. Kolzow interessierte Mitias Bericht sehr, und er nickte, während sein Sohn erzählte, zustimmend mit dem Kopf.
„Klar, klar ... Das merk ich selbst schon längst. Anders

könnt es ja auch gar nicht sein. Und sag mir noch ... Frau und Kinder, hat er welche gehabt? Wird doch nicht im Junggesellenstand gelebt haben. Mußte doch heiraten."
„Vom Toten sollt' er wohl was erfahren?" warf Ula brutal ein. „Er sagt doch, daß er im Todeskampf, bewußtlos war und Sekunden später gestorben ist."
In diesem Augenblick schob Iwan Fomin den Kopf durch das offene Fenster:
„Aah, Dimitrij Alexandrowitsch, meinen Gruß anläßlich der Rückkehr. Hört mal, meine Lieben, wie sagt man in dieser italienischen Sprache auf ‚Sack?'"
„Weiß nicht, Iwan, weiß nicht", erwiderte der alte Kolzow. „Hat man mich nicht gelehrt."
„No, Satteltasche, Beutel, Kabura, Juki", beharrte Fomin hartnäckig. Irgendsowas, wie auf diese Sprache hier, um was reinzuschütten in die Mitte."
„Soll der Teufel wissen!" Mitia fluchte gereizt, man wußte nicht recht warum. „Nimm selbst und frag' nicht lange wie's heißt!"

‚DON CAMILLO'

Der Frühling kam. Der letzte Frühling des zweiten Weltkrieges. Ein anderer als alle vorhergehenden, einer wie ihn die Kosaken noch nicht gesehen hatten. Ringsumher wuchsen anstatt der Ahornbäume Platanen, statt der Kiefern — Pinien, statt der Pappeln schlanke Zypressen. Ein Frühling ohne tauenden Schnee, ohne Schmelzwasserlachen, die sich lange hielten. Ein Frühling unter südlichem Himmel, zwischen Bergen, wo unmittelbar auf den Felsen Kakteen wuchsen und Agaven; wo zwischen den Mauern der engen Gassen schon die Triebe der Pelargonien grünten. Wo die Luft leicht war und vielleicht deshalb die Rüche der Erde und der Pflanzen nur schwach wiedergab.
Die Klagen, das Lamentieren der italienischen Bevölkerung nahmen kein Ende. Seit der Zeit der großen Völkerwanderungen hatte sich wohl keine so wunderliche Invasion auf italienischem Boden mehr ereignet.
Nach der Zählung noch vom September 1944 waren in der Umgebung von Tolmezzo 15 590 Menschen angekommen. Darunter waren, unter der Führung des Atamans Domanow 7 155 Waffentragende, in folgende Regimenter gegliedert: Wachabteilung: 386 Mann, 1. Kavallerie-Regiment: 962, 1. Don-Regiment: 1101, 2. Don-Regiment: 1277, 3. Kuban-Regiment: 1136, 4. Terek-Stawropol-Regiment: 787, Ersatz-Abteilung: 376, 9. Regiment (in Auflösung) 803, Stäbe und Verwaltung: 334 Mann. Außerdem an zivilem Volk: 8435 Menschen. Von da an jedoch wuchs der Zustrom. Das 8. und 10. Regiment kam hinzu, ferner das 3. Ersatz-Regiment unter der Führung des Oberstleutnants Lobysewitsch in einer Gliederung von acht Sotnien, mit drei Geschützen, zusammen 2500 Kosaken, vorwiegend vom Kuban. Im Verlauf des Winters stießen verschiedene Abteilungen und Gruppen auf eigene Faust hinzu, die entweder in den schon bestehenden Regimentern aufgingen oder sich ‚unabhängig' hielten, indem sie das wachsende Chaos ausnutzten. Das Zivilvolk im Be-

reich des Kosaken-Stans wuchs bis auf 20 000 an, was zusammen mit dem Militär die Gesamtzahl auf etwa 40 000 Menschen abrundete.
Darüber hinaus zogen nach Norditalien Flüchtlinge aus den verschiedenen Ländern Osteuropas. In Wien, das Tag für Tag von der alliierten Luftwaffe bombardiert wurde und das von Flüchtlingen und Massen von „Ostarbeitern" überfüllt war, fanden sich Vermittler, die gegen Bezahlung gefälschte Reisepapiere ausstellten. So ein ‚Kosaken'-Dokument kostete durchschnittlich dreitausend Mark und erleichterte die Flucht über die Alpen. Nach provisorischen Berechnungen betrug die Anzahl der Flüchtlinge, die nichts mit den Kosaken gemein hatten, aber sich an den Kosaken-Stan in Italien hielten, 25 000 Personen. Das alles wollte essen, unter einem Dach schlafen, wollte leben. Schließlich, unabhängig von dieser Hauptgruppierung, standen im Flußgebiet des Po verstreut die Regimenter der 162. Turkmenischen Aserbeidschanischen Division, vorwiegend konzentriert im Abschnitt Riccione-Ravenna, später in der Umgebung von Rimini, sowie das russische Regiment ‚Wariag' und andere ähnliche Formationen. Im Gebirge, in der Gegend von Paluzzo, hatte das Kaukasische Korps unter der Führung von Sultan Keletsch Girej ein weitläufiges Lager bezogen. Die Kuban-Stanitzen unter dem Obersten Lukjanienko nahmen die Umgebung von Covazzo ein. Das Don-Zentrum machte sich in Olesso breit, nannte dieses Städtchen in Nowotscherkask um und änderte sogar die Straßennamen. Der Stab Domanows lag in der Stadt Tolmezzo, wohin auch im Februar General Krasnow zusammen mit seiner Frau Lydia Fjedorowna gekommen war. Die Regimenter wurden nach Süden vorgeschoben und bezogen Stellungen an der Küste des Adriatischen Meeres. Man begann mit der Herausgabe einer Zeitung mit dem Titel ‚Kazackaja Ziemlia'[14], unter der Redaktion des Unter-Esauls Boldyriew.
Aber das war keine ‚Kosaken-Erde'! Diese Erde war fremd, fremd waren Boden, Bekenntnis, Nationalität und Tempera-

[14] Kosakenerde.

ment, Essen und Trinken, aber vor allem die politische Einstellung dieser Tage. Zu dieser Zeit wurden fast alle Gebirgszüge, beginnend von Genua und den französischen Seealpen über Turin, Como, die Dolomiten und weiter nach Osten hin von italienischen Partisanen beherrscht. Eine Situation bildete sich heraus, die auf eine vielleicht schlagendere Weise als anderswo die Paradoxe des letzten Krieges widerspiegelt. Die Partisanen wurden durch die Engländer mit Waffen, Munition und Instrukteuren versehen, dagegen mit Agitatoren, Flugblättern und politischen Losungen durch die Bolschewisten. Zu mehr als 60 Prozent waren die italienischen Partisanen Kommunisten; während sie gegen die deutsche Okkupation kämpften, bekämpften sie gleichzeitig die Faschisten der damaligen kurzlebigen Republik Mussolinis, aber mit der gleichen Verbissenheit auch die Anhänger des Königs. Die wenigen italienischen Nationalflaggen, die neben der Masse der roten Fahnen gehißt wurden, wiesen gähnende Löcher auf, da man das Wappen von Savoyen aus ihrer Mitte herausgeschnitten hatte. Dagegen bestand ein Bündnis zwischen den Kommunisten und den Katholiken. Mit den Rothemden gingen Hand in Hand die weniger zahlreichen Blauhemden der katholischen Organisation. Der Sohn des Marschalls Timoschenko, der aus deutscher Kriegsgefangenschaft entflohen war, schritt Schulter an Schulter mit dem Pfarrer ‚Don Camillo'. Daher verkündeten die nächtlicherweile an die Straßenmauern gemalten Aufschriften neben ‚Viva il Papa' auch ‚Viva il Stalin!'

In Übereinstimmung mit der damaligen Interpretation wurde nicht nur alles, was dem Kommunismus nahestand, sondern zugleich alles, was vom fernen Rußland, vom siegreichen Osten und einer Befreiung durch die Sowjets sprach, auf den Gipfeln der Partisanenhöhen vergöttert. Indessen geschah etwas Wunderliches: Da, ganz nahe in den Tälern, in den eigenen Dörfern und Städtchen tummelte sich jener bärtige, russisch sprechende Osten mit seinem schräg durchschnittenen orthodoxen Kreuz der Ostkirche, glühend vor Haß gegen alles was kommunistisch ist.

Beide Seiten betrachteten einander mit oftmals ehrlicher Verwunderung: „So also sollte jener christliche ‚Westen' aussehen, das einzige Bollwerk, die einzige Hoffnung gegen das bolschewistische Joch? . . ." sperrten Kosaken und Nicht-Kosaken das Maul auf und betrachteten die prahlerischen roten Hemden der Partisanen, die mit Patronengurten nach Vorbild und Fasson der Revolution von 1917 umwunden waren. „So also ist jener ‚Osten', beglückt von der besten und gerechtesten Verfassung der Welt", flüsterten die Untergebenen des Partisanen-Generals Fenulli und die Anhänger des großen Ercole-Ercoli.

Unter diesem Pseudonym war gerade der Kommunistenführer Togliatti aus Moskau gekommen und hatte die Instruktion mitgebracht, die italienische kommunistische Partei solle keine gesonderten Kampforganisationen bilden, sondern in das allgemeine ‚Comitato di Liberazione Nationale' eintreten, im Sinne der Taktik der sogenannten ‚gemeinsamen Fronten', die dann eine Kommunisierung des Landes von Innen her erleichtern sollten. Auch die gemeinsamen Propagandarichtlinien wurden aufgestellt, die auf eine Neutralisierung jener Enttäuschung bei einer Begegnung mit dem antibolschewistischen Osten hinzielten.

Die Italiener meinten, nicht eben beschlagen in der Geographie, daß alles, was von jener Seite der Alpen komme und ihre Sprache nicht kenne, ganz einfach Tedeschi - Deutsche seien. Die Amerikaner zermalmten mit ihren Panzern in der Schlacht an der Via Aurelia die Turkmenen und brachten Gerüchte in Umlauf, das seien Japaner. Deserteure oder Kosaken, die von den Partisanen gefangengenommen wurden, beteuerten, wie sich versteht, bei Gott, den Menschen und ihrem eigenen Kopf, sie seien von den Deutschen zwangsweise vertrieben und zwangsweise ins Glied eingereiht worden. Denn, wem wohl ist der eigene Kopf nicht lieb? . . . Auf diese Weise wurden die Folgen dieser peinlichen Konfrontation zur Not geflickt, im Sinne der verpflichtenden Wahrheit. Und da ihr laut zu widersprechen niemand wagte oder dazu keine Möglichkeit und kein Recht besaß, ging also auch sie in die verbindliche Geschichte ein.

Die Kosaken dagegen mußten auf die Fragen, die sie bedrückten, vielmehr aus der eigenen Auffassung eine Antwort finden. An die Hitlersche Propaganda von der ‚Jüdisch-plutokratisch-bolschewistischen Verschwörung' glaubte schon lange niemand mehr und niemand wollte auch nur noch davon hören. Allzu zahlreich waren die Enttäuschungen, allzu groß die herrschende Verbitterung. Im allgemeinen hörte man lieber schweigend die Vertröstungen an, die verbreitet wurden und die besagten, das sei nur eine zeitweilige Taktik seitens der Alliierten, die im Grunde Gegner der Bolschewiken seien. Sie nickten zustimmend mit den Köpfen. Drückende Zweifel und nagende Lebensunsicherheit, die in eine Stimmung der Hoffnungslosigkeit umzuschlagen drohte, versuchte man, durch äußeren Schein zu verdecken. Jeden Morgen gab das Echo der Berge in Covazzo die Trompetenklänge und den Chorgesang wieder: „Oj Kuban, du unser Vaterland . . ." In Olesso trug eine Straße den Namen Baklanows, eine zweite hieß ‚Platowskij Prospekt'. In der Kirche wurden die Ikonen des heiligen Wundertäters Nikolaus und der Gottesmutter vom Don aufgestellt. Nicht alle Stanitzen verhielten sich in gleicher Weise zupackend der ‚Kosaken-Erde' gegenüber. Gedrängt und unbequem ging es in einigen zu, aber man lebte sich mit den italienischen Nachbarn ein. In anderen Stanitzen wieder kam es vor, daß man sie hinauswarf und nicht nur ihre Häuser, sondern auch ihr Hab und Gut requirierte. Der nachmalige Ataman der Don-Stanitzen, General Fetisow, begann für das Frühjahr einen Aussaatplan für die italienischen Felder aufzustellen und den Bezug von Saatgut zu überdenken . . . Aber zur Verwirklichung dieser Pläne kam es nicht mehr.

Es fing damit an, daß gegen Ende April plötzlich englische Flugzeuge anflogen und Olesso bombardierten. Mitia stand zu dieser Zeit beim 1. Kavallerie-Regiment im Süden. Ula und der Vater saßen in einem nicht sehr tiefen Keller, erschüttert vom betäubenden Krachen und dem noch weit fürchterlichen Pfeifen der vom Himmel herabwuchtenden Bomben.

Mit Mühe nur konnten sie sich aus den Trümmern heraus-

quälen und suchten Deckung in einer Pflanzung junger Edelkastanien. Irgendwo, unweit von ihnen, schrie mit zerreißender Stimme ein verwundeter Esel.
Niemand wußte, wer eigentlich die Parole gegeben und wer den Anfang gemacht hatte. Aber plötzlich, kaum daß die Bomber abgeflogen waren, begann die ganze Kosaken-Stanitze die Sachen zu packen. In großer Erregung warfen sie ihr Hab und Gut auf die heil gebliebenen Wagen und Karren und andere Vehikel. Wer kein Fahrzeug hatte, der warf seinen Sack auf den Rücken, und so rückte man nach Norden ab, in Richtung auf das Dorf Ovaro.

*

Am 9. April 1945 trat die 8. britische Armee, am 15. die 5. amerikanische Armee zur entscheidenden Offensive an. Sie durchbrachen die norditaliensche Front und nahmen Bologna ein. Am 21. brach die deutsche Abwehr völlig zusammen. Am 28. wurde in der Ortschaft Dongo am Comer See Mussolini ermordet. Am gleichen Tag begab sich Oberstleutnant von Schweinitz ins Hauptquartier der Allierten nach Caserta zur Unterzeichnung der Kapitulation. Schweinitz handelte im Auftrag sowohl des Generals von Vietinghoff als auch des SS-Obergruppenführers Karl Wolff, der schon seit längerer Zeit unter Vermittlung von Allan Welsh Dulles, des Leiters des amerikanischen Nachrichtendienstes in der Schweiz, Geheimverhandlungen führte. Einen Tag darauf, am 29. April, unterschrieb von Schweinitz in Vollmacht des Oberbefehlshabers der Heeresgruppe C, des Barons von Vietinghoff, die Kapitulation aller deutscher Truppen auf dem Boden Italiens.
An diesem gleichen Tag, um 10 Uhr früh, trat mit schwerem Schritt General Krasnow in das Arbeitszimmer des Atamans Domanow in Tolmezzo ein und bat um ein Gespräch unter vier Augen. Der Chef des Stabes, General Siemion Nikolajewitsch Krasnow, ein entfernter Verwandter von Piotr Krasnow, verließ das Zimmer.
„Nun also, Timofiej Iwanowitsch", begann der Eingetretene das Gespräch, „wie beurteilen Sie die Situation?"

Dicht hinter dem Fenster zauste der Wind die Blätter einer hohen, ausgezehrten Palme. Sie riefen ein blechernes Geräusch hervor, ähnlich wie metallene Blätter auf dem Friedhof. Domanow drehte ein dicht mit Schreibmaschinenschrift bedecktes Papier in den Fingern. Er warf es achtlos zur Seite und erhob sich.

„Es gibt zwei Situationen", antwortete er langsam. „Die militärische und die politische. Die militärische geht uns in diesem Augenblick schon nichts mehr an. Sie betrifft die Deutschen und ist von ihnen verspielt, hoffnungslos. Vollständig. Wenn es jedoch um die politische Situation geht, die uns betrifft . . .", er betonte nachdrücklich ‚uns', „so ist sie zweifellos schwierig, aber ich halte sie nicht für hoffnungslos. Ich wäre eher guten Mutes."

„Worauf stützen Sie ihre Hoffnungen?"

„Auf den gesunden Menschenverstand", erwiderte lächelnd Domanow.

„Verfügen Sie über irgendwelche konkrete Informationen, welche die Existenz dieses ‚Menschenverstandes' glaubwürdig erscheinen lassen?" Domanow blieb vor Krasnow stehen und breitete die Hände aus:

„Piotr Nikolajewitsch, Sie fragen mich danach? Sie mit Ihrer Kenntnis des Westens und Ihren Beziehungen? Sie, der Sie Feldmarschall Alexander persönlich kennen? Ich sollte eigentlich von Ihnen konkrete Informationen zur Stützung meiner These erwarten. Würden Sie auch nur einen Augenblick annehmen, daß die westliche Welt sich mit einer Herrschaft des Bolschewismus in Europa abfindet? Daß sie mit diesen Bolschewiken nicht den Kampf aufnimmt? Mir scheint, daß sich das von selbst versteht. Wie auch die logische Folgerung, daß gerade dann unsere große Stunde schlagen wird."

„Mmm. Sieht es aber bis jetzt nicht so aus, als wolle sie sich damit abfinden?"

„Bis jetzt! Bis jetzt haben die Bolschewiken auch niemals ihre Hände so weit ausgestreckt. Heute bedrohen sie halb Europa mit einer Okkupation."

„Sie fragen nach meinen Annahmen. I c h nehme an, daß sie sich mit dieser Herrschaft abfinden wird. Und daß nicht nur

unsere große Stunde, sondern unsere schwarze Stunde schlagen wird. Das sind natürlich Vermutungen."
„Dann verstehe ich überhaupt nichts mehr!" Domanow nahm die unterbrochene Wanderung durchs Zimmer wieder auf, hin und zurück; das Klirren der Palmblätter vor dem Fenster war immerfort zu hören.
„Mein Lieber ...", Krasnow fing zu husten an, griff nach seinem Taschentuch und schnaubte sich laut die Nase. „Ich hab schon 76 Jahre auf dieser Welt verbracht, die man vielleicht allzu eilfertig als ‚Gottes'-Welt bezeichnet. Und glauben Sie mir, daß ich auch nicht viel begreife, von dem, was geschieht. Wohl aber das russische Sprichwort: ‚Ein Menschenalter lebst du und ein Menschenalter lern!', aber ... ‚als Dummkopf stirbst du'." Er steckte das Taschentuch ein, öffnete zwei Knöpfe seiner Uniform und sah zum Fenster. Domanow fuhr fort, das Zimmer zu durchmessen von der Tür zur Ecke, wo eine Ikone hing, und von der Ikone zurück zur Tür. Krasnow wendete seinen Blick nicht vom Fenster ab und fragte, so als ob er das Gesprächsthema wechseln wollte:
„Was für ein Papier haben Sie da auf den Schreibtisch geworfen." — „Ach ... Von Globotschnik! Ein Befehl! Er will, daß wir die und die Front beziehen ... Das hat schon keine Bedeutung mehr, was er da will! Im Gegenteil, ich habe gerade Befehle erteilt, daß ... Aber sofort: Sie nehmen also an, Herr General, daß ..."
„Timofiej Iwanowitsch, ganz unter uns: Ich sehe unsere Zukunft in allerschwärzester Perspektive. Geb' es Gott, daß ich mich irre. Geb' es Gott. Aber: Das soll alles unter uns bleiben. Sicherlich muß man alles tun, und ich persönlich tue alles, um das Schlimmste abzuwenden. Aber, aber was kann ich denn eigentlich tun ...?"
„Feldmarschall Alexander ..."
„Ach!" Krasnow winkte ab. „In jedem Fall muß man die Menschen retten und darf keine verzweifelten und unbedachten Schritte zulassen. Sie sagten etwas von erteilten Befehlen?" fragte er sachlich.
„Ja, gerade wollte ich Bericht erstatten." Domanow ging zur Karte, die auf dem Tisch ausgebreitet war. Auch Kras-

now stand auf, beugte sich herüber und stützte sich dabei schwer auf die Tischplatte. „Wie Ihnen bekannt ist", Domanow fuhr mit dem Bleistift über die Karte, „befindet sich die Zivilbevölkerung unserer Stanitzen unter dem Druck der letzten Ereignisse auf dem potentiellen Rückzug. Vornehmlich befürchtet sie, in die Hände der kommunistischen Partisanen zu geraten. Zu ihrem Schutz habe ich mit der Fähnrichschule eine Linie besetzt entlang des Oberlaufs des Tagliamento, hier, von Forni di Sopra, Ampezzo, Villa Santina. Gleichzeitig habe ich allen Regimentern im Süden von Udino befohlen, im Eilmarsch nach Norden abzurücken, um den Rückzug des ganzen Kosaken-Stans zu decken. Hier noch diese Einzelheit: Ein Teil der Unsrigen aus Olesso ist blindlings die Straße nach Ovaro gezogen. Inzwischen hat eben eine starke Partisanenbande in Ovaro eine von den Sotnien und das Lazarett, das wir dort haben, umzingelt, vielleicht droht ein Massaker. Ich habe also eiligst zwei Sotnien Kosaken, eine halbe Sotnie Fähnriche und zwei Geschütze zur Hilfe geschickt. Bevor die anderen Truppen herankommen . . ."
„Jaaa . . . Richtig", stimmmte Krasnow bei.
„Der allgemeine Plan bleibt unverändert. So wie wir schon mit Ihnen darüber gesprochen haben: Rückzug mit dem ganzen Stan nach Norden, nach Österreich, um möglichst schnell das von kommunistischen Partisanen beherrschte Gebiet zu verlassen, das heißt Italien überhaupt. Hier droht uns die größte Gefahr. Wenn wir in ihre Hände fallen . . . können auch die Engländer nicht mehr helfen . . ." Er unterbrach sich und warf einen Seitenblick auf Krasnow, aber der stand weiterhin über die Karte gebeugt und sagte kein Wort. „Auf keinen Fall dürfen wir uns entwaffnen lassen, noch . . . uns den Kommunisten . . . ergeben. Nur eine einzige freie Straße, der Plöcken-Paß, ist uns geblieben, da, hier hinüber. Ich schlage vor, daß Sie, Piotr Nikolajewitsch, zusammen mit den Stanitzen abfahren. Ich warte die Truppen ab und werde mich mit der Nachhut zurückziehen. Ehe wir nicht Österreich erreicht haben, kann von einer Kapitulation keine Rede sein. Schon mehrmals habe ich diese roten Parlamentäre verjagt . . . Und dort, nun ja, wir werden weitersehen."

„Wir werden sehen, Timofiej Iwanowitsch. Gut, ich werde fahren.“ Krasnow wendete sich jäh vom Tisch ab, seufzte wie eben ein alter Mann, ging auf Domanow zu, umarmte ihn zeremoniell, und nachdem er ihn auf beide Backen geküßt hatte, verließ er das Arbeitszimmer.
In den Gärten standen die Mandelbäumchen in rosa Blüten. Der Himmel war dunkelblau, ohne ein Wölkchen. Über ihn hin dröhnten die schwer beladenen Geschwader amerikanischer Bomber, nach Norden zu, um deutsche Städte zu bombardieren. In den Straßen von Tolmezzo drehten sich langsam die hohen Räder der Troßwagen irgendeiner deutschen Truppeneinheit, von Ochsen mit weit auseinanderstehenden, gewaltigen Hörnern gezogen.

*

Im Morgengrauen rückten zwei Sotnien, durch Fähnriche verstärkt, von Villa Santina auf einem Gebirgsweg in nördlicher Richtung nach dem um neun Kilometer entfernten Ovaro ab. Die Straße war übersät von einer Unmenge von Kosaken-Wagen und von Leuten, die mit ihrem Hab und Gut beladen sich zu Fuß aufgemacht hatten. Alles stand ratlos an Ort und Stelle, saß in den Straßengräben, hatte sich in die felsigen Abhänge verkrochen, um im Falle eines Handstreichs der Partisanen möglichst schnell entfliehen zu können. Das Dorf Ovaro war nämlich von Partisanen umzingelt. Die schöne Gebirgslandschaft hallte wieder vom Echo entfernter Schüsse.
Der Oberst zwängte sich mit Mühe durch das Gedränge der Flüchtlinge. Bei Annäherung an das Dorf ließ er die Sotnien halten und schickte einen Parlamentär aus, einen nicht gerade sehr gescheiten Fähnrich, der gleichwohl am fließendsten italienisch sprach. Der kehrte bald mit der Meldung zurück, daß die Partisanenabteilung kein Kommunist, sondern ein katholischer Pfarrer führe. Daß er mit ihm persönlich gesprochen und daß dieser ihm erklärt habe, es könne da gar kein Gerede geben: „Die deutsche Armee, habe er durchs Radio gehört, hat die Kapitulation unterschrieben. Sollen sie also die Waffen niederlegen, dann werde er verhandeln.“

„Und unsere eingeschlossenen Kameraden? Und das Lazarett?“ — „Sie verteidigen sich noch“, erwiderte der Fähnrich. An den Hängen stand das Pfriemenkraut in gelber Blüte. Von links her schimmerte aus der Tiefe durch ein dichtes Gewirr von Nußbäumen, Pinien, Efeu und den harten Blättern von Rhododendron das felsige Tal des Flüßchens. Unaufhörlich war sein frühlingshaftes Plätschern zu vernehmen. Rechts, über den Höhen, ein Federbusch von Wolken, von der aufgehenden Sonne beleuchtet. Es war ein heiterer Tag.
„Ach, wär' nur nicht dies schwere Los, und man könnte leben ...“, seufzte einer von den Kosaken. Der Oberst warf ihm einen nachdenklichen Blick zu, wendete sich aber an den Fähnrich:
„Geh' zu diesem Pfarrer, noch mal, und sag' ihm dies: Daß wir keine Deutschen sind. Daß uns religiöse Verfolgung aus der Heimat getrieben hat. Sag' ausdrücklich so: Verfolgung der christlichen Religion. Daß wir nicht gegen sie kämpfen wollen. Sie sollen nur zurückgehen, uns für einen Augenblick den Weg freigeben, und wir werden in Kürze sein Land verlassen. Wiederholst das!“
Ein Sotnik, der an der Böschung saß und mit seinem Taschenmesser Buchstaben in ein Agavenblatt stach, rief von seinem Platz aus:
„Und daß wir nicht zurückkehren bis zum Jüngsten Tag! Und sag' ihm, unsere Waffen gehen ihm einen Dreck an! Nicht von ihm haben wir sie bekommen!“
„Nicht doch“, schnitt der Oberst scharf ab. „Im Gegenteil, sprich höflich, wie's die Kultur verlangt. Ohne da viel ... Verstanden?“
„Zu Befehl!“
Der Fähnrich kehrte um.
„Und nimm ein sauberes Taschentuch, ein weißes, denn in dies hast du dich sicherlich schon ausgerotzt!“ rief ein Kosak ihm nach. „Vielleicht besser ein rotes!“
„Hahaha! ...“ lachte man hinter ihm her.
„Du, Fähnrich, wedel' nur nicht mit deinen schwarzen Fußlappen! Sonst denken sie, ein Faschist und schießen mitten durch, und weißt was ... dich!“

Der Fähnrich ging und drehte sich auf die Zurufe nicht um. Diesmal dauerte es länger, ehe er zurückkehrte. Die Leute stiegen von ihren Pferden, aber sie nahmen die aufgepackten Maschinengewehre nicht herunter. Sie warteten. Von hinten begannen die Zivilflüchtlinge in dichten Haufen nachzudrängen und fragten neugierig, ob denn der Weg bald frei sein werde. Aus den Reihen der Reiter antwortete man mit Witzen:

„Auf die andere Welt ist er schon frei!"

„Geht zurück, Stanitzer. Wärmt euch lieber am italienischen Sonnchen, eßt schön Apfelsinen und trinkt Chianti dazu!"

„Was denn, ihr Bürger des freiesten Landes der Welt! Konntet ihr einst von solchem Touristenausflug auch nur träumen? Nach Itaaalien?! ... Früher reisten Grafen nur oder Fürsten und jetzt du, nach der Revolution kann sich auch das einfache Volk leisten!"

„Wirklich, so ist's. Und sie wollen schon davon!"

Sie lachten; denn der Morgen war ungewöhnlich heiter, die Luft leicht.

In der Menge weinte ein Kind. Die Flüchtlinge aus Olesso belachten diese Scherze nicht. Irgendeine Frau seufzte laut auf: „Ach Gott, mein Gott!"

Der Parlamentär kehrte zurück und wiederholte, was ihm der Pfarrer erklärt hatte: „In der Sowjetunion hat man jetzt die Religionsfreiheit eingeführt, und niemand hat es nötig gehabt, von dort zu fliehen. Er als Katholik verdammt zwar das morgenländische Schisma, aber er hat in Zeitschriften Aufnahmen gesehen, daß die orthodoxen Priester mit Kreuzen auf der Brust herumgehen und daß man in den Kirchen beten darf. Nur die Hitler-Propaganda — sagt er — lügt, daß es anders ist. Und daß ihr keine Deutschen seid — spricht er — das hat er gehört. Aber das ist noch schlimmer — sagt er — als die Deutschen. Denn jene verteidigen wenigstens ihre Sache. Aber ihr — spricht er — seid Verräter des eigenen Vaterlandes, Verräter, die sich für Silberlinge verkauft haben wie dieser Judas aus ... aus — na, wie der Ort heißt, hab' ich nicht mehr im Kopf!"

„Em-Geees! Abschnallen!" schrie mit heller Stimme der Sotnik, indem er unter der Agave aufsprang wie von heißem Dampf verbrüht und gar nicht mehr auf den Obersten achtete. „Pferdehalter!" — er fuchtelte mit dem Taschenmesser, das er noch in der Hand hielt. — „Die Zivilisten zurück! Pferde hinter die Felsen! Zweite Sotnie in Infantrie-Gefechtsordnung! Mir nach!"

Der Oberst blickte düster drein, drehte sich auf seinem Platz herum aber er widersprach nicht. Er erteilte den Artilleristen der beiden Geschütze irgendwelche Befehle.

Pünktlich um 10 Uhr früh begann das Gefecht. Der tüchtige Pfarrer hatte die Stellung der eigenen Maschinenwaffen fachgerecht gestaffelt und so durch Kreuzfeuer den Zugang nach Ovaro gesperrt. Die Fähnriche blieben längs der Chaussee liegen und konnten sich nicht zum Frontalangriff erheben. Der linke Flügel war durch das Felstal gedeckt. Bald fehlte es an Munition für die beiden kleinen Geschütze. Als einziges blieb, den rechten Flügel zu entwickeln und sich in weiter umfassender Bewegung über die Berghänge durchzuzwängen. Die Partisanen sparten nicht mit Munition, man merkte, sie hatten sie im Überfluß. Das Bergecho verlängerte die abgefeuerten Patronengurte ins Unendliche. Um ein Uhr nachmittags eroberten die Kosaken eine der beherrschenden Anhöhen. Man hörte, daß die im Dorf eingeschlossene Sotnie gleichfalls zum Angriff antrat. Aber man konnte nicht weiter vorgehen, einer tiefen Felsenschlucht wegen, die, auf der anderen Seite befestigt, sich als Schlüsselstellung der Verteidiger erwies. Die Italiener, deren Kampfwert man gemeinhin niedrig einschätzte, leisteten diesmal verbissenen Widerstand. Von einem Überschreiten des Gebirgsbaches, der im Grund der Schlucht dahinfloß, konnte keine Rede sein. Hier führte der Pfarrer das Kommando. Man sah ihn ab und zu, wie er unerschrocken von Stellung zu Stellung lief, leicht gebückt, stämmig, in kurzer Soutane, die bis zum Knie reichte, einen flachen englischen Stahlhelm auf dem Kopf. Kugelgarben zerspritzten an den Felsen und flogen als Querschläger mit dem eigentümlichen tückischen Pfeifen weiter, aber dem Pfarrer taten sie nichts an.

Aljoscha Golowatsch aus der zweiten Sotnie war schon längst

in die Schlucht gekrochen und hatte sich platt ausgebreitet wie eine Eidechse, jeden Augenblick auf der Stelle zur Bewegungslosigkeit erstarrend, zwischen den Felstrümmern Dekkung suchend, mit dem Gelände wie verschmolzen, endlich zur jenseitigen Höhe heraufgearbeitet. Seine Augen verengten sich zu zwei kaum sichtbaren Spalten. Hände und Gesicht an den Steinen aufgerissen und was hundertmal schlimmer war an den dornigen Pflanzen. Mit einer dieser so zugerichteten Hände zog er eine geballte Ladung hinter sich her. Auf Befehl des Sotniks hielten die Kosaken an dieser Stelle ein ständiges heftiges Maschinengewehrfeuer aufrecht, um die Bewegungen Aljoschas zu decken, den Gegner nicht zur Besinnung kommen zu lassen und zu vereiteln, daß er sich allzu weit an den Rand der Höhe vorschob, schließlich auch, um seine Aufmerksamkeit abzulenken.

In einem bestimmten Augenblick holte er mit einer plötzlichen Bewegung aus liegender Stellung mit der Hand nach hinten aus und, ohne den Ellbogen zu knicken, schleuderte er mit diesem Schwung das Handgranatenbündel. Es schlug genau drei Schritte von dem gerade niederkauernden Pfarrer auf und detonierte mit betäubendem Krach. — Der Pfarrer fiel aufs Gesicht, versuchte auf die Hände gestützt, sich aufzurichten, der Helm hatte sich seitlich verschoben, zwischen den Knöpfen der Sutane wurde das Ende eines einfachen silbernen Kreuzes sichtbar, und sein Kopf sank auf die Erde zurück.

„Mitten in den Popen", flüsterte einer der Kosaken in der Schützenlinie. Aber der Sotnik ließ weder die eigenen Leute noch den Feind zur Besinnung kommen. „Vorwärts! Mir nach! Hurraaah!" Und er warf sich als erster in die Schlucht. Hinter ihm stürmte mitgerissen die Sotnie. Das geschah um halb vier Uhr nachmittags. Um vier Uhr war das Gefecht beendet.

„Brüder!" rief Aljoscha, vom Kampf noch ganz erregt, und spreizte die blutverkrusteten, erdigen Finger. „Gebt Wasser, um Gottes willen, zum Abwaschen. Weiß der Teufel, wohl aus der Hölle kommt in diesem Land solche Masse von diesen dornigen Pflanzen!"

Der Weg war frei. Die Eingeschlossenen befreit. Die Flüchtlinge durchschritten scharenweise das Dorf und wendeten sich nordwärts. Die Sotnien warteten keinen Befehl aus Tolmezzo ab und zogen weiter, zum Schutz der zivilen Stanitzen. In Ovaro blieb nur das Lazarett zurück, in das man noch einige Verwundete gelegt hatte.
„Truppen folgen nach", tröstete man sie. „Die nehmen euch mit. Der Rückzug des ganzen Stans ist gewiß schon befohlen."
Aber an diesem Tag war er noch nicht befohlen worden. In der Nacht kehrten die Partisanen zurück, verrammelten die Tür des Lazaretts und zündeten das Gebäude an. Zwanzig und einige verwundete und kranke Kosaken verbrannten bei lebendigem Leib.
Und man hatte Aljoscha doch zugeredet: „Bleib'! Hast verletzte und angeschwollene Hände wie ein Teufel von irgendwelchen giftigen Stacheln. Laß dich im Lazarett richtig verbinden, eine Spritze dazu, sonst holst dir noch mir nichts dir nichts den Brand. Und schließlich ruhst noch ein Tagchen aus oder zwei."
„Hehe! . . ." grinste er nur und kniff ein Auge zu. „Bring' deinen Kindern bei, was sie tun sollen. Ich weiß selbst!" Seine Handflächen umwickelte er mit Wollfetzen, kroch wie er eben konnte auf den Sattel und warf den Zügel um den gekrümmten Ellbogen.
„Glück hat er gehabt, daß er nicht geblieben ist", sagte man später.

PLÖCKEN-PASS

Die Kosaken-Regimenter rückten aus ihren Positionen südlich Udino spontan ab, ohne einen Befehl des Atamans Domanow abzuwarten. Denn schon zu einem früheren Zeitpunkt hatte sie die Nachricht von der Kapitulation der deutschen Armee und von der Gefahr erreicht, in der sich die Kosakenfamilien im Gebiet von Tolmezzo befanden.

Feldmarschall Kesselring, der im Süden Oberbefehlshaber war, erkannte die am 29. April in Caserta unterschriebene Kapitulation nicht an. Er berief den Oberbefehlshaber der Heeresgruppe C, General von Vietinghoff, von seinem Kommando ab und ernannte an seiner Stelle General Schultz. Bevor jedoch die Abberufung wie auch die Ernennung wirksam wurden, erhielt er die Nachricht vom Tode Hitlers. Indessen hatte der Chef des Stabes der Heeresgruppe C, General Röttiger, den Befehl erteilt, am 1. Mai um 22 Uhr das Feuer an der ganzen Front einzustellen.

Es regnete heftig. Nicht umsonst hatten sich seit einiger Zeit Wolken am Horizont gesammelt. Über den Provinzen Veneto, Venezia-Giulia, Friuli, über den Dolomiten, im Cadare- und Carnia-Gebirge tat sich der Himmel auf und der Regen rann, es goß in Strömen. Die Regimenter bewegten sich über aufgeweichte Straßen vorwärts, bis unter die Bäuche der Pferde mit Schlamm bespritzt.

„Ach, ist das ein Feiertag zum 1. Mai ...“, knirschte man in der Truppe mit den Zähnen.

„Reit' zu, sieh' dich nicht um. Daß nichts Schlimmeres erlebst!“

Der Regen rann in die Augen, drang unter die Sättel. Unter solchen Umständen konnte man leicht die Pferde durchreiten. Er durchtränkte die Kleidung, sickerte hinter den Uniformkrägen durch. So zogen sie dahin und hielten kaum eine Marschordnung ein. Der Befehl Domanows erreichte sie, als sie schon unterwegs waren. Sie durchritten Tolmezzo unter dem Klirren der Trensen und schlugen auf dem Pflaster die

ewige Melodie dahintrabender Pferdehufe an. Sie zogen weiter in der befohlenen Richtung, ins Gebirge, nach Paluzza.
Noch nicht alle Zivilflüchtlinge der Stanitzen hatten sich auf den Weg machen können. Nachzügler luden bei strömendem Regen ihre Habe auf Fuhrwerke. Sie nahmen auch mit Gewalt leichte Wagen und zweirädrige italienische Zugkarren. Unter Zurufen und Flüchen nahm man Abschied, schlug das Kreuzeszeichen auf den Weg und trieb die Pferde mit der Peitsche an. Ein großer Teil der Leute hatte keine Fahrzeuge; sie gingen zu Fuß und stießen Schubkarren, ihre eigenen, ausgeborgte oder von den Italienern gestohlene Kinderwagen vor sich her. Andere trugen nur Säcke auf den Rücken. Und der Regen strömte herab, Tag und Nacht.
Es gab keinen trockenen Fleck, wo man sitzen und ausruhen konnte. Wohl traf man auch auf Landsleute, die anderen halfen, sich erbarmten und auf ihre überladenen Wagen noch irgendeine Frau mit ihrem Kind oder einen Alten aufsitzen ließen. Aber Menschen im Elend und von Panik erfaßt sind sich in allen geographischen Breiten ähnlich: Sie fahren wortlos vorbei, auf lästige Bitten antworteten sie nur, indem sie die Leinen auf die Pferderücken klatschen ließen, um sie anzutreiben. Einer wollte den andern überholen und fluchte mit harten Worten über die, denen ein Mißgeschick zugestoßen, ein Rad oder eine Wagenachse gebrochen war und die so den andern den Weg versperrten. Alle Augenblicke entstanden Stockungen, da man in diesem Durcheinander auch noch Vieh, Schafe und Ziegen trieb.
Das war nun die fünfte Etappe ihrer Wanderschaft, vom Aufbruch aus ihren heimatlichen Hütten gerechnet, die schlimmste von allen. Von italienischer Seite aus verbreitete man das Gerücht, daß, wer bis zwölf Uhr nachts nicht die österreichische Grenze überschreite, nach diesem Zeitpunkt Gefangener der Partisanen werde und seine ganze Habe abgeben müsse. Man glaubte das, man glaubte es auch wieder nicht. Auf jeden Fall beeilte sich jeder, nahm dies mit, warf jenes noch zu Hause oder erst unterwegs fort, auf die Straße, in den Graben, aufs Feld, nur um zu Fuß oder in einem Gefährt schneller vorwärts zu kommen.

Die Regimenter holten die Masse der Zivilflüchtlinge schon im Gebirge ein. Die Straße war schmal. In den engen Schluchten konnte man kaum ausweichen.
„Links ran! Links raaan!" brüllte ein vom Regen und Übernächtigung heiserer Wachtmeister und verlangte, man solle die rechte Straßenseite für den Vorbeimarsch der Truppe freimachen. Niemand hörte auf ihn und niemand wollte auf ihn hören. Die Reiter gerieten zwischen die Fuhrwerke und vergrößerten nur noch das Chaos.
Erst am nächsten Tag gelang es, diesen Zug von Zehntausenden von Menschen und Pferden notdürftig zu ordnen. An der Spitze ließ man den Autobus des Stabes fahren, der bis zum Rand mit Offiziersfamilien besetzt war. Dann fuhren die Werkstätten, anschließend die Stanitzen nach ihrer Heimatzugehörigkeit: Die vom Don, vom Kuban und vom Terek. Die regulären Truppenabteilungen hielt man auf und zog sie zurück, als Abschluß der Marschkolonne. General Krasnow fuhr in einem ‚Fiat', zusammen mit seiner Frau und seinem Adjutanten. Es gab sich so, daß sie das erste Nachtquartier in dem kleinen Dörfchen Piana de Arte bezogen. In der Nacht feuerten die Partisanen Schreckschüsse ab, aber sie entschlossen sich zu keinem Angriff.
Ataman Domanow und der Kommandeur der Kuban-Regimenter, Oberst Lukjanienko, blieben noch in Tolmezzo, um den Durchzug der letzten, verspäteten Abteilungen abzuwarten und dann mit der Nachhut aufzubrechen. Eile war jetzt auch noch aus einem anderen Grunde geboten. Es war nämlich die Nachricht eingetroffen, daß Tito angeblich Triest besetzt habe und daß seine Truppen schon aus östlicher Richtung in Italien einmarschierten.

*

Auch am dritten Mai floß der Regen in Strömen. Am Tage vorher hatte die deutsche Armee die Waffen niedergelegt. Das persönliche Begleitkommando des Atamans Domanow wartete in der Kaserne auf den Abmarschbefehl. Wasserbäche flossen von den Dächern. In den verödeten Straßen von Tolmezzo blinkten weite Lachen. Domanow und Lukjanienko hörten Radiomeldungen ab und warteten im Stabsquartier auf Nachricht über das Schicksal des 3. Ersatz-Regimentes aus Gemona sowie auf das Eintreffen der letzten Abteilungen der Fähnrichschule, die sich aus irgendeinem Grunde verspätet hatten.

Plötzlich fielen Schüsse in der Stadt. Sie sprangen zu den Fenstern. Nichts war zu sehen, nur der strömende Regen. Der Widerhall der Schüsse kam irgendwoher aus Richtung der Kasernen des Begleitkommandos. Mit einer mechanischen Bewegung rückte Domanow seine Pistolentasche zurecht und wollte gerade den Ordonnanzoffizier heranrufen, um die Ursache des Alarms aufzuklären, als plötzlich Lärm auf dem Korridor zu hören war, Schreie, ein Schuß fiel, und ehe sich der Atamann noch recht besinnen konnte, sprang unter einem heftigen Stoß die Tür weit auf ... Italienische Partisanen, bis an die Zähne bewaffnet, drangen ins Zimmer ein.

Die Überraschung war vollständig. Wie sich bald herausstellte, waren sie unverhofft in Tolmezzo eingefallen, hatten das Begleitkommando in der Kaserne eingeschlossen und sich gleichzeitig unbemerkt zum Stabsquartier herangeschlichen. Das Manöver war präzise ausgeführt.

Der Anführer der Partisanen forderte von Domanow die sofortige Waffenstreckung aller Kosaken-Abteilungen, die sich noch auf italienischem Gebiet befanden. Sein Ultimatum bekräftigte er mit der kurzen Erklärung, daß die deutsche Armee schon gestern kapituliert habe und alle Truppenbewegungen des Feindes verboten seien. Alle nichtdeutschen Formationen, die auf der Seite der Deutschen gekämpft hätten, seien zu feindlichen Formationen erklärt worden, denen kein anderer Status noch Privileg zustehe.

Das entsprach alles der Wahrheit. Doch was der Partisanenanführer nicht wußte, war, daß im gleichen Augenblick, da er sein Ultimatum stellte, jene verspätete Fähnrich-Abteilung in Tolmezzo einmarschierte. Als sie seiner ansichtig wurden, liefen die Partisanen auseinander, ohne einen Schuß abzufeuern. Ihr Anführer sah sich zusammen mit einer Gruppe von Offizieren auf eine für sie völlig unerwartete Weise in

der Falle. Jetzt war Domanow an der Reihe und diktierte sein Ultimatum:
„Von einer Waffenstreckung der Kosaken kann nicht die Rede sein. Sie ziehen sich bewaffnet mit ihrem Troß und aller persönlichen Habe aus Italien nach Österreich zurück. Das Partisanen-Kommando verpflichtet sich, sie in dieser Bewegung nicht zu behindern und keine militärische Angriffsaktion zu unternehmen. Wenn sie Verpflichtungen dieser Art nicht sofort unterschreiben sollten, dürften sie nicht von hier fort und würden als Kriegsgefangene behandelt."
Die Italiener kapitulierten und nahmen die Bedingungen an. Nach ihrer Freilassung versuchte Domanow, sich mit dem 3. Ersatz-Regiment in Verbindung zu setzen, aber vergeblich. Die Verbindung war abgeschnitten, die Leitung zerrissen. Bekannt wurde nur, daß sich eine Sotnie dieses Regiments, die in Osoppa stationiert war, glücklicherweise nach Norden durchgeschlagen und mit der Hauptmacht vereinigt hatte, die sich auf dem Rückzug nach Österreich befand. Angesichts der entstandenen Situation war längeres Warten unmöglich. Um zwei Uhr nachmittags verließ Domanow Tolmezzo und rückte an der Spitze seines Begleit-Kommandos und der Fähnrich-Abteilung zum Plöcken-Paß ab.
Und noch immer regnete es in Strömen.
In der vergangenen Nacht, vom zweiten zum dritten Mai, wurde auf die zurückgehenden Kosaken im Gebirge geschossen. Die Straße war gewunden und schmal. Immer wieder riß die Verbindung zwischen den Abteilungen ab. Um halb vier Uhr nachts machte der Zug, in dem Mitia ritt, plötzlich auf der Straße Halt. Niemand wußte, was vorgefallen sei. Wahrscheinlich war die Spitze auf eine Straßensperre gestoßen, einige meinten, auf einen Hinterhalt, andere, es habe sich ganz einfach auf dem Weg eine Stauung gebildet. Es liefen jedoch auch Gerüchte um, daß stärkere Feindkräfte von der Spitze her den Weg verlegt hätten. In jedem Fall wußte niemand Bestimmtes. In einer so dunklen Nacht hat die Angst immer große Augen. Andererseits waren die Menschen viel zu erschöpft, um größere Teilnahme zu zeigen. Alle hatten sie mechanisch haltgemacht und standen. Einige

Reiter stützten sich auf die vorderen Sattelbögen und schliefen im Regen. Andere stiegen mühsam von den Pferden, ohne die Bauchgurte zu lockern und legten sich, im Finstern tappend, auf den steinigen nassen Boden, dicht vor die Hufe des eigenen Pferdes. Mitia tat das gleiche. Nach fast zwei Tagen und zwei Nächten ohne Schlaf war er der ihn erdrükkenden Last der Müdigkeit nicht mehr gewachsen. Sie preßte ihm das Gehirn zusammen und bohrte unter den Brauen. „Auf einen Augenblick“, dachte er, „auf einen kleinen Augenblick nur.“ In Sekundenschnelle wurde er in eine andere Welt versetzt, wo andere Maßstäbe, eine andere abweichende Logik der Geschehnisse herrschen; Gesetze von Traumgesichten, gestützt auf die Struktur einer nur ihnen eigentümlichen Kausalitätskette ... Und obgleich es nur ein Halbschlaf war, vermischt mit Regen, Kälte, dem hohlen Klappern der Hufe, wenn die Pferde vom einen Bein auf das andere übertraten, und dem Klirren der Gebißstangen über seinem Kopf, um so eher konnte es sein, daß dieser sein Hirn wie mit einem unheimlichen Patronengurt durchfuhr, in dem statt der gewöhnlichen Geschosse auf die wunderlichste Weise miteinander verknüpfte Bilder aus dem Leben steckten. Menschen und Gegenstände waren recht eigentlich weder Menschen noch Gegenstände. Sie hatten keinen Sinn und bedingten einander doch mit eiserner Konsequenz ... Aber da, jemand spielte einen Streich: in den Traumgurt führte er plötzlich statt der Gesichte richtige Geschosse ein; der Gurt sprang in die Zuführung eines Maschinengewehrs und ein Feuerstoß der jedem im Kriege bekannten Angst lief durch die Nerven! Die Nerven zerrten an den Zügeln der Muskeln. Mitia fuhr auf, wenn er auch weiterschlief. Mit seinem Ohr erfaßte er das heftige Rattern des Maschinengewehrs, das Pfeifen der Kugeln, er wußte sogar, daß das Visier zu hoch eingestellt war, mit seinem Herzen empfand er die Panikstimmung, mit Beinen und Händen führte er die unumgänglich notwendigen Bewegungen aus. Und doch steckte er gleichzeitig mit seinem Bewußtsein in der Tiefe eines Alptraums. Worum ging es doch? Ist er denn nicht wach? Gewiß, er ist's. Er spürt nur, wie der Alp sich allmählich an sein Koppel klammert, festhält und nicht losläßt. Mitia sieht, daß der Regen in Schnee übergegangen ist, daß der Wind Schneeschauer vor sich her treibt, daß es schwarze Nacht ist und daß sie von Partisanen überfallen wurden, daß Menschen und Pferde eine hemmungslose Panik erfaßt hat. Das alles sah, empfand und hörte er. Ein solcher Schock stieß ihm oft bei einem gewaltsamen Erwachen zu, schon seit der Kinderzeit, als es eines Nachts durch die Rumänen in Akkerman geweckt worden war. Aber bisher hatte keiner von diesen Alpträumen ihn so stark gepackt. Er wußte, jetzt ging es um eins: nur aufs Pferd! Um jeden Preis aufs Pferd, denn sonst reiten sie ihn nieder, zertrampeln ihn, fegen ihn mit den Hufen weg aus dieser Welt. Die Hände gehorchten ihm: die linke erfaßte den vorderen Sattelbogen, die rechte den hinteren ... Aber der Alp ließ nicht los. Er klammerte sich auf wunderliche Weise am Koppel fest: Denn jedesmal, wenn er sich in den Sattel schwingen wollte, zog ihn das Koppel nach unten. Es war sehr eng. Das Geschiebe der Pferde begann in konvulsivischen Zuckungen auf der Straße vorzurücken. ‚Wenn ich in diesem Gedränge mit dem linken Bein den Steigbügel erwische, dann bin ich trotz allem gerettet ...' Mitia hing jetzt beinahe eingeklemmt zwischen zwei Pferden: Dem eigenen, das in der Mitte ging, und dem linken Pferd der Reiterrotte, das gegen ihn drängte. Schon verließen ihn die Kräfte, als er endlich mit dem Fuß den Bügel ertastete: ‚Jetzt kräftig abstoßen und ...' Aber der Alp ließ ihn nicht los und zog ihn erneut zu Boden. Da sträubten sich ihm die Haare auf dem Kopf, Schweiß lief über sein Gesicht, und die Hände wurden allmählich kraftlos. Die Kugeln pfeifen, Feuerstoß folgt auf Feuerstoß, Geschrei, das Gedränge der Pferde. Kalter Schnee auf der Stirn. Tretend und stoßend schiebt sich alles blindlings in der schwarzen Schlucht weiter. Aber Mitia hindert etwas, sich auf sein Pferd zu schwingen! ... *Was?*

Und plötzlich begriff er alles: Die Ursache der gespenstischen Erscheinung war einfach: das Heft seines eigenen Säbels, war in dem Augenblick, da er sich hochschwingen wollte, um in den Sattel zu steigen, in dem herrschenden Gedränge jedesmal unter die rechte vordere Satteltasche des Nachbarnpferdes geraten, und hatte ihn so nicht aufsitzen lassen, sondern nach unten gezogen. Im letzten Augenblick schob sich das linke Pferd einen Schritt vorwärts, das Säbelheft verfing sich nicht mehr unter der Tasche und Mitia fand sich im Sattel wieder.

Mit dem Ärmel wischte er Schnee und Schweiß von der Stirn, mechanisch tastete er mit den Fingern der linken Hand nach dem Säbel, bog sich im Sattel vor den pfeifenden Kugeln auf den Pferdenacken herab und — war glücklich. Indessen konnten die Reiter, die sich wie ein Wildbach auf der engen Straße ergossen, weder haltmachen noch sich in Sicherheit bringen oder Befehle ausführen. Sie drängten blindlings weiter vor. Erst hinter der nächsten Straßenkehre lockerte sich das Gedränge etwas auf. Da begannen die Kosaken die Karabiner vom Rücken zu zerren und in die Dunkelheit, in die unsichtbaren Hänge an den Flanken zu feuern.

Eine Viertelstunde später war alles zur Besinnung gekommen. Mitia fühlte sich fast, als habe er ausgeschlafen. Das Feuer verstummte. Das Rätsel des Vorfalls klärte sich auf:

In der Kolonne vor ihnen hatten etwa vierhundert Familien, die keine eigenen Fahrzeuge besaßen, keine Kraft mehr, um den Marsch fortzusetzen. Sie waren für die Nacht in Covazzo in Quartier gegangen. Die Verbindung mit den vorderen Abteilungen war abgerissen und die nachfolgenden waren noch nicht herangekommen. So war eine Lücke entstanden. Die Partisanen nutzten die Dunkelheit aus und umzingelten das Dorf, trieben alle Flüchtlinge im Schulhaus zusammen, raubten sie gänzlich aus und umstellten das Gebäude mit Posten. Als sie die Kosakenabteilung von Süden herannahen hörten, schickten sie ihr eine starke Patrouille, durch leichte Maschinengewehre verstärkt, zum Gefecht entgegen, mit der Aufgabe, die Abteilung in der Schlucht durch Flankenangriffe aufzuhalten, die von den Berghängen her im Schutz der Nacht unternommen werden sollten. Die Aufgabe wurde gelöst, jedoch mit dem Ergebnis, daß die Kosaken unter dem Kugelhagel sich durch eine Flucht nach vorn retteten und in Covazzo einfielen.

Der Entsatz kam zur rechten Zeit. Bei seinem Anblick flohen die Partisanen und versuchten nicht einmal, Widerstand zu leisten. Die im Schulhaus Eingeschlossenen wurden befreit und von den Kosaken mitgenommen, die im Morgengrauen nach Norden zu ihren Marsch fortsetzten.
Mitia ließ die Zügel auf den vorderen Sattelbogen gleiten, drehte sich mit beiden Händen eine Zigarette, leckte sie an, entzündete sie und wandte sich an seinen linken Rottennachbarn in einem offensichtlich herausfordernden Ton:
„Du, was hast da in deiner beschissenen rechten vorderen Satteltasche, was?"
Jener sah erstaunt auf, und da die Frage so angriffslustig betont war, erwiderte er ebenso barsch:
„Willst wohl was haben?"
„Sicher mit irgendwelchem geklauten italienischen Zeug vollgepfropft."
„Verdammt noch mal, ist das dein Geschäft? Paß auf deins auf. Da hat sich ein Prediger gefunden! Häng dir ein Kreuz um den Hals und geh' in die Kirche, predigen!"
„Ech, Jungs", ließ sich der rechte Rottennachbar vernehmen, „was kann man schon stehlen, was in die Satteltasche reingeht! Die was einen Wagen haben, die haben's gut!"
Mitia verstummte und wendete sein Gesicht nach Osten, aber Regen und und Schnee verhingen die Welt. Kaum ein heller Schimmer war dorther wahrzunehmen. Aus dem Süden wurde nur noch Domanow mit der Nachhut erwartet. Vom Rest des 3. Ersatz-Regiments in Gemona war nichts zu hören.

*

Am dritten Mai, in achthundert Meter Höhe, gingen Regen und Schnee in Schneegestöber über. Der Weg war beiderseits mit Bäumen bestanden, die schon vertrauter waren: die Kiefer kehrte wieder, die Fichte und die weißrindige Birke. Aber man konnte sie nur schwerlich erblicken hinter dem Schleier feuchten klebrigen Schnees. Es begann nicht mit einem Male. Zuerst gingen die Wolken ganz niedrig, nahe, zwischen den Felsen hindurch, so daß es schien, man brauche sich nur in den Bügeln zu heben, um eine von ihnen an ihrem zerfransten Schweif zu fassen. Mitten am Tage wurde es dunkel und nicht nur die Berge, sondern sogar die Wipfel der Bäume verschwanden vor den Augen. Dann begannen die Stauden des Pfriemenkrautes zu zittern, und gleich legten sie sich zur Seite, als zöge sie jemand an den Haaren ... Heftiger wurde der Wind und verwandelte sich bald in einen Schneesturm. Fahren war beschwerlich, zu gehen fast unmöglich. Die Menschen saßen in den Straßengräben, suchten Schutz hinter Felsvorsprüngen, warfen vor Verzweiflung ihre letzte Habe von sich. Es gab auch welche, die sich vor Erschöpfung niederlegten, einen baldigen Tod zu erwarten. Nicht nur der Schnee und die eigene Kraftlosigkeit erdrückten sie. Die Hoffnungslosigkeit, das unterbewußt vorausgeahnte Ziellose dieses Marsches versetzte ihnen den letzten Stoß.

„Was denn in Österreich?!“ schrie hysterisch eine Frau und zog einen achtjährigen Jungen an der kleinen Hand hinter sich her. „Warum nach Österreich? Was erwartet uns da? Was haben wir denn in Österreich zu suchen?!“ Der Wind zerriß ihre Worte, Schnee schloß ihr den Mund. Apathisch zogen die anderen an ihr vorüber, ihnen ging der Sinn dieser Aufschreie nicht ein. Berittene, wie Gespenster weiß beklebt, überholten die Fußgänger. An den Straßenrändern lagen schon die ersten Leichen derer, die vor Erschöpfung gestorben waren. Hunderte von Menschen begannen sich zu verstreuen, um Schutz in den Berghöfen zu suchen; sie wollten sich lieber einem ungewissen Schicksal und den Partisanen preisgeben als weitergehen.

Die ersten Pferde fielen. Auf der Straßenmitte marschierte mit hartem Schritt der ehemalige Garnisonschef von Tolmezzo, Oberst Tschebunjajew. Er ging zu Fuß, hatte sein Fuhrwerk Frauen und Kindern überlassen. Er blieb stehen, nahm schweigend das im Schnee kauernde achtjährige Jungchen auf und setzte es auf den Wagen. Die Mutter schlappte hinten nach und hielt sich mit der Hand seitlich am Wagen fest. Für sie war kein Platz mehr.

Der Grüne Donnerstag, nach dem orthodoxen Kalender, ging seinem Ende zu. Immerfort schneite es, in großen nassen

Flocken. Das letzte italienische Dorf, Timau, liegt in einer Höhe von 831 Metern. Dann das Kirchlein Il Christo, weiter die Brücke über den Wildbach und höher, höher zur Kapelle auf 917 Meter, dann zum Kapellchen auf 1106 Metern, und dort erst beginnen die schwierigsten Windungen, die zum Paß in 1360 Metern Höhe führen, zum Plöcken-Paß, der Grenze zwischen Österreich und Italien.

Der Motor des alten Fiat, in dem General Krasnow fuhr, versagte. Man hängte ihn an den Stabsautobus an und zog ihn an einem Seil mit. Es war 22.30 Uhr, als die Spitze des Kosakenzuges die ersten österreichischen Dörfer erreichte, Mauthen-Kötschach, zu beiden Seiten des Gail-Flusses gelegen. Der Stab bezog im Hotel „Bahnhof" Quartier. Es gab keine Verpflegung für die Menschen. Es gab kein Futter für die Pferde.

In der Frühe des nächsten Tages, es war der vierte Mai, verließ General Krasnow das Hotel und wollte einen Vorbeimarsch der durchziehenden Abteilungen anordnen. Was er jedoch sah, war ein abgetriebener Haufen von Menschen und Pferden, die ausgemergelten Gesichter bewaffneter und waffenloser Kosaken, die sich apathisch dahinschleppten, eine regellose Masse. Die Regimenter waren durcheinander geraten und hielten keine Marschordnung ein. Krasnow blieb einen Augenblick stehen und betrachtete sie, wie sie da gingen und fuhren. Dann winkte er ab und kehrte mit einem Ausdruck unwilliger Resignation um.

„Ich hab' nicht gedacht, daß das so aussieht", sagte er zu seinem Adjutanten.

„Wir haben den Krieg verloren, Euer Exzellenz", antwortete der mit einem Unterton bitterer Ironie.

„Ja, wir haben ihn verloren", bestätigte Krasnow ernst. Gebeugt, resigniert wollte er schon die Stufen des Hotels betreten, als er plötzlich etwas bemerkte, was ihm die Adern an den Schläfen anschwellen ließ. Einige Kosaken, und unter ihnen ein Verbindungsoffizier zur Armee Wlassow, hielten gewaltsam deutsche Soldaten einer zersprengten, halb aufgelösten Formation auf, die auf der Straße vorbeizogen und begannen, sie auszuplündern.

„Ihr da!" schrie Krasnow, und das Blut stieg ihm ins Gesicht. „Kanaillen! Schlagt einen Liegenden?! Plündert einen Wehrlosen?! Schändet die Uniform! Vieh!"
Der Verbindungsoffizier wurde blaß, trat heran und nahm Haltung ein. Der General sah ihn an, mit schwerem, bösem Blick:
„Noch sind das unsere Bundesgenossen!"
Das Gesicht des Offiziers überlief eine krampfige Grimasse:
„Wie lange noch?" versuchte er dreist einzuwerfen.
„Mund halten! Wegtreten! Aus meinen Augen!"
Das war die letzte Truppenschau, die der hochbejahrte General in seinem Leben abhielt.
Am Abend dieses Tages traf Ataman Domanow mit der Nachhut ein und nahm gleichfalls im Hotel ‚Bahnhof' Quartier. Es war schon zu spät, um noch vor Mitternacht irgendeinen Entschluß zu fassen. Am nächsten Tage trat man zu einer Beratung zusammen, während der die Nachricht eintraf, daß ihnen aus Italien englische Truppen nachrückten.
Am sechsten Mai entsandte Ataman Domanow einen Spähtrupp zum Plöcken-Paß, um die Situation zu klären, auch Parlamentäre mit weißer Flagge zur ersten Kontaktaufnahme mit den Engländern.

*

Das 8. Schottische Bataillon oder offiziell: Argyll and Sutherland Highlanders 8th Battalion, hatte im letzten Krieg eine große Kampfvergangenheit hinter sich. Besonders ausgezeichnet hatte es sich bei den Kämpfen in Tunis. Als die alliierten Truppen in Italien eindrangen, befand sich das Bataillon zuletzt im Verband der 78. Britischen Division, zu deren Kommandeur im Oktober 1944 der Brigadier und spätere Generalmajor R. K. Arbuthnott ernannt worden war. Im März 1945 erhielt die 78. Division im Rahmen der 8. Armee die schwierige Aufgabe, den vom Feind befestigten Senio zu überschreiten, Santerno zu erobern und mit allgemeiner Marschrichtung auf Ferrara den Po zu erreichen. Zu dieser Zeit nahm der Kommandeur des 8. Bataillons, Oberstleutnant Malcolm, Urlaub und fuhr nach England. Das Bataillon führte der als energisch bekannte Major Leask weiter.

Nach Überschreitung des Senio erzwang er innerhalb von zwölf Tagen in der zweiten Aprilhälfte unter Verlust von etwa hundert Mann die Übergänge auf Po di Volano bei Ferrara, wo er das Bataillon dem aus dem Urlaub zurückgekehrten Oberstleutnant Malcolm wieder übergab. Dort erreichte sie auch die Nachricht von der Kapitulation der deutschen Armee.
Einige Tage später wurde die 78. Division, immer noch im Verband der 8. Britischen Armee, vorgeschoben, mit der operativen Aufgabe, die Gebirgspässe von der italienischen Seite aus zu überschreiten und Kärnten und Osttirol in ihre Hand zu bringen. Auf ihrem Marsch sollte sie die Entwaffnung aller deutschen Formationen durchführen, auf die sie stoße und die bis dahin ihre Waffen nicht niedergelegt hätten. Eine ganz spezielle Aufgabe wurde dem 8. Bataillon aufgebürdet, das durch die sonderliche Tradition glänzte, jeden Befehl, sogar heikle Aufgaben willig und ohne Murren auszuführen.
In diesem Fall wurden die Offiziere darauf hingewiesen, daß sich in ihrem Vormarschgebiet eine ‚Division' — man sprach dies Wort mit leichter Ironie aus — oder eigentlich eine Horde befinden werde, die sich aus Gegnern des gegenwärtigen Systems in Rußland zusammensetze, welche zum Feind übergelaufen und deutsche Söldner geworden seien. Da, wenn sie sich gefangen gäben, das für sie eine Auslieferung an Rußland bedeuten würde, also folglich den Tod, sei zu befürchten, daß sie nicht freiwillig die Waffen strecken und Widerstand leisten könnten.
„I see", erwiderte der Oberstleutnant Malcolm.
Am siebenten Mai verließ das Argyll und Sutherland Highlanders 8th Battalion das zuvor besetzte Tolmezzo und rückte in taktischer Gliederung nach Norden ab. Es hörte auf zu regnen. Die letzten Wolken zogen vorüber, der Himmel versprach einen schönen Tag. Alles was grünte, strebte um die Wette nach oben, als ob es darum bange, den Anblick des Frühlings zu versäumen. Noch perlten Wassertropfen in dem feinen Netz der riesigen Lärchen über den Köpfen. Die Blätter der Oleanderbäume an der Straße glänzten vor frisch

gewaschener Sauberkeit. Dörfer aus Stein erbaut, wie Nester an die Felsen geklebt, immer mit einem zum Himmel weisenden Kirchtürmchen, Gott zu preisen für die Erschaffung eines so schönen Landes. In der Tiefe sprangen laut plätschernd Wildbäche über das Gestein.

Oberstleutnant Malcolm setzte sich mit der Spitzensicherung um zwei Marschstunden vom Bataillon ab. Nirgend stieß man auf Widerstand noch auf eine Spur des Feindes. Sie begegneten nur den aufgeheiterten Gesichtern der Bewohner. Schwarzhaarige Signorinas winkten mit Tüchern, und schwer mit Munition behängte Partisanen, rote Fetzen um den Hals gewunden, kamen von den Bergen herunter und erhoben in malerischer Pose steif die Hand mit geballter Faust, wie es die traditionelle kommunistische Begrüßungsgeste vorschreibt.

Bevor man den Paß überschritt, erschien bei der Abteilung der ersten Staffel der Kommandeur der 36. Infantrie-Brigade, Brigadegeneral Musson. Er besprach im einzelnen die militärische Lage sowie die aktuelle festgelegte Dislokation der Kosaken-Division und gab dem 8. Bataillon den Auftrag, das Städtchen Lienz auf der anderen Seite der österreichischen Dolomiten zu besetzen. Gleichzeitig sei die Verantwortung für die Entwaffnung dieser Leute zu übernehmen: Es sei klar, daß die Angelegenheit ein besonderes Vorgehen und eine Erledigung auf besondere Weise erforderlich machen werde.

„Yes, Sir."

„Schönes Wetter, Oberst. Ich hoffe, Sie hatten einen angenehmen Vormarsch."

„O, yes, Sir. Ich danke, Sir."

*

Am Abend des gleichen Tages kehrten die von Ataman Domanow ausgesandten Parlamentäre nach Kötschach zurück. Sie erstatteten Bericht über die Ausführung ihres Auftrages, und zwar seien sie mit einem britischen Brigade-General zusammengetroffen, der ihnen erklärt habe, die Kosaken sollten vom Gebirge hinunterziehen, ins Tal der Drau, in die Umgebung der Stadt Lienz. Daß er vorläufig keine Einzelheiten ihres weiteren Schicksals voraussehen, je-

doch versichern könne, daß sie auf keinen Fall den Sowjets ausgeliefert würden.
Nach so vielen schweren Strapazen und der noch viel schwerer drückenden Ungewißheit, war das wirklich eine freudige Neuigkeit. Auch Ataman Domanow vermochte nicht, diese Freude zu verbergen, wenn er sich auch mühte, eine Miene aufzusetzen, die man gewöhnlich auf eine längst erwartete Nachricht hin zur Schau trägt. Er gab auf diese Weise seiner Umgebung zu verstehen: „Das habe ich doch immer vorausgesagt, ich war dessen sogar sicher."
In Stunden großer Freude fragt niemals jemand, wo plötzlich Champagner herkommt! Vielleicht hatte man ihn aus dem Privatgebäck einiger Stabsoffiziere zutage gefördert, vielleicht aus den im Keller verborgenen Vorräten des Wirts vom Hotel ‚Bahnhof'. Jedenfalls beschloß man, mit Champagner die große und freudige Neuigkeit dieses Abends im Hotelrestaurant zu feiern. Der ganze Stab versammelte sich. Korken knallten.
Als man schon das erste Glas geleert hatte, rief einer der Offiziere:
„Ach Gott! Und wo ist General Krasnow?! Wo ist Piotr Nikolajewitsch?"
„Wie konnte man ihn in einem solchen Augenblick vergessen?!"
„Lauf' nach oben!"
Ein Offizier lief die knarrenden Stufen des Gasthauses hinauf. Er kam mit dem Bescheid zurück, Piotr Nikolajewitsch fühle sich nicht gesund, er danke, habe sich schon hingelegt.
„Na, wie schade! Gerade in einem so freudigen Moment! . . ."
Nur Ataman Domanow lächelte diskret, als vermute er, der alte Mann wolle vielleicht die Niederlage seines greisenhaften, starrköpfigen Pessimismus nicht zugeben.
„Da ist nichts zu machen, meine Herren!" sagte er. „In seinem Alter . . . Da kann man sich nicht wundern. Nach so vielen Strapazen. Nun also . . ."
Und er erhob sein Glas.

SCHOKOLADE FÜR DIE KINDER — EHRENWORT FÜR DIE ERWACHSENEN

Ula stellte sich von Tag zu Tag grämlicher und grämlicher. Sie behauptete, das Klima bekomme ihr nicht. Sie alterte auf eine für ihre Umgebung unerfreuliche Weise. Es stimmte wohl, daß der Vater viel von seiner eisernen Ausdauer verloren hatte. In Italien hatte man sogar befürchtet, daß er nach Erreichung des 85. Lebensjahres plötzlich schwachköpfig werde. Ula mußte dem Vater also immer mehr Zeit opfern, zweifellos setzten ihr seine Altersgrillen zu. Vor allem jedoch nagte an ihr eine innere ungestillte Sehnsucht nach ihrem Sohn. In den Symptomen dieser Sehnsucht wurde sie ihrer Mutter immer ähnlicher, damals zur Zeit des Bürgerkriegs, als die alte Kolzowa sogar ihr Leben aufs Spiel setzte in der Hoffnung, Mitia wiederzufinden. Bei Ula jedoch vereinigte sich diese Sehnsucht überdies mit einem ungestümen Heimweh, verbunden mit einem tiefen Widerwillen gegen die Welt, in der zu leben ihr zugefallen war und die sie in Italien umgab. Es kam immer öfter vor, daß sie in Gesprächen über die Vergangenheit, wenn man in ihrer Gegenwart das frühere Dasein unter dem Sowjetsystem verdammte, sich auf die Lippen biß und dann mit hemmungsloser Leidenschaft alle schlimmen Seiten ihres Lebens zur Sprache brachte.

„Ja, die Weiber, begreifst sie nicht, und wenn auch die eigene Tochter", pflegte der alte Kolzow in solchen Fällen zu sagen. „Ist eine Bolschewikin aus ihr geworden — oder was?"

„Aber Ula Alexandrowna", redete die junge Woskobojnikowa auf sie ein, eine Ärztin aus dem Kuban-Gebiet, die seit einiger Zeit über Kolzows Gesundheit wachte und mit der sich Ula aufrichtig befreundet hatte. „Ist das wohl ein Leben, wie wir es hier führen? Kann man das vergleichen? Erstens der Krieg und zweitens das Herumziehen! Das kann man doch nicht mit dem gleichen Maß messen!" — „Was bin ich nur so dumm gewesen und weggefahren?!" rief Ula heftig. „Ist der Sohn zur Roten Armee gegangen, mußte ich auch sitzen und warten, bis er wiederkommt! Und nicht in allen Ecken rumfegen in diesem ganzen Europa! Jetzt endet der Krieg, und seh' ich ihn vielleicht niemals mehr!"

Dem Vater stieg das Blut ins Gesicht:

„Wenn willst, kannst ja zurückgeh'n. Ist der Weg ja frei, glatt wie ein Tisch. Hält dich keiner!"

„Ech, so ein Gerede ... Jetzt wenn ich zurückkomm', kann ich Ali nur schaden."

Daß ihr Sohn im Krieg gefallen sein könnte, davon war schon nicht mehr die Rede. Nicht einmal den Gedanken daran ließ sie aufkommen. Sie sah ihn übrigens täglich im Traum, und am nächsten Tag mußte jeder, der gerade da war, den Hergang dieses Traums anhören. Mitia, der den Schwestersohn nie von Angesicht gesehen hatte, drehte sich dann für gewöhnlich eine Zigarette und ging hinaus; denn seit einiger Zeit wurde ihm vom ewigen Jammern der Schwester ganz übel zumute.

In der Zeit des Übergangs über den Plöcken-Paß hatte Ulas Nervenkrise ihren Höhepunkt erreicht. Es gelang kaum, sie vom Selbstmord abzuhalten. Die Krise ging erst vorüber, als sie sich nach einigen Tagen aus dem Gebirge ins Drautal hinunterbewegten, in dem sie im Sinne der vom britischen Kommando erlassenen Anordnung mit ihrem Troß lagern sollten. Die Sonne, die sich wieder zeigte und die Wärme brachten eine etwas frohere Stimmung hervor, sie teilte sich auch Ula mit.

Es waren die Feiertage des orthodoxen Osterfestes. Der Himmel ohne ein Wölkchen. Der graue Asphalt der österreichischen Chausee führte sie in Serpentinen hinunter. In dichter Reihenfolge trappelten die eisenbeschlagenen Hufe und knirschten die Räder unter den bäuerlichen Kettenbremsen. Das Tal lag zum Greifen nah, inmitten von Bergen, die noch mit Schnee wie mit Zucker bestäubt waren.

„Ach, grün ist's", atmeten die Menschen auf. Und die Pferde blähten die Nüstern und sogen den Duft ferner saftiger Gräser ein.

Kräftigen Harzgeruch strömten in der Sonne die Nadelbäume zu beiden Seiten der Straße aus. Und unten die

smaragdene Talebene, ganz in Blüten, vom Band der Drau durchzogen, deren volle Wasser um diese Jahreszeit das Flußbett füllten. Sauber, unberührt vom Krieg, schimmerten die kleinen Häuser an den Hängen; Sonnenstrahlen leuchteten im Widerschein der vielen Fenster von Hotels und Villen der Kurorte. So weit das Auge reichte, reckten sich nadelschlanke Kirchtürmchen zum Himmel, Kennzeichen der gottesfürchtigen Dörfer von Ötting, linker Hand, von Oberdrauburg und Simmerlach geradezu, von Rosenberg flußaufwärts, und an den gegenüberliegenden Berghängen von Schrottenberg, Vorderdorf und Zwickenberg.
In den ersten Rotten stimmte plötzlich jemand das schon lange nicht mehr gesungene naive Lied an, und der Chor fiel ein:

Unter die freien Fahnen
Der Freiwilligen-Regimenter
Vom Kuban und vom Don
Zogen Kosaken-Sotnien.

Über ukrainischen Fluren
Erblitzten ihre Klingen ...
Und wieder wie auf Bildern:
Mäntel, Säbel und Baschliks.

Nicht für die Kreml-Clique
Von Schurken und von Schuften,
Fürs Volk Kosaken-Lanzen
Werden spießen Bolschewiken.

Für Kirchen, die geschändet,
Für die erschlagenen Väter,
Für die im Kampf Gefallnen
Vom Kuban und vom Don, —

Zum letzten harten Kampf
Sammeln sie sich jetzt —
Vom Don, Terek und Kuban
Die Prawoslawen-Söhne.

Mißtönig scheppernd begannen leichte englische Panzer an ihnen vorbeizufahren.
„Aufhören!“ rief jemand von hinten und das Lied erstarb. Die Kolonne überholte sie schnell. Und wieder nur das Klappern der Hufeisen, das Rasseln der Räder, wenig nur belebt vom Gewirr menschlicher Stimmen, und immer deutlicher die Triller der Lerchen über den Feldern im Tal.

*

Die Stadt Lienz wird von der Isel, einem Nebenflüßchen der Drau, der Länge nach durchschnitten. Unweit der Isel-Brücke, im Hotel ‚Zum goldenen Fisch‘ quartierte sich der Stab des Atamans Domanow ein. General Krasnow erhielt für sich, seine Frau und seinen Adjutanten eine Villa zugewiesen, einige Kilometer von der Stadt entfernt. Er hatte diese zuvorkommende Geste dem Oberstleutnant Malcolm zu verdanken. Im Stadtzentrum, auf der rechten Seite der Isel bezog der Stab des 8. Britischen Bataillons Quartier. Der Standort der einzelnen Kosakenabteilungen wurde von den Engländern genau festgelegt. In der nahen Ortschaft Ambach, hinter der Drau, wurde die Fähnrichschule untergebracht, noch näher die Kosaken des Begleitkommandos und das 1. Kavallerie-Regiment. Die übrigen Regimenter und Stanitzen sollten längs des Unterlaufs der Drau auf dem linken Ufer von Lienz bis Nikolsdorf lagern. Als erste die Kosaken-Gendarmerie, dann die Regimenter vom Kuban, Don und Terek. Den Abschnitt von Nikolsdorf bis Oberdrauburg bezog die Kaukasische Legion, die schon früher eingetroffen war. Einige Familien biwakierten weitläufig in Zelten, Feldhütten, bei ihren eigenen Fuhrwerken. Die meisten Zivil-Stanitzen jedoch, zumal wer keinen Wagen und Pferde besaß, wurden in den geräumigen ehemaligen Militärbaracken in Peggetz untergebracht, zwei Kilometer von Lienz entfernt.
Mitia blieb beim 1. Kavallerie-Regiment, Ula dagegen und der Vater fanden in einer Baracke in Peggetz ein Unterkommen, in der nächsten Nachbarschaft der Woskobojnikowa, da für den Alten ein Leben im Zelt oder einer Feld-

hütte mit Rücksicht auf seine Jahre und seinen Gesundheitszustand nicht zuträglich schien. Zum Kommandanten der Baracken wurde Ignaz Maxymowitsch Biedakow aus der Stanitza Tamansk am Kuban ernannt, ein ehemaliger Offizier der Roten Armee, der jetzt durch Krasnow zum General avanciert war. Er hatte Alexander Kolzow gern, und es kam häufig vor, daß er eintrat, mit dem Alten zu plaudern.

Einige Tage nach dem Beginn dieses neuen Lebens guckte er hinter den Verschlag, den Ula gebaut hatte und fragte:

„Na was, Alter? Gesund?"

„Gott sei's gedankt."

„Stecken wir uns eine an?"

„Immer gut. Aber mein Tabak taugt nichts, italienischer."

„Italienischer Nazionali, schlechter als unser übelster Machorka. Aber ich hab' hier was Feines, englischen Pfeifentabak."

„Na ja, ein General muß auch guten Tabak haben", ein Kranz von Lachfältchen lief um Kolzows Augen.

„Hab' ich auch — und ich biete an."

„Vergelt's Gott."

Sie drehten sich Zigaretten und setzten sie in Brand. Wie gewöhnlich um diese Zeit trat Mitia ein. Er nahm vor dem General die Hacken zusammen und setzte sich dann auf die Pritsche.

„Stimmt es", fragte er, „daß wir die Waffen abgeben sollen?"

„Es stimmt." Biedakow stieß eine Rauchwolke aus.

Iwan Fomin kam hinzu, grüßte ringsum, drückte dem General die Hand und mischte sich in das Gespräch:

„Also, da werden wir jetzt ohne Waffen sein!"

„Und ein Wechsel, wie steht's damit?" fragte Kolzow.

„Was für ein Wechsel?" Biedakow sah ihn verwundert an.

„Das heißt für mich: Als Zivilist darf man Geld, als Soldat seine Waffen nicht anders als gegen einen Wechsel abgeben. Gegen einen soliden Wechsel."

„Na, uns hat man in der Jugend anders gelehrt", lächelte Fomin ein wenig boshaft, „daß nämlich ein rechter Glaube Berge versetzen kann ..."

„Was wollt ihr denn, meine Lieben!“ Biedakow sah sich suchend nach einem Aschenbecher um, und da er keinen fand, warf er den Stummel auf den Fußboden und trat ihn sorgsam mit dem Stiefel aus. „Was wollt ihr? Habt ihr schon alles vergessen? Und wie würden uns, in einer solchen Situation, unsere geliebten kleinen Bolschewiken wohl behandeln, was? Der Alte möcht' gern einen Wechsel haben! Aber was sind wir denn anders als Kriegsgefangene. Die Engländer können doch gar nicht anders, wenn auch nur der Form halber. Und sie gehen doch mit uns um wie mit rohen Eiern. Aber ihr möchtet noch haben, daß sie uns die Waffen lassen! Ansprüche stellt ihr, zum Lachen! Man muß doch das Maß kennen!“

„Und den Offizieren?“

„Denen hat man die Waffen gelassen. Und der Gendarmerie. Na freilich.“

„Na, da muß ich jetzt aber sagen, wenn Sie auch General sind, Ihre Erklärung stimmt nicht.“ Kolzow hatte gleichfalls ausgeraucht und auch er zerdrückte den Stummel mit dem Stiefel. „Wenn sie den Offizieren die Waffen gelassen haben, dann heißt das, sie behandeln uns nicht wie Kriegsgefangene. Nicht einmal wie Internierte. Denn hat man wohl schon gehört, daß man Gefangenen oder auch nur Internierten die Waffen läßt? So ein Recht gibt's nicht, nicht einmal so einen Brauch. Will sagen, die behandeln uns als etwas Besseres. Haben Vertrauen. Also warum den Leuten plötzlich die Waffen wegnehmen?“

„Bist aber wunderlich. Geht's schlecht, dann auch ganz schlecht. Geht's aber gut, dann läuft's bei euch auch aufs Schlimme hinaus.“

„Feiner Tabak“, lobte Iwan Fomin.

„Mmm, gut!“

„Englischer? Doch ein höfliches Volk, diese Engländer.“

„Ja, höflich, muß man schon sagen.“

„Na, dann muß ich auch gehen, meine abgeben.“ Mitia erhob sich.

„Was denn?“ fragte der Vater.

„Meine Waffen doch!“

Und wenn du ...", der Alte kniff ein Auge zu, „da so unter einen kleinen Felsen, unter ein Zweiglein da."
Mitia lächelte und ging.
Die Niederlegung der Waffen ging ohne Zwischenfälle vor sich. Daß man sie den Offizieren beließ, war sogar dazu angetan, die zuversichtliche Stimmung eher zu beleben. Von kleinen Ausnahmen abgesehen, wurde vorbildlich Disziplin gewahrt. Die Offiziere machten den Kosaken auf überzeugende Weise klar, daß von der Wahrung dieser Disziplin und dem guten Eindruck, den sie jetzt auf die Engländer machen, viel, ja sogar sehr viel, wenn nicht ihre ganze Zukunft überhaupt abhängen könne. Von der Möglichkeit einer Auslieferung an die Bolschewisten war keine Rede mehr. Das war völlig unaktuell geworden; es ging jedoch darum, welchen Dienst ihnen die Engländer wohl anweisen würden.
Major Davis von der Y-Kompanie des 8. Bataillons, als Verbindungsoffizier zum Stab Domanows eingesetzt, hatte schon mehrmals versichert, daß von einer Auslieferung nicht die Rede sein könne; es seien jedoch noch keine genau präzisierten Befehle über das weitere Schicksal der Kosaken-Division eingegangen. So vergingen die ersten Tage des Aufenthaltes an der Drau in einträchtigem Zusammenleben des Kosaken-Stans mit dem Schottischen Argyll and Sutherland Battalion, das die Funktion einer militärischen Okkupationsbehörde ausübte. Der Optimismus stieg von Tag zu Tag und man besprach die verschiedensten Möglichkeiten:
Ob wohl der Krieg gegen die Sowjets sehr bald ausbrechen werde oder ob es noch keine ganz sichere Sache sei? — Ob man wohl auf diesen Krieg zwischen den Westmächten und den Bolschewiken werde lange warten müssen? — Ob es wohl angebracht sei, die Zwischenzeit als Zivilisten oder als geschlossene Truppeneinheit zu überdauern? — In der Fähnrichschule erfreute sich vornehmlich das Gerücht von einer Verschiffung in die britischen Kolonien großer Beliebtheit. Den jungen Leuten — wie's nun eben bei jungen Menschen so ist — träumten Abenteuer in überseeischen Ländern.
Indessen nahm sich die im Kosaken-Stan zahlreich vertretene orthodoxe Geistlichkeit ernsthaft ihrer seelsorgerischen Auf-

gaben an. Man errichtete Feldkapellen, man hielt die Gebete und Gesänge auf das Osterfest in gebührender Weise ab. Mit dem 15. Mai übernahm das Britische Rote Kreuz die Verproviantierung, vorwiegend aus den von den Deutschen zurückgelassenen militärischen Beständen. Die Rationen wurden nach dem täglichen Verzeichnis der Kopfstärke ausgegeben, da ständig neue Versprengte heranzogen und diese Zahl schwankte. Nach den britischen Listen belief sich der Stand in den ersten Tagen auf: 15 000 Männer, 4000 Frauen, 2500 Kinder, 5000 Pferde und 12 Kamele. Die Kosaken und ihre Familien erhielten: Mehl, Pudding, Zucker, Butter, Schmalz, Fleisch und Fischkonserven.

Eines Vormittags machte folgende Nachricht mit Blitzeseile die Runde: Beim 4. Terek-Stawropol-Regiment erschien der Brigade-Kommandeur, General Tichotzkij, nach einem Gespräch im britischen Stab. Ein Offizier der 7. Sotnie fragte ihn, was es denn an neuen Nachrichten gäbe: „Gute", soll Tichotzkij geantwortet haben. „Die Engländer haben empfohlen, die Kosaken sollten wieder ihre normalen militärischen Übungen aufnehmen, da das vielleicht schon in kurzer Zeit von Nutzen sein könne ...", und er zwinkerte bedeutungsvoll.

Von General Krasnow erzählte man, daß er sich in der Abgeschiedenheit seiner Villa an die Niederschrift eines großen Werkes gemacht habe, das sein bisheriges literarisches Schaffen krönen solle. Krasnow trug sich wohl wirklich mit diesem Gedanken, einstweilen jedoch hatte er sich daran gesetzt, einen ausführlichen Brief an Feldmarschall Alexander zu schreiben, und einen solchen Brief sandte er auch in den ersten Tagen seines Aufenthaltes an der Drau ab.

Es mag sein, daß er das nur aus einer Verpflichtung heraus tat, die er seinen Kosaken gegenüber verspürte. Es kann jedoch auch sein, daß die von den Engländern so oft ausgesprochene Versicherung, es werde in keinem Fall zu einer Auslieferung an die Sowjets kommen, auch bei ihm den zuvor angestauten Pessimismus teilweise zerstreute. Schließlich, hatte er denn nicht einst als Chef des ‚Freien Don' in Nowotscherkask — nicht in dem umbenannten italienischen

Dorf Olesso, sondern in der wirklichen Hauptstadt der Kosaken — die britische Mission mit General Pool an der Spitze empfangen? Hatte nicht am 7. Dezember 1918 Kapitän Bond bei einem Bankett versichert: „Die verbündeten Mächte werden mit allen Kräften den heldenhaften Kampf gegen die Bolschewisten unterstützen?“ Und am 26. Dezember dieses Jahres 1918, hatte da nicht General Pool gesagt: „Ich hoffe, daß es Ihnen mit unserer Hilfe gelingen wird, den Bolschewismus mit Stumpf und Stiel auszurotten? ...“ Das ist lange her. Sehr lange, das stimmt wohl ... Und später wurde Kommandor Briggs Missionschef, der ... Ja, die Zeiten ändern sich, und heute hatten sie sich noch mehr und von Grund auf geändert. Aber andererseits, damals bedrohte der Bolschewismus einzig und allein Rußland, und heute ...

Krasnow erwachte aus seinen Gedanken, strich sich mit der Hand über die Stirn und beendete seinen Brief, der wohl in einem etwas altväterlichen Stil abgefaßt sein mochte und in dem er Seine Exzellenz bat, er möge doch die Güte haben, Einblick zu nehmen in die politische Lage, in der sich die Kosaken-Regimenter und die Flüchtlinge befänden und ihnen behilflich sein, sich eine nach den Maßstäben der freien Welt menschenwürdige Existenz zu schaffen.

Auf diesen Brief traf keine Antwort ein.

Dagegen mehrten sich die Zeichen des Wohlwollens seitens der Führung des 8. Schottischen Bataillons und der britischen Stadtkommandantur von Lienz. Bei den Kosaken wuchs der Optimismus. Man kommentierte das Verhalten der Engländer als logische Folge der in Europa entstandenen politischen Situation. Bei der Begrüßung rieb man sich die Hände und tauschte günstige Neuigkeiten aus:

„Nicht lange mehr ...“

„Ich denke so.“

„Sie werden noch nicht die Deutschen entwaffnet haben, und schon werden sie's den Bolschewiken feste geben. Ja, die sind schlau. Jetzt wird's nicht so gehen wie bei Hitler.“

„Wer weiß, vielleicht werden sie nicht mal die Deutschen ganz entwaffnen.“

„Kann alles sein. Gott geb's, möglichst bald.“

Unter dem Einfluß der allgemeinen Stimmung revidierte auch Mitia seine bisherigen Ansichten. Er erholte sich und hatte, zum erstenmal, so ein Gefühl von Lebenssicherheit. Er wurde ruhig und begann, sich zum erstenmal für das Morgen zu interessieren. Täglich erschien er zu einem kurzen Besuch in der Baracke in Peggetz, und der Vater erwartete ihn mit Sehnsucht, da er immer irgendwelche erfreulichen Nachrichten mitbrachte. Sogar Ula, die meist düsteres Schweigen bewahrte, hörte gleichwohl auf, boshafte Bemerkungen und ärgerliche Prophezeiungen vor sich hin zu zischen.
Während dieser ersten Zeit ihres Aufenthaltes an der Drau trübte nur ein schlimmer Vorfall die heiteren Tage. Da knallte doch plötzlich ein einzelner Schuß! Die Nachricht von dem Selbstmord verbreitete sich mit Blitzeseile. Die Kosaken versammelten sich um die Leiche des Obersten Pawel Siergejewitsch Galuschkin, der aus der Stanitza Uman stammte. Den Lauf in den Mund gesteckt, so hatte er sich mit seinem Karabiner erschossen. Der Schädel war häßlich verunstaltet. Gehirnmasse war herausgequollen, blutüberströmt. Mitia stand in der Menge der Gaffer und bemerkte unweit den Unteresaul[15] Golowinski, den Adjutanten des 1. Kavallerie-Regiments, der die Leiche mit einem Ausdruck steinerner Nachdenklichkeit betrachtete. Er trat auf ihn zu und fragte: „Was war ihm denn? Sicherlich war er krank, oder was?“
Golowinski wandte seinen Blick von der Leiche ab und sah Mitia mit merkwürdig verschleierten Augen an:
„Wer weiß. Vielleicht war er gesünder als wir alle.“
Darauf kehrte er sich ab, ging davon und schlug dabei mit der Reitgerte gegen seinen Stiefelschaft.
Mitia schaute ihm verwundert nach und zuckte die Achseln. Er begriff es nicht.

*

Unter den zahlreichen Flüchtlingen in Peggetz befand sich ein Laien-Bildhauer, der sich sogar daran machte, das Modell

---

[15] Major.

eines künftigen Denkmals der ‚Kosakisch-britischen Freundschaft' zu entwerfen. Man belächelte ein wenig solche Großmannssucht, aber man klopfte dem Künstler doch wohlwollend auf die Schulter.
Am 20. Mai gab Major Davis bekannt, er lade für den nächsten Tag in die Räume des ehemaligen deutschen Arbeitsamtes in Lienz alle Männer der Feder ein, die sich unter den Kosaken befänden, und zwar um die Herausgabe einer Zeitung mit ihnen zu besprechen. Zwölf Personen folgten der Einladung. Davis befahl dem Dolmetscher, eine Erklärung über das Programm der geplanten Zeitschrift zu verlesen, die einem größeren gegenseitigen Näherkommen und einem besseren Kennenlernen der Briten und Kosaken dienen sollte. Die materiellen Mittel für ein solches Vorhaben seien, so erklärte er, gesichert, ebenso die Gehälter und Honorare für die Mitarbeiter. Es versteht sich von selbst, daß alle Versammelten ihr Einverständnis erklärten.
„Ich bitte, mir jetzt ein Verzeichnis der Journalisten auszuhändigen, ihre Herkunft anzugeben und genau zu bezeichnen, wo sie untergebracht sind. Zum Beispiel die Baracken-Nummer und so weiter."
Der bei dieser Sitzung anwesende Redakteur Ewgenij Tarruskij setzte sich an einen Nebentisch und trug die Namen in eine Liste ein. Der eine und andere machte seine Angaben und ergänzte sie, um die Sache möglichst schnell und korrekt zu erledigen. Dann übergab Tarruskij die Liste.
„Thank you very much", sagte der Major Davis, als er das genaue Verzeichnis von ihm in Empfang nahm.
Gleichfalls auf Initiative von Major Davis machte man sich daran, einen Kosaken-Chor und ein Orchester zu organisieren. Und auch dafür sollten sich angeblich Kredite finden. Der Major bat nur darum, ein entsprechendes Lokal, das sich als Konzertsaal eigne, in Lienz ausfindig zu machen und ihm zu benennen. Ein solcher Saal wurde ihm genannt und Davis versprach, sofort an die Renovierung des Raumes zu gehen. Er ließ gleichfalls Dinge des praktischen Lebens nicht außer acht: Die Kosaken hatten in ihrem Zelt- und Hüttenbiwak unter freiem Himmel, das sich über viele Kilometer hin

erstreckte, bisher ihre Mahlzeiten an offenen Feuerstellen, auf recht primitive Weise, zubereitet. Major Davis kündigte die Errichtung von gemauerten Kochstellen an, eine für je fünf Familien, und befahl, Material dafür heranzufahren. Er nahm sich auch der Anlage von der westlichen Kultur entsprechenden Aborten an, mit bequemen Sitzen. Bretter für diesen Zweck fanden sich reichlich in den Sägemühlen der Umgebung. Sie wurden herangefahren und in der Nähe der Baracken in Peggetz gestapelt.

In dieser Zeit kamen noch viele Flüchtlinge an die Drau gezogen, die vor den Bolschewisten geflohen waren, darunter auch das 5. Kosaken-Ersatz-Regiment, das am 23. Mai eintraf.

Am 24. Mai ereignete sich folgender Zwischenfall: Mehrere bewaffnete britische Soldaten näherten sich den frei weidenden Pferden und begannen, sich nach Gutdünken einzelne ansehnliche Tiere herauszusuchen. Das Verbot, sich in Streit einzulassen, besonders aber mit britischen Soldaten, wurde von der Führung des Kosaken-Stans streng durchgeführt, aus allzu verständlichen Gründen. Die Besitzer der Pferde reagierten daher auch nicht auf der Stelle, sondern liefen zu ihrem Stab und beklagten sich. Ataman Domanow schickte sofort einen Offizier zum britischen Stab. Der sprach dort mit jemanden, der sehr energisch auftrat, vielleicht war es sogar Major Leask in eigener Person, der seiner lakonischen Kürze wegen bekannt war. Der beauftragte Offizier kehrte schon bald zurück und brachte folgende Antwort mit: „Die Kosaken sind Gefangene Seiner Majestät. Und ihre Pferde sind Eigentum Seiner Majestät."

Der Tenor dieser Erklärung stand in grellem Widerspruch zu der bisherigen Praxis und der Haltung, die aus den Versicherungen des Majors Davis sprach. Es war daher nicht verwunderlich, daß Ataman Domanow sich beunruhigt fühlte. Er begab sich also zu General Krasnow mit der Bitte, er möge doch, obwohl die Beantwortung des ersten Briefes noch ausstehe, ein zweites Schreiben an Sir Harold Alexander richten und ihn um einen möglichst schnellen Entschluß und eine Entscheidung über das Schicksal von Zehntausenden

Kosaken und ihrer Familien bitten. „Schreiben Sie doch, Piotr Nikolajewitsch, daß die Kosaken dankbar für die bisherige Hilfe und Fürsorge von Seiten der britischen Behörden seien. Daß gleichwohl die lang andauernde Unsicherheit über ihr weiteres Schicksal dem Zustand einer chronischen Erregtheit und auch nachteiligen Gerüchten Vorschub leiste, die entstehen und Verbreitung finden könnten. Jedenfalls sind schon fast drei Wochen vergangen, seitdem sich die Angelegenheit ständig in einem Schwebezustand befindet." Ein in diesem Sinne abgefaßter Brief wurde abgeschickt und nicht beantwortet.

Indessen fuhr zwei Tage später, am 26. Mai, vor dem Gebäude der privaten Feldbank der Kosaken ein Lastwagen in Begleitung von vierzehn bewaffneten Soldaten des 8. Bataillons vor. Sie forderten die Schlüssel und die Herausgabe des gesamten Kassenbestandes. Der Leiter der Bank protestierte. Er erklärte, die Bank enthalte ausschließlich die Ersparnisse der Kosaken und ihrer Familien, und diese Einlagen stellten ihr privates Eigentum dar. Aber der Sergeant ließ sich in derlei rechnerische Auseinandersetzungen gar nicht erst ein und schützte den ihm erteilten Befehl vor. Er befahl den Soldaten, die Kasse auf den Lastwagen zu wuchten und fuhr davon. Die Kasse enthielt etwa sechs Millionen italienische Lira und etwa ebensoviel deutsche Reichsmark. Also keine Summe, die für den Fiskus Seiner Königlichen Majestät einen bedeutenden Wert darstellte, um so weniger, als diese Valuten stark entwertet waren.

Von diesem Tag an rollten die Ereignisse in schneller Reihenfolge ab. Ehe noch die Nachricht von der Beschlagnahme der privaten Gelder sich längs der Lagerplätze an der Drau verbreitete, wurde sie von einer anderen, eher freudigen Kunde in den Schatten gestellt: An diesem gleichen Tag war von Salzburg kommend der im ersten Bürgerkrieg so berühmt gewordene General Andreas Grigorjewitsch Schkuro in Lienz eingetroffen. Von vielen, besonders aber von den Kuban-Kosaken, wurde er als Nationalheld angesehen. In malerischer Pose, in einem offenen Auto stehend, fuhr er ein, die Kuban-Mütze auf dem Kopf, in einer in der

Hüfte eng geschnittenen Tscherkeska, mit einem Dolch und einem kostbaren, silbern ausgelegten Säbel an der Seite.
„Er lebe hoch! Hoch lebe Vater Schkuro!"
Die vivatschreiende Menge begleitete ihn in dichtem Gedränge bis hin zum Sitz des Stabes im Hotel ‚Zum goldenen Fisch'. Diese Begeisterung war vielleicht nicht ganz frei von sachlichen Überlegungen; denn es war allgemein bekannt, daß General Schkuro, der nach dem ersten Weltkrieg emigriert und niemals Sowjetbürger gewesen war und dem gegenüber die Sowjet-Regierung folglich auch keine eventuellen Ansprüche erheben konnte, gleichzeitig britischen Militärkreisen wohl bekannt war. Vor vielen Jahren, während des Bürgerkriegs und der Intervention der verbündeten Mächte in Rußland war Schkuro, der sich in den Kämpfen gegen die Bolschewisten ausgezeichnet hatte, durch die damalige britische Mission ein Orden überreicht worden, den ihm König Georg V. verliehen hatte. Einige behaupteten, das sei ein ‚St. Michaels-Kreuz' gewesen, andere wieder meinten durchaus, der ‚Hosenbandorden' ... Übrigens, sagte man, sei es auch nicht so wichtig, welcher Orden genau. Wichtig sei allein die Tatsache selbst und diese Tatsache gebe im Zusammenhang mit dem Eintreffen des Generals viel zu denken ...
„So ist's", versicherten einige, „Schkuro kann viel tun, um die Frage schneller zu lösen."
„Oho, er versteht mit ihnen zu reden. Ihn achten sie."
„Gerade zur rechten Zeit ist er gekommen!"
So redete man bei den einfachen Kosaken hin und her und gab so seine Kommentare. Aber was man am wenigsten erwartet hatte, traf ein.
Abends gab Ataman Domanow dem General Schkuro zu Ehren ein kleines Bankett. Trinksprüche wurden ausgebracht, und man trank bis in die späte Nacht. Wahrscheinlich gingen die Gäste um drei Uhr nachts auseinander und anscheinend klopfte danach General Schkuro an das Zimmer des Generals Solomachin, der für gewöhnlich an Banketts und Trinkabenden dieser Art nicht teilzunehmen pflegte. Solomachin schlief schon. Schkuro weckte ihn. Der Verlauf dieses Gesprächs ist nicht bekannt, aber es scheint, daß sich Schkuro,

auf der Bettkante sitzend, über irgend etwas beklagte, wohl auch gegen Domanow Anschuldigungen erhob oder gar bittere Altersträṅen vergoß.

Um sechs Uhr morgens aber fuhr ein britisches Militärauto vor und General Schkuro wurde verhaftet.

Noch wehte der kühle Hauch der Berge nach einer unausgeschlafenen Nacht, als unter den treu ergebenen Kuban-Kosaken ganz phantastische Gerüchte zu kreisen begannen:

„Domanow hat ihn ausgeliefert!"

„Er hat ihn an die Engländer verkauft!"

„Warum ist er nur nicht geflohen?"

„Ja, wie konnte er denn fliehen, wo doch die Domanow-Leute vom Don den ganzen ‚Goldenen Fisch' umstellt hatten?!"

„Ist doch alles Gerede Brüder! Von was für einem ‚Verkaufen' kann denn da die Rede sein! Sie haben ihn ganz einfach in ein anderes Lager gebracht. Wir sind ja doch schließlich Gefangene."

„Stimmt nicht! Gibt ja doch keinen Stacheldraht hier, keine Wachen. Wenn du willst, kannst doch in die Berge gehen, wohin dich die Augen führen. Was sind wir denn da für Gefangene? Sie haben ihn speziell verhaftet."

„Vielleicht gar nicht verhaftet, nur zu einer wichtigen Beratung mit einem englischen General hingebracht. Jetzt sitzt er und schlürft Kaffee und schmaucht eine Zigarre dazu und ihr redet gleich von Verhaftung!"

Es gab viele Vermutungen. Das ereignete sich jedoch am frühen Morgen des 27. Mai, und dieser Tag sollte noch andere Überraschungen mit sich bringen. Gegen acht Uhr morgens verständigte man alle Regimenter, die Biwakierenden und Barackenbewohner, daß von heute an größere Verpflegungsrationen ausgegeben würden, denen Rationen der britischen Soldaten angeglichen. Das war eine Nachricht, die vielleicht charakteristischer für die Situation war als ihr günstiger Gehalt besagte, und so verflüchtigte sich unter ihrem Eindruck jeder Argwohn. Die Angleichung der Verpflegungsrationen kommentierte man als ‚Gleichstellung' überhaupt.

„Hurraaa!"

Mit Lebensmitteln beladene Fahrzeuge fuhren schon zu den Verteilungsstellen. Um gerechterweise alle mit einer ‚Zuteilung' von Freude zu bedenken und damit auch die Kinder den ihnen angemessenen Anteil daran haben könnten, verteilte man an sie aus britischen Beständen: Apfelsinen und Schokolade.

„Na, eines wenigstens", knurrte Ula vor sich hin, „daß sie anständig zu essen geben."

Es war zehn Uhr morgens, als Mitia in die Baracke stürmte. Unter seiner schief sitzenden Mütze standen widerspenstig die Haare hervor. Ein paar fremde Kinder, mit Schokolade beschmiert, stieß er zur Seite. Einem kleinen Mädchen wäre fast das letzte Stück, das es mit beiden Händchen vors Gesicht hielt, zu Boden gefallen. Sie sahen ihn entsetzt an.

„Vater!" rief er laut, als er über die Schwelle des Verschlags trat, in dem sich Kolzows Zimmer befand. „Sie nehmen den Offizieren die Waffen ab!"

Ula blieb in der Mitte stehen, einen Topf Milch in der Hand. Der Vater blickte ihm vom Bett aus entgegen, er war schon einige Tage nicht mehr aufgestanden. In seine ein wenig gläsernen Augen trat ein Ausdruck von Unruhe.

„Was denn ... sie nehmen ... warum denn?"

Die Woskobojnikowa kam eilig herein, da sie die erhobenen Stimmen vernahm und blieb auf der Schwelle stehen, die Hände gegen die Brüste gelegt, als wolle sie sich vor einem Schlag schützen. Ihre vierzehnjährige Schwester blickte hinter ihr hervor, eine noch ungeschälte Apfelsine in der Hand.

„Beim Stab Domanows ist ein Befehl der Engländer eingetroffen: Die Offiziere haben sofort ihre Pistolen und Säbel abzugeben. Und unsere Gendarmerie alle Karabiner."

„Und wo sie doch nun Schokolade für die Kinder ausgeteilt haben ...", warf nicht ganz sachlich die Woskobojnikowa ein.

„Eine schlechte Nachricht", entschied der Alte.

Einen Augenblick trat Schweigen ein. Mitia warf seine Mütze auf das Fensterbrett, setzte sich auf den einzigen Stuhl und ließ die Hände zwischen den Knien herabhängen.

„Und schien doch alles zum Besten.“
„Und deswegen bist du so früh gekommen heute?“ fragte der Vater nach einem Augenblick des Schweigens.
„Nein ... Hab's unterwegs erfahren. Wollt' eigentlich Olga Dmitrjewna noch in der Kanzlei antreffen, bevor sie weggeht, wegen des englischen Sprachkurses.“
„Willst englisch lernen?“
Mitia war 38 Jahre alt. Das Leben, das er hinter sich gebracht hatte, ließ ihn dem Aussehen nach um vieles älter erscheinen. Er war ein reifer Mann, und weder in seinen Gesichtszügen noch in seinen Bewegungen hätte ein Fremder eine Spur aus seiner Kinderzeit entdeckt, die manchmal verborgen vorhanden ist und bis ins späte Alter Bestand hat. Aber als er auf die letzte Frage antwortete, machte er, auf seinem Stuhl sitzend, unwillkürlich eine irgendwie ratlose, fast etwas verschämte Gebärde mit Kopf und Armen, so daß der erinnernde Blick des Vaters plötzlich in dieser Bewegung das Bild jenes anderen Mitia wahrnahm, jenes Mitia aus dem nach Kiew fahrenden Zug, vor vielen, vielen Jahren ... Es wurde ihm warm ums Herz und grenzenlos leid zugleich um seinen Sohn. Wie damals empfand er dessen ganze Hilflosigkeit den ihn umgebenden übermächtigen Schicksalskräften gegenüber. Damals konnte er als Vater noch Einfluß auf diese Kräfte nehmen, heute wollte er, selbst alt und krank, ihn nur irgendwie trösten, aber er fand keine Worte.
„Sie ist noch da, noch nicht fortgegangen, hab's gesehen“, warf die Woskobojnikowa ein. Denn die Hauptdolmetscherin in der Kanzlei der Baracke Nummer 6 bei Major Davis, Olga Dmitrjewna, ging täglich in die Fähnrichschule, englische Sprachstunden zu geben. Nun hatten sich viele Kosaken gefunden, die gern diese Sprache erlernen und Lehrgänge in die Wege leiten wollten. Davon eben hatte Mitia gesprochen.
Aber er rührte sich nicht auf seinem Stuhl. Plötzlich ließ sich Ula in einem unerwartet versöhnlichen Ton vernehmen: „Was ist denn dabei, daß sie die Waffen abnehmen? Was ändert das schon? Was konnten sie denn mit diesen Säbeln anfangen? Sie nehmen sie eben ab, das heißt, da ist so eine Vorschrift gekommen. Ich seh' da nichts Schreckliches bei.“

„Ist doch zum Lachen, wie sich die Dinge und Umstände wiederholen", dachte Mitia. „Genau so wie damals bei Nowogrodek ergreift Ula das Wort, wo in einer wichtigen Angelegenheit plötzlich Schweigen eintritt ..." Es wiederholte sich jedoch nicht alles aufs Wort.
Denn der Vater fuhr diesmal seine Tochter nicht an, schalt sie nicht wegen ihres ‚Weiberverstandes'. Im Gegenteil, er äußerte sich eher mild:
„Ja, vielleicht bedeutet das nichts Schlechtes ... Kann sein, daß Ula recht hat."
„Ach, ist er aber alt geworden", dachte Mitia. Die junge Ärztin hielt zur Meinung der anderen:
„Das ist richtig. Vor allem, man muß was Konkretes erfahren."
Mitia hätte sich von Herzen gern ihrer Meinung angeschlossen. Aber die Lust zu einer Anfrage der Sprachkurse wegen war ihm vergangen, und er ging nicht in die Kanzlei. Obwohl der Befehl zur Abgabe der Offizierswaffen an und für sich nichts Ungewöhnliches enthielt, löste der Umstand, daß er so plötzlich und ohne vorherige Ankündigung erteilt wurde, im ersten Augenblick verständliche Unruhe aus. Auf Anfrage Domanows erhielt man jedoch schon kurz darauf eine zwar inoffizielle aber tröstliche Erklärung aus dem britischen Stab:
„Die Abnahme der Waffen hat nur einstweiligen Charakter und geschieht der Ordnung halber. Die zum großen Teil veraltete und uneinheitliche Bewaffnung, die sie besitzen, wird durch eine modernere und einheitlichere ersetzt."
Es mag sein, daß an einem anderen Tage eine Erklärung dieser Art vielen ein wenig verdächtig erschienen wäre oder rund heraus naiv. Aber am 27. Mai, als man die Kosaken gerade mit den britischen Soldaten hinsichtlich der Verpflegungsrationen gleichgestellt, als der allgemeine Optimismus wohl seinen Höhepunkt erreicht hatte, glaubten fast alle das, was sie am liebsten glauben wollten. Es gab sogar solche, die den Passus von der ‚modernen Bewaffnung' sehr bezeichnend fanden und als vielversprechend kommentierten.
An diesem gleichen Tag legten alle Offiziere die Waffen

nieder, mit Ausnahme des Unter-Esauls Golowinski, der Adjutanten des 1. Kavallerie-Regiments. Aber niemand bemerkte diese Einzelheit im ersten Augenblick.

*

Der 28. Mai war ein ausnehmend heiterer Tag. Schon vom frühen Morgen an spannte der Himmel seinen dunkelblauen Baldachin über die Berge und das Tal. Der leichte Nebel über dem Flußlauf war mit dem ersten Morgenlicht ins Gesträuch gezogen, löste sich auf in dem Frühlingsgrün ringsumher. Nur die Rauchwölkchen der Kosakenlager stiegen um die Frühstückszeit hoch. Auf den Wiesen weideten Tausende von Pferden, Vieh, und weiter, hinter Nikolsdorf gingen die Kamele der Astrachaner durchs Gras. In den katholischen Kirchen läutete man zur Frühmesse. Das Gesamtbild der Landschaft, umrahmt von einem Kranz stolzer Felsen, enthielt Kontraste, die wild und friedlich zugleich wirkten, exotisch und dennoch heimisch erschienen, heimisch, im Sinne des menschlichen Alltags.
Major Davis kam gleichfalls ausnehmend zeitig in die Kanzlei des Barackenlagers in Peggetz. Olga Dmitrjewna übergab ihm den Tagesrapport wie immer. Davis zeigte sich offensichtlich geneigt, alle laufenden Fragen und Bittgesuche mit Wohlwollen zu erledigen. Dann entließ er die Dolmetscherin, die sich wie gewöhnlich um die gleiche Zeit in die Fähnrichschule begab, um dort ihren täglichen englischen Sprachvortrag zu halten. Dieser Vortrag sollte sein Ende jedoch nicht erreichen ...
Um elf Uhr wurde Olga Dmitrjewna dringend nach Peggetz zurückbeordert. Als sie eilig die Kanzlei betrat, erklärte ihr General Biedakow, leicht erblaßt und sichtlich geschäftig: „Eben erst ist ein Befehl vom Stab Domanow eingetroffen, alle Offiziere, Militärbeamte und Militärärzte sollten vollzählig um ein Uhr nachmittags abfahrtbereit zu einer wichtigen Konferenz mit der höheren englischen Führung sein."
„Wo?"
„Anscheinend in Villach oder so ähnlich ... Man fertigt in

größter Eile Offiziersverzeichnisse an, denn davon hängt die Anzahl der Wagen ab, die gestellt werden sollen. Läufer sind schon zu allen Abteilungen geschickt." Biedakow legte ohne ersichtlichen Grund irgendwelche Gegenstände auf dem Schreibtisch von einer Stelle auf die andere. Er war sehr erregt: „Olga Dmitrjewna ...", begann er nach einer Weile und unterbrach sich.

„Ja, bitte?"

„Wie denken Sie, ob das ... So eine Konferenz, bedeutet sie eine Besserung oder gar eine Verschlimmerung? ..."

Die Dolmetscherin gab keine Antwort. Sichtlich mühte sie sich, die durchgehenden Gedanken zu sammeln. Das Schweigen dauerte an. Von draußen drangen die Stimmen fröhlich spielender Kinder herein. Biedakow seufzte auf:

„Muß schon gehen, muß mich ja auch stellen. Ich überlasse hier alles Ihrer Fürsorge. Möchten Sie wohl ... möchten Sie mich wohl bekreuzigen."

Olga Dmitrjewna schlug mit einer Bewegung, die das Zittern ihrer Hand verriet, in der Luft das Zeichen des heiligen Kreuzes. Von der Sonne, durch das Fenster auf den Fußboden, fiel das dunkle Kreuz der Fensterrahmen. Es roch nach Staub und nach erkalteter Zigarettenasche.

Die Mehrheit der Offiziere nahm den Abfahrtsbefehl zur Konferenz als große Tagessensation auf. Im Lager und in den Offiziersquartieren herrschte eine nicht alltägliche Hochstimmung. Man putzte die Stiefel auf Hochglanz, legte die besten Uniformen, Ordensschleifen und Kriegsauszeichnungen an; wer noch Orden der zaristisch-russischen Armee besaß, heftete sie an, nähte Epauletten auf und eilte zum Sammelplatz, um die für ein Uhr nachmittags angesetzte Appellzeit nicht zu versäumen. Jeder wollte auch möglichst bald nähere Einzelheiten erfahren. Einstweilen war der Vermutungen und Kommentare keine Ende. Nach den Worten von Major Davis, die von Mund zu Mund weitergegeben wurden, sollten hohe britische Generale an der Konferenz teilnehmen und wahrscheinlich wichtige Entscheidungen fallen. Wer weiß, vielleicht würden auch — man nahm es an — gleich auf der Stelle irgendwelche Posten verteilt. Und des-

halb wollte jeder dabei sein, um nicht übergangen zu werden. Selbst die beiden Geistlichen trafen am Sammelplatz ein. Es kam auch der Redakteur Tarruskij:
„Und Sie?“
„Bin ich etwa kein Offizier?“
Punkt zwölf Uhr mittags fuhr ein Vertreter des britischen Stabes vor dem Hotel ‚Zum goldenen Fisch‘ vor, bestätigte noch einmal den zuvor durch Major Davis übermittelten Befehl und fragte den Ataman Domanow:
„Kann ich sicher sein, daß meine Bitte auch den General Piotr Krasnow rechtzeitig erreicht.“
„Es ist so. Ich habe eine Sonderordonnanz hingeschickt, ihn zu benachrichtigen.“
„Ich bin Ihnen sehr zu Dank verbunden.“
Auf dem Platz vor dem Hotel, wo sich die höheren Offiziere des Kosaken-Stans versammelten, redete General Poliakow mit halber Stimme den General Siemion Krasnow an:
„Was halten Sie davon?“
„Wissen Sie, nichts Besonderes. Ich schätze, die Engländer werden uns ganz einfach Hilfsdienste in Österreich oder in Deutschland anbieten. Vielleicht auch in den Kolonien.“
„Und Sie nehmen nicht an, daß ...“
In diesem Augenblick fiel irgendwo nicht allzu fern ein einzelner Schuß. Unwillkürlich wendeten sie aus der Unterhaltung heraus die Köpfe, aber schon im nächsten Augenblick nahm das Gewirr von Stimmen die neu belebte Diskussion wieder auf. Niemand kam noch auf den Gedanken, daß sich da mit seiner eigenen, gegen den Befehl nicht abgegebenen Pistole erschossen hatte — der Unter-Esaul Golowinski ...
Plötzlich wurde es still. Zu den Versammelten heraus trat Ataman Domanow. Er war wohl etwas blaß aber ruhig. Mit gleichmäßiger Stimme verlas er den Text des Befehls, den er über die Abfahrt zur Konferenz erhalten hatte.
„Soll man Sachen mitnehmen?“ wurde aus der Menge die ungewandte Frage gestellt; denn Major Davis hatte ja versichert, die Konferenz werde nur einige Stunden dauern. Diese Frage jedoch, obwohl sie unsachlich schien und so unerwartet kam, verdarb ein wenig die sorglose Stimmung und

rief Zweifel hervor, die ganz spürbar irgendwo im Innern verschwiegen schlummerten.
„Nein, Sachen sind nicht nötig“, erwiderte trocken Domanow.
Aber die Sekunden des Schweigens zogen sich hin. Plötzlich unterbrach die Stimme des Generals Tarasienko die Stille, der offen heraus fragte:
„Was erwartet uns?“
„Ich schätze, nicht allzuviel Gutes.“ Domanow änderte den Tonfall nicht. „Sicherlich Stacheldraht.“
Wieder Schweigen, und danach die Frage des Obersten Golubow, des Kommandeurs des 1. Kavallerie-Regiments:
„Und was ist mit den Offizieren zu tun, die Verdacht schöpfen und ins Gebirge zu fliehen beginnen?“
„Sie sind Regiments-Kommandeur“, erwiderte Domanow. „Sie haben mich verstanden.“
Golubow schwankte, aber er antwortete nicht. Sicherlich hatte er nicht verstanden. Übrigens hätten sich unter den Kosaken-Offizieren in diesem Augenblick nur einzelne wenige gefunden, die dem Ehrenwort eines britischen Offiziers keinen Glauben hätten schenken wollen. Aber es fanden sich auch solche:
Ein Sotnik des kürzlich erst eingetroffenen Ersatz-Regiments beschloß, nicht mitzufahren und nahm sich vor, ein Versteck aufzusuchen. Doch der Oberstleutnant Schurawlow nahm ihn unter den Arm:
„Ach, sind Sie ein Wunderling! Sie wissen ja gar nicht, wie wichtig die Konferenz sein wird. Man wird Posten in den englischen Kolonien verteilen ... Lauf' und zieh' dich um, solange noch Zeit ist.“
Und der Sotnik änderte seine Meinung, lief hin zu seinem Quartier, um seine bessere Uniform anzulegen und eilte von dort aus zum Sammelplatz. In diesem Augenblick rückte die Terek-Abteilung heran. Vorneweg schritt der kleine feingliedrige Bezirks-Ataman Simin, in eleganter Tscherkeska. Hinter ihm, wie bei einer Parade, gleichfalls alle in Tscherkessenröcken, die Offiziere.
Einen besonderen Wagen hatte man geschickt, um den greisen

General Piotr Krasnow abzuholen. Als er einstieg, sagte er zu seiner Frau:
„Man muß nicht traurig sein."
In Oberdrauburg ließ man den hochbetagten General Sultan-Keletsch-Girej rufen. Er trat zu den Engländern heraus, in schwarzer Tscherkeska mit einem weißen Beschmet darunter, eng in der Taille und mit den kaiserlichen Epauletten auf den Schultern. Er nahm den Abfahrtbefehl zur Konferenz zur Kenntnis, und nicht ein Muskel seines hageren Gesichts verriet seine Gedanken.
In die Fähnrichschule entsandte man gesonderte Wagen, um die dortigen Offiziere, 21 an der Zahl, mitzunehmen. In diesem Augenblick trat ein unerwarteter Zwischenfall ein: Als schon alle bereit zur Abfahrt waren, erblaßte plötzlich einer der Offiziere, trat zurück und bat um ein paar Minuten Zeit. Seine Kameraden wußten von ihm, daß er mit seinen Nerven nicht ganz in Ordnung war und daß er außerdem von zwei Pistolen, die er besessen, nur eine abgegeben hatte. Ein Kamerad ahnte wohl, daß er Hand an sich legen wolle und faßte ihn am Arm. Andere umstanden die beiden im Kreis. Da bemerkte ein englischer Leutnant die Unruhe, vermutete vielleicht, wenn auch nicht ganz klar, die Ursache und trat hinzu:
„Ich versichere Ihnen mit dem Ehrenwort eines britischen Offiziers, daß Sie nur zu einer Konferenz fahren."
Das waren Worte, die ausreichend überzeugten. Um so größere Verwunderung erregte daher das Verhalten des Kommandeurs der Schule. Auf die Empfehlung hin nämlich, einen Offizier als Diensthabenden zurückzulassen, wendete er sich an einen älteren Obersten mit den Worten:
„Sie bleiben. Sie haben kleine Kinder."
Einer, der diese verwunderlichen Worte vernommen hatte, zuckte mit den Achseln:
„Was wollte er wohl damit sagen?"
„Nun eben, was haben Kinder mit der Konferenz zu tun?! . . ." Indessen erschallte auf dem Hauptsammelplatz in Lienz endlich der Befehl:
„Die Herren Offiziere, an die Wagen!"

Die meisten stiegen fröhlich ein. Scherzworte fielen. Ein Geistlicher, Vater Alexander, sagte:
„Und ich hab' ein Bürstchen für die Stiefel mitgenommen. Sie werden alle mit bestaubten Stiefeln zur Konferenz kommen und ich werd' saubre Stiefel haben. Seht, wie ich mir das ausgedacht hab'!"
Beim Aufsitzen auf den dritten Lastwagen wurde noch einmal gefragt:
„Ob man nicht doch Mäntel hätte mitnehmen sollen?"
„Nein, woher denn. Ist doch warm heute. Wir kommen ja gleich zurück."
Ataman Domanow und General Piotr Krasnow nahmen in einem eigens gestellten Personenwagen Platz. Ein englischer Offizier trat heran, legte die Hand an die Mütze und fragte artig: „Gestatten Sie, meine Herren, daß ich bei Ihnen Platz nehme?"
„Aber natürlich, wir bitten."
Schon zog man die Planen über die letzten Lastwagen, schon wurden die Motoren angelassen. Auf dem Platz blieben nur die Familienangehörigen zurück, die ihre Männer begleitet hatten. Schon winkte hier und da jemand mit dem Taschentuch. Plötzlich war das herzzerreißende Schreien eines kleinen Mädchens zu hören. Es riß sich von der Hand seiner Mutter los und rief, stolpernd im Laufen und die Händchen nach dem Wagen ausstreckend: „Papa! . . . Papa! . . ."
Eine Sekunde noch, und die allgemeine Stimmung wäre womöglich in eine Panik umgeschlagen. Frauen brachen in Tränen aus. Verheiratete umringten Olga Dmitrjewna: „Übersetzen Sie doch! Um Himmels willen, fragen Sie noch einmal die englischen Offiziere, ob unsere Männer zurückkehren und wann?"
„Bitte die Frauen zu beruhigen", erwiderte ein britischer Offizier. „Keine Befürchtungen!" Er spreizte die Finger und begann vorzurechnen. „In zwei Stunden sind wir an Ort und Stelle. Die Konferenz dürfte eine, anderthalb Stunden dauern. Na, der Rückweg . . . Um fünf, sechs Uhr, na, sagen wir ein Viertel nach sechs werden wir wieder zurück sein. Darauf gebe ich Ihnen mein Offiziersehrenwort."

Die weit auseinandergezogene Kolonne der Lastwagen setzte sich schon auf der Hauptstraße in Bewegung, längs des Unterlaufs der Drau, auf Villach zu.

*

Lange noch unterhielten sich die beisammen stehenden Frauen darüber, was das wohl für eine Konferenz sein und welche Ergebnisse sie haben könne, diese wichtige Konferenz, zu der man alle Offiziere hatte einberufen müssen.
Die fünfte Nachmittagsstunde kam heran. Niemand kehrte zurück. Die sechste kam näher und ging vorüber. Sieben Uhr abends ... halb acht. Niemand kehrte von der Konferenz zurück. Das würgende Gefühl der Angst ließ schon seit langem keine ruhigen Gespräche mehr aufkommen. Angst! Angst! Der schlimmste von allen menschlichen Seelenzuständen! Wer hatte doch, und wo doch, den Menschen Freiheit von Angst nach dem gewonnenen Krieg versprochen? ... Aber niemand hatte Lust zu Gesprächen über politische Fragen. Eine Mutter deckte ihr Töchterchen in ihrem Barackenzimmer mit einer Decke zu und flüsterte zur Guten-Nacht: „Papa kommt zurück, bestimmt kommt er zurück, der Papa ..."
Allmählich begannen auch die Kosaken, sich zusammenzuscharen. Sie bildeten Gruppen, gingen wieder auseinander. Sie standen herum, warteten. Die Gespräche wurden, man wußte nicht warum, halblaut geführt. Einer fragte den andern nach seiner Meinung, niemand vermochte sich jedoch klar zu äußern. Sie unterbrachen sich öfter, um schweigend auf das Motorengeräusch der zurückkehrenden Wagen zu lauschen. Aber Stille herrschte von der unteren Drau her an diesem Maiabend.
Die Sonne, die um diese Jahreszeit schon längst hinter dem Massiv der Villgratner-Berge untergeht, die Isel und Drau voneinander trennen, warf dunkle Schatten in das Tal.
Plötzlich, um acht Uhr abends, wurde die Dolmetscherin eilig in die Kanzlei des Majors Davis gerufen.

DER FÜLLFEDERHALTER DES LEUTNANTS JACENKO

Zu der Zeit, da sich dies alles in Italien und Osttirol ereignete, zog sich das XV. Kosaken-Kavallerie-Korps vom Balkan zurück. In den ersten Maitagen 1945 befand es sich nördlich der Stadt Celje, auf dem rechten Ufer der Drau. Es hatte sich schon so gefügt, daß dieser Fluß sich immer wieder von neuem mit dem Schicksal der Kosaken verband wie einst der heimatliche Don, genannt der ‚prawoslawische' oder ‚stille'. Aber die Drau war stürmisch und rauschend, man konnte sie schwerlich ‚still' nennen.

Die Stärke des Korps belief sich damals auf 25 000 Mann, aber so genau ließ sich diese Zahl nicht angeben, da einerseits in den Kampfhandlungen Verluste eintraten, andererseits ständig neue Einheiten dazustießen. So traf zum Beispiel am 29. März das 360. Kosaken-Regiment aus Frankreich ein, und das Kalmücken-Regiment und andere kleinere Formationen wurden gleichfalls eingegliedert.

Der Kommandierende General von Pannwitz hatte trotz seines angeborenen Optimismus den Rest von Vertrauen in die bis zum Überdruß wiederholte Propaganda von der ‚Wunderwaffe Hitlers' verloren. Auch alle Hoffnung war für ihn geschwunden, daß Deutschland einer vollständigen Niederlage entgehen könne. Ringsumher bot sich ein Bild von Verfolgung, Zersetzung, Chaos. Aus Griechenland zogen sich die Reste des XXII. und des LXVIII. Korps zurück, die einst den Kern der sogenannten Heeresgruppe ‚E' des Generals Löhr gebildet hatten. Auf dem Rückzug befanden sich die Trümmer des XXI. Gebirgs-Korps des Generals von Leyser, das einmal zum Verband der Heeresgruppe ‚F' des Generalfeldmarschalls von Weichs gehört hatte, nach deren Auflösung in Albanien stecken geblieben war und sich nach Serajewo durchgeschlagen hatte, wo es noch im März 1945 den Armeen Titos Widerstand leistete. Denn das waren jetzt schon keine ‚Banden' mehr, sondern glänzend ausgerüstete reguläre Truppen. Unter ihrem Druck, den sie gemeinsam mit der bulgarischen Armee sowie der aus Ungarn hart nachsetzenden ‚2. Ukrainischen Front' unter der Führung des Generals Malinowski und der aus Rumänien vorrückenden ‚3. Ukrainischen Front' des Generals Tolbuchin, des Sohnes einer Burjätin und eines Russen, ausübten, zog sich, mit den Deutschen verbunden, eine vielfarbige Masse militärischer Formationen zurück: Das aus alten Emigranten zusammengesetzte Russische Korps, jetzt unter der Führung des Generals Rogoschinski, die deutsch-kroatische Legion, die kroatischen Domobrani und Ustaschi, die Einheiten der Ukrainischen National-Armee unter Führung des Generals Pawel Schandruk, von der Steiermark her das 1. Georgische Bataillon, das 842. und 843. Nordkaukasische Bataillon, die serbischen Tschetniks unter Lotitsch und die Königstreuen des Generals Michailowitsch, zusammen mit einem riesigen Troß von Frauen, Alten, Kindern und Verwundeten. Das alles zermahlte die ohnehin schlechten Straßen zu Staub, versperrte die Gebirgspässe, war Gegenstand unaufhörlicher blutiger Auseinandersetzungen, örtlicher Gefechte, von Gezänk, Repressalien und Gegenrepressalien, von schrecklichen Morden, die auf dem Balkan grausamere Formen annahmen als an anderen, inneren oder äußeren Fronten des zweiten großen Weltkrieges.

In der Flut dieses Chaos zog sich das XV. Kosaken-Korps in verhältnismäßig guter Ordnung zurück. Manche hielten diese Tatsache den persönlichen militärischen Fähigkeiten des Generals von Pannwitz zugute und seiner unleugbar großen Beliebtheit bei den Kosaken. Andere wieder waren geneigt, dies Symptom einem natürlichen Abwehrreflex gegen ein Gemeinwerden mit den anderen zuzurechnen — einem Reflex, dem die Kosaken in dem Meer fremder Elemente, von dem sie umgeben waren, erlegen seien. Der deutsche Soldat zog, unter welchen Umständen auch immer, seinem eigenen Heim entgegen, der vom Balkan stammende hatte seine Heimstätten in nächster Nähe, wenn auch vom Blut des Brudermordes befleckt. Auf beide konnten also persönliche zentrifugale Aufsplitterungstendenzen einwirken. Die Ko-

saken-Höfe dagegen lagen weit fort, in unerreichbarer Ferne. Ihr Heim war vorläufig allein das Korps.
General von Pannwitz, ob nun unter dem Einfluß einer Stimmung, die den psychischen Tendenzen eines Neubekehrten verwandt ist, der sich in der fremden Umwelt einlebt, oder aus kavalleristischer Tradition oder auch aus aufrichtiger Zuneigung zu seinem ‚eigenen' Korps, wurde jedenfalls der wärmste Fürsprecher, ja ein ‚Patriot' seiner Truppe. Er dachte keineswegs daran, sie zu verlassen und angesichts der unvermeidlichen und nahen endgültigen Niederlage seine eigene Person in Sicherheit zu bringen, sondern er ließ sich ganz in ihre Angelegenheiten und ihr Schicksal mit hineinziehen. Es existieren gewisse Daten, welche die Annahme erlauben, daß er sich in einem bestimmten Zeitabschnitt mit dem ebenso romantischen wie naiven Plan getragen hat, noch im letzten Augenblick alle östlichen, antibolschewistischen Formationen zu einer gemeinsamen bewaffneten Aktion zusammenzufassen. Hatte er selbst doch den General Kononow überredet, sich zu Wlassow zu begeben, um mit ihm nicht nur militärisch, sondern auch politisch Verbindung aufzunehmen! Die Ereignisse rollten jedoch schnell ab. Es war nicht fünf Minuten vor Zwölf, sondern viel viel später! Man mußte also realere Pläne bedenken.
Ende April entsandte von Pannwitz nacheinander mehrere Parlamentäre zu den Engländern, darunter auch den Fürsten Schwarzenberg. Ihre Instruktionen jedoch lauteten so naiv wie früher:
„Der Kampf gegen die bolschewistische Welt ist nicht beendet, sondern er beginnt erst jetzt. Die Kosaken werden sich in diesem Kampf unentbehrlich erweisen, selbst wenn sie die Übergangszeit in den Kolonien Afrikas oder in Australien zu verbringen hätten. Es liegt also im Interesse Großbritanniens, sie als einheitliche Formation zu übernehmen oder ihnen Asylrecht einzuräumen."
Eine Antwort auf diese Vorschläge erhielt Pannwitz nie. Er verlor nur den einzigen Fieseler-Storch, den er zur Verfügung seines Stabes besaß und den er dem letzten Versuch einer Kontaktaufnahme mit den Engländern opferte.

Am 8. Mai schlagen sich die Kosaken nach dem slowenischen Görz durch. An diesem Abend tritt ein origineller, für die Kriegsverhältnisse in diesem Gebiet charakteristischer Fall ein: Mittels einer unbeschädigten Telefonleitung schaltet sich ein Offizier der 8. Tito-Armee ein und teilt die an allen Fronten verkündete Kapitulation und das gleichzeitige Verbot von Truppenbewegungen der kapitulierenden Seite mit: Sie haben an Ort und Stelle haltzumachen und die Waffen niederzulegen. Um 23 Uhr trifft die Bestätigung dieser Nachricht seitens der deutschen Führung ein. Als Antwort darauf gibt General Pannwitz den Befehl: „Alle Divisionen des Korps aufgesessen!"
Es ist Mitternacht. Die Kolonnen der 1. Kavallerie-Division rücken in der Dunkelheit nach Westen ab. Schwache Tito-Abteilungen versuchen sie aufzuhalten, werden jedoch völlig zerrieben. Die 2. Division schlägt sich mehr in nordwestlicher Richtung durch. Sie trifft auf stärkere Feindkräfte, verwickelt sich in Kämpfe und erleidet bedeutende Verluste. Am 9. Mai, um 10 Uhr vormittags, stoßen die Spitzensicherungen der 1. Division auf die ersten Feldwachen der 11. britischen Panzer-Division. Ein Seufzer der Erleichterung geht durch die Reihen der Kosaken. Pannwitz begibt sich sofort zum englischen Stab. Dort empfängt ihn General Archer, der Kommandeur der britischen Division. Er ist von eisiger Höflichkeit, lehnt jede Diskussion über politische Themen ab, gestattet den Kosaken aber das Überschreiten der britischen Linien. Pannwitz kehrt erst am nächsten Tag zurück und befiehlt, weiter nach Westen zu marschieren.
Und da, westlich der Stadt Klagenfurt in Kärnten, auf der Chaussee vom Dorf Griffen nach dem zehn Kilometer entfernten Völkermarkt, findet ein eigenartiges Schauspiel statt: Vor britischen Panzern und einer Gruppe von Offizieren marschieren Kosaken-Regimenter in voller Bewaffnung vorbei, die Offiziere an der Spitze, wie bei einer Parade. Pannwitz steht neben den Engländern und ist stolz auf diese Truppenschau, die den Briten plastisch vor Augen führen soll, was für Leute sie in der erwarteten Auseinandersetzung mit den Bolschewisten auf ihrer Seite haben werden. Der

Artillerie-Führer der britischen Division, Oberst Hills, blickt auf die vorbeiziehenden Reiter mit einem Ausdruck ironischer Trauer im Gesicht und einem Anflug von Nachsicht und vielleicht auch aufrichtigen Mitgefühls.

Die 2. Division schlägt sich über das Gebirge in Richtung der 1. Division durch. Indessen kämpfen Teile der 3. Division zusammen mit dem ihr zugeteilten 360. Kosaken-Regiment noch mit hart nachdrängenden Panzer-Abteilungen der Bulgaren. Sie werfen den Feind in nördlicher Richtung zurück und lösen sich vom Gegner. Aber schon am folgenden Tag, am 10. Mai, werden sie von starken Tito-Verbänden angegriffen. Seit drei Tagen schon ist kein Krieg mehr, aber die 3. Division weist alle Kapitulationsforderungen zurück und schlägt sich nach Westen durch. Am 11. Mai erreicht sie Völkermarkt, und erst am 12. Mai, um 10 Uhr vormittags, legt sie den Engländern gegenüber die Waffen nieder.

Die zurückhaltende, aber eher wohlwollende Einstellung der britischen Militärbehörden erlaubt den Rückschluß, das XV. Kosaken-Korps werde nicht als in Gefangenschaft geraten, sondern als interniert behandelt. Wohl ohne Waffen, aber doch mit dem vollen Bestand an Pferden und Trossen erhält sie ihren Unterkunftsraum im Dreieck Klagenfurt — St. Veit — Feldkirchen zugewiesen. Die 2. Division etwas weiter nördlich, im Abschnitt Neumarkt-Althofen, längs der nach Judenburg führenden Straße. Der Korps-Stab liegt in Althofen. Einzelne Regimenter sind mehrmals gezwungen, ihr Quartier mit Rücksicht auf die Weidemöglichkeiten für die Pferde zu wechseln. Die Kosaken werden mit Verpflegung aus ehemaligen deutschen Beständen beliefert, die jetzt von der britischen Verwaltung übernommen worden sind.

*

Im Sinne einer alt-überkommenen Tradition wählen die Kosaken ihre Führer selbst. Ihr Feld-Ataman oder, wie sie ihn auch nennen, ‚Marsch'-Ataman, wird nicht ernannt, sondern er geht aus einer Wahl hervor. So will es die Tradition, die nicht immer und überall im Verlauf der Geschichte respektiert worden ist. Es versteht sich, daß sie auch keine Berücksichtigung unter den Bedingungen gefunden hatte, die beim Entstehen des XV. Korps gegeben waren. General von Pannwitz war kein Ataman, auch nicht aus einer Wahl hervorgegangen, sondern nur ein gewöhnlicher deutscher General, kraft Ernennung durch die höhere deutsche Führung an der Spitze des Korps. Wer die britischen Behörden darauf aufmerksam gemacht hatte und mit welcher Absicht das geschehen war, wird vielleicht für immer ein Geheimnis bleiben. Ebenso geheimnisvoll wird es auch bleiben, warum auf britische Initiative hin für den 24. Mai im Dorf Althofen die Wahl eines Atamans angesetzt wurde. Tatsache jedenfalls ist, daß die Kosaken diese Initiative als ein gutes Zeichen deuteten.

Die Versammlung fand auf einem geräumigen Platz statt. Vertreter aller Regimenter nahmen im Viereck Aufstellung, in Gegenwart eines Obersten der 34. Britischen Division.

Einstimmig wählten die Kosaken zu ihrem Ataman — den General Helmut von Pannwitz!

Die Wahl gerade eines deutschen Generals kann angesichts der von den Deutschen erlittenen Niederlage und ihres Ausmaßes tatsächlich als Beweis für die außergewöhnliche Beliebtheit gelten, der sich Pannwitz bei den einfachen Kosaken erfreute. Das unbestätigte Gerücht ging um, daß die Engländer, mit dieser Popularität rechnend, absichtlich die Wahl in die Wege geleitet hätten, um auf diese Weise endgültig über die Zugehörigkeit der Person von Pannwitz zu entscheiden, da sich hier ja eine unterschiedliche Interpretation ergeben konnte, ob er nämlich als deutscher oder als Kosaken-Offizier behandelt werden müsse ... Aber das waren nur Gerüchte.

Ein Kosak, der für Pannwitz gestimmt hatte, präzisierte seine persönliche Ansicht auf diese Weise:

„Deutsche und Engländer, wenn sie sich heute auch bekriegen, aber sie sind immer, wie man sagt, westliche Menschen. Ihm wird's da schon leichter, mit ihnen zu reden, dem Pannwitz, leichter als einem Bruder von uns, der weder die Sprache kennt noch sonst was. Soll er doch unsere Interessen verteidigen."

In jedem Fall, der Verlauf der Zeremonie war ebenso bezeichnend wie feierlich zugleich. Pannwitz hielt eine Rede, in der er für das Vertrauen dankte und erklärt dann:
„Liebe Kosaken! Unter uns weilt ein Vertreter der britischen Armee. Da er nicht russisch kann, so erlaubt also, daß seine Worte in der Übersetzung wiedergegeben werden. Sie lauten wie folgt:
‚Kosaken! Die britische Regierung seiner Königlichen Majestät nimmt euch unter ihre Obhut. Niemand mag den Gerüchten Glauben schenken, daß man euch den Sowjets auszuliefern habe! Die britische Regierung denkt daran, euch nach Kanada oder nach Australien zu verlegen. Die Frage ist noch nicht entschieden. Vorläufig kennen wir euch wenig. Ich bitte euch daher, wahrt Disziplin und Gehorsam euren Führern gegenüber. Durch euer eigenes Verhalten werdet ihr am wirksamsten die Beschuldigung entkräften, die seitens der Sowjet-Regierung gegen euch erhoben wird, nämlich daß ihr keine Armee sondern eine ‚Bande‘ seid. Erbringt den Beweis, daß es nicht so ist.‘“
„Hurra! Uraaa! Hoch lebe Groß-Britannien!“ erschallte es durch den kleinen österreichischen Flecken Althofen. Dann trat ein Vertreter der Kosaken vor und bat um Übersetzung einer Bitte, die er im Namen aller Regimenter vorbringe:
„Wir danken der britischen Regierung für ihre Fürsorge und bitten darum, uns nicht zu trennen, sondern wohin wir auch immer verschickt werden sollen, nach Kanada oder Australien, dann immer gemeinsam. Außerdem, daß man uns erlaubt, unsere Bräuche und Tradition zu bewahren.“
„Gut“, erwiderte der Oberst. „Ich werde eure Bitte an meine Regierung weiterleiten und bitte noch einmal darum, strenge Disziplin zu wahren, damit ich nicht in die Lage komme, für euch erröten zu müssen.“
Ein zustimmendes „Uraa!!“ war die Antwort auf die Erwiderung des britischen Offiziers.
Es existieren keine Unterlagen, welche die Feststellung erlaubten, der Oberst habe schon am 24. Mai gewußt, was für eine Vereinbarung in Wien am Tage zuvor, am 23. Mai, getroffen worden war.

Nach der Wahl zog Pannwitz von Althofen nach dem unweit gelegenen Mülln um, wo er mit dem engeren Stab im Schulgebäude Quartier bezog. Die Kosaken der Stabswache aber wurden in die Nachbarhäusern untergebracht.

*

Zwei Tage später, am 26. Mai um 9 Uhr morgens, fuhren vor das Schulgebäude in Mülln zwei leichte und zwei schwere Lastwagen der Engländer vor. Aus dem ersten Wagen stieg ein Oberst, der auf einen Spazierstock gestützt über die Stufen hinaufschritt und in die Schule trat. Er blieb etwa eine Stunde. In der Zwischenzeit fuhren leichte englische Panzer in das Dorf ein.
Pannwitz und die Offiziere seines Stabes ließ man in die beiden leichten Wagen, die Kosaken in die Lastwagen einsteigen. Leichte Panzer und Kradschützen mit Maschinenpistolen bildeten die Bedeckung. Die ganze Kolonne schlug die Straße nach Völkermarkt ein und nahm von dort aus Richtung auf Judenburg an der Mur. Auf der anderen Seite des Flusses standen schon sowjetische Posten.

*

Ehe die Kunde von diesem Ereignis die weit verstreuten einzelnen Kosaken-Einheiten erreichte, das heißt also am 27. Mai, war der Kommandeur des 1. Don-Regiments, Major Ostrowski, allerbester Stimmung. Die Engländer hatten ihm sein eigenes Auto zur Verfügung belassen, und er war nun auf dem Weg zum Sibirischen- und zum Kalmücken-Regiment, die zeitweilig seiner Führung unterstellt waren und die er inspizieren wollte. In der Gegend von Feldkirchen beschloß er, in die Ortschaft Sirnitz zu fahren, wo der Stab der 1. Kosaken-Division mit dem Divisions-Kommandeur, Oberst Wagner, in Quartier lag. Ihm lag daran, Neues zur Lage zu erfahren, worauf in diesen Tagen jeder erpicht war. Vielleicht waren auch schon konkrete Informationen über das weitere Schicksal des XV. Korps eingetroffen.
„Muß man lange warten?“ fragte der Fahrer.
„Nein, nicht lange. Wir fahren gleich weiter.“
Ostrowski meldete sich beim Adjutanten, man ließ ihn so-

gleich eintreten. Auf der Schwelle aber blieb er wie angewurzelt stehen. Oberst Wagner, der sich im Korps ebenso durch seinen Mut wie durch seinen mächtigen Körperbau hervortat, hatte das Aussehen eines gebrochenen Mannes. Die Augen tief umrandet, die Gesichtshaut wie plötzlich erschlafft. So sehen Menschen nach langer Schlaflosigkeit oder nach einem Gelage von vielen Nächten aus. Ostrowski schien es sogar, als ging ein leichtes Zittern durch die kraftvollen Hände des Obersten. Als alter kampferprobter Offizier vermutete er sofort, daß etwas Schlimmes, vielleicht sogar sehr Schlimmes vorgefallen sein mußte. Von dieser Vorahnung angerührt, richtete er einen fragenden Blick auf Wagner. Der Oberst wies ihm mit stummer Gebärde einen Stuhl. Erst als der Adjutant das Zimmer verlassen hatte, fragte er:
„Was beabsichtigen Sie zu tun?"
„Ich? ..."
„Sie wissen noch nichts?"
„Ja, was denn?"
„Sehen Sie, bei mir war General Archer und gab den Auftrag, die Regimenter sollten zu den neu bestimmten Unterkunftsplätzen in Weitenfeld abrücken, wo die Pferde den Pferdehaltern übergeben und sie selbst Lager beziehen sollen. Ich habe nun erfahren, das sind dort Gefangenenlager mit Stacheldraht umzäunt usw. An sich ist nichts Unnormales dabei. Eher im Gegenteil. Ich hätte es tausendmal lieber gesehen, wenn sie uns von Anfang an als gewöhnliche Kriegsgefangene behandelt hätten, allen Gesetzen und Vorschriften gemäß, die für Kriegsgefangene vorgesehen sind, lieber als diese ganze Komödie ..."
„Komödie? ..."
„Sofort! Gleichzeitig habe ich erfahren, daß das ganze Kosaken-Korps den Bolschewiken ausgeliefert werden soll. Das bedeutet Tod oder in jedem Fall ein tragisches Ende."
Ostrowski erblaßte.
„Kann denn diese Nachricht ... kann denn diese Information", verbesserte er sich aus irgendeinem Grund, „als sicher gelten?" —
„Leider, vollständig sicher. Der Chef unserer Feindaufklä-

rung, Major Tritsch, hat sie aus zweifelsfreien Quellen. Ich rate Ihnen, zum Russischen Korps zu fliehen, das sich aus alten Emigranten zusammensetzt. Solange noch Zeit ist. Anscheinend wird man die alten Emigranten nicht ausliefern. Auch das hat Major Tritsch herausbekommen."

„Und Sie, Herr Oberst?"

„Ich warte auch nicht mehr. Hab' alles vorbereitet. Ich nehme mein Handpferd mit, meinen Pferdeburschen und werd' versuchen, mich so durchzuschlagen, auf Gebirgspfaden, nach Bayern. Das Wichtigste jedoch ist, die Leute zu benachrichtigen. Meinerseits hab' ich alle, die ich erreichen konnte, über die beabsichtigte Auslieferung informiert und ihnen freie Hand bei der Wahl ihres Entschlusses gelassen. Es geht jedoch um eine möglichst weite Verbreitung dieser Nachricht bei den einfachen Kosaken. Unter anderen wollte ich auch Sie um Unterstützung bitten. Um jeden Preis muß man die Kosaken benachrichtigen."

Ostrowski stand auf. Auch Wagner erhob sich, trat auf den Major zu und umarmte ihn zum Abschied. Es schien Ostrowski, als sähe er in seinen Augen Tränen.

Bald trennten sich ihre Wege. Oberst Wagner machte sich zu Pferd auf den Weg, hielt sich auf Waldpfaden, querfeldein, durchs Gebirge, in nordwestlicher Richtung. Ostrowski befahl, zuerst zum Standort des Russischen Korps zu fahren, um dort vor dem bevorstehenden Verrat zu warnen, dann ließ er sich zu seinem 1. Don-Regiment zurückbringen.

Es war zehn Uhr abends.

*

Iwan Jacenko, ein Kamerad Mitias aus dem Kadettenkorps, dem er bei Waraschdin begegnet war, wurde in den letzten Tagen vor der Kapitulation zum Leutnant ernannt und zu einem anderen Regiment versetzt. Beim Stab des 1. Don-Regiments befand er sich an diesem Tag rein zufällig. Wie die anderen Offiziere genoß er verhältnismäßig große Bewegungsfreiheit. Da er die Sprache kannte, unterhielt er sich mit vielen Engländern, die in dem gleichen Hotel lagen und freute sich, Anzeichen aufrichtiger Anteilnahme bei ihnen festzustellen und auch Verständnis für die Situation zu finden, in der sich die antisowjetischen Emigranten befanden, oder vielmehr die Kämpfer für die Freiheit ihres eigenen Vaterlandes. Mit einem britischen Leutnant ließ er sich sogar gemeinsam fotografieren und erklärte ihm verwickelte politische Probleme sowie die krumme Linie, die zwischen den ideologischen Fronten der Welt verläuft.

„O, yes. I see", wiederholte der Engländer.

Später ließ ihn Jacenko auf seinem Pferd reiten, was dem anderen sichtlich Freude machte.

Es war schon nach dem Abendessen, als Major Ostrowski alle Offiziere des Regiments zu einer Beratung rufen ließ. Gerade erst vor einem Augenblick hatte er jenen Befehl der britischen Führung erhalten, von dem Wagner gesprochen hatte, daß nämlich das Regiment am nächsten Tag seinen Standort wechseln solle. Ostrowski gab warnend bekannt, um welche Art von ‚Standortwechsel' es gehe und machte den Versammelten Mitteilung über die geplante Auslieferung. Der Eindruck war niederschmetternd. Nach einigen sachlichen Fragen trat eine Weile quälenden Schweigens ein. Jacenko war bei der Beratung anwesend; er glaubte es einfach nicht.

„Ich hätte gern Ihre Meinung darüber gehört, wie es uns als Offizieren zukommt, in dieser Situation zu handeln. Bitte den Fähnrich ..." wandte er sich im Sinne der traditionellen Gepflogenheit, bei Kriegsberatungen an den rangjüngsten Anwesenden.

Ein Fähnrich stand auf und äußerte, Pflicht und Ehre des Offiziers erlaube es nicht, in einem solchen Augenblick die einfachen Kosaken im Stich zu lassen. Dieser Ansicht stimmten der Reihe nach alle Offiziere zu. Danach trat wieder bedrücktes Schweigen ein. Man wartete auf den Befehl des Kommandeurs. Ostrowski stand auf: „Ich befehle, die Kosaken morgen während des Marsches über die drohende Auslieferung an die Bolschewisten zu unterrichten. Gleichzeitig sind sie von den Pflichten des Dienstes zu entbinden. Jeder kann nach eigenem Ermessen handeln. Das Gleiche gilt, von morgen an, für alle Offiziere. Die Beratung ist beendet."

Jacenko wollte seine Zweifel zum Ausdruck bringen und wieder blieb er stumm.

Der Morgen des 28. Mai stieg mit heller Bläue und warm herauf und kündete einen ebenso heißen Tag an wie in dem um 100 Kilometer westlich gelegenen Lienz. Die leichte Gebirgsluft roch nach harzigem Wald. Im Hotelhof krähte ein Hahn, den bis zur Stunde noch keine der durchziehenden Kampftruppen verspeist hatte. Von der Wiese her drangen Stimmen und das Klirren von Kavallerie-Geschirr. Die Kosaken sattelten zum letzenmal ihre Pferde ... Der scharfe Schrei eines Habichts erhob sich über dem Wald. An den Rändern der Straße, die sie marschieren mußten, standen britische Wachen, Maschinengewehr-Nester, kreuzten leichte Tanks, hier und da sah man auch Panzer.
Vornweg rückten neun Sotnien des 1. Don-Regiments ab, dahinter eine Panzergruppe der ROA, ein ukrainischer Verband, die 3. bespannte Kuban-Batterie und Trosse. Das 2. Sibirische und das Kalmücken-Regiment warteten auf ihre Marschfolge. Auf der chaussierten Straße erschallte das wohlbekannte Trappeln eisenbeschlagener Hufe. Sie zogen dahin, ohne Gesang, mit dem sie sonst nach ihrer Gewohnheit einen so schönen Morgen wie diesen begrüßten. Die Unterhaltung in den Reihen war gedämpft. Die Offiziere begannen, an der auseinandergezogenen Kolonne entlang zu reiten und den Kosaken etwas zu sagen, was die Engländer nicht verstehen konnten. Jacenko sah, wie die Gesichter einiger Kosaken unter dem Eindruck der eben vernommenen Worte erblaßten, andere zuckten nur mit den Achseln. Dieser und jener spuckte vor die Hufe. Der eine und andere fluchte unflätig und hart. Voller Erstaunen öffneten einige ihren Mund, bei andern verzog sich das Gesicht zu einer harten, bösen Maske, aus der man nicht erkennen, nicht ablesen konnte, welchen Entschluß sie fassen würden. Aber die Kolonne marschierte weiter. Wie ein Schauder lief durch ihre Reihen ein Flüstern, von fern her ähnlich dem Flüstern verdorrter Blätter. Die Kolonne zog in Marschordnung weiter. Tief innen glaubte es Jacenko noch nicht. Vorläufig unterhielt er sich mit niemand, führte keine politischen Argumente ins Feld, wie er sie einst Mitia vorgetragen hatte.
Er verschob das auf später, verbarg es in dem tiefsten Ge-

heimfach seines Verstandes; denn er spürte, er dürfe sich nicht verzetteln. Einstweilen sammelte er sich und konzentrierte seine Kraft darauf, nicht zu glauben. Nicht zu glauben an diesen für ihn so offenbaren Widersinn dieses Tages, der alles andere überdeckte. Er hätte in diesem Augenblick nicht sagen können, was denn werden solle, aber nicht das, nur nicht das!

Der erste war ein Kosak, der vom Pferde sprang und zu Fuß im Dickicht des Waldes verschwand. Sein Pferd lief gehorsam, wie es der Dienst, den es seit je geleistet hatte, fordert, reiterlos in der Rotte mit. Dann, an einer Stelle wo nach links ein kleiner Waldweg abbog, mit grünem Gras bedeckt, so einem typischen hellen Gras, das da mit einem Mal mit seiner unbefangenen Frische von der Schwärze des Tannenwaldes abstidht, drehten zwei Sektionen Kosaken mit einem alten Wachtmeister an der Spitze plötzlich ab und trabten mitten hinein in den Wald, mit den Eisen der Hufe die grüne junge Grasnarbe verwundend. Die Engländer bemerkten es nicht. Nicht überall standen in gleichen Abständen längs der Straße ihre Posten. Noch an einer anderen Stelle brach ein Halbzug aus und galoppierte ins Gebirge, hier und da floh noch ein einzelner zu Pferd oder zu Fuß. Doch die Kolonne zog weiter.

„Sie glauben's nicht, so wie ich", dachte Jacenko. „Oder haben sie nur Angst, aus der Herde zu brechen? Die Anziehungskraft der Masse ist groß. Eine Menschenmasse läßt sich von anderen Gesetzen und von anderen Vernunftsgründen leiten als der Einzelmensch. Verwandelt sich die Quantität in Qualität? Die Lehre des Marxismus behauptet: ja. Und die Bolschewisten bauen auf dieser Lehre ihre Praktiken auf. Sie wissen viele derartige Dinge, die dem Auge des Einzelnen verborgen bleiben. Groß ist die Anziehungskraft des Kollektivs, manchmal kommt sie der Erdanziehung gleich. Im großen Haufen ist's sicherer. Und später ... wird man schon sehen."

Die Kolonne zog weiter und mit ihr alle Offiziere. — Daß ich nicht fliehe, das verstehe ich, aber sie? Warum sie nicht? — überlegte Jacenko.

Diese Überlegungen unterbrach eine jener unzähligen Straßenwindungen, hinter der die Baulichkeiten der Sägemühle in Weitensfeld auftauchten. Sofort fiel der zum Lager bestimmte Platz in die Augen, von einem dichten Stacheldrahtzaun umgeben. Hier wurden die Offiziere angehalten und von der Truppe getrennt. Die Kosaken sollen weitermarschieren, nur ein kurzes Stück, in ein zweites, nur viel umfangreicheres Quadrat, das dem ersten aufs Haar gleicht; auch mit Stacheldraht umzäunt. Dort läßt man sie absitzen, und eigens bestimmte Pferdehalter führen die Pferde auf die Wiesen fort. Die Zurückbleibenden werden sie nie wiedersehen. Die Troßwagen stehen, halb verwüstet, am Weg. Die Offiziere haben das Recht, je eine Ordonnanz mitzunehmen. Unter den etwa 190 Männern befinden sich auch vier Frauen. Zwei Offiziersfrauen, die Witwe eines Militärarztes und die Tochter eines Geistlichen. Jacenko steigt träge ab, zieht mit gewohnter Bewegung vorschriftsmäßig die Steigbügel hoch, damit sie nicht an den Flanken baumeln, hängt die Riemen ein, kehrt sich ab und geht mit den andern hinter den Stacheldraht. Nun, und was jetzt?
Die Offiziere läßt man in Doppelreihe vor der Stabsbaracke antreten, und es beginnt eine Durchsuchung, von den ungeschlachten Soldaten der Walliser Königlichen Leibgarde durchgeführt. Sie müssen alle die Hände hoch nehmen. Ein rothaariger Sergeant fuchtelt mit einem Knüppel vor den Gesichtern herum und schreit, wenn seine Befehle nicht sofort ausgeführt werden. „Was sollen das schon für Offiziere sein", hörte Jacenko den Sergeanten bissig zu seinen Soldaten bemerken, „ganz gewöhnliche Verräter." So ist's doch wahr, was Major Ostrowski gesagt hat, dachte er.
Die Burschen der Walliser Garde durchsuchen jeden und nehmen was ihnen gefällt: Uhren, Geld, persönliche Kleinigkeiten. Eine Gruppe englischer Offiziere steht abgesondert, sie rauchen und sehen nicht hin. Als die Reihe an Jacenko kam, empfand er es als sehr peinvoll, daß es ihm nicht gelingen wollte, das Zittern der erhobenen Hände zu beherrschen. Es geschah nicht aus Angst oder der Erniedrigung wegen. Er hatte bis zum Überdruß schlimmere, viel

schlimmere Dinge im Verlauf des Krieges gesehen. An diese Eindrücke war er schon gewöhnt. Es war auch nicht so, daß er mit einem Mal an die bevorstehende Auslieferung an die Bolschewisten geglaubt hätte. Daran dachte er nun wieder gar nicht mehr. Etwas anderes bedrückt ihn innerlich und geht auf eine sonderbar persönliche Art nur ihn etwas an. Ihn, der fünfundzwanzig Jahre in Westeuropa zugebracht hat ... Der Soldat der Walliser Königlichen Garde hat seine Taschen durchsucht und ihm aus der linken oberen Uniformtasche einen teuren Goldfüllfederhalter weggenommen. Jacenko kniff unwillkürlich die Augen zu.
Man darf die Hände schon herunternehmen, die Durchsuchung ist beendet. Bei keinem hat man versteckte Waffen gefunden. Die Kosakenoffiziere wandern gedankenlos durchs Gras des Lagerplatzes oder stehen in Gruppen herum und reden halblaut miteinander. Major Ostrowski hat offiziell gegen die Wegnahme des persönlichen Eigentums protestiert. Nervös gestikulierend bringt er seinen Protest den Briten vor, ihnen, die lebhafte Gesten und Händefuchteln so gar nicht mögen.
Jacenko fühlt, in seinem Innern war etwas zusammengestürzt und drängt nun nach außen, er vermag nicht länger zu schweigen. Vielleicht ist es die Reaktion auf das allzu lange gewahrte Schweigen. Er muß jetzt reden, viel reden, ganz gleich zu wem. Schnell tritt er auf einen Kosaken-Obersten zu, der da allein für sich steht und den er gestern erst flüchtig kennengelernt hat, und beginnt hastig, ihm sein Herz auszuschütten:
„Wissen Sie, man hat mir meinen Füllfederhalter gestohlen ..."
Der Oberst, mit schon ergrauten Schläfen, sah ihn mit einem leeren Blick von der Seite an, nahm die Zigarette aus dem Mund und antwortete, indem er stoßweise den Rauch von sich blies:
„Nicht Ihnen allein ..."
„Ja, aber das ist doch ..., das ist doch etwas ... Sie verstehen, Herr Oberst: einen Füllfederhalter ..."
„Mhm ..., das ist nicht das Wichtigste im Leben."

„Nicht darum geht's ... Natürlich nicht um den Wert, um den Preis. Es geht ... Sie verstehen, ich war in England, hab' einige Jahre in London gewohnt ... Und wissen Sie, auf der Haltestelle High Street Kensington ..."

„War niemals in London", unterbricht ihn der Oberst und betrachtet angelegentlich einen Berggipfel.

„Das ist eine Station der Untergrundbahn, na ja ... Ich steig' gerade aus der Circle Line aus und hab's eilig, wissen Sie? Ich hatte da was auf einem Zeitungsrand notiert. Das heißt, das war so: wir fahren ein und ich seh' schon auf blauem Untergrund die Aufschrift: High Street Kensington ... Und dann natürlich Reklameplakate. Sie haben sogar ganz hübsche Plakate. Und hier sollt' ich aussteigen. Ich fahr also hoch, laß in der Eile die Zeitung liegen und spring auf den Bahnsteig hinaus ... Dann lauf ich die Treppen hinauf ... Das sind dort gewöhnliche Treppen, nicht solche, die sich selbst bewegen. Ich mußt' mich beeilen, denn ich war mit jemand verabredet, bei Barkers ..."

„Bei wem? Wo?" fragt etwas unwillig der Oberst, der ganz offensichtlich mit seinen eigenen Gedanken beschäftigt ist ...

„Ach, Sie wissen nicht ... Barkers ist eins der größten Warenhäuser in London. Da ist immer ein so großes Gedränge. Übrigens auch auf der ganzen Kensington-Straße. Und da, wie ich schon in diesem Warenhaus bin, im größten Gedränge, berührt da ein Herr meinen Arm: ‚I am sorry', das heißt ‚es ist mir peinlich, hätte Sie kaum eingeholt. Sie haben Ihren Füllfederhalter in der Bahn liegen gelassen. Einen ganz neuen Goldfüllfederhalter!"

„Mhm."

„Ich sage: ‚Ach, wie kann ich Ihnen danken! Sie haben sich solche Mühe gegeben!' Und er: ‚Ich freue mich, daß ich es geschafft habe, Sie einzuholen.' Und ich sag zu ihm: ‚Herzlichen Dank!' Und er antwortet: ‚Thank you', ‚ich danke auch.' Sie verstehen also, was das für Menschen sind und welche Kultur! Wie würde das bei uns passieren, in so einem Woronesch, zum Beispiel!"

„Sind Sie aus Woronesch?"

„Nein, nicht darum geht es doch, Herr Oberst! Doch nicht

darum! Es geht darum, daß hier plötzlich, jetzt, ein königlicher Gardist mir eben diesen gleichen Füllfederhalter stiehlt ... Mir, dem wehrlosen Offizier, dem Gefangenen!"
„Und mir die Uhr."
„Na also, wie kann den das sein, zum Teufel! Das sind doch schließlich ... Wie ist das zu erklären? Ja, sagen Sie doch, wie erklären Sie sich das? Es muß doch irgendeine Erklärung geben! Wie kommt es dazu? Nur durch den sogenannten Kriegsbrauch?"
Der Oberst steckte sich mit dem Stummel der letzten die nächste Zigarette an.
„Ich denke", antwortete er, „das ist ein Brauch ... Wie soll man sagen, eher ein typisch menschlicher Brauch. Aber sofort, man gibt da was bekannt." Und er ging zur Seite, wo gerade die meisten Offiziere zusammengetreten waren. Jacenko folgte ihm willenlos.
Ein britischer Offizier ließ durch einen Dolmetscher mitteilen, dies Lager hier sei nur provisorisch. Morgen früh müßten alle abmarschbereit sein.

*

In dieser Nacht schlief niemand. Ein geplagter Mensch gleicht einem Baum, an dessen Wurzeln bösartiges Ungeziefer nagt. Denn so sind schon die Gesetze der Natur, daß man in ihnen immer Analogien wahrnehmen kann. Manchmal sehr entfernte Analogien, aber doch sind sie da: Zwischen Mensch, Tier und Pflanze.
Am Morgen des 29. Mai traten sie an mit allem, was sie noch besaßen. Die junge Witwe des in Kroatien gefallenen Militärarztes hatte ein Grammophon bei sich, von dem wollte sie sich nicht trennen. — Bald marschierte eine Abteilung britischer Soldaten ihnen gegenüber auf. Auch eine Gruppe von Offizieren erschien. Ein älterer, mit Generalsabzeichen an der Uniform, trat vor die Front der Kosaken-Offiziere, und mit kurzen Worten erklärte er kalt: „Auf Grund der zwischen der Regierung Seiner Königlichen Majestät und der Regierung der Union der Sozialistischen Sowjet-Republiken

getroffenen Vereinbarung werden alle Kosaken, Offiziere wie Soldaten und auch ihre Familien, den sowjetischen Behörden übergeben."

Tödliche Stille trat ein. Eine Stille, die bei einer großen inneren Sammlung entsteht und die oft nach der Verkündung eines Todesurteils eintritt. Der Engländer sagte noch etwas über die ordnungsmäßige Abwicklung der Angelegenheit, aber trotz der anhaltenden Stille hörte ihn niemand. Als erster trat Major Ostrowski vor: Mit offensichtlicher Mühe nur konnte er Worte finden, und während er mit noch größerer Anstrengung versuchte, den Anschein äußerer Ruhe zu wahren, protestierte er feierlich im Namen der Offiziere und Soldaten. Im Namen aller Kosaken — im Namen von Menschenwürde und Menschenrecht ... Er fing an, immer schneller zu sprechen, immer ungeordneter. Alle begriffen, was er da sagte ist zwecklos, hat keinen Sinn mehr. Er sah es selbst ein und brach plötzlich ab. Die Engländer hörten sich, leicht gelangweilt, an, was da der Dolmetscher wiederholte. Sie hatten es eilig, diese Sache möglichst schnell zu beenden, die zweifellos für viele von ihnen persönlich peinlich sein mußte.

„Leider", erklärte der General, „ich führe nur Befehle aus, die mir erteilt worden sind. Alle müssen entweder gutwillig oder unter Anwendung von Gewalt ausgeliefert werden."

In diesem Augenblick fuhren Lastwagen auf den Platz.

„Bitte, in die Wagen einzusteigen!"

Niemand rührte sich. Da richteten auf ein Zeichen hin die in der Nähe aufgefahrenen leichten Tanks ihre Geschütze auf die Kosaken-Offiziere. Die Soldaten nahmen Schußposition ein. Immer noch rührte sich niemand.

Über das Gesicht des Engländers lief ein nervöses Zucken. Er zog die Augenbrauen hoch und erklärte scharf:

„Ich habe gesagt, daß alle ausgeliefert werden, und Sie werden auch alle ausgeliefert, tot oder lebendig. Daher schlage ich vor, wer am Leben bleiben möchte, der trete rechts raus. Und wer lieber erschossen werden will, nach links."

Noch einen Augenblick Stille, noch immer rührte sich niemand. Es mochte sein, daß die meisten nicht recht daran glaubten, daß man schießen werde. Plötzlich eine von Verzweiflung zerrissene Frauenstimme: „Verfluchte, Verräter, Seelenverkäufer!" schrie gellend die junge Arztwitwe. „Ins Vaterland! Ja ins Vaterland! Uns läßt man nirgend leben!" Mit einem Tritt ihres Absatzes versuchte sie, das Grammophon, das nahe bei ihr stand, zu zertrümmern. Aber der Absatz wie auch der Tritt waren offenbar zu schwach; das Grammophon überschlug sich nur und ließ sich nicht zerstören. Da begann sie, auf ihren Sachen herumzutrampeln und sie wegzuwerfen.

Als erster ging ein Geistlicher, Pater Ewgenij, zu den Wagen. Hinter ihm einer nach dem andern, die meisten Offiziere. Unter ihnen auch Jacenko, der dritte in der Reihe. Aus einer inneren Leere heraus verspürte er keine Lust, Widerstand zu leisten. Im Weitergehen dachte er: „Sie werden nicht schießen, gewiß nicht. Sie wollen uns nur schrecken." Aber er ging weiter; denn er sah keinen anderen Weg vor sich. Schweigend kletterte er auf einen Wagen und kauerte sich in eine Ecke. Die mit ihrer Menschenfracht beladenen Wagen fuhren auf die Straße hinaus und hielten in einer Entfernung von achthundert Metern vom Lager.

Auf dem Platz blieb nur eine kleine Gruppe um Major Ostrowski zurück. Neue Drohungen wurden gegen sie ausgestoßen. Da trat ein Sotnik auf den General zu, wendete sich an den Dolmetscher und bat darum, je eine Patrone für jeden auszugeben, damit sie Selbstmord verüben könnten. Auch diesmal hörte der General bis zum Ende zu, machte eine verneinende Kopfbewegung und gab den Flammenwerfern ein Kommando. Feuerstrahlen versengten ringsum das Gras.

„Besser hinsetzen", sagte jemand. „Die Füße schmerzen. Sollen sie uns doch verbrennen." Die Verurteilten setzten sich auf den Rasen. Einer von den Geistlichen begann, mit lauter Stimme die Gebete herzusagen, die man in der Todesstunde spricht.

Die Flammenwerfer spien noch dreimal Feuer, die Gruppe aufzuschrecken, aber ohne Erfolg. Da kam ein neuer Befehl an die Soldaten, unverständlich zunächst für die Sitzenden.

Die Soldaten ließen ihre Waffen stehen und eilten davon. Nach kurzer Zeit erschienen sie wieder mit Knäueln von festen Schnüren und Draht. Sie fingen beim ersten an und banden ihn. Major Ostrowski sprang auf, und Schaum vor dem Mund, begann er, den britischen General zu beschimpfen. Er suchte dabei angestrengt nach italienischen Flüchen; denn er kannte diese Sprache und meinte, der General könne sie während des italienischen Feldzugs gleichfalls ein paar Brokken gelernt haben. Jemand zog ihn am Ärmel:
„Ach lassen Sie doch! Sie sollen uns nicht binden! Mit freien Händen ist's leichter zu fliehen!"
Da kapitulierten sie. Diese letzte Gruppe warf ihre Sachen weg und begab sich zu den Wagen. Die Engländer waren ganz offensichtlich befriedigt. Ein neben Ostrowski gehender Garde-Offizier riet ihm vertraulich:
„Nehmen Sie lieber die Ordensbänder ab."
Der Major riß sie mit einem Ruck alle herunter und warf sie in das versengte Gras. Da bückte sich der Engländer lächelnd, hob sie auf, schüttelte den Staub ab und steckte sie in seine Brieftasche:
„Das heb' ich mir als Andenken auf", sagte er gleichmütig. Ostrowski schoß das Blut ins Gesicht und ihm wurde schwarz vor Augen. Er riß sich den Uniformkragen auf, warf die Papache vor seine Füße, es fehlte nicht viel, daß er dem Offizier ins Gesicht geschlagen hätte.
„Aber jetzt", schrie er, „hab' ich genug! Jetzt könnt ihr mich ruhig erschießen, ich rühr' mich nicht von der Stelle!"
Man sah ihn als gefährlichen Sanguiniker an. Zwei Soldaten packten ihn an den Händen, ein dritter drückte ihm die Maschinenpistole in den Rücken, und so führte man ihn zum Wagen und bugsierte ihn hinein. Die Fahrzeuge setzten sich in Bewegung.
Sie waren jedoch kaum abgefahren und hatten noch nicht auf die übrigen, zuvor beladenen Lastwagen, die auf der Straße warteten, aufgeschlossen, als sich ein ungewöhnlicher Vorgang abzuspielen begann: Von hinten hörte man Schreie, ein Pfiff, ein kurzes Hupen. Man sah, wie ein Melder auf staubbedecktem Motorrad ins Lager gejagt kam. Nach kur-

zem Hin und Her wurde der Konvoi angehalten und Major Ostrowski zum britischen Kommando zurückgerufen. Hier erklärte man ihm, daß der Befehl eingetroffen sei, alte Emigranten hätten das Recht, zu bleiben und würden nicht ausgeliefert.

„Wir fahren jetzt zur Kolonne vor", sagte der General, „und Sie legen eine Liste der Offiziersgruppe vor, der vom letzten Wagen. Wer von ihnen ist alter Emigrant?"

„Gut."

Als der Major sich dem Lastwagen näherte, auf dem die Gruppe der ‚Aufsässigen' hockte und ihnen zu verstehen gab, sie sollten sich alle als Emigranten von vor 1938 ausgeben, rief jemand aus dem Wageninnern:

„Herr Major! Sotnik Popow ist wahnsinnig geworden!"

Man hob ihn vom Wagen. Schaumspeiend, mit verdrehten Augen, mit bläulich angelaufenem Gesicht, legte man den ehemaligen Offizier der Nischnij-Nowgoroder Dragoner, der später der Fremdenlegion und zuletzt dem XV. Kosaken-Korps immer als Offizier angehört hatte, dem britischen General vor die Füße. „Well", sagte der. „Ins Lazarett. Ich bitte um die Liste." Einen Augenblick später überreichte ihm Ostrowski das verlangte Verzeichnis.

„Alles alte Emigranten? Well, können aussteigen."

„Und die andern? Und die in den vorderen Wagen? General, dort sind doch die meisten auch alte Emigranten!"

„O nein! Die betrifft das nicht. Sie haben sich doch freiwillig bereit erklärt, zu fahren." Und er gab jenen Wagen das Abfahrtszeichen.

*

Jacenko, der an der Seite saß, sah von seinem Platz aus genau, was sich hinten abspielte. Im letzten Augenblick, als die Gruppe der ‚Aufsässigen' abzusteigen begann, erfaßte eine schreckliche Sehnsucht nach Freiheit, nach dem Leben, sein Herz, so übergroß vielleicht, daß der plötzliche Schmerz unerträglich schien und in eine durch Verzweiflung gelinderte Stumpfheit überging.

*

Es mochte in Zwischenwässern an der Gurk sein, noch 65 Kilometer vor Judenburg, da sie gerade über die Brücke fuhren; als er sich in einem plötzlichen Entschluß weit hinauslehnte, blitzartig nach der Kante des Fahrzeugs griff, die letzte größte Anstrengung seines Lebens vollbrachte und mit vollem Schwung in den Abgrund sprang.
Die im Wagen saßen, hielten den Atem an. Jemand schrie unwillkürlich auf. Die Begleitposten lehnten sich ungestüm zum Wagen hinaus, aber das schwere Fahrzeug rollte weiter und hielt nicht an.
„Ech", ließ sich nach einer Weile ein Sotnik vernehmen, der Jacenko kannte, „ist Wania aber runtergeflogen ..."

*

Am gleichen Tag, am 29. Mai 1945, wurden die Kosaken-Regimenter des XV. Korps aus der Stacheldrahtumzäunung herausgeholt. Einigen versicherte man, sie würden verladen und nach Italien gebracht. — „Warum nach Italien?" fragten sie. „Da sind auch schon eure Offiziere!" Die meisten Kosaken glaubten das. In Wirklichkeit jedoch transportierte man sie in die entgegengesetzte Richtung. Und zwar nach Judenburg, wo hinter der Brücke, auf dem linken Ufer der Mur, schon sowjetische Posten standen.

DIE KONFERENZ

Zu der angekündigten Konferenz mit den höheren britischen Kommandostellen fuhren am 28. Mai 1945 aus Lienz das Offiziers-Korps des Kosaken-Stans in folgender zahlenmäßiger Aufgliederung: 38 Generale, 167 Oberste, 286 Oberstleutnante, 375 Esauls, 460 Unter-Esauls, 526 Sotniks, 756 Fähnriche, 124 Militärbeamte, 28 Truppen-Ärzte und ärztliches Personal, 2 Fotografen, 5 Verbindungsoffiziere der ROA und 2 Geistliche, insgesamt 2201 Offiziere.

Erst als sie in den Lastwagen Platz genommen hatten, befiel einige von ihnen eine Vorahnung. Es war sehr unbequem in den Fahrzeugen. Ein Teil der Offiziere mußte stehen. Obwohl es sehr heiß war, zog man die Planen über. Neben den Fahrern nahmen mit Maschinen-Pistolen bewaffnete Soldater Platz. Nach zwölf Kilometern Fahrt hielt die Kolonne an. Leichte Panzer näherten sich und begleiteten sie auf dem weiteren Weg. Sie fuhren die Drau entlang über Greifenburg — Steinfeld — Sachsenburg — Möllbrücke...

„Wohin fahren wir eigentlich?" fragte man sich unterwegs mehrmals.

„Der Teufel mag's wissen. Sie haben gesagt, nach Villach, aber..."

Der Zweifel wuchs. Es ist nicht so leicht, sich von einem Extrem ins andere zu zwingen. Aus dem Gefühl der Geborgenheit in die Angst, vom Vertrauen in die Verzweiflung. Von über 2000 Offizieren änderten nur fünf von Grund auf ihre Meinung. Sie sprangen unterwegs von den Wagen und entkamen in die Wälder.

Bei Möllbrücke biegt die Straße, immer dem Flußbett der Drau folgend, plötzlich nach Südosten ab und dreizehn Kilometer weiter liegt die Stadt Spittal. Die Fahrzeuge fuhren durch das Tor eines Lagers, das dreifach mit Stacheldraht umzäunt war. Überall standen in dichter Folge Posten. Die Wagen begannen sich zu leeren. Und noch fanden sich einige, die sich beim Füße-Vertreten umsahen und fragten:

„Also hier soll die Konferenz stattfinden? ...“
Ein Offizier, ein britischer Arzt, rief herüber:
„Sind Dr. Djakonow und Professor Wierzbickij da?“
„Jawohl!“
Wollen Sie sich bitte, Herr Professor, zu Ihrem kranken General begeben?“
Es stellte sich heraus, daß es sich bei dem herzkranken General um General Schkuro handelte, der am 26. Mai in Lienz verhaftet und schon früher nach Spittal gebracht worden war.
„Ich bin vollkommen gesund“, flüsterte Schkuro dem Professor Wierzbickij zu. „Ich wollte nur wissen, wen sie hergebracht haben?“
„Alle. Alle Offiziere des Kosaken-Stans.“
„Also doch ...“ Die Anwesenheit des englischen Begleitpostens, der den Professor hereingeführt hatte, erschwerte das weitere Gespräch. Wierzbickij untersuchte Schkuro zum Schein und ging hinaus.
Indessen hatte man die Offiziere nach ihrem Dienstrang eingeteilt und jeder Gruppe eine besondere Baracke zugewiesen, innen schmutzig und unordentlich. Auf der Erde lag altes Stroh.
„Betrogen haben sie uns also.“ Ein Offizier trat aus einer Baracke, säuberte Uniform und Orden von Strohhalmen.
„Statt der Konferenz haben wir's nun: Gefangenenlager. Aber warum, zu allen Teufeln, hat man uns nicht erlaubt, Sachen mitzunehmen oder wenigstens Mäntel?“
„Dann wär's ja kein Betrug.“
„Daß es nur nichts Schlimmeres ist. Wenn einen die NKWD aus der Zelle ruft ‚Biez wieszczej‘ — ohne Sachen, dann ist's eher ein schlechtes Zeichen.“
In diesem Augenblick ließ ein britischer Offizier durch den Dolmetscher ausrufen:
„Bitte die Generale: Piotr Krasnow, Domanow und Tichozkij.“ Man gab ihm zu verstehen, daß sich Krasnow nicht wohl fühle. „Dann genügen auch zwei.“
Domanow und Tichozkij gingen hin. Ein Vertreter der britischen Armee erklärte ihnen mit eisiger Stimme:

„Ich bitte, allen Offizieren mitzuteilen, daß sie in Übereinstimmung mit der zwischen den Militärbehörden des Vereinigten Königreichs und der Sowjet-Union getroffenen Vereinbarung den sowjetischen Militärbehörden zur Verfügung gestellt werden. Die Abfahrt aus Spittal erfolgt morgen um vier Uhr früh."
„Wann wurde diese Vereinbarung unterzeichnet?" fragte mit ebenso eisiger Stimme Domanow.
„Am 23. Mai dieses Jahres."
Tichozkij wurde es übel, und er brach zusammen.
Als den Kosaken-Offizieren diese Nachricht übermittelt wurde, sagte im ersten Augenblick niemand ein Wort. Wer gerade saß, rührte sich nicht. Wer stand, blieb weiter stehen. Der Krieg hatte sie an Überraschungen gewöhnt, diese Menschen, aber das überschritt nun alle Erwartungen und jede praktische Erfahrung. In beinahe ruhigem Ton verliefen die ersten Gespräche.
„Das ist doch wohl etwas ungewöhnlich."
„Da haben sie uns aber übers Ohr gehauen, was?"
„Wo wurde doch diese Vereinbarung getroffen?"
„In Wien!"
„Um das Wo geht's ja nicht! Aber: wann?! ... Stellen Sie sich vor meine Herren: schon am 23. Mai! Das will mir nicht in den Kopf! Und uns hat man während aller dieser Tage in der Überzeugung gewiegt, daß ..."
„Ach was — soll man's verschweigen: Wir haben uns ja selbst wiegen lassen. Man hätte das eher voraussehen müssen und auf diese Luder schießen und lieber untergehen sollen!"
Die Empörung wuchs. Von irgendwoher erfuhr man sogar Einzelheiten. Man erzählte, gerade General Alexander habe die Vereinbarung mit den Bolschewiken unterschrieben.
„Pfui, und unser Alter hat noch einen Brief an ihn geschrieben! Zur gleichen Zeit!"
„Es ist gar nicht so entscheidend, daß man uns hintergangen hat", sagte ein junger Unter-Esaul, der erst kürzlich aus Rußland gekommen und schon unter dem bolschewistischen System aufgewachsen war, „aber es geht darum, wie man es getan hat. Bringt es die NKWD etwa nicht fertig, einen zu

überlisten? Natürlich, und wie! Aber hier ist etwas ...“ und da er nicht die rechten Worte finden konnte, schnippte er nur mit den Fingern.

„Ganz richtig, gerade darum geht es“, unterstützte ihn ein Oberst aus der alten Emigration, „sie haben uns eins mit dem Knüppel auf den Kopf gegeben und betäubt. Aber was ist das für ein Knüppel? Der Stil, meine Herren, in dem man diese ‚Angelegenheit‘ erledigt. Darauf war niemand von uns gefaßt! Auf diesen Stil eben. Wir waren Zeugen weit schlimmerer Dinge. Was hat alles die NKWD angerichtet! Und was die Gestapo?! Was soll man da lange reden, schreckliche Sachen! Vielleicht wäre man bei umgekehrter Situation fünf-, zehnmal schlimmer gegen uns vorgegangen. Aber nicht gerade so! Nicht so meine Herren, nicht so, nicht so, nicht so!“

„Nach meiner Auffassung ist das ganz einfach so: die NKWD oder die Gestapo hätte uns mit Knüppeln geschlagen, die Engländer haben uns geschlagen mit ihrem ‚Ehrenwort‘!“

„Mir will das immer noch nicht in den Kopf: Das sind doch ‚Gentlemen‘! Ganze Generationen haben sich doch gerade diesen Stil zum Vorbild genommen.“

„Das ist geradezu etwas ... Lassen wir Recht und Moral beiseite. Das sind alles Dinge, die man schon längst auf den Kehricht geschmissen hat. Aber daß man auf diese Weise ...“

„Meine Herren! Meine Herren Offiziere!“ schrie plötzlich ein junger Sotnik. „Wir werden uns bis zum letzten Blutstropfen wehren! Lieber sterben wir! Aber wir lassen uns nicht an den Galgen liefern!“

Der Kragen seiner Feldbluse stand offen und er gestikulierte wie ein Rasender.

„Womit denn wehren? Mit bloßen Händen?“ Der alte Oberst setzte sich auf eine leere Kiste und verschränkte die Hände über den Knien. „Niemand, meine Herren, wird auch nur einen Finger rühren. Wir sind zum Tode verurteilt, und Verurteilte überkommt im letzten Augenblick immer eine lähmende Kraftlosigkeit. Wer hat sich je angesichts des Galgens oder des Henkerschwertes gewehrt? Niemand. Haben Sie, Sotnik, jemals davon gehört! Ich nicht. Man verlas das Todesurteil und die Klappe fiel. Schluß. Ein Verurteilter, das ist eine andere Sorte Mensch. Am schwersten ist's sich zu wehren, wenn keine Hoffnung mehr vorhanden ist. Wissen Sie, Sotnik, wie viele polnische Offiziere in Katyn an den Händen gefesselt waren? Nur vier Prozent. Und das waren doch auch Menschen mit heißen Herzen, da können Sie sicher sein."

Es war wirklich so, niemand bereitete sich einstweilen darauf vor, sich mit bloßen Händen auf die Briten zu stürzen. Dagegen begann man, sich die Offiziers-Rangabzeichen abzureißen, die zur ‚Konferenz' eigens angelegten Parade-Uniformen zu zerbeuteln, die Tscherkessenröcke zu zerfetzen, die Orden herunterzureißen. Einige warfen sogar geweihte Kreuze, die sie eben noch um den Hals getragen hatten, auf den schmutzigen Barackenboden. Sie traten auf weggeworfenen Papieren herum, zerrissen Briefe und Fotografien und was jeder so bei sich hatte.

Als erster erhängte sich der Redakteur Ewgenij Tarruskij, derselbe, der erst wenige Tage zuvor Major Davis das Verzeichnis der Journalisten ausgehändigt hatte.

Die alten Emigranten machten den Versuch, an die verschiedensten Adressaten irgendwelche Petitionen zu verfassen. Die Neu-Emigrierten warfen ihnen daher ‚Feigheit und Mangel an Solidarität' vor. Es kam zu ärgerlichen Streitereien, die übrigens völlig gegenstandslos waren; denn niemand prüfte diese Petitionen, sie wurden nicht einmal entgegengenommen. Eine Zeitlang setzte man die letzte Hoffnung wieder auf General Krasnow in Anbetracht seines jedenfalls doch bekannten Namens und seiner vermeintlichen persönlichen Bekanntschaft mit General Alexander, die man immer wieder zitierte. Man weiß nicht, wer zuerst auf den Gedanken kam, aber man beschloß, einen von den höheren Vertretern der britischen Armee herbeizurufen, damit Krasnow mit ihm sprechen könne.

„Piotr Nikolajewitsch, sind Sie einverstanden?"

„Ich tue was ihr wollt. Ich bin nun schon sehr alt", er lächelte fast ein wenig schuldbewußt. „Kann nicht lange stehen, wenn ich auf den Offizier warten muß."

Man machte einen Stuhl ausfindig, brachte ihn herbei und stellte ihn in die Nähe des Lagertors. Aber der englische Posten versetzte dem Stuhl einen Tritt, daß er auseinanderflog.

Als zweiter versuchte sich Oberst Michajlow zu erhängen. Im letzten Augenblick jedoch schnitt man ihn ab, zusammen mit dem Strick.

Die erste Nacht nach dem Urteilsspruch brach an. Niemand konnte ein Auge zutun. Es war eine Nacht voller krampfhafter Spannung und stummer Selbstvergessenheit, eine Nacht der Erinnerungen aber auch des lauten Bramarbasierens, toller Fluchtpläne, langer Streitgespräche und Debatten, die in einem Zustand höchster Erregung vom Zaun gebrochen wurden. Eins dieser Gespräche begann damit, daß ein Oberstleutnant verbissen vor sich hinmurrte:

„Das heißt: Ende der Konterrevolution!"

Ein junger Sotnik erwiderte:

„Was wir erstrebt haben, nennen Sie das Konterrevolution?"

„Und Sie?"

„Ich? Fortschritt! Streben nach einem besseren Morgen, nach Freiheit, nach Ungebundenheit, Zerbrechen der stalinistischen Reaktion! Ja, der Reaktion!" ereiferte er sich immer mehr. Krankhafte Erregung stand in seinem Gesicht.

„Das ist so ein dummes Gerede!" unterbrach ihn der grauhaarige Oberst. „Die bolschewistische Revolution ist die größte von allen Revolutionen; sie kann also jetzt mit Recht als ihr Synonym, als Symbol der Revolution überhaupt gelten. Aber was hat sie gebracht? Das schlimmste Unglück, das die Welt treffen konnte! Die schlimmste Unfreiheit, das größte Übel. Und mit einem Male fingen die verschiedenartigen Salon-Bolschewisten an, alles was dagegen aufstand, gegen dieses Übel, also contra das Böse, contra diese verfluchte Revolution, als angeblich ‚reaktionär, rückschrittlich, unpopulär' zu brandmarken ... Welch eine Idiotie! Nur ein Dummkopf kann ..."

„Herr Oberst, ich verlange, daß Sie Ihre Worte zurücknehmen!" Der Sotnik stand auf und sein keuchender Atem roch nach verbranntem Tabak.

„Ich nehm' sie nicht zurück, nicht zurück!" Der Oberst stampfte auf. „Wer redet heute gegen die Konterrevolution? Alle Marxisten, Sozialisten, Menschewiki, die da behaupten, Stalin habe angeblich die ‚Revolution verraten.' Und warum hat er sie ‚verraten?' Weil er sie nicht an die von ihnen beanspruchte Stelle gesetzt hat, seht ihr, deshalb sind sie böse! Die Menschewiki und anderes Gelichter, das sind keine Gegner, das sind nur Konkurrenten des Bolschewismus. Ebenso wie alle diese Faschisten, Nationalsozialisten und anderes Gesindel, das auch gegen die Konterrevolution ist. Wir sehen ja, wohin sie es gebracht haben."

„Ich verlange aber doch, daß Sie zurücknehmen, was Sie gegen mich ..."

„Und ich pfeif' auf Ihr Verlangen! Ich hab' mein Blut für die Konterrevolution vergossen. Und die werden mir hier ..."

„Meine Herren", mischte sich einer der Offiziere ein und erhob sich von dem Stroh, das den Fußboden bedeckte. „Zunächst mal, so geht das doch nicht! Und dann, Herr Oberst, es gibt ja doch nicht nur den Marxismus und Faschismus, sondern auch noch die Demokratie, die ..."

„Demokratie?!" Der Oberst fuhr sich heftig mit der Hand um den Hals. „Da haben Sie Ihre ‚Demokratie'. In diesem Augenblick bewacht sie diesen Stacheldrahtkäfig. Ich frage nur: Hätte man zur Zeit der sogenannten ‚schwärzesten Reaktion' auf diese Weise gegen Tausende von Offizieren vorgehen können, gegen politische Kämpfer eines Systems, die um Asyl bitten? So wie man gegen uns vorgegangen ist? Und das seitens der ‚vollkommensten Demokratie in Europa'? Der so gerühmten englischen! Ich fordere Antwort auf ..."

In diesem Augenblick wurde die Tür vom Hof her gewaltsam aufgestoßen:

„Meine Herren! General Silkin hat sich erschossen!"

Stille trat ein. Jemand zog sein Taschentuch und schneuzte sich. Ein anderer flüsterte: „So hat er also doch seine Pistole bei sich behalten." Der Oberst ging ins Nebenzimmer und schlug die Tür laut hinter sich zu. Zusammengekauert, den Kopf fast auf den Knien, fing im Hintergrund plötzlich jemand zu weinen an. Dies Weinen eines Mannes war mehr

als peinlich, in diesem Augenblick schier unerträglich, und um es nicht zu hören, erhoben sich viele und gingen davon.
Als vierter erhängte sich ein Kosaken-Offizier namens Charlamow. Er hatte den Strick an einem Deckenbalken in einer leerstehenden Baracke befestigt.

*

Am nächsten Morgen, am 29. Mai bei Tagesanbruch, gingen die beiden orthodoxen Geistlichen, Protorej Alexander und Pater Wasyl, auf den Platz vor den Baracken hinaus, und es begannen die feierlichen Gebete um Erbarmen. Um die Priester in dichtem Gedränge ebenso Prawoslawen wie auch Mohamedaner.
Zur gleichen Zeit wollte ein Oberst sich in einem Schrank verstecken, der mit dem Boden nach oben in einer leeren Baracke lag. Er hatte es jedoch ungeschickt angefangen und diesen Plan einem anderen verraten, der ihm nun zuvorgekommen war. Da versteckte sich der verzweifelte Oberst unter einem Haufen Gerümpel und Kehricht. Einer der Sotniks vom Don wartete ab, bis alle zum Gebet hinausgegangen waren und versuchte dann, sich hinter ein abstehendes Brett der Zimmerdecke zu zwängen, das er rechtzeitig erspäht hatte. Die Öffnung erwies sich jedoch als zu klein und er blieb stecken. Gerade in diesem Augenblick betraten britische Soldaten die Baracke. Die Angst flößte dem Offizier neue Kraft ein: Mit aller Energie stieß er sich vorwärts und es gelang ihm, zwischen Decke und Dach zu schlüpfen. Er hörte, wie einer der Soldaten einen Witz erzählte und wie die andern lachten. Bis zur Außenwand arbeitete er sich kriechend vor. Hier war ein Spalt, durch den er beobachten konnte, was sich auf dem Platz vor den Baracken abspielte.
Die angekündigten Lastkraftwagen trafen nicht um vier, sondern um sechs Uhr ein. Einstimmig weigerten sich alle, in die Wagen einzusteigen, als man sie dazu aufforderte. Ein Befehl, und Soldaten mit Pistolen und dicken Knüppeln bewaffnet drangen auf sie ein. Die Kosaken-Offiziere schlossen sich zusammen, faßten einander an den Händen nach altem, aber nicht immer wirksamem Brauch. Die Soldaten

begannen mit den Knüppeln zu schlagen, zu schlagen auf die verschlungenen Hände und auf die Köpfe! Sie zerrten den ersten heraus und warfen ihn in den Wagen. Er sprang wieder herunter. Man schlug ihn und trieb ihn zum zweitenmal herauf. Wieder sprang er ab. Da warf ihn ein Kolbenhieb zu Boden, sie schlugen auf ihn ein und traten ihn mit Stiefeln, bis er regungslos und starr dalag, in einer Blutlache. Man hob ihn hoch und schmiß ihn wie einen Sack auf den Boden des Fahrzeugs. Nun stiegen die andern freiwillig ein.
Einige Briten knirschten mit den Zähnen und kniffen die Augen zusammen. Es war nicht schwer zu erraten, daß dies Massaker ihre Abscheu erregte. Andere schlugen zu, in verbissener Wut und mit System. Einer war da, der hatte Tränen in den Augen. Ein anderer trug einen Korb in der Hand, trat an die Kosaken heran, zog Zigarettenpäckchen aus den geräumigen Taschen seines battle-dress und machte den Vorschlag: „Zigaretten für eine Armbanduhr!"
Was ist noch an einer Uhr gelegen? — Aber beinahe alle schon haben ihre Zigaretten verraucht, die sie eingesteckt hatten für die ‚Konferenz'; denn sie sollte doch nicht lange dauern. Da nahmen sie die Zigaretten und warfen ihm ihre Armbanduhren hin.
General Krasnow kam nicht auf den Platz heraus. Er saß am offenen Fenster der Baracke und sah schweigend zu. Britische Soldaten bemerkten ihn im letzten Augenblick und sprangen hin, ihn aus dem Fenster zu ziehen. Einige Kosaken-Offiziere stießen die Soldaten zur Seite und führten ihren Ataman an der Hand heraus. Ein englischer Major trat auf Sultan Keletsch-Girej zu: „Ich bestimme Sie zum Chef und gleichzeitig Verantwortlichen für das Verhalten der kaukasischen Offiziere!"
Sultan Keletsch-Girej spuckte ihm vor die Füße.
Entlassen wurden: Ein Geistlicher, zwei Militärbeamte und zwölf Ärzte, darunter die Professoren Wierzbickij und Tichomirow. Freigelassen wurde auch ein Halbwüchsiger, ein Fallschirmjäger mit dem Spitznamen ‚Ryschenki', der Rothaarige.
Um acht Uhr morgens war die Verladung der Offiziere be-

endet. In jedem Lastkraftwagen hatte man 30 bis 50 Personen einsteigen lassen. Insgesamt waren vorgefahren: vier Stabsautobusse und achtundfünfzig Lastkraftwagen. Der Transport hatte einen Begleitschutz von: 25 leichten Panzern, 105 KRAD-Schützen, 140 Fahrern und Beifahrern, die mit Maschinen-Pitsolen bewaffnet waren, 70 Soldaten mit gleicher Bewaffnung auf den Lastkraftwagen selbst, je eine bewaffnete Abteilung von 30 beziehungsweise 60 Soldaten an der Spitze und am Ende der Kolonne. Die Bewaffnung belief sich auf insgesamt: 310 Maschinen-Pistolen, 125 Maschinengewehre, 21 leichte Feldgeschütze. Der so gesicherte Konvoi brachte mehr als 2000 Offiziere aus Spittal fort, von denen nur 32 Prozent ehemalige Sowjetbürger waren, dagegen 68 Prozent alte Emigranten, die nie die sowjetische Staatsbürgerschaft besessen hatten. Und kein Befehl, der den Status dieser Letzteren geändert hätte, traf ein.
Der Konvoi schlug die Richtung auf Judenburg ein. Später erzählten die Leute, zwei Offiziere hätten sich unterwegs vergiftet, neunzehn einen Fluchtversuch unternommen. Von ihnen gelang es wohl nur vieren, den Wald zu erreichen. Fünfzehn wurden von britischen Posten erschossen.

*

Dem Tscherkessen-Oberst Kutschuk-Ulagaj gelang es, unter nicht näher bekannten Umständen aus dem Lager in Spittal zu fliehen. Indessen wartete der Sotnik, der sich unter dem Dach versteckt hatte, bis der letzte Wagen durchs Tor gefahren war und kroch aus seinem Versteck. Die Baracke war leer. Verstohlen spähte er hinaus. Er bemerkte, daß die Soldaten auf den Wachtürmen einen neuen Transport beobachteten, der sich dem Lager näherte.
Keine Sekunde war zu verlieren. In wenigen Sprüngen erreichte er den Stacheldraht an einer mit hohem Unkraut bewachsenen Stelle. Die beiden ersten Drahtreihen waren leicht zu durchkriechen, die dritte schon viel schwerer. Bis aufs Blut geschunden aber unbemerkt gelangte er ins Freie und versteckte sich in einem nahen Gemüsegarten. Nachdem er ein wenig verschnauft und Kräfte gesammelt hatte, kroch

er nach einiger Zeit weiter und gelangte in das Haus eines Österreichers. Ob nun aus Erbarmen oder Bestürzung, man weiß es nicht, aber man gab ihm Kleidung und er durfte sich waschen.
Auf fast demselben Weg floh auch der Oberst, der sich zuvor in dem umgestürzten Schrank versteckt hatte, und entkam gleichfalls unbemerkt. Ein schlimmeres Los traf seinen Kameraden unter dem Gerümpelhaufen in einer Barackenecke. Britische Soldaten entdeckten ihn dort und wollten ihn in Arrest abführen. Es war eine verteufelte Situation, aber er kaufte sich mit einer goldenen Armbanduhr los, die er glücklicherweise bei sich hatte.
So endete die ‚Konferenz' in Spittal.

DER 1. JUNI 1945

„Ist die Dolmetscherin schon gekommen?“ fragte am 28. Mai um acht Uhr abends Major Davis mit leicht erregter Stimme.
„Yes, Sir!“
„Bitte, sie zu rufen.“
„Yes, Sir.“
Vor der Kanzlei stand ein Lastkraftwagen, einer von denen, welche die Offiziere zur Konferenz gebracht hatten. Er war leer zurückgekehrt. Als Olga Dmitrjewna den Wagen sah, wurde sie blaß und trat in die Kanzlei ein.
„Wo sind unsere Offiziere?“ fragte sie, ohne zuvor einen guten Abend zu wünschen.
„Sie kehren nicht hierher zurück!“ erwiderte der Major.
„Und wo sind sie?“
„Ich weiß es nicht.“
„Aber Sie haben doch versichert, daß sie spätestens um sechs Uhr abends wieder da sein werden. Sie haben uns also betrogen?“
„Liebes Fräulein, wir sind alle nur Soldaten und führen die Befehle unserer Vorgesetzten aus. Ich befürchte, wir werden jetzt keine Zeit zu einer längeren Diskussion haben. Soviel ich weiß, sind noch einige Offiziere in den Lagern zurückgeblieben. Ich bitte, mir ein Verzeichnis von ihnen fertigzustellen.“
Die Einladung zur ‚Konferenz‘ hatte die Kosakentruppe ihrer Führer beraubt. Bis zwei Uhr nachts wanderten die Leute herum und redeten miteinander, später gingen sie schlafen. Am nächsten Tag, am 29. Mai um neun Uhr morgens, erschien in Vertretung des Majors ein junger britischer Offizier, übergab der Dolmetscherin den Text eines Aufrufs und befahl ihr, sofort für seine Verbreitung zu sorgen. Das Flugblatt lautete:
„Kosaken! Eure Offiziere haben euch belogen und einen falschen Weg geführt. Sie wurden verhaftet und kehren nicht zurück. Befreit von ihrem Einfluß und Druck könnt ihr jetzt

ungezwungen die Lügen, mit denen sie euch gefüttert haben, brandmarken und ungehindert euren Willen und euer Streben äußern. Euch allen wird es möglich werden, ins Vaterland zurückzukehren ..."

Menschen, die mit diesem Stil vertraut waren, zweifelten keinen Augenblick daran, daß der Text dieses Flugblattes von sowjetischen Stellen redigiert sein mußte. Es schloß mit der Mahnung, sich den Befehlen der Briten bedingungslos unterzuordnen.

Um zehn Uhr vormittags gab Major Davis bekannt, daß am 31. Mai um sieben Uhr morgens die Repatriierung der Kosaken-Regimenter und ihrer Familien in die Sowjet-Union auf Befehl der höheren Führung beginnen werde.

Der Tag war hell, warm und heiter. Diese Nachricht erschien daher wahrhaft wie der sprichwörtliche Blitz aus heiterem Himmel. Eine Panik brach aus, ein Chaos, Lamentieren und Weinen von Kindern, die mit Entsetzen sahen, wie ihre Eltern vor Erregung kopflos wurden. In die Baracke Nummer 6 des Lagers in Peggetz rief man einen provisorischen Rat zusammen. Zum Führer dieser ad hoc organisierten Aktion des passiven Widerstands wurde der Fähnrich Kusma Polunin bestimmt. Dann verkündete man den allgemeinen Hungerstreik. Um ihn noch wirksamer kundzutun, brachte man englisch geschriebene Plakate an:

„Wir wollen lieber Hungers sterben als in die Sowjet-Union zurückkehren!"

In allen Stanitzen und Lagern wurden schwarze Fahnen gehißt. Auf den Lagerplätzen errichtete man Notaltäre, und Geistliche begannen, Tag und Nacht Gottesdienste abzuhalten, die Beichte abzunehmen und die Kommunion zu erteilen. Es versteht sich, daß es nicht ohne Sammel-Bittschriften abging: An den König, an die Königin, an den Bischof von Canterbury, an Churchill, an den Papst, an König Peter von Jugoslawien, an General Eisenhower und schließlich an die Parlamente der demokratischen Staaten. Jeden Augenblick wurden weitere Adressaten vorgeschlagen. Die britische Militärkanzlei nahm die Petitionen entgegen. Major Davis warf sie in den Papierkorb.

Mitia trat abends in die Baracke ein, setzte sich nach seiner Gewohnheit auf den Rand der Pritsche. Der Vater war auf den Beinen. In einer Pluderhose mit Borten, nach Kosakenart, und einer hohen Mütze ging er gerade nach draußen, sein Pferd zu tränken. „Er fühlt sich besser, was?“ fragte er die Schwester, als sich die Tür hinter dem Alten geschlossen hatte.

„Man möchte sagen, ja. Aber ob er bei seinem Alter diesen Hungerstreik aushält, den sie sich ausgedacht haben! Sicherlich legt er sich morgen wieder hin und steht nicht mehr auf, nie!“

Mitia war eigentlich gekommen, um Fluchtpläne zu besprechen. So schwierig war es gar nicht, von hier zu entkommen, aber da war ja der Vater, alt und krank. Man hätte ihn doch nicht allein zurücklassen können, aber wie sollte man mit ihm ins Gebirge fliehen? Darüber wollte er sich mit der Schwester beraten. Als er jedoch in ihr graues, grenzenlos entmutigtes Gesicht sah, kam er zu der Überzeugung, daß sie gar nicht imstande sein würde, einen Rat zu erteilen und wahrscheinlich auch selbst gar nicht fliehen wollte. Man hätte die Zeit zwar mit leerem Gerede verbringen können, aber gerade dazu verspürte er jetzt keine Lust.

„Sag’ ihm, wenn er zurückkommt, daß ich morgen früh wieder hier bin.“ Damit stand er auf und ging hinaus.

Auf dem Platz zwischen den Baracken ging er auf eine größere Gruppe von Kosaken zu, um zu hören, was sie sagen. Es war überall das gleiche:

„Bleiben wir zusammen! Nicht auseinandergehen! Bleiben wir beisammen und sie werden uns nichts tun! Sie werden es doch nicht zum Äußersten kommen lassen.“ Wo Geistliche mit bei den Gruppen standen, hörte man immer dieselben Worte: „Gott wird es nicht zulassen! Die allerheiligste Gottesmutter wird es nicht zulassen, die vom Don, von Kasansk, von Snamiensk, von Tabynsk —“

Hier und da in den Baracken und Zelten, unter den Wagen und in den Feldhütten, wo des verkündeten Hungerstreiks wegen die Feuerstellen erkaltet waren, erglommen Funken neuer Hoffnung. So ging der 30. Mai vorüber.

Am nächsten Tag ereignete sich nichts. Schon am Abend des Vortages hatte Major Davis bekanntgegeben, der Repatriierungstermin sei wegen des auf den 31. Mai fallenden katholischen Fronleichnamsfestes auf den 1. Juni verschoben worden. Dieser Aufschub erfolgte, weil die katholische Geistlichkeit darum ersucht hatte. Ihr lag daran, an einem für die eingesessene Bevölkerung so feierlichen Tag alle Unruhe zu vermeiden und einer Aktion aus dem Weg zu gehen, die, wie einige meinten, göttliches und menschliches Recht beleidigen mußte. Ein Sprichwort sagt, ein Ertrinkender greift auch nach einem Strohhalm. So nahmen die Kosaken die Tatsache dieses Aufschubs um einen Tag nicht allein mit Erleichterung, sondern mit der Zuversicht im Herzen auf, daß es vielleicht zu einer zwangsweisen Deportation überhaupt nicht kommen werde. Jemand verbreitete das Gerücht, es sei durchs Radio bekanntgegeben worden, daß der amerikanische Botschafter Moskau verlassen habe! Man schickte also eine Abordnung zu Major Davis, ob das wohl zutreffe.
„Mir scheint, ich habe nichts davon gehört."
„Und ist wohl eine Antwort des Königs auf unsere Petition eingetroffen?"
„Ich fürchte, daß noch keine erfolgt ist."
Über Nacht steigerte sich das Chaos trotz aller Hoffnungen. Die Leute begannen ins Gebirge zu fliehen. Einige beluden ihre Handpferde, andere warfen alle ihre Habe fort und machten sich zu Fuß auf den Weg. Aber manche kehrten auch mutlos aus den Bergen zurück; denn wohin sollten sie eigentlich fliehen? Da war der Wald, dahinter Schneefelder und hinter jeder Berghöhe weitere Gipfel und die Wege bewacht. „Ist schon richtig, nicht auseinandergehen!" rief man. „In der Masse ist's sicherer!" Der Termin der Deportation wurde kein zweites Mal verschoben.
Am 31. Mai unterbrachen britische Stellen die Wasserzufuhr in die Baracken. In der Nacht versammelten sich Vertreter der Regimenter zu einer Beratung und man beschloß, die Kosaken sollten sich bei Tagesanbruch alle in Peggetz sammeln, um Frauen und Kinder zu schützen.
Beim Morgengrauen des 1. Juni zog eine riesige Prozession

zur Feldkapelle, die man auf einem Platz im Lager errichtet hatte. An der Spitze schritten Geistliche im Ornat. Man führte Kreuze mit, Fahnen, heilige Bücher, brennende Kerzen, die der Wind nicht ausblies, denn es war windstill. Ein Kosak, der in der Menge stehend den Umzug betrachtete, nickte mit dem Kopf:

„In unserem Chutor war so ein unartiger kleiner Junge, Dawidko hieß er, und als der Vater ihn einmal mit dem Riemen verprügeln wollte, faltete er fromm die Hände und kniete nieder zum Gebet; denn selbst der Vater hat nicht das Recht, ein Gebet zu stören. Aber das war noch in jenem Jahrhundert, Brüder, will sagen, vor dem Jahr 1914. Am Don. Und wenn ich das jetzt seh', dann will's mir scheinen, daß Tausende von Erwachsenen es auf die gleiche Weise versuchen. Am Drau-Fluß. Aber das ist nicht mehr die gleiche Zeit, meine Lieben. Wir haben das Jahr 1945 und andere Bräuche sind aufgekommen." Und nachdem er das gesagt hatte, mischte er sich unter die Menge und zog zusammen mit den anderen hinter der Prozession her.

Die Sonne war eben aufgegangen, und die schneebedeckten Flanken der Gipfel röteten sich im ersten Morgenlicht. Die Kühe der Kosaken brüllten, man hatte sie in dem allgemeinen Durcheinander zu melken vergessen. Pferde und die Kamele der Astrachaner verliefen sich über die Weiden, da man sie nicht versorgte. Über der Drau hing noch der Nebel. Die Menschen zogen weiter, der Prozession folgend, flüsterten sich ungeschriebene Befehle zu, sich solchermaßen Mut zu machen:

„Passiver Widerstand. Nur den Engländern nicht zu nahe treten! Aktiver Widerstand kann nur schaden, mit bloßen Händen richten wir nichts aus. Schütze uns, allerheiligste Gottesmutter!"

Und so verhielten sie sich auch. Die Gebete dauerten an, ohne Unterbrechung — aber gegen acht Uhr morgens näherten sich in breiter fächerförmiger Ordnung britische Panzer und verhielten in hundert Meter Entfernung. In Höhe der Baracken fuhren Lastkraftwagen auf, in die man die Menschen verladen und zur Bahnstation schaffen wollte. Dort standen schon Transportzüge bereit. Das ganze Lager wurde von einer Schützenlinie umzingelt: Die Soldaten waren mit Maschinenpistolen, Karabinern mit aufgepflanztem Seitengewehr und dicken Knüppeln bewaffnet.[16] Die Menschen drängten sich zusammen. Kosaken aller Truppenteile und Fähnriche bildeten den äußeren Ring, in dessen Mitte sich Frauen, Kinder, Alte und die Geistlichen an den Altären befanden.

Major Davis kam herangefahren, sah dem Gottesdienst eine Zeitlang zu, sagte nichts und fuhr wieder ab. Niemand wußte mehr recht, um was man betete? Um ein Wunder? ...

Plötzlich stürzten sich die Soldaten auf die Menge, sprengten die Kette der Hände und schlugen mit Kolben und Knüppeln auf die zum Gebet entblößten Köpfe, auf Schultern, Arme und in die Gesichter. Ein Durcheinander entstand, Panik brach aus. Unter Schreien und Lamentieren stieß und trat man sich gegenseitig. Die zurückweichende Menge drückte gegen den Zaun, der das Lager von den Feldern abgrenzte. Unter dem Druck brachen die Latten zusammen. Aber auf dem Feld standen die Panzer. Schüsse peitschten, doch die Soldaten hielten nicht in die Luft, sondern unter die Füße der Fliehenden. Man fing die Verletzten ein und schleppte sie zu den Fahrzeugen. Gleichzeitig waren auch von den andern Lagerplätzen Schüsse zu hören. Die Menschen stürzten blindlings davon, flohen in die Wälder, sprangen in den Fluß. Und der Fluß führte Hochwasser. Im allgemeinen Tumult verliefen sich die Herden der Pferde im ganzen Tal.

Anfangs bekreuzigten sich die Bewohner der umliegenden

---

[16] In der Aktion, die offiziell unter der Bezeichnung „Repatriierung der Kosaken" lief, wurden am 1. Juni 1945 dem genannten „Argyll and Sutherland 8th Battalion" das „West-Kent 5th Battalion" zur Unterstützung beigegeben, das gleichfalls der 36. britischen Brigade angehörte. (Taktisches Zeichen der Brigade: Gelbes Beil auf schwarzem Grund.) Die an der Aktion beteiligten Panzer gehörten zur 11. Britischen Panzer-Division. (Taktisches Zeichen: Eiserne Faust.) Das vielfach verbreitete Gerücht über eine Teilnahme der Palästina-Brigade an der Auslieferung der Kosaken entbehrt jeder Grundlage.

Dörfer nach frommem Brauch, jedoch als erst einer begonnen hatte, machten sich viele über die verlassenen Zelte her und plünderten sie, fingen Pferde ein und trieben das Vieh weg. Die wilde Erregung erreichte ihren Höhepunkt. Katholische Geistliche ließen die Kirchenglocken läuten und riefen die Bevölkerung auf, das schändliche Plündern einzustellen. Auf dem Kirchturm in dem nahen Dölsach wurde eine schwarze Fahne gehißt. Die Engländer befahlen, sie herunterzureißen.

Die Hauptmasse der Kosaken, die in Peggetz versammelt war, versuchte beim Zurückweichen vor den bewaffneten Soldaten, ihnen aus den Händen zu reißen, wen sie bereits gefangen hatten. Da fiel der erste Don-Kosak, von einem Bajonett durchbohrt. Für einen Augenblick wich die Menge zurück und gab den Weg zu den Altären frei. Ein Priester wendete sich um und streckte den Soldaten das Evangelium entgegen. Aber ein Infanterist des 8. Bataillons schlug es ihm mit dem Bajonett aus den Händen. Ein Kuban-Kosak hielt sich die Ikone der Mutter Gottes zum Schutz vor das Gesicht, aber ein Hieb traf ihn an der Schläfe, und ein Stück Kopfhaut mitsamt den Haaren hing ihm übers Ohr. Ein dritter versuchte, einen Schlag mit der Fahne des Wundertäters Nikolaj zu parieren, und wirklich, der Knüppelschlag zerriß nur das Fahnentuch und warf den Wundertäter Nikolaj in den Dreck. Der Kosak kam heil davon. In diesem Augenblick bekam die Frau eines Offiziers, der mit zur Konferenz abtransportiert worden war, in die Menge eingekeilt, Geburtsschmerzen. Barmherzige britische Soldaten hoben sie auf und brachten sie in einem Sanitätswagen ins Spital. Sie gebar an diesem Tag Zwillinge. Die improvisierte Kapelle, der Altar, die heiligen Bilder, die Kelche, das alles wurde umgestürzt und auf der Erde zertrampelt. Mitia, der die Nacht im Lagerbereich seines Regiments jenseits der Drau verbracht hatte, kam an diesem Tag nicht dazu, die Seinen in der Baracke aufzusuchen. Jetzt war er mitten in dem Getümmel. Mit zerrissenem Uniformärmel, die Mütze weit auf den Hinterkopf geschoben, ballte er seine Fäuste. Ein unbändiger Haß wollte ihm die Brust zerreißen. Zwi-

schen zusammengebissenen Zähnen stieß er unartikulierte, knirschende Laute aus, die so klangen wie: „Rrrumänen!" Plötzlich schnellte er sich nach vorn, stieß die auf ihn zu drängenden Menschen zurück, sprang vor und brüllte: „Urraa! ..." wie zur Attacke zusammengeduckt, wenn auch ohne Pferd und Säbel hatte er offenbar die Absicht, sich vorwärts zu stürzen.
„Urraa!! ..." nahmen die hinter ihm stehenden Kosaken drohend seinen Schrei auf. Einen Augenblick wollte es scheinen, als ob der so oft beschlossene passive Widerstand über den Haufen geworfen und sich in einen aktiven Widerstand verwandeln werde, daß die Kosaken jetzt selbst zum Angriff schreiten würden, mit bloßen Händen gegen Bajonette und Maschinenpistolen. Die unbewaffnete Menge tat schon den ersten Schritt ... Aber in diesem Moment kamen ihnen die britischen Soldaten zuvor, sprangen zurück, liefen zu den Wagen und nahmen schnell und gewandt die Maschinengewehre herunter und brachten sie in Stellung. In der Menge begann man verzweifelt zu rufen: Was tut ihr? Kommt doch zu euch, Stanitzer! Sie erschießen doch Frauen und Kinder."
Und wirklich, sie besannen sich. Zwei von den Nächststehenden packten Mitia und zogen ihn zurück. Ein Priester nahm den Augenblick wahr, die Situation zu retten und rief zur Fortsetzung der Gebete auf:
„Wir werden bitten Gottvater und die heiligste Muttergooottes" intonierte er.
„Hospodi pomiluj, Herr erbarme dich, Hospodi pomiiiluj ...", antwortete ihm die kniende Menge.
„Um deine Barmherzigkeit bitten wir dich Heeerr ..."
„Hospodi pomiluj, Herr erbarme dich, Hospodi pomiluj ...
Die Stimmen stiegen zum Himmel empor, zu einem Himmel von dunklem Blau, glatt, gleichgültig und ohne ein Wölkchen. Eine Zeitlang ließ man sie beten. Dann gingen die Soldaten — man hatte es ihnen befohlen — gegen die Baracken vor, zerrten Menschen aus ihren Verstecken und trieben sie zu den bereitstehenden Lastwagen. Das erste Opfer war eine Frau, die sich nach dem Massaker auf dem Platz in die Ba-

racken gerettet hatte. An der Hand hielt sie ein blutendes Kind. Ein Soldat versorgte das Kind behutsam mit seinem eigenen Verbandspäckchen, dann jedoch trieb er die Mutter zu einem Fahrzeug hin. Der zweite war Iwan Fomin, der sich unter einer Pritsche versteckt hielt. Sie zerrten ihn brutal hervor, aber er sträubte sich, mitzugehen. Mit Knüppelhieben streckten sie ihn zu Boden. Er sprang wieder auf und packte ein starkes Holzscheit. Nach kurzem Handgemenge schlug man es ihm mit einem Bajonett aus der Hand; gleichzeitig traf ihn ein mächtiger Kolbenhieb zwischen die Schultern, er wankte und fiel aufs Gesicht. Zwei Soldaten packten ihn an den Beinen und schleiften ihn über die Dielen und der dritte stieß und hackte mit der Stiefelspitze gegen seinen Kopf.

Plötzlich öffnete sich die Tür eines Verschlages und heraus trat ein Greis in Kosaken-Uniform. Und da geschah es, was Thimoteus, der Nachbar, offensichtlich zu recht vorausgesagt hatte, als vor 85 Jahren Alexander Kolzow zur Welt kam in einem so ungestümen Schneeorkan, wie ihn die ältesten Leute dieser Gegend nicht zu erinnern wußten ... Als der Greis gewahr wurde, daß man seinen Freund wie einen Hammel an den Beinen über den Boden schleifte, da spürte er plötzlich, wie alle Kräfte in ihm zusammenströmten, die Gott ihm vielleicht aufsparen und noch auf einige Lebensjahre verteilen wollte. Kolzow wurde es gedankenschnell klar, daß sie ihm nichts mehr nützen würden. „Werd' ich sie alle mit einem Schlag verbrauchen, und wenn's auch gegen Gottes Willen ist ...“ Und er holte aus und riß dem Soldaten, der Fomins Kopf mißhandelte, den Karabiner weg mit den Worten:

„Was treibst du, Luder?“ Mit einem Griff wie in jungen Jahren schwang er den Kolben hoch in die Luft und wollte ihn mit schrecklicher Kraft auf den Schädel des Schinders heruntersaußen lassen, aber der verfing sich an einem vorstehenden Deckenbalken. In diesem Moment wurde es dem Alten schwarz vor den Augen von einem Knüppelschlag, der seinen Kopf getroffen hatte. Ein zweiter Schlag warf ihn auf die Knie, vom dritten und vierten sank er zur Erde und ließ den Karabiner aus den Händen fallen. Den fünften versetzte ihm mit großer Kraft, so daß der Schläfenknochen platzte, der gleiche junge, bärtige Soldat, dem er zuvor die Waffe entrissen hatte. So erschlug John Smith aus Schottland Alexander Kolzow vom Don, da er nicht untertan sein wollte der über Osteuropa herrschenden Macht des Bolschewismus.

*

Unter den britischen Soldaten, die unweit der Panzer auf Befehle warteten, zeigten viele ein mitleidiges Herz. Man erzählte sich später von einem, der in gebrochenem Russisch flüsterte:
„Ergebt euch nicht, sie haben kein Recht dazu!"
Auf einen anderen ging ein kleines Mädchen zu und gab ihm eine Karte, auf die jemand, der ein wenig englisch konnte, mit ungeschickter Hand gekritzelt hatte:
„Schlagt uns tot, aber liefert uns nicht den Bolschewisten aus!" Mit Mühe nur entzifferte der Soldat den Zettel, steckte ihn in seine Brusttasche und fing plötzlich zu weinen an, wie man erzählte.
Man berichtete auch von Kosaken, die sich unter die Panzer warfen und von ihnen zermalmt wurden, doch niemand nannte ihre Namen. Längs der Drau, von Lienz bis Oberdrauburg, ging das große Kesseltreiben weiter, auf Menschen, die den Sowjets ausgeliefert werden sollten. Jetzt versuchten sie, in Massen die Berge zu erreichen, aber man schoß auf die Fliehenden. So wurde durch bloßen Zufall eine Frau von einer Kugel getroffen, die ein Hund im Gesträuch aufgestöbert hatte. Von den Kranken und Verwundeten, die man ins Lazarett geschafft hatte, sprang einer aus dem Fenster aufs Pflaster. Viele Menschen ertranken auch in der Drau. Die einen stürzten sich in den Fluß, um am anderen Ufer in den Wald zu entkommen, die andern, um Selbstmord zu verüben.
Mitia machte sich frei aus dem Gedränge und schlich sich durch Gräben davon, hielt sich jedoch nicht in der Richtung, in der die meisten flohen, das heißt auf die Brücke zu oder schwimmend über den Fluß sondern entgegengesetzt: Über

die Wiesen nach Dölsach zu und erst ein Stück weiter im rechten Winkel nach links floh er in die Klüfte zwischen dem Massiv des Strohnachkogel und des Ederplan. Sie schossen hinter ihm her, trafen aber nicht.

Um fünf Uhr nachmittags kam Major Davis in einem Jeep herbeigefahren und hielt eine Ansprache an die Letzten in Peggetz. Auf dem Platz lagen Verwundete und die Leichen niedergetrampelter und von Bajonetten durchbohrter Kosaken. Wo der Jeep von Davis haltmachte, lag ein Fähnrich aus Dnjepropetrowsk, daneben eine tote Frau und ihr Kind. Die Frau war im Kubangebiet geboren, das Kind in Italien.

„Kosaken!" wiederholte der Dolmetscher die Worte Davis' durch den Lautsprecher. „Ich stehe ganz unter dem Eindruck eurer heldenhaften Haltung. Aber im Sinne der Vereinbarung müssen alle, die bis zum 1. August 1939 Bürger der Sowjet-Union waren, repatriiert werden. Wer im Besitz von Dokumenten ist, die beweisen, daß er schon vor diesem Datum nicht mehr auf sowjetischem Gebiet weilte, möge sie vorlegen."

So hörten von fünf Uhr nachmittags an die Massaker im Lager von Peggetz auf, wo die meisten Kosaken untergebracht waren.

Ula wartete diesen Augenblick nicht ab. Zunächst hatte sie vergeblich im Gedränge nach ihrem Bruder Ausschau gehalten. Dann machte sie sich frei aus der eingekesselten Menge auf dem Platz, um zum Vater zu eilen. Sie hatten verabredet, daß er zu Hause bleiben sollte, der größeren Sicherheit wegen, und nicht zu den Betenden auf den Platz hinauskommen, um sich in seinem Alter nicht den Zufälligkeiten einer solchen Demonstration auszusetzen. Sie lief also zu den Baracken. Unterwegs rief man ihr zu, daß niemand mehr dort sei, daß man alle mitgenommen und daß man den Vater erschlagen habe. Als sie das erfahren hatte, drehte sich die alternde Frau irgendwie hilflos im Kreis, bewegte lautlos die Lippen und machte eine stumme Gebärde mit der Hand. Die ergrauenden Haare sträubten sich spießig nach allen Himmelsrichtungen, das Kopftuch fiel ihr auf die Schultern.

Man sagte ihr, sie solle nicht hier herumstehen, denn gleich werde man sie ergreifen. Sie wußte es nicht, wer ihr die Richtung gewiesen und ihr geraten hatte, über den Fluß zu fliehen, auf die andere Seite der Drau, wo gleich der Wald beginnt und man ins Gebirge fliehen kann. Sie erinnerte sich auch nicht, ob es der gleiche gewesen sein konnte, womöglich sogar ein guter Bekannter, der ihr zugeflüstert hatte, er habe die Ärztin Woskobojnikowa in eben dieser Richtung fliehen gesehen, zusammen mit ihrem kleinen Kind, ihrer 14jährigen Schwester und ihrer alten Mutter. Ula lief auf die Brücke zu.
Hinter sich hörte sie Schreie, Zurufe, Schüsse. Vor sich hörte sie gleichfalls Schüsse und Schreie, aber sie lief weiter, keuchend, verschwitzt, und sie wußte weder das Ziel noch den Sinn dieses Laufes längs des Flusses. An der Brückenauffahrt hielten sie englische Wachen auf, aber das war nicht eigentlich der Grund, warum sie plötzlich wie angewurzelt stehen blieb und den Blick starr auf die trüben, sprudelnden Gebirgswasser richtete: In der Drau schwamm eine Frau auf dem Rücken, einen Säugling auf die Brust gebunden. Ula erkannte sie: Es war die Woskobojnikowa. Am Ufer entlang lief ein britischer Soldat mit einer sehr langen Stange in der Hand und versuchte unbeholfen, die Schwimmende mit Hilfe der Stange zu erreichen und an Land zu ziehen. Aber er schaffte es nicht. Ula stand und schaute mit weit geöffneten Augen. Ihre Aufmerksamkeit konzentrierte sich ganz auf die Frage: Angelt er sie heraus oder nicht? Die Strömung spülte schließlich die Schwimmende in eine Bucht. Man zog sie heraus. Das Kind war bereits tot.
Ula erfuhr es nie, daß die Woskobojnikowa wenige Stunden nach ihrer Einlieferung ins Krankenhaus verstarb und daß ihre 14jährige kleine Schwester und die alte Mutter beim Übersetzen auf das rettende Ufer, von wo aus man die österreichischen Dolomiten erreichen konnte, ertranken. Sie erfuhr es nicht, weil in diesem Augenblick ein britischer Soldat auf sie zutrat und lächelnd und ganz freundlich augenzwinkernd und kopfnickend mit dem Finger in die Richtung wies, wo die Repatriierungs-Lastwagen standen und warteten. Er

faßte sie sanft am Arm und drehte sie um, fort vom Fluß, der noch einige Leichen mit sich führte.
„Gut, gut", Ula nickte mit dem Kopf, mit einer betulichen Bereitwilligkeit, um ihm zu zeigen, daß sie der Obrigkeit ergeben sei. „Ich geh' ja schon. Ja, werd' ich fahren ins Vaterland, ins Vaterland." Sie ging eilig vor dem Soldaten her und sagte erregt in ihrer Sprache, die er nicht verstand: „Ich kehre zurück. Will meinen Sohn wiedersehen, meinen Sohn, verstehst du. Ali heißt er, ist dort geblieben, ist jetzt in Rußland. Russia, verstehst du?"
„O yes, yes."
„Er wartet wohl schon auf mich, denn Krieg kaputt!"
„Yes, yes, kaputt. German kaputt."
„Ali, das ist mein Sohn, verstehst du?" Sie besann sich auf ihr Italienisch: „Capito? Sohn, capito?"
„Yes, capito, capito!"
Auf dem Platz betete niemand mehr. Ikonen, Fahnen lagen zerbrochen und verwüstet, in den Erdboden gestampft.
Zu der langen Kette verdrahteter Waggons auf dem Bahnhof fuhren Lastkraftwagen ihre Menschenfracht.

III. TEIL

Asiaten

WIEN

Mohammed Tugaj, aus seiner luxuriös eingerichteten Wohnung an der Kärntner Straße Ende Januar 1945 ausgebombt, war umgezogen und wohnte nun am Ausgang der Porzellan-Gasse in der Nähe des Franz-Josef-Bahnhofs. Bekannte hatten ihm davon abgeraten, da ja auch dieser Bahnhof, wie man behauptete, wie andere auch ein Objekt von Luftangriffen werden würde, aber sie behielten nicht recht. Dies Viertel wurde längere Zeit hindurch nur wenig bombardiert und Tugaj versuchte sogar, seine unterbrochene Arbeit wieder aufzunehmen, obwohl sie ihm jetzt nicht recht von der Hand ging. Jedenfalls mußte man einige Stunden täglich im Luftschutzraum verbringen. Die Anflüge amerikanischer Bomber erfolgten beinahe auf die Stunde genau. Von Tag zu Tag lebte man auf Abruf, und es war schier unmöglich, sich in einer solchen Stimmung wissenschaftlicher Arbeit zu widmen. In dieser Zeit kam er mit einigen islamitischen Emigrantenkreisen aus dem Osten in Berührung, hauptsächlich aus Rußland: Wien wurde, zumal Anfang 1945, von ihnen geradezu überschwemmt.

Tugaj war der Sohn eines Industriellen aus Teheran. Kurz vor dem Krieg hatte er sich zum Studium nach Europa begeben. Jung und voller Energie galt sein Interesse ebenso der Nationalökonomie wie einem sehr weit von diesem Studienfach entfernten Gebiet, der Architektur. Seine Familie, antienglisch noch aus der Tradition des ersten Weltkriegs her, wollte, daß er in Berlin studiere. Seinen Vater verbanden übrigens alte Handelsbeziehungen mit dieser Stadt. Als die Hoffnung auf ein schnelles Kriegsende sich nicht erfüllte, wollte Tugaj in sein Heimatland zurückkehren. In der Zwischenzeit jedoch durchkreuzten politische Verwicklungen, die Besetzung Persiens durch die verbündeten Nationen und die zwangsweise Kriegserklärung Persiens an Deutschland, diese Absichten. Tugaj blieb einstweilen in der ‚Festung Europa‘ Hitlers, und dank früherer Beziehungen seines Vaters und persönlicher Bekanntschaften ließ man ihn auf freiem Fuß. Seine angeborene Intelligenz und eine große Dosis Gewitztheit ließen ihn immer einen Ausweg finden, wenn er in irgendeine Aktion, eine politische antibritische Agentur hineingezogen zu werden drohte. Im Lauf der Zeit gewann er Interesse am Kriegsgeschehen und schob seine Abreise in ein neutrales Land von Monat zu Monat hinaus, zumal er von seinem Vater weiterhin erhebliche Mittel für seinen Unterhalt erhielt.

Sein Interesse für die islamitische antikommunistische Emigration aus dem asiatisch-europäischen Osten ergab sich zum Teil aus seiner persönlichen politischen Einstellung, hatte jedoch platonischen Charakter. Aber diese Haltung hatte nichts mit einer konfessionellen Solidarität noch einem ideologischen Fanatismus zu tun, zumal der überwiegende Teil seiner neuen Bekannten aus den Reihen der Sunniten stammte. Es war also mehr reine Neugier, ein Hang zur Beobachtung, zugleich aber auch ehrliche, aufrichtige Sympathie für diese Menschen, die den Anlaß gaben, sich ihnen zu nähern. Manchmal half er ihnen durch einen guten Rat oder durch eine geldliche Unterstützung, mischte sich jedoch nie unmittelbar in ihre aktiven Bestrebungen. Vor allem aber zeichnete sich Tugaj durch eine unter den Menschen wenig verbreitete Eigenschaft aus: Er liebte und verstand es, zuzuhören. Und durch diese Eigenart nun gewann er viele Freunde. Man kann sogar annehmen, daß er ihr in erster Linie nicht nur seine freundschaftlichen Beziehungen, sondern auch die Wertschätzung verdankte, mit der man ihm begegnete.

Sein Mittagessen nahm er möglichst im Restaurant ‚Ratskeller' ein, nicht nur, weil sich dieses Lokal im Kellergeschoß befand und man die Zeit des täglichen Alarms bequem an einem Tisch verbringen konnte, sondern auch, weil es damals mit seinem geräumigen Speisesaal einen Sammelpunkt von Menschen darstellte, die den verschiedensten Nationen, Bekenntnissen, sozialen Klassen und politischen Richtungen angehörten. Man redete dort in allen Sprachen und Dialekten Osteuropas und des Balkans, aber man hörte auch französisch, flämisch und skandinavische Sprachen, oft auch italienisch und spanisch, sehr häufig kaukasische und türkische Mundarten, wobei jedoch tatarisch überwog. Außerdem war das Restaurant Sitz der schwarzen Börse, wo man die unentbehrlichen Lebensmittelkarten, Gold und fremde Valuten kaufen konnte. Am meisten gefragt waren, wie sich versteht, amerikanische Dollars, weniger dagegen weiße Fünf-Pfund-Noten des britischen Sterling, da man bei ihnen die Befürchtung hatte, sie könnten aus der Falschmünzerei Himmlers stammen. Man handelte hier auch mit Reisebescheinigungen, authentischen und gefälschten Dokumenten und mancherlei anderen Papieren.

Hier lernte er auch im Dezember 1944 im Kreis alter Bekannter einen bescheidenen jungen Mann kennen, der sich Ali Malek nannte, aus der Stadt Armawir stammte und, wie man ihm erzählte, gebürtiger Aserbeidschaner sei. Ali beteiligte sich nicht am Gespräch und schwieg die ganze Zeit über. Nur ein- oder zweimal lächelte er, und dieses Lächeln verriet eine angeborene Schüchternheit. Er schien auch wenig gebildet und mit europäischen Verhältnissen kaum vertraut. Tugaj, der Diskussion aufmerksam folgend, beachtete ihn nicht sonderlich.

Ein anderer Ort, wo er auf verschiedene, für das damalige Wien exotische Typen stieß, waren Privatwohnungen, in denen sich der Schwarzhandel mit Waren abspielte. Dort konnte man Lebensmittel oder Kleidung bekommen. Tugaj versorgte sich hauptsächlich bei Frau Pauline Grostatschko, die im sechsten Stockwerk eines Hauses an der Rembrandtstraße wohnte, auf der anderen Seite des Kanals. Von Frau Pauline wußte man, daß man bei ihr alles zu nicht allzu überhöhten Preisen kaufen könne, daß sie eine große Kundschaft habe und, wie man sagte, gute Beziehungen zu den Behörden, die ihren Praktiken gegenüber durch die Finger sahen. Außerdem, daß sie eine heiratsfähige Tochter besitze, daß sie gern ein wenig harmlos plauderte und aus Osteuropa stammte. Indessen, schwierig war es zu ergründen, woher sie nun wirklich komme: aus Riga, Kowno, Wilna, Warschau, Prag oder gar, wie jemand behauptete, aus Buka-

rest, da die Erzählungen über ihre jüngste Vergangenheit allzu sehr voneinander abwichen.
Hier nun traf Tugaj eines Tages Ali im Aufgang zum Treppenhaus. Sie gingen aneinander vorbei und grüßten höflich. Erst später führte sie das Schicksal wieder zusammen.

*

Ali Malek hatte infolge eine Reihe von Umständen nicht mehr an seine Mutter in Armawir geschrieben. Nicht allzu lange nach der Mobilisation der Roten Armee 1941 befand er sich schon bei der Besatzung von Sewastopol, und ungern nur ließ man aus der Festung Feldpostbriefe heraus mit Rücksicht auf die militärische Geheimhaltung.
Als die 11. deutsche Armee Ende August 1941 die Front an der Landenge von Perekop durchbrach, warf die sowjetische oberste Führung acht Infanterie- und vier Kavallerie-Divisionen an die zweite Verteidigungslinie auf der Landenge von Ischun, die den Zugang auf die Krim sperrt. Kurz darauf zog sie auch auf dem Seeweg Verstärkungen aus Odessa heran und warf Reserven aus der Festung Sewastopol an die Front. Aber die Schlacht endete mit einer Niederlage. Am 28. Oktober wurden die sowjetischen Linien endgültig durchbrochen, und ein ungeordneter Rückzug begann. Während dieses Rückzuges nun, in dem Gefecht bei Aluschta in den ersten Oktobertagen, geriet Ali in Gefangenschaft.
Am 29. Dezember trat ein für die erste Phase des Ostkrieges charakteristisches Ereignis ein: Die Rote Armee führte in einem von ihr geplanten Gegenangriff auf die Krim in Theodosia am Schwarzen Meer eine Landungsoperation durch. Das Manöver gelang. Die Deutschen wurden überrumpelt. Zu dieser Zeit befanden sich 8000 sowjetische Gefangene in Theodosia. Die deutsche Bewachungsmannschaft rettete sich im letzten Moment durch die Flucht und ließ die Gefangenen zurück. Statt sich über ihre Befreiung zu freuen, beschlossen jedoch die Gefangenen ebenfalls, nach Westen zu fliehen, ihren Bewachern nach. Denn die erste Zeit der Gefangenschaft war erträglich, und die Gefangenen fürchteten sich vor dem Verfahren, das sie auf sowjetischer Seite erwartete,

weil sie sich zuvor den Deutschen ergeben hatten. Außerdem wollten sie zum Teil nicht auf sowjetischer Seite, zum Teil überhaupt nicht kämpfen, andere aus politischen Gründen lieber auf die deutsche Seite übergehen. Unter diesen Achttausend befand sich auch Ali.

Später, als er sich im rückwärtigen deutschen Armeegebiet befand, unter den unmenschlichen Bedingungen, unter denen die sowjetischen Gefangenen deutscherseits gehalten wurden, bereute er seinen Entschluß bitter. Nach kurzer Zeit jedoch begannen verschiedene kaukasische Komitees und Vertretungen der islamitischen Völker, unter mannigfaltigen Auspizien oft nur auf halb legaler Rechtsgrundlage entstanden, in einer überaus schwierigen Situation im Labyrinth der nicht gerade koordinierten deutschen militärisch-politischen Instanzen agierend, ihre Bemühungen um die Entlassung ihrer Landsleute aus den Lagern und um die Aufstellung antisowjetischer Unabhängigkeits-Legionen. Ali meldete sich als Aserbeidschaner, und schon im April 1942 kam er zur aserbeidschanischen Legion, die in Zielonka bei Warschau aufgestellt worden war. Von dort ließ ihn Abdul Dschemaj reklamieren. Dschemaj war eine einflußreiche Persönlichkeit unter den damaligen kaukasischen Politikern. Er war gerade dabei, sein Büro zu erweitern und benötigte administrative Hilfskräfte. Während einer Inspektion in Zielonka fiel seine Wahl gerade auf Ali. Er nahm ihn also nach Warschau mit. Seit dieser Zeit führte Ali ein ruhiges und gesichertes Leben. Er entging auch der Verschickung nach Frankreich oder Italien im Rahmen seines Regiments, als alle diese nichtdeutschen Einheiten ins Innere Europas verlegt wurden. Als sich die Bolschewisten 1944 Warschau näherten, floh er, wie die meisten seiner Landsleute, nach dem Westen.

*

Im Januar 1945 traf Tugaj ein drittes Mal mit Ali Malek zusammen. Unter den vielen Gesichtern, die er an diesem Tage im Luftschutzkeller in der Rembrandtstraße sah, war keines so ausdrucksvoll. Vielleicht, weil sie Schulter an Schulter auf einer Bank saßen, Ali in der Ecke, im Schatten und den hellen Reflexen der gekalkten Wände, schien er wie aus dem Rahmen eines Rembrandtschen Gemäldes geschnitten. In Augenblicken tödlicher Angst müht sich der Mensch oft, seine Gedanken auf irgend etwas, ganz gleich worauf, zu lenken. Tugaj kniff also absichtlich die Augen zu, sah Ali von der Seite an und wollte sich in Erinnerung bringen, welchem von dem ihm bekannten Porträts des Meisters er wohl am ähnlichsten sähe. In diesem Moment kam der Hausverwalter, ein kleiner Mann, den luftschutzhelmbewehrten Kopf zwischen die Schultern gezogen, die Treppe herunter und sagte:

„Über uns!"

Tugaj dachte, der Helm auf dem Kopf des Verwalters sähe eigentlich wie ein gewöhnlicher Wiener Halbzylinder aus, so gar nicht martialisch, und vertiefe eher noch den sehr zivilen Eindruck.

Vom Himmel löste sich jenes schauerlich bekannte Pfeifen, dessen Stärke gewöhnlich mit schrecklicher Geschwindigkeit zunimmt. Das Krachen und die Erschütterung waren so groß, daß für eine Sekunde das Licht erlosch. Ali fuhr sich mit der Hand über den Kopf und klaubte Kalkstückchen aus seinen Haaren. Das war nun vorbei, war nichts gegen das neue Pfeifen, das hörbar wurde. Ein Mädchen, das Tugaj gegenübersaß, hob plötzlich seinen Rock und verbarg darin sein Gesicht. Es vergaß dabei, daß es seine Hosen bis hoch zum Oberschenkel enthüllte. Ein nervöser Reflex, aber in dieser Sekunde zugleich quälend, denn es machte den Anwesenden den Krampf ihrer eigenen Nerven bewußt, die von der Teilnahme am Leben in die Angst vor dem Tode flohen, und deshalb beachtete niemand die Beine des Mädchens in der plötzlichen Stille. Nur ein kleines Mädchen, das neben seiner Mutter stand, ließ sich mit seinem dünnen Stimmchen vernehmen:

„Mammi, man muß sich so wie beim Zahnarzt sagen lassen ... Bevor er noch den Zahn ausreißt, sagt er: ‚Na, ist schon alles vorbei ... ist schon alles vorüber.' Jetzt ist's auch so: schon alles vorüber ... schon alles vorbei ..."

Mit einer heftigen Bewegung nahm das Mädchen seinen Rock vom Gesicht und blickte mit einem Ausdruck grenzenloser Verwunderung auf das Kind und konnte gerade noch die entblößten Beine bedecken, als das näherkommende Pfeifen in ein Brüllen überging. Ali flüsterte:
„Nein, nein, nein, nein ..."
Der Keller erbebte und füllte sich mit weißem Staub. Tugaj begriff erst jetzt, daß der Druck, den er am rechten Arm verspürte, von den Fingern Alis herrühre, die sich krampfhaft zusammenpreßten. Ali war kein Feigling, aber er hatte es erlebt, wie vor einer Woche eine Bombe, die ja eine schräge Flugbahn hat, das Haus, in dem er gewohnt hatte, gar nicht beschädigte, sondern direkt in den Gehsteig über dem Keller einschlug und dreißig Personen, darunter sechs Kinder, tötete. Er war dann in eine andre Wohnung umgezogen.
Das Licht erlosch, ging wieder an, erlosch, flammte wieder auf und blieb brennen.
„Und was hab' ich gesagt, daß es vorüber ist ..." sagte triumphierend das kleine Mädchen.
„Woran hab' ich wohl vorher gedacht", überlegte Tugaj. Gähnen kann manchmal ein Zeichen von Nervosität sein Er hielt die Hand vor den Mund und murrte:
„Wieder werden wir ohne Mittagessen sein."
„Mhm", knurrte Ali.
Die nächsten Bomben fielen in größerer Entfernung, aber auf die Entwarnung mußte man noch warten. Es war schon spät, als sie hinausgingen. Es war naßkalt. Irgendwo rann Wasser aus einer geplatzten Leitung. Es stank wie immer nach einem Bombenangriff: Nach aufgewühlter Erde, Schutt und irgend etwas Unbeschreiblichem, das man mit der Unbehaglichkeit einer ausgekühlten Wohnung vergleichen könnte. Mitten auf der Straße durch den nicht weggeräumten Schnee führte ein Fußpfad, gewunden zwischen Trümmern hindurch. Ali trieb es aus irgendeinem Grunde fieberhaft nach Hause. Tugaj konnte kaum mit ihm Schritt halten. Nach diesem gemeinsamen Erlebnis war es ihm so, als ob er ihn schon lange kenne.
„Wo wohnen Sie jetzt?" fragte er.

„Nicht weit von hier, bei der Schwedischen Brücke." Aber er nannte die Anschrift nicht. Er stolperte über einen Ziegel, der hochkant im Schnee steckte.
„Abends wird Mehmet bei mir sein", sagte Tugaj, denn er wußte, daß Ali ihn gut kenne.
„Sagen Sie ihm doch, daß ich heute für ihn keinen Tabak bekommen habe bei Frau Grostatschko."
„Und morgen?"
Er sah zum Himmel: „Vor dem Alarm werd' ich's wohl nicht schaffen."
„Vielleicht kommen sie später."
„Aber was denn ... Später! Die kommen immer regelmäßig."
Tugaj hatte ihn endlich eingeholt, und sie gingen nebeneinander her.
„Bei ihr kann man doch alles haben, bei dieser Grostatschko."
„Oho", grunzte Ali anerkennend.
„So eine geht wohl nicht unter."
„Nein, die nicht."
Sie trennten sich bei der Brücke am Donaukanal.
Am nächsten Tag flogen die amerikanischen Bomber vormittags an und bombardierten die Stadt bis drei Uhr nachmittags. Tugaj schaffte es nicht bis zum Rathauskeller, und nach dem Alarm waren alle Speiselokale geschlossen. Es mußte wieder einmal ohne Mittagessen gehen. In der Hoffnung, irgendein illegales kleines Restaurant zu finden, von dessen Existenz man ihm einst erzählt hatte, ging er auf den Prater zu. Aber er fand nichts. Als er sich durch einen Haufen von Russen drängte, die zum größten Teil zwangsweise zur Arbeit deportiert worden waren, traf er Kerim-Bek, der sich mit einem Mann auf türkisch unterhielt. Er wartete ab, da er nicht verstand, worüber sie sprachen. Jener gestikulierte lebhaft, und wie ein Mühlwerk ging seine Zunge, die jedesmal eigentümlich schnalzte, wenn sie sich vom Gaumen löste. Er rückte dabei immerfort nervös an seiner Schaffellmütze. Als sie sich getrennt hatten, ging Tugaj mit Kerim-Bek zu dem unbeweglich über dem verschneiten Lunapark ragenden Riesenrad. Kerim erzählte, er habe ein Taschenmesser kau-

fen wollen, schien dann jedoch mit eigenen Gedanken beschäftigt zu sein.
„Was war das für ein Türke, mit dem Sie da gesprochen haben?“ fragte Tugaj.
„Ein Dagestaner, kein Türke.“
„Was wollte er denn, daß er so mit den Händen fuchtelte?“
„Ach, das was alle wollen.“
Als sie aber ein Stück gegangen waren, zitierte er einen Koran-Vers: „O, Allah, führe uns den geraden Weg ...“ mit einem Pathos, das der sie umgebenden grauen Alltäglichkeit wenig entsprach. Offensichtlich jedoch schien ihm selbst dies Pathos nicht recht am Platz zu sein, denn als sie einige Schritte gegangen waren, verbesserte er mit Bitterkeit: „Was soll man da noch von einem geraden Weg reden. Auch wenn er krumm ist, müßte man dafür danken. Wenn er uns nur hinausführt.“
Am nächsten Tag war wieder um elf Uhr Alarm. Mehmet war immer noch nicht bei Tugaj erschienen. Dagegen kam Ali nach dem Alarm, erzählte, daß Mehmet Verbindung zu den Kosaken suche, um nach Italien zu fliehen. Dann saß er schweigend da, in der Wärme, denn in Tugajs Wohnung funktionierte noch die Zentralheizung.
„Und Sie gehen auch mit Mehmet?“ unterbrach Tugaj das Schweigen.
„Nein, mich interessieren die Kosaken nicht.“
„Also wie soll's denn gehen?“
„Ganz einfach so“, und er durchschnitt die Luft mit der flachen Hand in Richtung auf den Kleiderschrank. „Geradeaus, der Nase nach.“
„Aber doch nicht in diese Richtung. Das ist Osten“, lächelte Tugaj.
„Also gut, dann eben so“, und er drehte sich um und machte die gleiche Bewegung in entgegengesetzter Richtung, auf den Tisch am Fenster zu.
„Und zu Fuß?“
„Ich bin ja kein Krüppel.“
Tugaj glaubte ihm nicht recht. Er hatte den Eindruck, daß er ihm etwas verberge und aus irgendwelchen Gründen sei-

nen Unmut zeigte, wenn die Rede auf die Kosaken kam. Erst am dritten Tag traf er mit Mehmet in einem Luftschutzraum zusammen. Als sie nebeneinander saßen und abwechselnd auf das unterirdisch dumpfe Rollen der fallenden Bomben und die im Schutzraum bekanntgegebene Luftlagemeldung horchten, fragte Tugaj:

„Wo haben Sie denn in diesen Tagen gesteckt? Ali war bei mir. Das ist doch Ihr Freund?"

Mehmet lächelte mit einem Anflug von Wohlwollen. Er schwieg eine Weile, lächelte immer noch und begann dann zu erzählen, wie sie aus Warschau geflohen seien. Mehmet gehörte nicht zu der gleichen Organisation. Er war ein Krim-Tatar, aber das Schicksal hatte sie zusammengebracht, wie er sich bilderreich ausdrückte: ‚Auf der Straße der Völkerwanderung ...' Ali habe durchaus einen Sack mit Kartoffeln mitnehmen wollen.

„Ich sagte zu ihm: bist wohl blöd geworden oder was? Mit solcher Last. Aber Sie verstehen. Ein Mensch, der bei den Sowjets aufgewachsen ist."

Später erzählte er mehr von Alis Abenteuern. Es ging vor allem darum, daß er im Herbst 1944, als er auf der Flucht durch Tschenstochau kam, auf dem Wagen eines Tschetschenen oder Inguschen aufsaß; denn auch diese beiden kaukasischen Stämme nahmen ihren Weg nach Westen auf der Flucht vor der Roten Armee nach Deutschland gerade durch diese Stadt. Die Blätter färbten sich erst langsam gelb, warm war es, nur in den Nächten kühl. Auf dem Wagen saß die Frau des Inguschen.

„Jung?" fragte Tugaj zerstreut, denn eben wurde die Luftlagemeldung bekanntgegeben.

„Gewiß, doch nicht etwa alt. Na, und da hat er sich eben in den kühlen Nächten an sie geschmiegt, geschmiegt, bis er ..."

Tugaj nickte gleichgültig mit dem Kopf. Das war jedoch nur der Anfang der Geschichte, denn es stellte sich heraus, daß Ali diesem Inguschen die Frau genommen, aus dem Treck geflohen und sich später mit ihr hier in Wien eingefunden hatte.

„Und da leben sie zusammen?"

„Gewiß doch, was sollen sie anders tun. Er hält sie versteckt, zeigt sie niemand. Er fürchtet sich. Einmal stieß er im Prater auf zwei aus Tichorezk oder aus Maikop, jedenfalls aus der Gegend da. Bei ihrem bloßen Anblick erschrak er."

Tugaj zog die Schultern hoch:

„Da haben Sie ihm ausgeredet, einen Sack Kartoffeln mitzuschleppen, aber von dieser Last haben Sie ihm nicht abraten können?"

Breit lächelnd zeigte Mehmet die Zähne: „Sie ist klein und leicht."

„Deswegen also gibt er seine Adresse nicht an?"

„Ich kenn' diese Adresse. Aber gehen wir, es wird Entwarnung gegeben." Er stand auf und stäubte seinen Hosenboden ab.

Als sie sich aus der Menschenmenge vor dem Schutzraum gelöst hatten und sich zum Abschied die Hände reichten, fragte Mehmet: „Na, wie halten Sie's selbst? Werden Sie fliehen, wenn die Bolschewiken näher kommen?"

„Ja unbedingt!"

„Freilich, für Sie ist's leicht ... Na ja, Sie sind fremder Staatsbürger, haben einen guten Paß. Aber wir ..."

„Nehmen wir an, auch für mich wird's jetzt nicht leicht. Hab' ein bißchen zu lange hier gesessen, den Bogen überspannt. Jetzt gibt's weder Konsulate noch Visa. Vielleicht zieh' ich doch mit euch."

Mehmet seufzte auf.

*

Der Handelsgeist, von dem sich sein Vater sein ganzes Leben lang hatte leiten lassen, der dabei bedeutende Kapitalien anhäufte und es gern gesehen hätte, wenn der Sohn in seine Fußtapfen getreten wäre, war nicht die Triebfeder für Tugajs Studium der Nationalökonomie. Als er dies Studienfach wählte, erblickte er dahinter wie in einem Nebel jugendlicher Träume exotische Waren, in Häfen aufgestapelt, Schiffe, die von fernen Küsten kamen, unbekannte aber ge-

heimnisvolle Hintergründe, welche die Welt und ihren grenzenlosen Horizont buntfarbiger Länder regieren; mit einem Wort, er sah die emotionelle Seite dieses Gebietes, dessen eigentlichen Sinn er noch nicht erkannte. Als er in den Vorlesungssälen mit der konkreten, nüchternen und trockenen Materie bekannt wurde, ging seine Begeisterung für sie verloren. Immer mehr dagegen nahm ihn die Architektur gefangen, für die er schon in früher Jugend Interesse gezeigt hatte. Sein Vater war zwar damit einverstanden, daß er sich in Europa in diese Kunst vertiefe, jedoch nur nebenher, so als privates Hobby, aber nicht als Hauptrichtung seiner Studien. Nach dem Ausbruch des Krieges verfolgte Tugaj seine tatsächlichen Ursachen und seinen Verlauf und gelangte immer mehr zu der Überzeugung, die Welt werde nicht von der Wirtschaft, der Ware und dem angeblich allmächtigen Geld regiert, sondern von dem menschlichen Seelenzustand und den darin verborgenen emotionalen Kräften. Also hielt er dafür, daß seine früheren Studien nicht wert seien, ihnen ein kurzes Menschenleben zu widmen und ging ganz zu seiner geliebten Architektur über. Noch ehe er den endgültigen Entschluß dazu faßte und seinen Vater davon benachrichtigte, also noch vor Kriegsausbruch, besuchte er viele europäische Städte mit ihren überreichen Schätzen der großen westlichen Kultur.
Er bewunderte die frühe und späte Gotik, die Renaissance, das Barock. Er begeisterte sich für das kuppelgewaltige alte Byzanz. Dabei ging er jedoch von den Details ab, die in den Unterschieden, Ähnlichkeiten oder Analogien einzelner Stile und Epochen bestehen und sann oft über den ihnen gemeinsamen Sinn nach oder vielmehr den allen innewohnenden charakteristischen Ausdruck menschlichen Strebens, eingemauert in Säulen, Gewölben, Türmen, Bögen, Gestalten, Fenstern, Dachfirsten und Denkmälern. Und er kam zu dem Schluß, daß unabhängig davon, ob Gott den Menschen oder der Mensch Gott geschaffen habe, die gemeinsame Eigenschaft, die alle Stile einschließlich des heimatlichen mauretanischen verbindet, jenes unablässige Streben nach Erhebung ist und daß sie eine Imitation des Himmels, die Annäherung

an den Himmel, die Sehnsucht nach dem Himmel und der Ausdruck der Verbindung mit diesem Himmel über uns darstellt. Nur dies und eigentlich nichts weiter. Von dieser Warte aus begann er auch die sogenannte Sezession des 19. Jahrhunderts mit anderen Augen zu sehen, jene Epoche, die man als die vollständig zur Karikatur verzerrten Bestrebungen der Kunst des Fin-de-siécle ansieht. Unbelastet von europäischer Tradition betrachtete er die Sezession ein wenig anders als die meisten seiner europäischen Kollegen. Er sah wohl ihre Entstellungen, ihr anmaßendes Wesen, ihre übertriebene Art, meinte jedoch, das liege ganz einfach im Vergleich zu vergangenen Epochen in einem Mangel an individuellen Talenten aber nicht an der Richtung des Stils selbst. Ein wenig hatte er auch den Verdacht, die Verachtung der Sezession könne sogar zur Mode und zum Stil offiziell anerkannter Autoritäten gehören, die das eine als häßlich anzusehen befehlen und das andere als schön. Vielleicht lag es auch daran, daß dieser Stil ja fast noch zeitgenössisch zu nennen war, der aber womöglich, wollte man ihn der Epoche vor zehn Jahrhunderten zurechnen, gleichfalls als klassisch und schön gelten könnte. Und Tugaj gewann die dekadente Sezession der Theater- und Opernhäuser, der Triumphbögen, der in die Weite galoppierenden Rosse lieb, er sah in ihnen eher eine Synthese früherer Jahrhunderte als eine Abschweifung ins Häßliche. Sie war vielleicht ein schlecht gelungener aber konsequenter Ausdruck des menschlichen Strebens nach Verbindung mit dem Himmel.

Und da, eines Tages, überkam ihn eine sonderbare Vision. Ein Luftangriff war an diesem Tag nicht erfolgt. Er blickte auf die Uhr, dann nach dem Himmel, als ob er dort eine Erklärung für die ungewöhnlich ruhige Mittagsstunde suche. Am Himmel zogen Wolken dahin, wie sie sich bei Tauwetter bilden. Auf dem Hintergrund ihrer eintönig vorbeifließenden Masse fühlte er sich seltsam berührt von einem Bild, das er erblickte und das er eigentlich schon während der letzten Jahre seines Aufenthaltes in dem vom Krieg beherrschten Europa in seinen Augen getragen hatte: Neben einem Heiligen, der seinen Blick glaubensvoll zum Himmel richtete, stand ein zweiter, ohne Kopf; riesige Engel bliesen himmelwärts auf riesigen Fanfaren eine triumphale Hymne, sie bliesen weiter, obwohl einer von ihnen nur noch eine halbe Trompete besaß, ein anderer ganz ohne Hände dahinflog. Einer stolzen Statue am Himmelsrand, die sich mit einer Harfe emporstreckte, fehlten die Saiten, die linke Brust, die Nase und alle Zehen des rechten Fußes. Über einem völlig zur Ruine zusammengestürzten Dach war nur noch eine Figur geblieben, welche die gefalteten Hände zum Himmel erhob; einst hatte sie den Menschen da unten die Richtung gewiesen, der sie nachstreben sollten — aber was tat sie wohl in diesem Augenblick, da alles Furchtbare aus Himmelshöhen kam?! Keine Karikatur, auch nicht die kühnste, hätte wohl exakter die Lächerlichkeit dieser Architektur in Stein darstellen können, einer Architektur, die auf eine Verbindung mit *dem* Himmel hinzielte, der heute den Engeln die Flügel zerbrach, den Heiligen die Köpfe zerschmetterte, die Kreuze von den Türmen riß und die Ohnmacht der Symbolik offenbar werden ließ. Dem Pferd einer Denkmalsgruppe fehlten die Hinterbeine, so daß der Ritter nur auf einem der beiden Vorderbeine saß; der Löwe war ohne Schwanz, der Satyr ohne Bauch, der Palast ohne Dach, die Kirche ohne Kuppel.

Tugaj verband kein christliches Gemeinschaftsgefühl mit dieser Welt. Also schlugen seine Überlegungen auch nicht die Standardrichtung eines Durchschnittseuropäers ein. Ihn interessierte in diesem Augenblick ausschließlich die — architektonische Seite.

Er entsann sich der Fotografie einer Kirche in New York, die mit ihrem nur wenige Stockwerke hohen Turm sonderbar aussah, ringsum verbaut von vielstöckigen Wolkenkratzern. Solchermaßen wies der Kirchturm nicht eigentlich in den Himmel, sondern auf eine Galoschenreklame. Die Beherrschung des Raums unter dem Himmel muß wohl den bisher gültigen Ausdruck aller Architekturen beeinflussen. Denn wenn ein steinerner Engel seine Trompetenstöße einem Flugzeug entgegenschickt, das ihm mit einer Bombe die Flügel abreißt, dann führt dieser Ausdruck zu einem symbolischen Paradox. Hier steckt das Groteske der menschlichen Kulturentwicklung und nicht in den übertriebenen Ausmaßen der prätentiösen Sezession. Tugaj lächelte über seine Gedanken: ‚Ob ich wohl noch einmal meinen Beruf wechseln soll!' Und obwohl er mit diesem Gedanken jetzt nur spielte, verspürte er plötzlich eine große Sehnsucht, aus diesem Hexenkessel des Kriegsgeschehens herauszukommen. Er sah ein, daß längeres Zögern töricht wäre. Er müsse sofort entscheidende Schritte unternehmen.

Da in Wien gerade ein Ausreiseverbot für Zivilpersonen erlassen worden und überhaupt jeder private Reiseverkehr außer zu Kriegszwecken eingestellt worden war, beschloß er, sich sofort zu Frau Pauline aufzumachen, von der er vermutete, sie verfüge auch hierfür über die mannigfaltigsten Beziehungen und Möglichkeiten.

Von Frau Grostatschko sagten die einen: ‚Die Frau hat so ihre Gänge.' Andere: ‚Sie kennt Wege und Auswege.' Und Mehmet von der Krim behauptete: ‚Bei ihr ist das wahre Europa. Wie in einem Laden, man geht hin und kauft — was man will.' — ‚Aber für Geld'

‚Geld! Geld muß man sogar in eurer Usbekischen Räte-Republik haben. Was denn erst in Europa . . .' antwortete er im Scherz.

Auch Frau Pauline, gleichzeitig vom Schwarzhandel und von der Verheiratung ihrer Tochter in Anspruch genommen, hatte so ihren Sinn für Humor. „Ich komme mir in meinem sechsten Stockwerk vor wie auf dem hohen Pamir: Wohin ich blicke, überall Asien!" Ihre Kisten und Koffer aber bewahrte sie im Keller auf.

„Mama, das ist aber ... Alles fürs Geld!" schmollte ihre Tochter. „Riskierst solange, bis du reinfällst."

„Wie setzt du die Füße? Luisa! Halt dich grad! Komm mal her, was hast du denn mit deinem Kragen gemacht!" Luisa trat gehorsam an den Sessel der Mutter.

Der Luftangriff erfolgte an diesem Tag tatsächlich später als sonst. Er war dafür um so intensiver, wenn er auch nicht solange dauerte. Am Abend glättete sich der Himmel hinter den Fenstern nach dem täglichen Unheil aus der Luft wie eine Stirn, deren Runzeln verschwinden. Als sich die letzten Wolken verzogen hatten, hörte die schmale Mondsichel zu schwimmen auf und stand still, auf einem Hintergrund, der schon von der Abendröte in das kalte Grün vor der Nacht überging. Durch die zerbrochenen Fensterscheiben wehte es frostig. Vom Bahnhof her drang das Pfeifen einer Lokomotive — fern, sehr fern. Das Radio gab die Luftlagemeldung durch.

Gerade in diesem Augenblick klopfte Ali an die vordere Wohnungstür. Als er Tugaj bei Frau Pauline antraf, verdüsterte sich sein Gesicht. Offensichtlich kam ihm dessen Anwesenheit wenig gelegen. Anfänglich wußte er nicht, was er tun solle, setzte sich endlich in einen Sessel und stützte sich steif auf die Armlehnen. Da Tugaj es nicht eilig zu haben schien und gleichfalls schweigend dasaß, beendete Frau Pauline ihren Monolog, der halb an ihre Tochter, halb an die Gäste gerichtet war:

„Warum müssen denn die jungen Leute nur immer Idealisten sein! Für Luisa bedeutet es ja doch das halbe Leben, mit ihrem Verlobten ins Kino zu gehen ..."

„Denk' ja gar nicht an solche Dummheiten!" unterbrach sie Luisa scharf.

„... und wir haben doch alles verloren, alles ... durch diese Bolschewiken! Alles. Vermögen, Haus, Kapital."

Es wurde immer dunkler. Ali rührte sich ungeduldig in seinem Sessel und unterbrach plötzlich das kurze Schweigen mit gedämpfter Stimme, stotternd und dabei bemüht, niemand anzusehen:

„Ich bitte Sie ... Ich wollte, ein Kleid ..."

Frau Pauline neigte den Kopf in sachlicher Erwartung. Luisas Augen leuchteten interessiert auf. Ali stockte.

„Ja bitte?" munterte ihn die Grostatschko auf und neigte ihren Kopf noch tiefer.

„Ein Kleid ..."

„Für eine junge Person?"

„Wie denn? Für ... sagen Sie wen?" und Ali blickte ratlos zu Tugaj hin, aber Frau Pauline korrigierte, immer im gleichen sachlichen Ton:

„Für eine Person, das heißt für eine Frau, ein Fräulein, ein junges?“
„Mhm.“
„Was für eins denn, in welcher Art soll es sein?“
„Na, so mehr eleganter, wenn man so sagen kann.“
„Versteh' schon. Groß, klein, voll?“ Indem sie sich in ihrem Sessel aufrichtete, fuhr sie mit einer fließenden Handbewegung an den Konturen ihres Körpers entlang.
„Na, etwa so, man könnte sagen ... wie ... nun wie Fräulein Luisa. Nur daß vielleicht ... die Brüste sind kleiner.“
Im Dämmerlicht war nicht zu erkennen, ob Luisa errötete, aber sie wendete sich heftig ab und wollte gerade ins andere Zimmer hinübergehen:
„Luischen, geliebtes, möchtest du nicht das Schlüsselchen nehmen und dies Kleid holen? ... Weißt du, es auch gleich überziehen, zum Vorführen ...“
„Kannst es ja an dir selbst ausprobieren, wenn du willst!“
Das Radio gab ein schnalzendes Geräusch von sich, und die ersten abgerissenen Sirenentöne des Voralarms drangen deutlich durch die zerbrochenen Scheiben.
„Vielleicht schaff' ich es noch nach Hause.“ Tugaj stand auf, um sich zu verabschieden.
„Paßt doch ausgezeichnet“, wandte sich Frau Pauline an Ali. „Grad' zur rechten Zeit kommt der Angriff. Wir gehen jetzt zusammen in den Keller, und nach dem Alarm nehm' ich's von unten aus der Kiste und zeig' es Ihnen.“

*

Die Zeit drängte. Die Rote Armee näherte sich aus Richtung Budapest. Aus der erhofften Hilfe von Frau Pauline für Tugaj war nichts geworden. Es täte ihr sehr leid, aber — und sie machte eine bedauernde Gebärde — leider! Sie habe selbst kaum eine solche Möglichkeit für sich und Luisa ausfindig machen können, sie sagte natürlich nicht, welche. Aber das schon beizeiten. Jetzt aber — und wieder breitete sie bedauernd die Hände aus — sei es schon zu spät. Es sei alles so durcheinander, alle seien schon weggefahren, man könne niemand mehr finden ... Ein Chaos, ein komplettes Chaos — es tue ihr wirklich leid ... Am dritten Tag nach diesem Gespräch und dem Verkauf des Kleides an Ali verschwand sie aus Wien auf einem nur ihr bekannten Weg und verabschiedete sich von keinem Menschen.

Aserbeidschaner und Georgier, die in einer Pension an der Mariahilfstraße wohnten, packten ihre Koffer und reisten gleichfalls ab, ohne jemand vorher zu benachrichtigen. Es waren reiche Leute. Im Treppenhaus begegnete Tugaj nur Sulejman Saburi, einem Mann ohne Geld.

„Na, da sehen Sie, was das für Leute sind!" beklagte er sich. „Wenn sie wenigstens ein Wort gesagt hätten!"

„Und Sie selbst, haben Sie immer noch keine Möglichkeit?"

„Ja, wohin denn, wohin!?"

„Nicht nach Italien?"

„Sie haben gut reden!"

„Sind Sie mit Dschemaj zusammengewesen?"

„Ja, der könnte viel machen — aber ob er mir helfen will? Ich kann ihn nicht erreichen. Bin so in Angst, daß auch er vielleicht schon abgereist ist. Sie sagen, nach Italien? Kann sein, daß das richtig ist, vielleicht die einzige Rettung. Nur hin zu den Engländern, Amerikanern. Oh, schon wieder ein Angriff! Gehen wir runter!"

„Ach, daß doch der Teufel! So kann man unmöglich etwas erledigen", fluchte Tugaj.

„Ich bitte Sie, mein Magen ist schon ganz ausgekühlt. Seit vier Tagen schon kann ich nichts Warmes mehr bekommen."

Der private Luftschutzkeller war recht geräumig. Saburi mochte etwa sechzig Jahre alt sein; er setzte sich und legte die Hände ergeben auf seinen angeblich ‚ausgekühlten', leicht vorquellenden Magen. An seinem Mantel fehlten zwei Knöpfe. Als die ersten Detonationen erfolgten, löste er seine Hände und riß mit den Fingern die alten Fadenreste ab.

„Welche Staatsbürgerschaft besitzen Sie?" fragte Tugaj, der wie immer bei einem Luftangriff ein nervöses Gähnen nicht unterdrücken konnte.

„Sozusagen die irakische."

„Warum: Sozusagen?"

„Mein Vater war Richter in Bagdad, noch unter Sultan Abdul-Hamid, zur Türkenzeit. Aber daran können Sie sich wohl nicht mehr erinnern."
„O doch, mein Vater hat mir davon erzählt. Was bezahlen Sie jetzt eigentlich für ihr Zimmer?"
„Ach, nicht viel. — Na also, sehn Sie: Ich war türkischer Untertan und geriet im ersten Krieg bei Erzerum in russische Gefangenschaft. Da war's gar nicht so schlecht. Erst als die Bolschewiken kamen ..."
„Und was haben Sie dann gemacht?"
„Ja was denn wohl?! Bin geflohen."
„Das meine ich nicht — sondern später?"
„Ich habe über Ostsprachen gelesen in ..."
Tugaj war mit seinen Gedanken ganz bei seiner Abreise, denn das war jetzt das Wichtigste für ihn. Er strich sich über die Stirn und unterbrach Saburi mit der Frage, ob er nicht Mehmet kenne, einen Krim-Tataren? — Nein, Saburi kannte ihn nicht.
„Und Ali Malek?"
„Den kenn' ich, aber ich weiß nicht, was mit ihm los ist. — Also ich sage Ihnen, ich hab' an vielen Universitäten gelesen.
Wider Erwarten erfolgte die Entwarnung diesmal sehr schnell.

*

Am Abend dieses Tages erschien Mehmet mit einem fertigen Fluchtplan — nicht zu den Kosaken, sondern direkt nach Mailand, und er meinte scherzend: „Haben mich die Amerikaner ausgebombt, dann geh' ich jetzt eben zu ihnen. Sollen Sie sich doch um mich kümmern!"
Aber sein Plan war besser als dieser Witz. Tugaj prüfte ihn eingehend und akzeptierte ihn auf der Stelle.

GEMONA

Die Uhr zeigte fünf Minuten vor zwölf. Ali betrachtete sie mit Unruhe. Es war eine symbolhafte Stunde. Für Ali vielleicht noch mehr als für andere. Ihm schien es, als ob jeder Agent des NKGB bis hinauf zu den höchsten Stellen in Moskau von seiner Desertion wüßte. Dschemaj hatte ihm versprochen, er werde ihn mitnehmen, zusammen mit andern, auf einem Weg, den er sich mit dicken Bestechungsgeldern gebahnt hatte. Jedoch Ali besann sich noch im letzten Augenblick anders und beschloß, die Strecke nach Udino zu wählen, durch das Gebiet des Kosaken-Stans. Seit längerer Zeit schon hatte er sorgsam Informationen gesammelt und sich hin und her überlegt, wie er sich verhalten solle.

Vor allem hatte er erfahren, daß die Gruppe von Tschetschenen und Inguschen, die er aus ganz persönlichen Gründen fürchtete, nicht den Kosaken, sondern dem Kaukasischen Korps angegliedert worden sei, das da irgendwo im Gebirge, im Paluzza stehe. Der Kuban-Kosak, der ihm diese Nachrichten zugetragen hatte, teilte ihm dann auch noch mit, im Kosaken-Lager befinde sich wahrscheinlich jemand von seinen nächsten Angehörigen, es könnte sogar seine Mutter sein. Diese Nachricht war nebulos genug und nicht ganz sicher, aber wer konnte in jenen Zeiten überhaupt für etwas bürgen? Schließlich rieten ihm politisch beschlagene Leute, er solle sich doch zu seiner ursprünglichen Einheit durchschlagen und zwar zur turkmenisch-aserbeidschanischen Division, die in Italien stehe, wahrscheinlich in der Gegend von Udino. Das sei zwar nur eine Vermutung, aber — so sagte man — es sei gar nicht so wichtig, zu welcher Formation, wichtig sei nur, daß er überhaupt zu einer militärischen Einheit stoße. Gelegentlich erklärte man Ali auch das angeblich bindende internationale Kriegsrecht, das von allen zivilisierten Staaten beschlossen worden sei, schon vor langer Zeit, in irgendeiner holländischen Stadt. Wenn er also — sagte man ihm — als Soldat in Gefangenschaft gerate, so werde er wie jeder

Kriegsgefangene nach diesem bindenden Recht behandelt und dann würde ihm freilich ob nun seitens der Engländer oder der Amerikaner kein Haar gekrümmt. Und da der Krieg zu Ende sei, so würde er also vielleicht einen, zwei Monate hinter Stacheldraht sitzen und dann freigelassen werden. Wenn er ihnen dagegen als Zivilist in die Hände falle, so wisse man für diesen Fall noch gar nichts. Wahrscheinlich aber würden sie auch dann gleich freigelassen werden, denn der Krieg der westlichen Alliierten gegen die Sowjets hänge an einem Haar, aber man könne ihn doch länger festhalten und überprüfen. Und seine Frau solle er derweilen doch irgendwo unterbringen, für ein paar Monate. Wenn er etwas Geld besitze ...?

Ali besaß nicht viel Geld, aber er nickte bereitwillig mit dem Kopf und beschloß, diesem Rat zu folgen. Für einen frisierten Marschbefehl zum Kosaken-Stan bezahlte er nicht viel, und so machte er sich fünf Minuten vor zwölf auf den Weg und achtete nicht auf den Luftalarm.

Am 27. April kam er mit seiner Frau zusammen in Gemona an, aber niemand konnte ihm etwas über die turkmenische Division sagen, jedenfalls nichts Genaues. Auch von seiner Mutter wußte man nichts, hatte auch nicht von ihr gehört. In Gemona stand das 3. Ersatz-Regiment in Stärke von acht Sotnien, drei Geschützen, dreißig Maschinengewehren, insgesamt etwa 2500 Mann, vorwiegend Kuban-Kosaken, unter der Führung von Oberstleutnant Lobysewitsch. Einige Sotnien waren in die nahen Dörfer Osoppo und Peonis verlegt — sie bewachten dort am Tagliamento Militär-Magazine. Eine Sotnie lag im Dorf Tarcento. Der Rest und der Stab in Gemona selbst.

Am Tage nach seiner Ankunft ereignete sich folgender Zwischenfall: Drei Kosaken, die in die Stadt zum Friseur gingen, wurden von Partisanen überfallen, einer von ihnen erschlagen. Sofort schickte man eine schwer bewaffnete Patrouille aus, aber die Partisanen waren geflohen. Die Lage war bis zum Äußersten gespannt. Am 29. erschienen Parlamentäre in Gemona, in Begleitung einer Person in englischer Uniform. Man konnte sich mit ihnen dahingehend verständigen, daß man die Kosaken unter Mitnahme ihrer Waffen nach Norden passieren lassen wollte, damit sie sich mit ihren Hauptkräften im Gebiet von Tolmezzo vereinigen könnten. Von dort aus sollten sie dann den Rückzug aus Italien antreten.

Am nächsten Tag aber begann der große Regen. Oberstleutnant Lobysewitsch wollte warten, bis er vorüber sei ... Am 30. regnete es in Strömen. Die um Osoppo gruppierten Sotnien warteten keinen Befehl ab sondern setzten sich in nördlicher Richtung in Marsch. Sie kämpften sich die Straße nach Covazzo frei und fanden dann Verbindung mit Ataman Domanow. Die aus Richtung Udino im Eilmarsch nach Tolmezzo ziehenden Regimenter marschierten an Gemona vorbei. Das war allen bekannt. Aber Oberstleutnant Lobysewitsch zögerte.

Am 1. Mai regnete es immer noch. Warum brach Lobysewitsch nicht auf? Man nimmt an, er habe die Lage für hoffnungslos gehalten und wollte sie nicht noch durch einen Marsch nach Österreich verschlimmern, wo man auf sowjetische Truppen stoßen könne. Den Entschluß Domanows hielt er für falsch. Er war der Meinung, es sei sicherer, an Ort und Stelle das Eintreffen der Engländer abzuwarten und in Italien die Waffen niederzulegen. Die Drohungen Titos hielt er für übertrieben, mit großer Unruhe erfüllte ihn dagegen die Offensive der Roten Armee in Richtung Wien. Seine Überlegungen und Absichten behielt er jedoch für sich. Als die Sotnien aus Osoppo abgezogen waren, wurde das Regiment in Gemona in Alarmzustand gehalten und erwartete jeden Augenblick den Abmarschbefehl. Noch immer regnete es in Strömen.

Vom 2. Mai an wurden die Kriegshandlungen in Italien eingestellt. Die Verbindung mit Tolmezzo wurde unterbrochen. An diesem Tag erschienen erneut Parlamentäre, diesmal mit der kategorischen Forderung, die Waffen zu strecken. Sie erhielten zur Antwort, die Kosaken würden ausschließlich gegenüber regulären englischen Truppen kapitulieren und nicht angesichts der Partisanen ihre Waffen niederlegen. Am nächsten Tag, am 3. Mai, verschanzte sich die Sotnie in Tarcento und wies mehrere Angriffsversuche blutig ab. Am Abend dieses Tages erhielt sie den Befehl, zur Hauptgruppe in Gemona zu stoßen. In Gefechtsordnung traf sie dort ein. Am 4. Mai erschien ein englischer Offizier. Er bezeichnete weiteren Widerstand als zwecklos und schlug die Kapitulation vor, übernahm auch die Verantwortung für die Einhaltung der Bedingungen. Nach stürmisch verlaufener Beratung entschlossen sich die Kosaken, von allen Seiten umzingelt und keinen andern Ausweg mehr vor Augen, die Waffen niederzulegen, wollten jedoch ihre Pistolen bis zum Eintreffen englischer Truppen behalten. Der Offizier ging darauf ein.

Das Gesetz der schiefen Ebene ist überall das gleiche. Wer sie einmal betritt, kann nicht mehr stehen bleiben. Der Entschluß zur Kapitulation beraubte die Kosaken nicht nur ihrer schweren Waffen, er entwaffnete sie auch moralisch. Weder Pistolen noch Säbel konnten ja einen Rückhalt gegen übermächtige Feindkräfte darstellen. So gaben sie denn, dazu aufgefordert, am Tag darauf, am 5. Mai, auch ihre Pistolen ab. — Da wurden sie von Partisanen umstellt und ausgeplündert.

*

In diesen Tagen unendlicher Regengüsse und drückender Ungewißheit, in den Nächten, da sich in das Trommeln fallender Tropfen an den Fensterscheiben der Widerhall ferner Schüsse mischte, deren Herkunft man nicht kannte und die deshalb um so beunruhigender waren, lachte Ali das Glück. Der Mann der Signora Porolli, bei der sie in Gemona Quartier gefunden hatten, war Mitglied der faschistischen Miliz, und man wußte nicht, ob er wohl noch lebe oder schon umgekommen sei und wenn er noch am Leben wäre, wo er dann stecke. Jedenfalls war schon seit sehr langer Zeit nichts mehr von ihm zu hören. Aber seine Frau hatte nun eine entsetzliche Furcht davor, daß man sich an ihr rächen werde. Nicht von ungefähr kamen ja derartige Gerüchte aus Udino, ja sogar aus Monfalcone, Pardenone und Treviso. Es ließ sich nicht feststellen, wer diese Gerüchte mitbrachte, aber sie stimmten so weitgehend überein, daß man sie wohl für authenisch halten konnte. Man rasiere — so hieß es — den Faschistenfrauen zunächst den Kopf, fahre sie dann zum Gespött herum, jeder könne sie schlagen und anspucken, und was dann mit ihnen geschehe, das sei so schrecklich, daß man es nicht wiederholen könne . . . Signora Porolli beschloß nun, und es war auch schon die höchste Zeit dazu, aus Gemona zu fliehen, wo sie jeder kannte, und Unterschlupf bei ihren beiden jüngeren Schwestern in Mailand und ihrem alten Vater zu suchen, der bei seinen Töchtern seine alten Tage verlebte. Dort könne sie sich wohl sicher fühlen, um so mehr, als die Schwestern erst kürzlich ihre Wohnung gewechselt hätten und weder sie noch der hochbetagte Vater in ähnliche Geschichten verwickelt wären und keinerlei politische Sorgen auf dem Kopf hätten.

Zu Alis Glück geschah, was selten, aber doch auch vorkommt, daß nämlich Signora Porolli, die vor drei Jahren ihre einzige Tochter an Typhus verloren hatte, vom ersten Tage an eine Art von heftiger mütterlicher Zuneigung zu seiner Inguschin faßte. Das Unglück der beiden und ihre Verlassenheit faßte ihr ans Herz und rührte sie — vielleicht war es auch ihr gemeinsames Unglück. Bei einem so plötzlichen und kurzen Aufblitzen menschlicher Reaktionen kann man meistens nur schwer ihre eigentliche Ursachen ausfindig machen. Signora Porolli, die von Natur aus nicht schlecht war, konnte auch nicht für ‚gut' in landläufigem Sinne gelten oder gar für ‚gütig'. Sie war noch nicht alt, aber auch nicht mehr jung, sie war lebhaft in ihren Bewegungen, wie es eben die Italiener sind, aber mit Maß. In ihre schwarzen Haare begannen sich soeben erst weiße Fäden zu mischen. Sie gab auf sich acht, war immer fleißig, immer sauber, schlug anderen keine Hilfe ab, wenn der äußerste Notfall eintrat, aber sie war auch nicht gerade schnell zu einer Gefälligkeit bereit. Und da plötzlich, schon nach wenigen Tagen, schenkte sie Alis Frau ein warmes Tuch. Sie gab ihr morgens heiße Milch zu trinken, noch im Bett, und hieß sie bis Mittag schlafen, damit sie sich ausruhe und wieder zu vollen Kräften komme nach den Anstrengungen der langen Reise.

Signora Porolli hatte einige Jahre ihres Lebens in Brixen

verbracht und verstand daher ein wenig deutsch, vielleicht nicht mehr als Ali in Wien gelernt hatte. Es reichte jedoch zur gegenseitigen Verständigung aus. Endgültig wurde diese Verständigung auch im weiteren Sinne am 2. Mai besiegelt, als die Kriegshandlungen in Italien beendet wurden. Bei verschlossenen Türen und verhängten Fenstern fand eine Art Familienrat statt, bei dem folgende Beschlüsse gefaßt wurden:

Ali solle am nächsten Tag in eine Sotnie des Kosaken-Regiments eintreten, um als Soldat behandelt zu werden. Signora Porolli dagegen solle seine Frau mitnehmen und beide sollten versuchen, nach Mailand zu gelangen. Nach der Entlassung aus der Gefangenschaft, die innerhalb von einem oder zwei Monaten zu erwarten sei, würde sich Ali nach Mailand durchschlagen, und später werde man sehen, wie sich das Leben weiter einrichten ließe. Er bekam einen Zettel mit einer genauen Anschrift, auf der Via Ticiano mit, auf dem notiert war, wie man dorthin gelange, und sogar die Straßenbahn-Nummern waren verzeichnet, die Signora Porolli, eine gebürtige Mailänderin, noch im Gedächtnis hatte.

Die Frauen brachen früh am Morgen auf, so daß sie die Neugier der Nachbarn nicht erregten. Ali hatte ihnen alles mitgegeben, was er an wertvollen Dingen unter seinen Privatsachen hatte, auch fast alles Geld, das aber nicht viel wert war. Sie hielten sich am Fuß des Gebirges auf Managia zu, um dann in Richtung auf Vicenzo und Verona die große Straße zu erreichen und womöglich die Gelegenheit zu benutzen, mit Autos mitzufahren, da alle Eisenbahnen außer Betrieben waren. Übrigens hatte Signora Porolli in Desenzano am Gardasee ja auch die Familie ihres Vetters. Nur anfänglich war ihr Weg beschwerlich. Kaum hatten sie jedoch den Bereich verlassen, in dem früher die Kosaken-Formationen operiert hatten, änderte Signora Porolli ihre Taktik. Wo sich nur immer die Notwendigkeit ergab und selbst wenn es überflüssig war, verkündete sie laut, sie sei ein Opfer des Faschismus und dazu noch zur Arbeit nach Deutschland verschickt worden. Von dort sei nicht nur ihr selbst die Flucht gelungen, sondern hier — und sie wies stolz auf die

Inguschin hin — auch diese unglückliche Russin habe sie aus der Gefangenschaft befreit und sie wie eine leibliche Tochter betreut. Dies Letzte hätte man übrigens auch kaum bezweifeln können. Um so größer waren Verdienst und Ruhm, die also auf Signora Porolli fielen, und man ließ den beiden Frauen seitens der neuen Machthaber alle erdenkliche Hilfe zukommen. Ihre dramatischen Erzählungen wurden den Fahrern alliierter Militärwagen übersetzt, die sie auf vielen Wegstrecken gern mitnahmen. Auf diese Weise erreichten sie Mailand schon nach wenigen Tagen.

*

Am 7. Mai hörte es auf zu regnen. Auch die Ausplünderung der Kosaken, die zwei Tage angedauert hatte, war beendet. Einigen von ihnen hatte man sogar die Stiefel weggenommen. Am nächsten Tag trieb man sie, etwa 1100 Mann, nach Süden. Zwei Kosaken kamen unterwegs um. Erst 18 Kilometer vor Udine begegneten sie britischen Truppen, welche die Kosaken von den Partisanen übernahmen und sie in ehemaligen Kasernen unterbrachten. Sie wurden gut verpflegt. Die Stimmung begann sich zu bessern. Die alten Hoffnungen stellten sich wieder ein.

Am 14. Mai verlud man sie alle in Lastwagen und brachte sie über Padua und Ferrara nach Forli, wo sie in der Gefangenschaft hinter Stacheldraht schon das etwa 2000 Mann zählende russische antibolschewistische Freiwilligen-Regiment „Wariag" antrafen. Nach einem Aufenthalt von zwei Tagen wurde eine Gruppe, in der sich Ali wiederfand, nach Ancona verlegt.

Das riesige, 50 000 Mann umfassende Gefangenenlager redete, wie es Ali schien, wohl in allen Sprachen Osteuropas. Sie wurden nach Nationen getrennt. Ein englischer Offizier, der etwas russisch konnte, empfing die Kosaken:

„Und ihr, wer seid ihr?"

„Kuban-Kosaken."

„Von welcher Einheit?"

„Drittes Ersatz-Regiment."

„Ihr müßt nach Rußland fahren."
„Nein, wir fahren nicht nach Rußland."
Im Laufe der nächsten Tage versuchte man, sie durch Überredung gefügiger zu machen. Als Antwort darauf setzten die Kosaken eine umfangreiche Denkschrift auf, begründeten darin ihre Weigerung, zurückzukehren und schlossen mit einem entschiedenen Protest gegen ihre Auslieferung an die Bolschewisten. Die Denkschrift wurde dem Lagerkommandanten überreicht. Der Eindruck, den sie auf ihn machte, war negativ. Er setzte für den nächsten Tag einen Appell der Kosaken an und fragte:
„Ihr wollt also nicht in euer Vaterland zurückkehren?"
„Die Bolschewiken, sie sind für uns nicht das Vaterland, sondern das Zuchthaus."
„Ich frage noch einmal: Kehrt ihr zurück oder nicht?"
„Nein!"
„Dann werfen wir euch zu den Deutschen!"
„Werft uns doch!"
Ali interessierte in diesem Augenblick die politische Seite der Angelegenheit am allerwenigsten, und er beteiligte sich nicht einmal an der Sammelpetition. Ihm ging das Schicksal der andern nichts an. Er sah nur das eine, daß er, Ali, um jeden Preis hier herauskommen müsse. Um jeden Preis! Die Angst vor einer Trennung für immer und ein unbewußt unklares Gefühl der Eifersucht nagten an ihm. Er aß fast nichts mehr. Der Wunsch, hier herauszukommen und wieder mit seiner Geliebten verbunden zu sein, war so stark, daß er an der Möglichkeit, es könne gelingen, zu zweifeln aufhörte. Er handelte wie in einer Halluzination, aber mit der Sicherheit eines Mondsüchtigen. In einer Mainacht zwängte er sich ganz einfach unter den Stacheldrähten durch, sonderbarerweise von den Wachen unbemerkt, und machte sich auf den Weg, am Meer entlang nach Norden. Er ging nicht auf der Straße, sondern hielt sich in dem Streifen zwischen der Eisenbahnstrecke und dem Adria-Strand. So sehr konzentrierte er sich auf den Marsch, daß er gar keine Zeit für Überlegungen fand noch daran dachte, die Ratschläge zu verwünschen, denen er gefolgt war, als er in die Kosaken-

Sotnie eingetreten war. Das Meer leuchtete grünlich-blau, der Sand glühte, die Sonne war gelb, der Himmel dunkelblau. Aber die Schönheit einer Landschaft nimmt man nur wahr, wenn sie einen Widerschein im eigenen Innern findet. Wenn der Mensch innerlich ausgebrannt ist, zu Asche, zur Wüste, und nur ein Gedanke, eine Begierde seine Impulse lenkt — dann bedrückt alles, was diesen einen Gedanken ablenken könnte, also auch alles Schöne in seiner Umgebung und macht ihn ungeduldig. Einige Kilometer von Pesaro erlag er einmal nur einer plötzlichen Panik, als ihm der Gedanke kam, wieviele Wochen er noch wandern müsse, wenn er den ganzen Weg zu Fuß zurücklegen wolle?! Und hier war es auch, wo ihn Gendarme in weißen Helmen festnahmen.

Nach dem ersten Überraschungs-Schock riß er sich wieder zusammen. Er gab sich fügsam, ruhig und spielte sogar den Erfreuten, so als ob er von seiner Einheit abgekommen sei und nun das zuständige Sammellager suche. Die Gendarme glaubten ihm, nahmen ihn in ihrem Militär-Jeep mit und überließen ihn sich selbst, als sie in der Nähe von Mandolfo-Marotta in einer Trattoria einkehrten, um Wein zu trinken. Er stieg umständlich und absichtlich langsam aus, trat zuerst in den Hof ein, so als ob er den Abort suche, fragte sogar jemand, sah sich in der Gegend um und entfloh.

Nun wanderte er nicht mehr längs der Küste, sondern weiter im Landesinnern durchs Gebirge, auf Fußpfaden und querfeldein, aber schon hinter Cittá di Castello verfiel er instinktiv fast auf die gleiche Taktik, die Signora Porolli anwendete. Er gab sich als sowjetischer Kriegsgefangener aus, den die Deutschen zur Arbeit nach Italien deportiert hätten und der jetzt, trunken von Freude über die Befreiung, ins Vaterland zurückkehrte. Er verfluchte die Deutschen, schüttelte die Fäuste, wenn er von ihnen sprach, nach italienischem Brauch lebhaft gestikulierend, und dafür gab man ihm überall zu essen, erteilte ihm Ratschläge und beschenkte ihn obendrein mit einem alten Anzug. Er mußte natürlich aufpassen, um immer auf Gutgläubige zu stoßen, und auch so noch fragte man ihn oft darnach, warum er denn allein marschiere, sich nicht bei den zuständigen Behörden melde, die ihn doch befördern würden. Irgendwo müßten doch Sammelpunkte sein, wo er sich registrieren lassen müsse. Das waren alles schwer zu beantwortende Fragen. Er log sich durch, so gut er konnte, jedesmal auf andere Weise, oft rettete er sich schließlich nur dadurch, daß er Unkenntnis der Sprache vorschützte. Einmal, es war gegen Abend, marschierte er auf einer großen Straße und trat, ganz gegen seine Gewohnheit, sich in belebteren Orten aufzuhalten, erschöpft in ein Gasthaus ein. Der Wirt hörte schweigend seine Legende an und sagte nichts. Etwas später machte eine Kolonne amerikanischer Wagen auf der Straße Halt. Am Gesichtsausdruck Alis, der sich plötzlich verabschiedete, für die Gastfreundschaft dankte und ein Nachtlager ablehnte, mußte der Italiener etwas gemerkt haben, aber er sagte wieder nichts. Ali ging auf die Straße hinaus, er war jetzt in seinem Zivilanzug und konnte unbeachtet passieren, zumal die Abenddämmerung hereingebrochen war. Ehe er jedoch von der Straße auf einen Seitenweg hatte abbiegen können, der in die Täler der Appeninen führte, faßte ihn eine starke Hand von hinten am Arm. Ali sträubte sich nicht und versuchte auch nicht zu fliehen, sondern wendete nur langsam den Kopf, wie immer in sich selbst versunken. Vor ihm stand der Wirt, der Italiener. Er sah Ali an und kniff ein Auge zu: „Wohin willst du eigentlich?“

„Nach Mailand“, antwortete Ali mechanisch.

„Zu Fuß kommst du nicht hin, niemals.“ Er sprach halblaut. „Diese amerikanische Kolonne fährt gerade nach Mailand. Sie ist leer und fährt gleich ab. Schlüpf von hinten rein und versteck dich unter dem Verdeck.“

„Und wenn sie mich entdecken?“ fragte Ali mit einer Offenheit, als ob ihn mit diesem Italiener seit langem enge Beziehungen verbänden.

„Auch dann tun sie dir nichts. Vielleicht bieten sie dir sogar zu rauchen an. Die sind so.“

Ali nickte mit dem Kopf. Der Wirt ließ seinen Arm los und sagte, indem er mit dem Finger an die Stirn tippte:

„Hier muß man's haben.“

MAILAND

Noch hielt sich der Schnee im Gebirge, es war erst Februar/März 1945, und durch die Schluchten der Alpen ergoß sich in die Lombardische Ebene ein Strom von Menschen mit vorstehenden Backenknochen. Hier herrschte noch die faschistische Republik Mussolinis.

Dschemaj gelangte als einer der letzten nach Mailand, im April. Er stellte auf seinem Schreibtisch die Fotografie von Amin-el-Hussein auf, dem Groß-Mufti von Jerusalem, die ihm jener mit eigenhändiger Unterschrift versehen geschenkt hatte, klopfte Sulejman Saburi auf die Schulter, rieb sich die Hände und sagte:

„Vielleicht wendet sich noch alles zum Guten.“ Sulejman lächelte. Er war glücklich, aus Wien herausgekommen zu sein. Italien und die italienische Sprache kannte er gut, hatte früher einmal längere Zeit hier geweilt, als er an einer Hochschule Arabisch lehrte. Zwar liebte er Italien nicht, war wohl voreingenommen und schätzte die Italiener wenig, aber um so bereitwilliger tröstete er sich mit den großen Plänen Dschemajs und seiner Freunde, denn nach diesen Plänen sollte Italien nur eine kurze Etappe ihrer weiteren Wanderschaft sein, die sie wahrscheinlich nach dem Nahen Osten führen würde. Ob es nun Kairo oder Konstantinopel sein werde, war dabei weniger wichtig, stellte nur ein Detail in dem wahrhaft gewaltigen Plan dar, an dessen Ausarbeitung sich Dschemaj sofort machte. Er faßte ihn in eine umfangreiche Denkschrift, die er den entscheidenden politischen Instanzen der Westmächte vorlegen wollte, sobald nur ihre vereinten Armeen in Norditalien einrückten. Die Hauptthesen dieses Memorials ließen sich in folgenden Umrissen inhaltlich wiedergeben:

„Ein Konflikt zwischen der westlichen Welt und dem internationalen Kommunismus ist unvermeidlich. In dem Krieg, der schon in allernächster Zukunft ausbrechen wird, dürfte der entscheidende Faktor die Wahl der Angriffsrichtung gegen die Sowjets sein. Daher eben sollte dieser Angriff gegen die empfindlichste, gewissermaßen ‚weiche Stelle‘ der Sowjets gerichtet sein, also von Süden her, gegen ihre mohammedanischen Besitzungen: das Kaukasusgebiet und Mittelasien, wo die gesamte Bevölkerung bereit sei, wie ein Mann gegen die verhaßten Machthaber aufzustehen, welche die Lehre des Propheten verfolgten. Um diese Völker jedoch um so erfolgreicher beeinflussen zu können, müsse man die Arabische Liga und alle unabhängigen Völker des Islam für diesen antikommunistischen Kreuzzug gewinnen. Die Rolle eines Bindegliedes zwischen den mohammedanischen Völkern unter sowjetischem Joch und der freien arabischen Welt übernimmt am wirksamsten die antibolschewistische islamitische Emigration, die im engsten Kontakt mit den entsprechenden Instanzen der Westmächte handelt. Außer den geeigneten Schritten auf diplomatischem Weg würde sie, die mohammedanische Emigration aus der Sowjetunion, auch die verantwortliche Aktion übernehmen, ihre Mitbrüder und Mitbekenner aus der arabischen Welt von der gemeinsamen Bedrohung durch den gottlosen Bolschewismus und der Notwendigkeit gemeinsamen Handelns zu überzeugen.“

Sicherlich sah sich Dschemaj, der glücklich den auf Wien fallenden Bomben entkommen war, schon in der Rolle eines großen Politikers und Diplomaten im Nahen Osten, reichlich versehen mit guten Devisen der Westmächte. Er zeigte diese Denkschrift auch Tugaj. Der las aufmerksam einige Seiten der Maschinenschrift und legte sie zur Seite.

„Was halten Sie davon?“

„Ich glaube“, erwiderte Tugaj, „das ist zu gut, um wahr sein zu können.“

„Ist es nicht überzeugend genug?“

„Die Deutschen kennen ein Sprichwort: Die Rechnung ohne den Wirt machen. Ich fürchte, daß Sie da etwas Derartiges geschrieben haben. Wir werden ja sehen. Sie müssen diesen Wirt erst einmal kennenlernen. Ganz zu schweigen von seinen wirklichen Absichten.“

Dschemaj war enttäuscht, und sie verabschiedeten sich kühl.

Am frühen Nachmittag trat Mehmet mit einer Masse von Gerüchten bei Tugaj auf der Viale Bianca Maria ein:
„Die reichen Georgier haben sich mit den Aserbeidschanern gestritten. Es hat sich herausgestellt, daß jemand einem andern unterwegs einen Koffer gestohlen hat, aber wer's war, das ist schwer herauszubekommen. Da es intelligente Menschen waren, einige davon Reserve-Offiziere, so wurde ein Ehrengericht angerufen. — Auf der Piazza del Duomo wurde eine neue Gedenktafel angebracht, welche die Opfer des Bolschewismus aufzählt. Darunter an erster Stelle Finnland, dann Polen, aber von uns, von den Krim-Tataren, ist nicht die Rede."
„Na, was kann man denn auch von euch sagen", begann Tugaj, aber Mehmet ging schon auf ein anderes Thema über, auf Ali:
„Er ist irgendwo verschwunden, man weiß nicht wo."
„Der arme Kerl."

*

Die Ereignisse rollten schneller ab, als man im allgemeinen erwartet hatte. Schon Ende April hängte man Mussolini auf dem Loreto-Platz an den Beinen auf, und die Befreiung begann. Von Turin her, vom Gebirge kamen in ganzen Wellen die Partisanen. — Sie sahen malerisch aus: Bajonette, Messer, Patronengurte kreuzweise um die Schultern, rote Tücher, wilder Anblick unrasierter Gesichter. Sie schrien und schossen wild um sich. Drei Tage lang dauerte die Kanonade der in die Luft gejagten Geschosse an, als ob sich eine der größten Schlachten dieses Krieges abspielte. Als man endlich wieder das Haus verlassen konnte, hatte die Stadt ein feiertägliches Aussehen angenommen. Von den Balkons hingen rote Fahnen herab. Die Porträts Lenins und Stalins auf Schritt und Tritt. Die Menge brach in Hochrufe aus zu Ehren zweier Amerikaner, die in einem Kaffeehaus saßen und die Beine auf die Tischplatte gelegt hatten. Auf der Piazza del Duomo verbrannte man auf einem großen Scheiterhaufen die Bretter von Propaganda-Aushängen über die vom Bolsche-

wismus unterjochten Länder. Aufgeschreckte Tauben wirbelten auf dem Hintergrund des blauen Himmels umher, und der Rauch stieg in die Höhe wie von einem Gott angenehmen Brandopfer.
Signora Porolli war in der Wohnung an der Via Ticiano mit der Inguschin an der Hand erschienen, ganz gebückt unter dem vollgestopften Rucksack. Ihre Begleiterin trug nur eine Pappschachtel mit dem in Wien gekauften neuen Kleid.
Als Tugaj sie zum erstenmal sah — es war auf der Piazza d'Aosta — war sie noch in einen kurzen Pelz gekleidet und hatte ein Tuch auf dem Kopf. Sie war in Begleitung von Signora Porolli und Mehmet. Sie fragte, nachdem man sich begrüßt und bekannt gemacht hatte:
„Wo ist hier der Trödelmarkt?"
„Ich weiß nicht."
„Sie möchte eine Korallenkette kaufen", erläuterte Mehmet.
„Korallen kann man im Laden kaufen."
„Kann im Laden jeder kaufen?" fragte sie.
„Ja sicher."
„Alle sagen ihr's, aber sie will's nicht glauben. Denn einmal schon konnten wir nirgends Korallen auftreiben. Ach du mein Seelchen, sowjetisches", warf Mehmet ein.
Eine Patrouille der roten Miliz schob sich seitlich an ihnen vorbei und warf ihnen einen Blick zu. Als sie vorüber waren, drehte sich Signora Porolli nach ihnen um.
„Zottelköpfe!" sagte sie.
Aus dem zoologischen Garten schwirrte ein Flug Papageien herbei, die frei umherflogen, und setzte sich auf das Gesims der ausgebombten Filiale der Bank di Santo Spirito.
„Wie ist Ihr Name?" fragte Tugaj.
„Sina, oder richtig Sinaida."
„Sinaida", fragte er, „wollen Sie wohl an den Kuban zurückkehren?"
„Bin nicht vom Kuban. Aber gehen wir schon."
„Keine Nachricht von Ali?"
„Nein, keine." Der gleichgültige Ton ihrer Antwort verwunderte Tugaj.
Die Sonne schien mit einem kalten Licht, wie durch den

Staub zertrümmerter Häuser filtriert. Tugaj verabschiedete sich, denn er hatte sich zu einem Treffen mit Frau Pauline verabredet, die übrigens schon viel früher nach Mailand gekommen war und sich längst eingelebt hatte. Sie trafen sich oft im Kaffee Biffi, in den verglasten Arkaden am Hauptplatz und hockten stundenlang dort, da sie nichts andres zu tun hatten.
Sinaida machte sich daran, das neue Leben zu studieren, sobald sie nur Fuß gefaßt hatte. Sie kaufte sich ein italienisches Wörterbuch und begann beim Buchstaben „A“. Wenn sie in die Stadt ging, zog sie das Wiener Kleid an. Signora Porolli hatte es ihr richtig passend gemacht. Sie sah ganz europäisch, ja elegant aus. Einmal ging sie an den Arkaden am Kaffee vorbei, und Tugaj grüßte sie. Sie erwiderte seinen Gruß mit einem Lächeln.
„Wer ist das?“ fragte die Grostatschko. „Aber halt, ich erkenne ja mein Kleid ... Das ist also die ...“
„Ja. Die ist es.“
„Es steht ihr gut. Haben Sie gesehen?“
„Ja freilich.“
„Hab's auch billig verkauft. Was soll man machen, arme Leute ...“, seufzte sie.
„Ein hübsches Mädchen.“
„Es geht.“
Die Tage wurden heiter und immer wärmer. Fast alle Frauen trugen Sommerkleider. Tugaj wollte noch einen Espresso bestellen, als gerade die Kirchenglocken zu läuten begannen. Die Menschen eilten zum Hauptplatz.
„Gehen wir doch zuschauen“, sagte Frau Pauline. „Luisa, halt dich grade!“
Tugaj erhob sich unlustig.
„Gehen wir hier entlang“, warf er ein. „Hier gibt's nicht so ein großes Gedränge.“
Aber auf allen Gehsteigen drängte sich die Menge, sie wollte die Defilade sehen. Sie schoben sich langsam weiter und wurden in die Stadtmitte abgedrängt. Schließlich machten sie an der Ecke der Meraviglia und der Dante-Straße auf der Piazza Cordusio halt. Und hier stießen sie auf eine Gruppe

von Asiaten, die sich eng zusammenhielt. Auch Sinaida war da, sie stand dicht bei Mehmet, recht ungünstig, denn der Rücken Sulejman Saburis, Kopfschuppen auf dem Rockkragen, versperrte ihr die Aussicht. Um etwas zu sehen, mußte sie den Hals recken und den Kopf verdrehen. Gekämmt war sie wie eine Italienerin, an der linken Hand glitzerte ein neuer wenn auch billiger Armreif aus Talmi-Gold. Kerim-Bek hatte sich fast bis zum Rand des Spaliers vorgeschoben. Dschemaj, der größte dem Wuchs nach, überragte auf komische Weise eine Gruppe von Kalmücken, die man nie zuvor gesehen hatte. Mehmet lüftete seinen Hut, als er Tugaj erblickte, einen Hut mit breiter Krempe, wie ihn gewöhnlich katholische Geistliche tragen. Die begeisterte Menge ringsum schrie Vivat und winkte. Es war die große Siegesparade.

An der Spitze marschierten Kolonnen in roten Kommunisten-Hemden. Ein Bildnis Stalins von mittlerem Ausmaß wurde voraus getragen. Die Musik spielte. Die Via Dante, ganz mit roten Flaggen geschmückt, zwischen denen vereinzelt auch italienische Nationalfahnen ohne das königliche Wappen, englische, amerikanische und französische herabhingen, flimmerte vor den Augen. Sie zogen die Fahrbahn hinunter, immer noch, immer mehr, ein roter Strom. Von den Kirchtürmen läuteten die Dankesglocken. Hinter den roten Hemden marschierten in gleichen Abständen die blauen Hemden der katholischen Organisationen. Sie trugen das Bildnis des Papstes. Nach den Katholiken wieder Kommunisten. —

Die Kalmücken zogen die Köpfe zwischen die Schultern, genauso wie sie es gemacht hatten, als über ihnen die Bomben heulten. Kerim-Bek trat unwillkürlich einen Schritt von der Fahrbahn zurück. Dschemaj wurde zusehens kleiner. Mühevoll zog er sein Taschentuch, um sich den Schweiß von der Stirn zu wischen, denn der Platz war der Sonne ausgesetzt. Saburi wendete sich ab, und mit einem naiv um die Lippen spielenden Lächeln flüsterte er auf russisch: „Kuda my popali ... Wo sind wir hingeraten ...“

„Tss! —“ zischte Dschemaj.

Tugaj blickte umher und konnte nirgend Frau Pauline entdecken. Erst nach einer Weile, als er über die Köpfe der Menge hinweg Ausschau hielt, erspähte er sie am Tisch eines kleinen Kaffees in einer Seitenstraße. Sie saß dort in Gesellschaft von alliierten Offizieren, mit denen sie schon vor einigen Tagen Bekanntschaft geschlossen hatte. Sie hielt ein Taschentuch in der Hand, und es wollte Tugaj scheinen, als ob sie Tränen in den Augen habe.

„Mein Gott, mein Gott ..." flüsterte sie. „Welch ein Glück, das endlich zu erleben. Und wir haben alles verloren, alles. Haus, Vermögen. Kapital, durch diese Deutschen ..."

„Sie sagten doch, durch die Bolschewisten?" verwunderte sich Tugaj.

„Ich?!"

Tugaj neigte den Kopf und rührte schweigend in seiner Tasse.

„Luisa", wendete sie sich an ihre Tochter. „Siehst du? Haben wir nicht fest daran geglaubt, daß wir es endlich doch noch erleben! ... Halt dich grade!"

Ein Major im schwarzen Barett der Alliierten rauchte sein Pfeifchen und lächelte ein wenig skeptisch, während er in die ‚Hoch' rufende Menge blickte.

„Die Herren haben ganz recht, skeptisch zu sein", nahm Frau Pauline das Gespräch wieder auf. „Aber wenn man so viele Jahre das Elend selbst gespürt hat ... Nichts gab es zu essen."

Der Major nickte mitleidig. Frau Pauline steckte ihr Taschentuch ein und schloß geräuschvoll ihre Handtasche. Tugaj sagte kein Wort. Der Major streckte bequem die Beine aus.

„Ich war in Spanien", sagte er. „Kürzlich in Rußland, und jetzt hab' ich Italien kennengelernt. Wenn es wahr ist, was man sagt, daß die russische Ebene ein Vorposten Asiens von byzantinischer Kultur ist, so scheinen die iberische und die Apenninen-Halbinsel ein Vorposten Afrikas mit lateinischer Kultur zu sein."

„O gewiß", bejahte Frau Grostatschko, „hier ist's, sagt man, schrecklich heiß im Sommer."

Die berühmte Kathedrale, deren Bau schon 1386 begonnen

und erst vor knapp hundert Jahren beendet wurde, war glänzend illuminiert. Kardinal Schuster empfing die siegreichen Gäste mit einem festlichen Abendessen. Die Luft war dunstig, da kein Wind ging, abgestanden wie Wasser in einem Fischteich und durchtränkt von Menschenschweiß und Menschenatem, Menschenlachen und Menschenschreien. Der Dunst von Frauenleibern und vom Benzin der Panzer stand in der Luft.

Am Kaffeehaustisch kam man darauf zu sprechen, daß Tugaj Perser sei, der in seine Heimat zurückzukehren wünsche und zu diesem Zweck möglichst schnell mit den entsprechenden diplomatischen Vertretungen in Rom in Verbindung treten möchte, Frau Pauline selbst brachte mit der Miene einer Gönnerin das Gespräch auf dieses Thema und fragte, ob ihm nicht jemand von den anwesenden Herren bei der Beschaffung eines Verkehrsmittels behilflich sein könne.

„Gerade noch im letzten Augenblick hat er sich aus Deutschland losreißen können“, schloß sie.

„Ja“, bestätigte Tugaj, „gerade im letzten Augenblick.“

Die Offiziere waren so höflich, daß sie Tugaj in ihrem Wagen nach Rom mitzunehmen versprachen. Sie würden morgen Abend fahren.

Tugaj wollte Mailand nicht verlassen, ohne sich von den Menschen zu verabschieden, mit denen er sich in der letzten Zeit ein wenig zusammengefunden hatte. Es blieb ihm jedoch nicht mehr allzu viel Zeit. Er ging also am nächsten Tag nur zu Dschemaj und bat ihn, er möge doch alle Bekannten von ihm grüßen. Vor seinem Schreibtisch traf er ihn an, wie er gerade mit nervösen Fingern das Bild des Groß-Mufti von Jerusalem aus dem Rahmen entfernte. Er riß es in Fetzen, raffte sie mit der linken Hand vom Tisch und stand einen Augenblick überlegend da.

„Warum das?“ fragte Tugaj.

„Es muß sein.“

Dschemaj ging hinaus, die Reste ins Klosett zu werfen. Die Wasserspülung mußte wohl schlecht funktionieren; denn man hörte, wie er mehrmals an der Kette zog. Dann schlug er die Tür zu und kam zurück. Er wünschte Tugaj eine gute

Reise und versprach, seine Grüße allen Zurückbleibenden auszurichten. Er gab sich feierlich.
„Und Sie bleiben hier? Wie lange noch?“
„Noch weiß ich nichts.“
Tugaj zögerte, aber dann fragte er ihn doch nicht über seine weiteren Pläne mit der Überreichung der Denkschrift. Sie drückten einander die Hände.

*

In den ersten Junitagen kam Ali in Mailand an. Ohne Mühe fand er die Wohnung an der Via Ticiano nach den auf jenem Zettel notierten Hinweisen und der Anschrift. Er hatte das Papier trotz aller Widrigkeiten seines Weges wie ein teures Kleinod gehütet. Sofort jedoch begannen die für ihn so schwierigen Bemühungen um irgendein authenisches oder auch gefälschtes Dokument, das ihn zum Aufenthalt in der Stadt berechtigte. Etwas Geld borgte er sich von Dschemaj.
Sinaida schien ihm sehr verändert. Sie fühlte sich in dem neuen Milieu ausgezeichnet. Ali gewann jedoch den peinlichen Eindruck, daß sie sich seiner schäme ... Ob vielleicht nur seines ärmlichen Anzugs willen? Oder war es seine mangelnde Selbstsicherheit und die Verschüchterung, die man seinen Bewegungen anmerkte?
Es war so, Ali fühlte sich wie gefangen, erniedrigt und unsicher in dieser Umgebung, und anders konnte es auch gar nicht sein, in seiner Situation! Und Sinaida wollte sicherlich das Leben in vollen Zügen genießen. Hatte sie denn kein Recht dazu? Er konnte ihr ja nichts geben, mit nichts imponieren. Es konnte sogar sein, daß seine Anwesenheit sie demütigte. Ähnliche, wenn auch nicht so konkrete Gedanken gingen Ali durch den Kopf, als ihn Mehmet eines Morgens beim Rasieren antraf und ihn mit den Worten begrüßte: „Hast schon gehört, Brüderchen, was sie mit den Kosaken gemacht haben?“

---

[17] Rote-Rüben-Suppe, die mit Sahne oder Milch angerührt wird und dann ihre rote Farbe etwas verliert.

Ali ahnte, wer diese ‚sie' wohl sein mochten. Er antwortete, er habe nichts gehört.

„Ja, als sie nicht nach der Sowdepja zurückkehren wollten, haben sie fast alle niedergemetzelt! Die Drau, so erzählt man, war rot von Blut wie ungeweißter Borschtsch[17]. Drei Tage lang sind die Leichen dicht bei dicht den Fluß heruntergetrieben, daß ein Hund mit trockener Pfote drüberweg ans andre Ufer laufen konnte. So war es."

„Woher weißt du das?"

„Hier war einer. Der ist von dort geflohen und hat es erzählt."

DER HEILIGE THEODOSIUS VON TSCHERNIHOWSK

Im Krieg und über den Krieg spricht man immer in Übertreibungen. In Zahlen, bei der Darstellung von Grausamkeit oder wenn man das vergossene Blut in Litern angibt. Das ist Tradition und war immer so. Im zweiten Weltkrieg verpflichtete das überkommene Erbe aller früheren Kriege seit Beginn der Menschheitsgeschichte. In Wirklichkeit war es, wie sich versteht, nicht so schlimm, wie es aus dem Bericht Mehmets hervorging. Auf dem Hauptplatz in Peggetz blieben etwa vierzig bis fünfzig Tote und Verwundete zurück. Etwa ebenso viele ertranken in der Drau. Zusammen mit den verübten Selbstmorden überschritt die Zahl der Opfer sicherlich nicht hundert. Eine genaue Statistik gibt es nicht, und selbst wenn sich eine Aufzeichnung finden ließe, dann wohl nur in den Registern jener Instanzen, die an ihrer Veröffentlichung nicht interessiert sind.

In der Nacht zum 2. Juni floh ein großer Teil der Karatschaier, die bei Oberdrauburg ihr Lager aufgeschlagen hatten, nahmen ihre Familien, ihre Pferde und sonstige Habe, zum Teil sogar ihr Vieh ins Gebirge mit. Als der nächste Tag das Tal der Drau in sein helles Licht tauchte, konnte jeder, der sehen wollte und ein gutes Auge hatte, beobachten, was da unten geschah. Die Szenen des vergangenen Tages wiederholten sich: Die Schützenkette der britischen Soldaten, die Panzer und Lastkraftwagen, in die man die Menschen verlud. Man begann bei den Kabardinern, dann kam die Reihe an die Osseten, dann ... und dann ... Auf den Wiesen blieb verstreute Habe, verlaufene Pferde und einige Leichen Erschlagener zurück. Auf einer Strecke von vielen Kilometern standen verlassene Treckwagen, Fuhrwerke aller Art, Britschken und leichte Einspänner. Kummetgeschirre nach russischer Art und Gefäße lagen herum. Der Wind trug Papiere, Briefe, Fotografien und andere Kleinigkeiten davon, die jetzt niemand mehr brauchte und die aus den geplünderten Koffern

des ehemaligen Kosaken-Stans und der Kaukasischen Legion stammten.
Man läutete in den Kirchen. Das Echo hallt von einer Bergwand wieder, stößt an die andere, kehrt zurück, immer höher, höher, immer weiter und leiser steigt seine Stimme zum Himmel empor, bittet Gott um Vergebung der Sünden und ermahnt die Menschen, die hier ihre Heimat haben, sie sollen keine Missetaten begehen, nicht stehlen, sich nicht wie Geier auf fremdes Gut stürzen. „Sünde — Sünde, bim-bam, bam-bim . . .!“
In Dölsach wohnte ein armes Weib mit zwei Kindern und einer sehr alten Mutter. Seit ihr Mann in den Krieg gezogen und bei Wielikije Luki ‚sein Leben für den Führer‘ geopfert hatte, war sie Tagelöhnerin geworden. Sie wird ja doch vom Herrgott die Rückkehr ihres Mannes nicht mit Tränen, nicht mit Gebeten erzwingen. Solche Wunder geschehen nicht. So war es ihr leid, die kostbare Zeit mit Weinen zu vergeuden, da man doch weiterleben und die Kinder ernähren mußte.
„Bim-bam, bam-bim“ — trägt der Wind den Schall herbei; leichte Wolken fließen dahin und weichen den Bergspitzen aus, über Steine fließt die Drau durchs Tal. Dahin fließt das menschliche Leben.
Ein alter Kosak führte eine unansehnliche kleine Kuh herbei und klopfte an das Fenster der Witwe. Die Frau konnte lange nicht verstehen, was dieser Mensch denn von ihr wolle. Er war so grau wie ein Alltag im Krieg, ohne Ausdruck in dem gealterten Gesicht. Träge in seinen Bewegungen, fremd die Sprache. Bei ähnlichen Begegnungen neigen die Menschen dazu, sich gegenseitig durch ein Achselzucken zu ‚quittieren. Aber der Kosak ging nicht davon. Die Frau begriff ihn lange nicht, bis sie endlich verstand, daß es hier um diese kleine graue Kuh geben. Ob er sie verkaufen wollte?
„Wieviel willst für sie haben? Sie hat doch kein Geld. Kinder? . . . Ja freilich sind die da. Natürlich für die Kinder könnt’ man schon Milch brauchen, täglich frische. Aber, mein Gott, er versteht nicht: wie-viel?“
Der Kosak sagt etwas und breitet die Arme aus, aber hier läuft die Zeit weg, die Arbeit wartet. Ungeduld zeigt sich

auf dem Gesicht der Frau. Endlich erklärt jemand, der des Weges daherkommt und ein wenig dolmetschen kann, der Kosak wolle nichts. Er sei zu alt, um ins Gebirge zu fliehen, aber um die kleine Kuh sei es ihm leid. Sie solle sie also in Gottes Namen annehmen und sie melken, für die Kinder. Er wolle nichts dafür, wozu brauche er jetzt Geld?
„Jetzt Kosak kaputt, verstehn? Nix Geld . . . Soll sie nur gut sorgen für die kleine graue Kuh."
Der Frau stürzen die Tränen übers Gesicht.
„O du mein lieber Gott!"
„Ja, ja, ich versteh': Gott . . . in unsrer Sprache Boh."

*

Mitia hatte einen üblen Weg für seine Flucht gewählt. Anfangs war es ihm recht, daß der Wald immer dichter wurde, daß er keine Siedlungen antraf, nur verwitterte Heustadel. Das Steigen hatte ihn sehr mitgenommen, er setzte sich auf einen umgestürzten Stamm. Um ihn her war Stille. Er griff in die Hosentasche und durchsuchte sie nach einem Krümel Tabak, als plötzlich eine ungewöhnliche Bewegung seine Aufmerksamkeit fesselte: Aus dem Unterholz stob ein Sprung Gemsen — sie standen eine Sekunde lang wie angewurzelt und jagten davon, bergan in den Wald, als sie den Feind ihrer Art erblickten, und ihre hellen Spiegel schimmerten. Mitia sah ihnen nach, völlig bewegungslos, die Hand wie erstarrt in der Tasche, lächelte vielleicht zum erstenmal seit vielen Tagen. „Wo Gemsen hausen, da wohnen keine Menschen", dachte er. Tabak hatte er nicht gefunden, und nachdem er ein wenig geruht hatte, folgte er ihren Spuren.
Er wendete sich nach Norden. Als er jedoch den Gipfel des Strohnachkogel hinter sich gebracht hatte und durch den Wald abstieg, öffnete sich vor ihm das bevölkerte Tal der Möll und die große Straße, die von Winklern nach Obervellach führt. Auf der Straße in dichter Reihenfolge Militärfahrzeuge. Er schlug nun nordwestliche Richtung ein, aber hier stieß er auf die Serpentinen der Straße, die von Lienz über Winklern nach Heiligenblut und weiter über den Groß-

glockner-Paß nach Salzburg führt — eine wichtige Hauptverkehrsstraße, die ganz von dem militärischen Verkehr beansprucht war. Er war jetzt erschöpft von dem für ihn so ungewohnten Marsch durch schwieriges Gelände. Auch war es bedrückend für ihn, durch dies Dreieck von Straßen abgeschnitten zu sein. Man mußte warten, bis die Dämmerung einbrach. Bei Tageslicht schien es unmöglich, dies Hindernis zu überwinden. Das Risiko war zu groß.

In der Nacht näherte er sich der Straße, suchte eine Stelle, wo sich der Wald am weitesten heranschob und sprang zwischen dem Aufblitzen zweier Scheinwerfer hinüber. Seitlich bemerkte er die Umrisse eines großen Gebäudes, sicherlich eines Touristen-Hotels. Es war hell erleuchtet, und man konnte leicht erraten, daß heute dort die Soldaten der siegreichen Armee im Warmen sitzen und wahrscheinlich ihr Abendbrot essen. Aber Mitia war es nicht gewohnt, über seinem eigenen Schicksal weich zu werden. Unbekannt war ihm dies Gefühl, das in seinem bisherigen Leben keine praktische Anwendung gefunden hatte. Sie essen? Sollen sie doch essen. Er ißt nicht, denn er hat nichts. Für den einen hat die Stunde des Abendessens geschlagen, für den andern die des Kampfes um die Erhaltung des Lebens. Da gibt es nichts zu überlegen, noch weniger sich davon rühren zu lassen.

In diesem Augenblick leuchtete ihn ein Scheinwerfer an. Er sprang hinter einen Felsvorsprung und robbte von dort aus zum Wald hinüber. Dann stand er auf und ging eilig weiter. Er war zu schwach, um höher zu klimmen und bewegte sich an einem Hang von nur geringer Höhe weiter vorwärts. Nach ein paar Stunden befand er sich wieder in einer wilden und menschenleeren Gegend. Die Richtung, die er eingeschlagen hatte, führte ihn von da an auf die Gipfel der Schobergruppe zu.

Je länger die Einsamkeit jedoch währte, desto mehr steigerte sich die Furchtsamkeit des Flüchtigen. Zwei Tage vergingen. Er traf einen Holzhauer, dem er ein Stück Brot abbettelte und der ihm von den geplanten Razzien erzählte. Das ständige Grübeln, von der Einbildungskraft genährt, verwandelte sich in Zwangsvorstellungen. Er ließ sich vollständig von den Reflexen leiten, die ein verfolgtes Tier beherrschen. Jeder Schuß in der Tiefe, menschliche Stimmen und schließlich jedes Knacken eines brechenden Zweiges, ja sogar ein verdächtiges Vogelgeräusch in der Krone eines Baumes war furchterregend und riß ihn zur Flucht hin. Und Mitia floh in immer größere Höhen. Er hatte schon die Gipfel der Sattelköpfe, der Schleinitz, der Kleinen und der Großen Rotspitze und des Hohen Prijakt umgangen. Aus zweitausend, zweitausendachthundert, neunhundert Metern kletterte er bis auf dreitausend Meter hinauf. Unrasiert wuchsen Haar und Bart wie zu einer Bürste zusammen, dunkel verbrannten ihn Wind, Kälte und Sonne. Er fror in den Nächten, schlief im Wald, in einer Felsspalte, in einer Baumhöhlung. Der Hunger trieb ihn talwärts, er suchte einsame Anwesen, wohin er ging, um ein Stück Brot zu erbetteln. Man gab es ihm, ein wenig aus Mitleid, ein wenig aus Angst vor dem wild dreinschauenden Landstreicher, mit jedem Tag unwilliger.

Es gibt eine bestimmte, im Seelenzustand seßhafter Menschen tief eingewurzelte Eigenschaft, die man schwer mit Recht und Brauch, mit Neigung oder Schwäche erklären kann. Wie wir sie jedoch auch immer nennen, sie findet ihren Ausdruck in der instinktiven Abneigung gegen einen Menschen ohne Dach über dem Kopf. Vorüberziehende Landstreicher, Flüchtige, Verfolgte, das heißt Menschen, die von dem unglückseligen Geschick eines Lebens heimgesucht sind, das den Nächsten, die ständig ihr Stück Grund und Boden bearbeiten, erspart geblieben ist, können mit vorübergehendem Mitleid und Erbarmen rechnen, sie können sich auch, obwohl nicht immer, jenes so oft in Gebeten erwähnte Stück täglichen Brotes erhoffen; denn sie stellen einen bestimmten Sammelbegriff der Armut dar, der Hilfe zu erweisen schicklich ist und sich gebührt. Dagegen ein einzelner Landstreicher, nicht nur der Begriff, sondern ein Mensch von Fleisch und Blut, immer der gleiche, der wie ein Geist umgeht, wie ein unverdienter Vorwurf des Gewissens, erweckt schließlich immer ehrlichen Unwillen, der in Abscheu übergeht. Wenn man ißt, so weiß man, daß er hungert, wenn man sich schlafen legt, wird einem bewußt, daß er nur unter dem Schutz der Fichten schläft, geht man in den Wald, so kann man ihm begegnen, ist man gerade zu keiner barmherzigen Tat aufgelegt, dann erscheint er mit einer Bitte. Das ist quälend, erregt und erbittert einen. Denn mit welchem Recht geschieht das? Trägt man denn Schuld an seinem Mißgeschick? Soll man die Kosten dieses ständigen Almosens tragen und die stets gegenwärtige Versuchung zur Sünde des Mangels an Nächstenliebe? Es gibt ja schließlich auch andere Menschen! Warum kommt er stets hierher zurück? Soll er doch schon gehen — endlich einmal! — mit Gott! Und im äußersten Fall ... Jawohl: Im äußersten Fall ... wenn er sich nicht anders helfen kann, dann sollen sie ihn doch schon lieber fangen. Denn was ist das für ein Leben, sowohl für sie als auch — fügt man dann zur eigenen Rechtfertigung hinzu — für ihn selbst?!

Einmal von einer Frau gewarnt, die seines immer schlimmeren Aussehens wegen kein Mitleid mehr mit ihm hatte, floh er, von Panik gehetzt, bis auf den Hochschober. Er verließ den Wald, stieg anfangs durch Krummholz und Latschen, dann über Weiden und erreichte die Schneegrenze. Er blieb stehen, sah sich um in der Landschaft, die ihn umgab und von der man in sehr hohen Berglagen sagt, sie gleiche einer Mondlandschaft. Es ging ein starker Wind. Die Wolken zogen dicht über seinem Kopf dahin. Gurgelnd sickerte ein Bach, vom Schmelzwasser eines Schneefeldes gespeist, das erst jetzt im Juni taute. Ein einziger schwarzer Rabe, auf dem Wolkenhintergrund noch dunkler erscheinend, stellte die Flügel in den Wind, ließ sich treiben und krächzte nicht. Weit dehnte sich die Landschaft der Felsen, erstarrter geometrischer Formen der Gipfel, Kegel und Abbrüche. Von hier aus wanderte der Blick von einer Bergkette zur andern, hinein in eine uferlose Sehnsucht, die der Wind über die Kruste des Erdballs trägt. Mitia stand, sah sich um und überlegte, welche Richtung er einschlagen solle, als plötzlich in das Brausen des Windes ein anfangs ferner, stoßweiser, aber immer deutlicherer Motorlärm einbrach. Seine Augen suchten schnell die nächste Kluft, wie ein Luchs sprang er hinein, preßte sich an den Fels, versteckte sich und spähte. Das Flug-

zeug kreiste lange und verschwand endlich in nordwestlicher Richtung.
Da hob Mitia den Stock auf, den er zuvor weggeworfen hatte, und nahm seinen Weg nach Südwesten. Nachts stieg er ab ins Tal, setzte mit einiger Schwierigkeit auf das rechte Isel-Ufer über und wendete sich wieder dem Gebirge zu, das, wie er annahm, an der italienischen Grenze gelegen sein mußte.

*

Das 8. Argyll and Sutherland Highlanders Battalion erhielt nach Erledigung des ihm erteilten Auftrags, die Kosaken aus dem Tal der Drau zu deportieren, eine neue Aufgabe, die in der Praxis auf einen Streifendienst im Gelände hinauslief. Oberst Malcolm schien sogar erfreut zu sein, daß seine Jungen nicht in der Kaserne zu faulenzen brauchten. Die im großen Stil organisierte Treibjagd sowohl auf Militär- als auch auf Zivilpersonen erbrachte manchmal sehr erfreuliche Ergebnisse. Vor allem vermittelte sie — wie sich der Oberst ausdrückte — den jungen und unerfahrenen Soldaten, die erst jetzt aus der Heimat zum Bataillon gekommen waren, entsprechendes Training und Kampferfahrung.
Gerade diese Leute, die in jugendlichem Eifer Befehle gewissenhaft ausführten, fürchtete Mitia am meisten. Deshalb hielt er sich auf möglichst unzugänglichen Gebirgspfaden in größerer Höhe. Auf einem dieser Pfade hörte er plötzlich gedämpfte Stimmen, sprang wie gewohnt zur Seite, versteckte sich im Unterholz und wagte kaum zu amten. Ehe er noch wahrnehmen konnte, wer auf ihn zukam, vernahm er abgerissene russische Worte. Etwa sechzig Mann näherten sich, darunter einige Kosaken, die meisten davon waren Kalmücken. Mitia trat aus seinem Versteck hervor. Sie sagten ihm:
„Da haben wir nichts zu suchen, auf der italienischen Seite. Wir gehen auf Innsbruck zu."
„Und was ist dort?" fragte er.
„Und was ist hier?" schrie einer der Kalmücken ihn an.

Die andern gingen schweigend daher und achteten nicht auf den Wortwechsel. Mitia verzichtete auf weitere Fragen und schloß sich der Gruppe an. Worüber sollte man auch reden?! Manchmal übers Essen, manchmal darüber, welchen Pfad man einschlagen sollte. Alles andere war längst schon gesagt. Ein älterer Kaukasier führte. Es ging zunächst darum, der Verfolgung zu entgehen und sich aus der Zone organisierter Streifen herauszuschleichen.

Am nächsten Tag verließen sie den Wald und gingen an der Schneegrenze entlang. Hier erwischte sie ein Flugzeug und beschoß sie aus seinem Maschinengewehr. Wie ein Flug Rebhühner liefen sie auseinander und verbargen sich, bevor noch ihr Führer schreien konnte: „Deckung!“ Das Feuer lag schlecht. Die Salve aus den schweren Maschinengewehren streute weit. Ein Geschoß traf einen jungen Kalmücken von niedrigem Wuchs und riß ihm zu allem Unglück den rechten Oberschenkel auf. Sie richteten eine behelfsmäßige Bahre her und trugen den Verwundeten abwechselnd. Das erschwerte jedoch den weiteren Marsch im weglosen Gelände, und der alte Kaukasier war gezwungen, einen bequemeren Weg einzuschlagen. Endlich beschlossen sie, ein Stück abzusteigen und einen Gebirgspfad zu suchen. Aber von da an kreisten unablässig Flugzeuge in der Luft, und es bestand die Gefahr, daß man ihre Marschrichtung feststellen und Streifenposten benachrichtigen würde.

„Es geht nicht anders“, entschied der Anführer. „Wir müssen uns im dichten Wald verstecken, um die Spur zu verwischen.“

Sie zogen sich tiefer am Hang hinunter und verbargen sich unter Tannen und Fichten wie unter einem grünen Dach. Unaufhörlich setzte ihnen der Hunger zu. Wer noch etwas hatte, aß es auf, heimlich und abgewandt, damit es die andern nicht sähen. Aber sie sahen es doch, blitzartig nahmen sie es wahr, denn der Hunger quälte sie sehr.

„Hast vielleicht einen Krümel Tabak?“ wandte sich einer an Mitia.

„Hab’ nicht.“

Der andre streckte die Beine von sich, blickte auf seine

zerrissenen Stiefel und brach das konventionelle Schweigen über ein Thema, dem sie immer ausgewichen waren.
„Wir sind verloren, Jungs. Wohin sollen wir noch gehen?"
Stille. Dicht über ihnen, unsichtbar im Gewirr der Wipfel, klopfte ein Grünspecht. Ein Stückchen Rinde brach endlich heraus, schlug im unaufhaltsamen Fallen an die Äste und fiel mit leichtem Geräusch immer tiefer und tiefer, bis es auf dem Moos liegen blieb.
„Wohin gehen, sagst du?" ließ sich ein anderer vernehmen. „Irgendwohin. Ist dir denn die Freiheit schon zuwider?"
„Gut gesprochen! Das ist mir eine schöne Freiheit!" Und ein Dritter, der sich an der Diskussion beteiligte, holte weit mit der Hand aus und wies auf die dunklen Baumstämme. Sein rechter Ärmel war von der Schulter an zerrissen, und der herabhängende Fetzen sah einem Flügel ähnlich.
„Selbst die schlechteste Freiheit ist besser als das beste Gefängnis."
„Gehen wir!" Der Kaukasier stand auf und klopfte sich die Hosen ab. „Wer ist dran, den Verwundeten zu tragen? Hier, diesen Pfad."
Auf diesem Steig gerade stießen sie auf einen Hinterhalt. Nur wenigen gelang es, beizeiten ins Dickicht abzuspringen, Mitia hatte sich gerade am Ende der Reihe gehalten, um seine Notdurft zu verrichten, als die Warnschüsse der britischen Patroulle fielen, und das rettete ihm das Leben. Er warf sich zur Seite, schlug sich das Knie an einem Baumstumpf auf und überschlug sich, empfand aber keinen Schmerz, stürzte in eine Kluft, rutschte ab und rollte sich weiter, zerriß dabei Kleidung, Gesicht und Hände bis aufs Blut. Wieder war er allein.
An diesem gleichen Abend jedoch lächelte Mitia das Glück. In einer Verfassung, die an völlige Teilnahmslosigkeit grenzte, und vom Hunger getrieben, ging er den Hang hinunter und trat in eine der drei Hütten ein, die hier beieinander standen. Der Almbauer gab sich unerwartet freundlich. Er verpflegte ihn und ließ ihn sich waschen. Anfänglich schöpfte Mitia Verdacht, denn er war eine solche Behandlung nicht mehr gewöhnt und meinte, das könne eine List sein, um ihn in

der Hütte festzuhalten und den nächsten britischen Posten zu benachrichtigen. „Vielleicht haben sie eine Belohnung für die Auslieferung von Flüchtigen ausgesetzt. Wer kann das wissen?!" So war er denn auch, nachdem er gegessen und Kraft geschöpft hatte, auf dem Sprung. Aber als ihm der Bauer einen alten Anzug schenkte, war er so verwundert, daß er alles Mißtrauen vergaß. Am nächsten Tag in der Frühe, als er sich in einem Heuschuppen ausgeschlafen hatte, bekam er ein Frühstück, und der Bauer sagte ihm, daß in der Nachbarschaft eine Frau wohne, offensichtlich — fügte er hinzu — ist das eine von ‚euren'. Mitia bedankte sich für alles, so gut er konnte und ging zu dem Haus, das ihm der Bauer gewiesen hatte. Er traf dort wirklich eine Kosakin an, die auf dem Hof Wäsche aufhängte.

Es war ein warmer Tag. Stark duftete es nach sonnenheißen frisch geschlagenen Kiefernkloben. Außerdem, es war ein Sonntag. Im Tal läutete man zur Messe. Die Bauersleute waren nicht zu Hause, befanden sich wohl auf dem Kirchgang. Er begrüßte die Frau und setzte sich in ihre Nähe, auf Balken, die da für einen geplanten Bau zusammengefügt lagen. Einen Augenblick schien es ihnen, als könnten auch sie an einem so stillen Morgen wie andere Menschen in der Welt am Sonntagvormittag, über ihre eigenen nachbarlichen Dinge sprechen, von den Sorgen der vergangenen Woche, von den Hoffnungen für die kommende ...

„Na was denn, hast dich irgendwie retten können, Landsmännin", sprach er sie an.

„Nicht ich, der heilige Theodosius von Tschernihowsk hat mich errettet."

„Na?"

„Warst du in Peggetz?"

„Ja."

„Na, denn weißt du's also. Zuerst, als das alles anfing, hab' ich dem heiligen Theodosius von Tschernihowsk gelobt, ich werd' jeden Freitag streng fasten, nicht wie bis dahin, wenn es mir gelingt, aus dieser Hölle herauszukommen. Das heißt mir, der Mutter, meinem Brüderchen, und noch ein Kind hatte ich an der Hand. Und das Wunder geschah irgendwie.

Als alle über die Brücke flohen, hat der heilige Theodosius von Tschernihowsk die Engländer den andern folgen lassen, und wir, will sagen ich mit dem Kind, dem Bruder und der Mutter haben uns nach rechts davongemacht. Hab' zwar meine Pantoffeln verloren und bin in Socken gelaufen, aber wir sind bis zu den Bergen gekommen und fingen an, die Felsen hochzuklettern. Später, schon im Wald, haben wir andre Kosaken getroffen, einige haben mir ihre Stiefel geborgt, damit ich wieder ein Stück weiter kann, denn ich hatte schon ganz wunde Füße. Die Mutter konnte auch kaum noch gehen, und wir mußten doch noch immer höher und höher klettern. Am schlimmsten war's mit den zerschundenen Füßen. Bis der Wald zu Ende war und wir auf so steinige Wiesen kamen und dann in den Schnee: Ach, war das ein Tag!"

„Ja, alle die Tage war schönes Wetter."

„Wir gingen weiter, und am dritten Tag stießen wir auf Leichen: Ein Kosak, eine Frau und ein Kind. Sie hatten wohl Selbstmord begangen. Auf welche Weise, wollt' ich schon gar nicht sehen. Indessen waren unsre Vorräte erschöpft, die wir in einem Sack mitgenommen hatten. Unsern Durst löschten wir mit Schnee. Aber was essen? Was tun? Wo weitergehen? An wen sich wenden? ... Es blieb nur der heilige Theodosius von Tschernihowsk. Ich geh' so und bete, aber ich denk' mir: was bist du nur dumm, aus diesen Steinen hier herum wird doch kein Brot. Plötzlich! ... Ob du's glaubst oder nicht! Hinter einer Felskrümmung ein Häuschen. Davor ein alter Kosak, bricht das Fenster auf. Er sah uns, winkt mit der Hand. Ich lauf' hin: Heiliger Theodosius von Tschernihowsk!!! Durchs Fenster sieht man Brote auf dem Tisch liegen!"

„Was war das denn?"

„Eine Schutzhütte für Touristen. War auch noch etwas Schwedengrütze, Mehl und auch Brennholz da. Haben uns dort gut ausgeruht und sind am nächsten Tag weitergegangen. Geführt hat uns derselbe alte Kosak. Bis sich plötzlich vor uns ein Abgrund auftat ..."

„Mhm" — machte Mitia fragend.

„Na ein solcher Abgrund, daß man nicht drüber kommen konnte. Unser Kosak hat lange überlegt, bis er endlich einen Weg herausfand. In fünf Tagen sind wir wohl über drei Kämme und vier Pässe gezogen. Und schließlich hatten wir uns zum Abstieg entschlossen. Es war gerade hier. Und der Bauer hat mich zur Arbeit angenommen, gegen Verpflegung hat er mich angenommen."

„Das ist aber ein Glück."

„Aber das ist noch nicht alles! Hör' nur, was weiter war: Vor vier Tagen kommt hier eine englische Patrouille an. Na, denk' ich, jetzt ist Schluß. Aber ich hab' mir vorgenommen, lebendig kriegen die mich nicht, damit sie mich nicht zu den Sowjets schicken. Eher spring ich mit dem Kind aus dem Fenster, da hier, zu dieser Schlucht hinaus geht mein Fenster, und fall' mich zu Tode. Aber da fing ich an zu beten, zum heiligen Theodosius von Tschernihowsk: „Erbarme dich, sage ich, laß die schwere Sünde des Selbstmordes nicht zu!" In dem Augenblick gerade kommt der Sergeant rein und läßt mich die Papiere zeigen. Ich zieh' sie raus und geb' sie ihm in die Hand, und es geht ja ganz klar daraus hervor, daß ich aus Lienz geflohen bin. Was kann man da leugnen! Der Sergeant hat sie lange gelesen, hat sie noch länger in den Fingern herumgedreht, so irgendwie ... Dann hat er mich angesehen, einmal, noch einmal ... Hat die Augen gesenkt, die Papiere zurückgegeben und nur gesagt: Oll rajt."

„Und?"

„Und ist gegangen."

„Wirklich ein Wunder."

„Das sag' ich auch."

„Und wie heißt dieser Heilige?"

„Der heilige Theodosius von Tschernihowsk."

„Schade, daß er mir nie über den Weg gelaufen ist."

„Aber lästre doch nicht, Bruder."

„Ich lästre nicht." — Mitia hob den Kopf von den Knien, umfaßte mit einem Blick das gut bewirtschaftete Anwesen, das Gesicht seiner Landsmännin, empfand die freundliche Sonnenwärme, den Frieden ringsum und fragte nichts mehr. Er begriff, keinem Menschen, niemandem hier konnte daran gelegen sein, daß sich hier noch ein umherirrender Flüchtling festsetze. Daß die Leute zu reden anfingen und es sich in der Umgebung verbreite, daß noch eine Patrouille heraufkomme, noch eine Revision der Ausweise stattfinde. Nein, er wird nicht verderben, was der heilige Theodosius von Tschernihowsk so wunderbar gefügt hat. Er stand auf.

„Leb wohl! Auf Wiedersehn. 's ist Zeit für mich."

„Und wohin gehst jetzt?" fragte sie und forderte ihn nicht zu bleiben auf.

„Ich? Vorwärts." — Er lüpfte den Sack mit dem Proviant, den ihm der gastliche Bauer mitgegeben hatte, und ging. Er ging über die Berge und hielt sich an Pfade im Wald.

ROM

Tugaj hatte manche Schererei, die Rückkehrerlaubnis in seine Heimat zu erlangen. Eine diplomatische Vertretung Persiens gab es nicht in Rom. Er versuchte es also auf dem Weg über die türkische Gesandtschaft. Aber auch hier wie bei anderen Amtsstellen, die gegenwärtig der direkten oder indirekten Kontrolle alliierter Militärinstanzen unterstanden, machte man ihm Schwierigkeiten. Sein langjähriger Aufenthalt in Deutschland während des Krieges erschien einigen verdächtig, und die Angelegenheit zog sich bis zu ihrer Klärung lange hin. So kam es, daß er bis zum Herbst warten mußte.

Es war einer jener Tage nach langen Regengüssen, als die wohl schon letzte Sommersonne in diesem Jahr leuchtete und die ewige Stadt wieder in jenen eigentümlichen unvergleichbaren Glanz tauchte. Die Wasser, die immer irgendwo in den Mauern Roms gluckern, rauschten jetzt wie Gießbäche. Die Platanen hatten das Gelb van Goghscher Bilder angenommen, und mancherlei Schlingpflanzen, die über die Mauern herabhingen, glänzten vor Feuchtigkeit, als hätten sie eben noch Tränen gelacht. Die Gehsteige waren noch nicht abgetrocknet, und im Wiederschein ihrer Lichter erschien selbst der Bettler, der die Stummel von amerikanischen Zigaretten aufklaubte, als malerische Gestalt. Man spürte die Leichtigkeit und die milde Wärme der Luft.

Tugaj war ehrlich verwundert, an einem solchen Morgen Frau Pauline mit einem Kopftuch und in einen fadenscheinigen Herbstmantel gekleidet zu treffen. Kürzlich erst hatte er sie in einem Nachtklub der Alliierten gesehen, aufgeputzt wie es kaum zu ihren Jahren paßte.

„Wohin des Wegs?“ — fragte er und betrachtete den Korb in ihrer Hand.

„Zur UNRRA“ — erwiderte sie, und da sie offensichtlich seine Gedanken erriet, fügte sie hinzu: „Es schickt sich nicht,

elegant gekleidet dorthin zu gehen. Schließlich sind dort meist arme Leute."
Tugaj enthielt sich jeder Bemerkung.
„Haben Sie die gleiche Richtung?"
„Ja, ich begleite Sie ein Stückchen. Und wie geht es Fräulein Luisa?"
„Ach, man reißt sich um sie. Sie arbeitet jetzt im Relief Service. Wissen Sie, die Uniform steht ihr sehr gut zu Gesicht."
„Ja? Schade, daß ich nicht das Glück hatte, sie in der letzten Zeit zu sehen."
„Vielleicht sind Sie heute nacht im ‚Mandarinetto'?"
„Leider, sicherlich nicht. Hab' eine Verabredung. Meine Bekannten aus Mailand sind gekommen. Übrigens, Sie kennen sie doch auch."
„Ich weiß nicht, von wem Sie reden. Aber gleich, ich muß auf die andre Straßenseite. Müssen Sie noch weiter?"
Tugaj verabschiedete sich und ging in eine kleine Kneipe, unweit des Quirinal gelegen, wo er Mehmet erwartete, der vor zwei Tagen in Rom angekommen war. Um diese Zeit war der Schankraum leer. Mehmet saß ganz allein an seinem Tisch.
„Wie geht es denn?!" — Tugaj ging mit ausgestreckter Hand auf ihn zu.
„Es hält sich so. Wein?"
„Ein bißchen zu früh noch. Na aber gut. Wir trinken jetzt alle viel."
Mehmet begann zu erzählen, was sich im Laufe der letzten Monate in Mailand getan hatte. Das Wichtigste, man hatte alle hinter Stacheldraht gesetzt. Dschemaj, die Kalmücken ...
„Aber Sie haben diese Leute ja nicht gekannt."
„Hab' sie einmal bei der Parade gesehen."
„Aha. Außerdem auch die Dagestaner, einen Teil der Georgier. Ein paar Aserbeidschaner haben sich herausgewunden, aber die Kosaken haben sie alle gefaßt, sowohl die vom Don als auch die Kuban-Kosaken."
„Und was werden sie wohl mit ihnen machen?"
„Mit denen? Die haben sie schon längst ausgeliefert."

„Verzeihung, Sie sagten, auch Dschemaj? Haben Sie nicht gehört, er sollte doch irgendeine Denkschrift überreichen."
„Nein, hab' nichts gehört. Was bin ich denn, ein einfacher Mensch, und er ein großer Politiker. Er hat sich mir nicht anvertraut. Natürlich, alle haben versucht, sich herauszuwinden, wie sie nur konnten. Einigen ist's sogar gelungen, aber den meisten nicht. Als einziger hat sich Kerim-Beka empört. Als man ihm vorwarf, er habe gegen die Vereinten Nationen gekämpft ... Stimmt doch wohl so: Vereinten?"
„Mhm."
„Na, da fing Kerim an zu schreien: was denn, schrie er, ihr hättet gewollt, ich sollte wohl für den Untergang meines Vaterlandes kämpfen? Kämpfen für die Bolschewiken. — Er tobte."
Mehmet nahm einen Schluck Wein und lächelte. „Ein Dummkopf, na, aber auch den Schlauen hat's wenig geholfen."
„Und die Tataren?"
„Wir ..." Er machte eine ausdrucksvolle schlängelnde Handbewegung und fuhr dabei unter den Tisch. Er lachte laut auf.
„Und Sulejman Saburi?"
„Der hat sich rausgerettet. Ist eben in Rom. Aha, wissen Sie, wer noch hier ist?"
„Na?"
„Ali!"
„Und Sinaida?"
„Nicht ..." — Er blickte zur Seite, zog aus irgendeinem Grund die Augenbrauen hoch. „Sinaida nicht. Haben Sie nichts davon gehört?, Aber natürlich, woher sollten Sie's auch hören?!"
„Was ist denn passiert?"
Mehmet nahm noch einen Slchuck Wein, setzte eine ernste Miene auf und begann zu erzählen:
„Ali hat mit ihr zärtlich getan, sehr zärtlich, hat sie geputzt, sich ihretwegen Geld geborgt und nicht abgegeben, und durch das alles sind sie sehr ins Elend gekommen. Indessen hat sie Bekanntschaft mit alliierten Offizieren geschlossen. Die haben sie ins Kaffee eingeladen. Es hieß, daß sie angeblich auf diese Weise Ali helfen wollte, Dokumente für ihn zu be-

schaffen, ihn vor der Deportation zu bewahren und so weiter. Einmal traf ich ihn, da sitzt er unter dem Schwanz dieses Reiterdenkmals, das da auf dem Duomo-Platz steht. Ich sehe gleich: es ist aus. Grau das Gesicht, traurig, aber er bemüht sich, zu lächeln und sagt, sie sei nach Como gefahren, abends aber zurück. Warum denn? — frage ich. Na, er weiß schon, warum. Nach Rom werden wir fahren, sagt er später, und da kommt's dann irgendwie in Ordnung. Er wußte es genau! Nur daß nicht er fuhr! Mit den Offizieren ist sie nach Como hin, da ist ein hübscher See. Natürlich ist sie nicht zurückgekommen, und damit Schluß. Und einmal, nach einiger Zeit, geh' ich zu ihm — Sie werden's nicht glauben! Sitzt er doch da am Tisch" — Mehmet schob sich mit dem Stuhl zurück, neigte den Kopf auf die Tischplatte und zeigte, wie: „mit den Zähnen, so, beißt er in den Tisch, ganz wie ein Hund und weint dazu."

„Ein armer Kerl."

„Arm? Alle sind wir arm. Was soll man ihn bedauern! Und wie er diesem Kosaken die Frau gestohlen hat ..."

„Es war ein Tschetschene, glaube ich."

„Tschetschene, Ingusche, alles eins. Da hat der wohl nicht mit den Zähnen geknirscht? Er hatte auch Grund dazu. Nur daß der vielleicht keinen Tisch hatte. Konnte höchstens in das Seitenbrett vom Wagen beißen. Von Tschenstochau an ist er gefahren und hat gebissen."

Mehmet goß Wein in die Gläser und fügte nach einer Weile hinzu: „Und jetzt, wo sie ihn den Bolschewiken ausgeliefert haben, da beißt er gewiß ins Gras."

Tugaj lächelte unwillkürlich über den Eifer, mit dem Mehmet erzählte. Er dachte sich, daß Mehmet wohl nicht gut auf Ali zu sprechen sein müsse. — „Vielleicht hat er selbst Sinaida den Hof gemacht, wer kann das wissen!" — Er hatte Mehmet nie recht getraut. Wie er jetzt auch den Wein gierig hinunterschüttete!

„Camerriere! Noch einen Liter!"

Er betrank sich schnell; stieß sein Glas um. Die Stimmung war verdorben. Der Kellner eilte herbei, um mit einer Serviette das Tischtuch abzuwischen, auf dem der vergossene

Wein wie eine Blutlache stand. Er sah gekränkt drein. Man merkte es ihm übrigens an, daß er mit ausgesprochener Geringschätzung, ja vielleicht mit Unwillen auf die Kleidung Mehmets und seine fremden kantigen nichteuropäischen Bewegungen herabblickte.

Kurz nach dieser Begegnung verschlechterte sich das Wetter, es wurde kalt. Eines Morgens fiel sogar Schnee und hielt sich einige Stunden. Offiziere liefen mit Fotoapparaten umher, um das Colosseum im Schnee zu verewigen. Solchen unverhofften Wetterumschlag schrieben die Menschen früher der Abholzung der Wälder, später den Einflüssen des neueingeführten Radios und jetzt der auf Hiroshima am 6. August 1945 abgeworfenen Atombombe zu. Es gab immer viele Interpretationen auf diesem Gebiet, vielleicht weil niemals einer den andern daran hinderte, über das Wetter zu reden, was ihm gefällt. Gerade an einem so bewölkten Tag machte Tugaj sich auf, um Mehmet und seine Freunde zu besuchen. Sie wohnten alle zusammen, ziemlich weit draußen, aber verhältnismäßig gut: Sulejman Saburi, Mehmet, Ali und mit ihnen ein Albanier. Der Albanier war die wichtigste Person; denn er kannte einen gewissen Afghanen, der die Funktion eines Sekretärs bei einem mohammedanischen Missionar aus Indien ausübte. Der Missionar war außerdem Offizier der britischen Indien-Armee. „Ein großer und reicher Mann" — sagte man von ihm. Sein Besuch stand gerade bevor. Offensichtlich setzte man große Hoffnungen auf ihn. Auf dem Tisch war mit viel Aufwand ein Imbiß vorbereitet, in der Mitte stand eine Flasche italienischer Cinzano. Auch zwei Turkmenen waren gekommen, die sich argwöhnisch umsahen. Saburi war den Jahren nach der älteste und rieb sich der Kälte wegen die Hände.

„Er muß uns helfen."

„Er hat große Pläne", fügte der Albanier hinzu.

„Und Dollars."

„Nicht Dollars, sondern Pfunde."

Ali hatte einen bescheidenen Anzug an, sah aber recht gut aus, wenn er auch sehr wenig sprach. Nach außen hin mochte es scheinen, als ob er sich schon mit seinem Los abgefunden und sogar ein neues Leben mit neuen Plänen begonnen habe. Er war glattrasiert. Mit Saburis Hilfe hatten sie schon verschiedene Briefe und Eingaben verfaßt: an König Faruk, an die Glaubensbrüder in Amerika, und jetzt noch dieser Hindu ...

Alle sprangen auf, als die Glocke an der Eingangstür anschlug. Zwei bärtige Hindus in britischen Uniformen traten in den Flur. Der eine trug einen grünen, der andere einen weißen Turban auf dem Kopf. Als Mehmet dem Missionar aus seinem Militärmantel half, ahnte Saburi etwas.

„Versteckt den Wein!!" — zischte er.

Die Turkmenen griffen beide gleichzeitig nach der Flasche. Eine gefährliche Sekunde lang rangen sie darum, aber gerade noch zur rechten Zeit konnten sie die Flasche neben dem Tischbein verbergen. Schon trat der Missionar herein und grüßte gnädig. Dann wandte er sein Gesicht zum Fenster, hinter dem die Straßenbahnen kreischten, und begann das Gebet. Die Turkmenen, die einst in der sowjetischen Kavallerie gedient hatten, standen in Achtungstellung. Saburi in seinen um zwei Nummern zu langen Schuhen aus der UNRRA bewegte sich unachtsam und stieß klirrend gegen die unter dem Tisch versteckte Flasche. Der Missionar schaukelte beim Beten hin und her und neigte dabei seinen grünen Turban. Bläuliche elektrische Funken sprangen aus den feuchten Straßenbahnleitungen vor dem Fenster. Tugaj konnte nur wenige Worte mit Ali wechseln, denn alle waren viel zu sehr von dem Besuch in Anspruch genommen. Schließlich hielt er dafür, daß seine Anwesenheit unnötig sei und machte sich bei passender Gelegenheit ungesehen davon.

Im Lauf der nächsten Woche war er so sehr von eigenen Angelegenheiten beschäftigt, daß er für das Schicksal seiner Bekannten kein Interesse aufbringen konnte. Erst einen Monat nach dem Besuch klopfte am frühen Morgen seine Wirtin an's Zimmer und sagte, da sei ein Signor gekommen, der ihn unbedingt sprechen wolle. Im dunklen Vorzimmer erkannte Tugaj die Silhouette Saburis.

„Bitte, bitte!"

Saburi nahm am Tisch Platz, langte sich eine Dattel aus der Schale, aß sie auf, spuckte den Kern in die Hand und warf ihn in die Ecke, in einen dort stehenden leeren Eimer. Das Blech schepperte mißtönig.
„Nun, wie steht's da mit eurem Missionar?" sagte Tugaj. „Hat er auch irgendein Geschenk mitgebracht damals?"
„Ja, hat er getan."
„Na und?"
„Einen Laib englisches Brot, zugeteilt aus der NAFI."
„Pfui, das ist nicht viel."
„Stellen Sie sich vor, schon dreißig Jahre hab' ich nicht mehr gebetet, und jetzt kommt er und ich steh' schon eine ganze Stunde auf dem eisigen Fußboden ... Wie ein Schüler — — und nichts kommt dabei heraus."
Er nahm eine zweite Dattel, legte sie aber unlustig wieder zurück.
„Kommen Sie doch zu uns."
„Gern. Hatte nur viele Dinge auf dem Kopf, und jetzt bin ich etwas erkältet."
Saburi schnalzte ein paarmal, womit er gewöhnlich eine schlimme Nachricht einzuleiten pflegte:
„Ali hat schrecklich zu trinken angefangen."
Tugaj nahm eine Flasche Wein aus dem Schrank und schenkte die Gläser voll.
„Wir trinken jetzt alle viel. Ganz gegen die Gebote des Propheten."
„Ja, aber er ..."
Saburi trank ein Viertel Glas aus. „Er ist ganz verrückt geworden. Er will zurückkehren."
Tugaj führte gerade sein Glas zum Mund und hielt auf halbem Wege inne.
„Wohin?"
Saburi nickte als Antwort nur bedeutungsvoll mit dem Kopf. Man konnte sich denken, wohin. — Schweigen. Auf dem Hof schrien Katzen, die in Rom die Gewohnheit haben, das ganze runde Jahr über ihre Konzerte zu veranstalten. Ein selten scheußliches Geplärr wie von gequälten Kindern. Saburi trank seinen Wein aus.

„Und wo ist jetzt diese Sinaida?" fragte Tugaj.
„Weiß nicht. Sicherlich schon irgendwo in Uniform, in alliierter. Fährt mit Autos umher."
„Hmh, das ist wirklich ... Gut, ich komme gegen Abend, werd' mit ihm reden."
„Seien Sie so gut; sind doch immer eine Autorität. Alle hatten zu Ihnen Vertrauen."
In dieser Nacht saßen sie zu viert um einen Tisch. Auf der nackten Tischplatte stand Wein, leere Flaschen lagen unordentlich in den Ecken herum. Eine Glühbirne ohne Schirm wie im Gefängnis hing über ihren Köpfen. Durch die nicht ganz geschlossene Tür kam das pfeifende Atemgeräusch des schlafenden Albaniers. Die Unterhaltung mit ihren gleichsam ausgemessenen Pausen wurde mörderisch eintönig. Alle Argumente waren schon längst, längst erschöpft. So ist es oft bei einer schadhaften Dachrinne, wo das Wasser sich sammelt, plötzlich überläuft, sich wieder leise ansammelt, nach einer Zeit wieder überläuft und wieder und wieder in den gleichen Abständen. Als erster schlief Saburi ein. Er war den Jahren nach der Älteste und hielt sich nicht mehr aufrecht. Er ließ den Kopf auf den Tisch, auf seine verschränkten Hände senken und schlief ganz leise.
„Ali" — brummelte Mehmet.
„Mhm".
„Na, dann werden sie dich umbringen."
„Sollen sie's doch." — Er sitzt da, die Ellenbogen auseinandergespreizt und starrt in den Widerschein der Glühbirne in der Weinlache auf dem Tisch. Mehmet wendet sein Gesicht Tugaj zu. Der macht mit dem Daumen seiner Hand, die auf dem Tisch liegt, eine kaum wahrnehmbare ratlose Bewegung. Der Albanier schnarcht hinter der Tür. Sulejman schläft, hat den Ellenbogen unter den Kopf gezogen. Wenn er zu schnarchen aufhört, herrscht Stille. Sie dauert an.
„Ali."
„Was?"
„Erschießen werden sie dich."
„Ach laß doch."
Mehmet sieht Tugaj an. Der macht eine kaum wahrnehm-

bare Bewegung. Stille. Manchmal greift einer nach dem Glas, trinkt einen Schluck, zwei. Stille. Alle sind schon sehr erschöpft und betäubt vom Wein.
„Ali."
„Na?"
„Dann willst du also, daß sie dich umbringen?"
„Man weiß noch nichts ..."
„Wie denn: weiß man nichts! Genau weiß man's."
„Na, dann soll's eben sein."
Mehmet sieht Tugaj an. Der zieht schweigend — und er strengt sich dabei an — eine Augenbraue hoch. Stille, immer noch Stille.
„Ali."
„Mhm."
„Dann bist du also verrückt."
Stille.
„Aber sag, verrückt bist du? Vollständig? Ja? Ein Narr? Ja?"
„Wie du meinst."
„Nein, sag aber, verrückt oder nicht? —" fragt Mehmet hartnäckig.
„Mag sein, eben verrückt." — Er spreizt die Ellbogen noch weiter auseinander und starrt jetzt auf seine verschränkten Finger. Mehmet blickt Tugaj an, er wartet immerfort auf irgendeinen Rat von ihm. Aber Tugaj hat alle seine Ratschläge schon alle längst angebracht. Sie waren an Alis unerschütterlicher Apathie abgeprallt. Jetzt versucht er nur, mit den Achseln zu zucken. Der Albanier dreht sich auf die andre Seite und schnarcht wieder. Vor den Fenstern fährt ein Wagen der MP vorbei mit einer lang herausragenden Antenne. „Ali ..."
Plötzlich überwältigt der Schlaf auch Tugaj. Ein unerquicklicher Schlaf. Er träumt von einer breiten staubigen Landstraße. Darüber hin fahren Wasserleitungsrohre, verbogene Bleche ... Die Kühle, die vom Steinfußboden aufsteigt, weckte ihn.
„Kalt ist's in diesem Italien", stieß er zwischen den Zähnen

hervor, stand auf und ging nach Hause. Es wurde schon Tag.
Aber der nächste Tag war wieder so schön, wie das manchmal in südlichen Gegenden zur Winterszeit vorkommt. Sonne und schnelle Erwärmung, und schon standen Kaffeehausstühle auf den Gehsteigen. Tugaj schlief bis weit in den Tag hinein und stand mit Kopfschmerzen auf. Nach dem Mittagessen ging er spazieren bis zur Porta Pinciana, kehrte um, erblickte Frau Pauline, Luisa und zwei Offiziere und setzte sich zu ihnen an das Kaffeehaustischchen an der Via Veneto. Luisa sah hübsch und gesund aus. Sie trug eine Militäruniform des weiblichen Hilfskorps. Ihre Mutter musterte sie alle Augenblick und konnte der Sucht nicht widerstehen, etwas an ihrer Kleidung zu korrigieren. Die Uniform jedoch war einfach und saß gut. Nur diese schrecklichen grau-grünen Strümpfe! — Die beiden Offiziere schmauchten ihre beiden Pfeifchen, und beide hatten ihre Beine übereinandergeschlagen und schienen von ihrem Aufenthalt in Rom befriedigt. Frau Pauline wendete ihren Blick Tugaj zu.
„Schlecht sehen Sie heute aus."
„Hab' nicht geschlafen."
„Wohl in einem Nachtlokal herumgebummelt?!"
„Nicht ganz so." — Und er begann, Alis Geschichte zu erzählen und von seinem plötzlichen, selbstmörderischen Entschluß. — „Sie erinnern sich doch seiner sicherlich gut", schloß er. „In Wien kam er doch oft in die Rembrandtstraße. Und später kaufte er dies Kleid."
„Nein, ich erinnere mich nicht", schnitt sie kurz ab. „Hab' wohl bemerkt, wie sich's in der Stadt umhertrieb, dies asiatische Gesindel ... Ach Verzeihung! Sie stammen ja auch aus Asien, oder nicht? Na, aber Sie sind doch was andres! Sie sind ein weltgewandter, gebildeter Mann, eigentlich ein Mensch des Westens, ich möchte sogar sagen, ein Europäer. Jaja, leugnen Sie's nicht ab. Übrigens sind Sie ja Perser, und Persien gehört heute zu unsern Bundesgenossen. Aber wir kennen uns ja schon lange, und da gestatten Sie doch einmal ganz offen zu sagen, daß ich Sie immer bewundert hab' wegen Ihrer sonderbaren Vorliebe für so ver-

schiedene zweifelhafte Elemente, gegenüber denen ich, offen gestanden, eine organische Abneigung verspüre. Gegen diesen ganzen mongolisch-russischen Ooosten! Ach wenn Sie wüßten ..." — sie wendete sich an die Offiziere und begann, von ihren Leiden unter der deutschen Okkupation und den Verfolgungen zu erzählen, die sie von mancherlei Kollaborateuren hatte erdulden müssen.

Die Offiziere nickten verständnisvoll mit den Köpfen. Tugaj hörte ihr mit ehrlichem Interesse zu; denn sie besaß die Gabe der Beredsamkeit. Als er jedoch auch ein Wort anbringen wollte, unterbrach sie ihn mit einer Handbewegung und redete weiter:

„Und was Sie da erzählen von dem Tataren, der zurückkehren will, so wundert mich das überhaupt nicht. Ich hab' gerade einen sehr treffenden Artikel gelesen ... Wo haben wir das doch gelesen, Luisa? Na, mit einem Wort, es ging da um die ‚Flucht vor der Freiheit'. Glänzend erfaßt, diese asiatische Seele! Das liegt ihnen so im Blut. Sie sehnen sich direkt nach der Knute, können gar nicht anders leben. Natürlich, die Sowjet-Union ist heute unser Bundesgenosse. Aber Sie geben doch zu, dieser ganze Bolschewismus, der hat doch auch bei den Mongolen angefangen."

In diesem Augenblick hielt mit kreischenden Bremsen ein Militär-Jeep neben dem Gehsteig.

„O, sie sind schon da!" — rief Frau Pauline aus.

„Wohin wollen die Herrschaften?" fragte Tugaj.

„Wir wollen einen kleinen Ausflug machen, die Altertümer Roms besichtigen."

„Ach ... denn viel Vergnügen!" Er verabschiedete sich und ließ sich nach ihrer Abfahrt auf den Stuhl zurücksinken. Nach der vergangenen Nacht fühlte er sich ein wenig schwach und verkatert.

*

Kurz vor seiner Abreise nach Kairo — Tugaj hatte endlich alle erforderlichen Papiere in der Tasche — traf er Mehmet zufällig auf dem Corso Umberto.

„Was ist aus Ali geworden?“ fragte er ihn.
„Er ist abgereist.“
Einen Augenblick standen sie und schwiegen. Dann erzählte Mehmet, daß im Lager, wahrscheinlich in Rimini oder irgendwo da in dieser Gegend, jedenfalls noch in Italien, er erinnerte sich nur nicht mehr so genau, Dschemaj sich die Pulsadern mit den Scherben einer Flasche durchschnitten habe.
„Das versteh' ich nicht“ — Tugaj zuckte mit den Achseln, ehrlich betroffen. — „Man konnte ihnen doch nicht Rasierklingen oder Rasiermesser wegnehmen. Warum denn nur mit einem Flaschenscherben?“
„Weiß ich auch nicht. Muß doch wohl irgendeinen Grund gehabt haben.“

MENSCHEN UND PFERDE

Ähnlich wie nach dem Zusammenbruch der ersten Konterrevolution war auch am Ende der zweiten im Jahre 1945 die Familie der Kolzows in alle Winde verweht. Erinnert man sich der Prophezeiungen des Timotheus Osmuschin vor 85 Jahren (als da in einem Schneesturm geboren wurde ...), dann muß man sagen, daß es sogar schlimmer gekommen war, als es jener Nachbar, der sich auf Zeichen der Erde und des Himmels verstand, vorausgesagt hatte. Denn nicht nur Alexander Kolzow selbst hatte ein über die Maßen stürmisches Leben hinter sich gebracht und war eines gewaltsamen Todes gestorben, sondern überdies waren fast alle Glieder der Familie, die früher oder später gestorben waren, nicht durch einen natürlichen Tod aus dieser Welt gegangen. Begonnen hatte es mit dem kleinen Nikolaus, der 1898 im Don ertrank. Frau und Tochter wurden verbrannt, der Schwiegersohn, Abbas, in Krasnodar erschossen. Der älteste Sohn Alexander fiel im Kampf gegen bulgarische Kommunist. Sein Sohn Michael, der Enkel des alten Kolzow, der sich zum Russischen Korps in Jugoslawien hatte anwerben lassen, erschien am Ende des Feldzuges gegen die kommunistischen Truppen Titos in den Verzeichnissen unter den für die Nomenklatur des Krieges so charakteristischen Rubrik: „Vermißt". Nur eine der Töchter, die Schwester Michaels, Maria, starb eines natürlichen Todes, an Typhus.

Am Leben blieben Saschas Frau und seine zweite Tochter, Prakseda, die einen Serben heiratete — sie blieben unter dem kommunistischen System auf dem Balkan. Da sie sich bis zuletzt nicht einmal dafür interessierten, ob eine Familie Kolzow noch existiere, konnte nie eine Verbindung angeknüpft werden.

Was nun Lydia betrifft, die Frau Dmitrijs oder Mitias, so ist schwer zu entscheiden, ob man sie zur Familie rechnen kann, zumal sie ja, nachdem ihr Mann im Lager festgesetzt worden war, noch 1939 ein Scheidungsgesuch eingereicht hatte. Dafür konnte vielleicht der eine Umstand sprechen, daß sie nicht wieder heiratete. Das war übrigens auch nicht möglich. Denn es kam so, ob nun aus Gewissensbissen, weil sie ein Glas Samogon[18] in gemischter Gesellschaft getrunken oder vielleicht auch, weil der Schnaps ihre Zunge gelöst hatte, daß sie laut äußerte, nicht immer zu recht verschicke man Menschen in die Lager. Sie wurde noch vor Ausbruch des Krieges gegen Deutschland verhaftet und nach ihrer Verurteilung nach Ust-Wym, einer Lagergruppe in der Komi-SSR gebracht, längs der Eisenbahnstrecke Kotlas-Uchta; dort wurde sie im sogenannten 17. Lagpunkt eingewiesen, zu dem zwei Frauenabteilungen gehörten. Unter diesen Umständen könnte man füglich bezweifeln, ob sie noch zu den Lebenden gezählt werden kann.

Der Sohn Mitias, Piotr, mit dem Kosenamen Pietia genannt, schloß sich, nachdem seine Mutter verschwunden und er selbst manches durchgemacht hatte, einer Besprisorny-Bande an, die man im offiziellen Sprachgebrauch nach dem zweiten Weltkrieg in „Besnadsorny"[19] umbenannt hatte. So schloß sich der Kreis der Familien-Tradition seit Ende der ersten Konterrevolution.

Ula, die gealterte Frau, empfand eine Art von lindernder Entspannung, als sie sich am 1. Juni 1945 in einem Güterwagen auf der Station Lienz eingepfercht wiederfand und der Zug sich nach einiger Zeit in östliche Richtung in Bewegung setzte. Vor allem, sie konnte sitzen, was ihr nach diesem Tage, da sie vom Morgengrauen an in nervöser Spannung herumgerannt war, eine große physische Erleichterung verschaffte. Außerdem war jetzt alles klar, bedurfte keiner Kommentare mehr, keiner Schritte, keiner Bemühungen und nicht mehr des ewigen Kampfes um ein Fünkchen Hoffnung. Die Sache war erledigt, es war nicht mehr möglich, ihr den eigenen Willen entgegenzusetzen. Man konnte sich einer

---

[18] Selbstgebrannter Schnaps
[19] ‚Unbeaufsichtigte'

vollständigen Resignation hingeben, die ihr so gut aus ihrem früheren Leben bekannt war, und gerade deswegen empfand sie ihre Situation als eine Rückkehr zu einem Zustand, der etwas Heimisches, fast Vertrautes für sie bedeutete. Manchmal ist Apathie, ähnlich wie Erschöpfung und Schwäche bei hohem Fieber, ein Zustand, der die Nerven beruhigt. So fiel es ihr auch leichter, den Tod des Vaters zu ertragen, den sie nicht einmal in seinem letzten Augenblick hatte sehen dürfen. Ihr eigenes Los interessierte sie am wenigsten. Es war eben ein Schicksal, und sonst nichts. Aber als der Zug schon an die zehn Kilometer gefahren war, fühlte sie, daß ein sehr gewichtiger Wandel in ihr vorging. Dieser Wandel betraf die einzige Hoffnung, die sie noch hegen konnte: Ihren Sohn Ali wiederzusehen. In den letzten Monaten war er der einzige Gegenstand ihrer Überlegungen und ihre ganze Sehnsucht. Noch in den letzten Stunden der Freiheit sprach sie von ihm zu jenem britischen Soldaten. Und nun, in diesem Augenblick, verlagerte sich ganz einfach die Gestalt ihres Einzigen auf eine andere Vorstellungsebene. Sie verschwamm auf dem Hintergrund eines Massenschicksals. Ula, die bis vor kurzem diesem Gedanken keinen Raum gegeben hatte, ertappte sich dabei, wie sie jetzt mit sonderbarer Ruhe dachte: ‚Man weiß es nicht, ob er noch lebt . . .?‘ Vielleicht ja, vielleicht auch nicht. Vielleicht würde sie ihn wiedersehen, vielleicht auch nicht. Und, wie seltsam, bei diesem Gedanken fühlte sie sich wohl und ruhiger.

Der Zug rollte.

Durchschnittlich setzte sich jeder Transport aus vierzig Waggons zusammen. Es gab viele derartige Züge, und in den ersten Tagen der Deportation passierten die Station in Spittal täglich drei. Jeder wurde nur von zwei britischen Soldaten bewacht. Die Türen der Güterwagen waren nicht ganz fest geschlossen, sondern lediglich mit Draht zugeschnürt. Durch die offenen Spalten warfen die Kosaken zerrissene Dokumente, Fotos, Orden, Auszeichnungen, Schulterklappen, ja sogar Geld hinaus. In vielen Fällen gelang es ihnen auch, die Drähte abzudrehen oder durchzuschneiden und während der Fahrt hinauszuspringen.

Die Auslieferung an die Bolschewisten erfolgte teilweise in Judenburg, auf der Brücke über die Mur, wo am jenseitigen Ufer schon sowjetische Posten Wache hielten, teilweise in Graz. Insgesamt wurden im südlichen Österreich 50 bis 55000 Kosaken und deren Familien ausgeliefert. Eine Statistik wurde von keiner Seite veröffentlicht, weder von der, welche diese Menschen auslieferte noch von der, die sie in Empfang nahm.

Gleichzeitig fuhren Transporte auch aus anderen Orten ostwärts, führten mit sich zwangsweise deportierte Russen und Vertreter fast aller Völker des Sowjetbereichs, die sich gegen das Sowjetsystem aufgelehnt hatten. Die Westmächte erfüllten loyal ihre Verpflichtungen, die sie ihrem Verbündeten gegenüber eingegangen waren. Und überall gab es in gleichem Maße Gewalttat, Tränen, Blut und Selbstmorde aus Verzweiflung, als man die Menschen aus Kempten, Hessen, Mannheim, Dachau, Plattling, Salzburg, Deggendorf, aus Tschechisch-Budweis und anderen unzähligen Lagern abtransportierte. Eine Gesamtstatistik wurde nie veröffentlicht.

Der Transport, dem Ula angehörte, langte im Hauptsammelpunkt Graz an, als die Kosakengenerale nicht mehr dort waren. Am 29. Mai auf der Brücke in Judenburg ausgeliefert, verbrachten sie die Nacht in den Räumen des schwer beschädigten Stahlwerkes. Am nächsten Tag wurden sie nach Graz überführt und von dort in einem Spezialwaggon sofort nach Wien. Am gleichen Tag noch flog man sie nach Moskau. Dort warteten auf dem Flugplatz schon Gefängnisautos, die sie zum Butyrka-Zuchthaus brachten.

Als Ula aus dem Waggon kletterte, wendete sie sich an einen sowjetischen Begleitposten. „Ej, Landsmann!“ sagte sie, „wo könnte man sich hier wohl waschen?“

„Geh nur, geh! Auch ungewaschen kannst du weiterfahren!“

Sie fühlte sich durch diese grobe Antwort nicht beleidigt. „Geht's bald weiter?“ fragte sie.

„Bist doch schon alt und hast dir die Neugier noch nicht abgewöhnt!“ antwortete er.

Ula stieg mit den andern zusammen über die Schienen. Sie lächelte sogar auf dem Weg zu den Baracken. Nach den Re-

visionen, Untersuchungen, der Registrierung und sonstigen Formalitäten, die sie mit mehr oder weniger Resignation über sich ergehen ließen, führte der weitere Weg über Wien, Budapest, Ploesti, Kiew, Brjansk, Moskau, bis hinter den Ural, nach Pokropjewsk, nach Stalinsk, Kusniezk, nach Karaganda, Balkasch, Tschuburaj-Nur, Potma, Tajtschet, Uchta ... Und wieder ist es unmöglich, alle Konzentrationslager aufzuzählen, wohin die Zehn- und Hunderttausende neuer Gefangenen strömten, die von Westen nach dem Osten kamen! Man kann die oft recht schwer auszusprechenden Ortsnamen von asiatischem Klang gar nicht alle nennen, die einen besonderen Unterton bekommen haben, seit die Lehre von Marx-Engels-Lenin-Stalin in diesen weiten Gebieten unbeschränkt herrscht. Man kann sie nicht alle nennen und zählen, alle, die bestraft wurden wegen feindlicher Haltung, Ungehorsam, oder auch nur, weil sie dem sozialistischen System abgeneigt waren. Aus den von der deutschen Okkupation befreiten Gebieten, aus den Reihen ehemaliger Gefangener, Empörer und Konterrevolutionäre!
Ula gehörte zu einer dieser Kategorien.

*

Ali kehrte Anfang 1946 freiwillig zurück. Einige Monate vor der Verkündung des Dekretes vom 25. Juni 1946 über die „Auflösung der Autonomen Sozialistischen Republiken der Tschetscheno-Inguschen, der Krim, der Wolga-Deutschen und der Kalmücken". Er wußte auch nicht, daß schon zwei Jahre früher in nicht näher genannte Gegenden Sibiriens deportiert wurden:
200 000 Kalmücken, 200 000 Tschetschenen und Inguschen; 150 000 Karatschaier und Balkaren; 80 000 Krimtataren; 70 000 Griechen und Juden; 400 000 Wolga-Deutsche.
Auch wenn er das gewußt hätte, sein Entschluß wäre nicht anders ausgefallen. Wie jeder Mensch hatte auch er das Recht auf persönliche Kümmernisse, die ihn stärker in Anspruch nahmen als alle anderen Rücksichten, von denen das kollek-

tivierte Dasein menschlicher Gemeinschaften gelenkt wird. Das eigene Leben war ihm ganz einfach zum Ekel geworden.

*

Am 12. August 1946 erschien in der Moskauer „Prawda" folgende Notiz:

„In diesen Tagen beriet das Militär-Kollegium des Obersten Gerichts der UdSSR über die Anklage gegen: Wlassow A. A., Malyschkin W. F., Schilenkow G. N., Truchin F. I., Sakutnij D. Y., Blagowieschtschenskij I. A., Meandrow W. I., Malzew W. I., Bunitschenko S. K., Swerjew G. A., Korbukow W. D. und Schatow N. S. Alle Angeklagten standen vor Gericht wegen Verrates und Desertion zum Feind als Agenten des Gegners, mit dem Ziel, Spionageaktionen zu betreiben und Sabotage-Akte, Terror und Diversion gegen die UdSSR auszuführen, das heißt wegen Verbrechen nach Artikel 58-1b, 8, 58—9, 58, 10 sowie 15—II des Strafgesetzbuches der UdSSR. Alle Angeklagten bekannten sich schuldig. Im Sinne des Art. I des Ukas des Obersten Sowjets vom 19. 4. 1943 verurteilte das Militär-Kollegium des Obersten Gerichts die Angeklagten zum Tod durch den Strang. Das Urteil wurde vollstreckt."

Einige Monate später, am 17. Januar 1947, erschien in westeuropäischen Zeitungen und Zeitschriften folgende lakonische Meldung:

„Radio Moskau machte am 16. Januar Mitteilung von dem Urteil des Militär-Kollgiums des Obersten Gerichts der UdSSR, das in dem Prozeß gegen die ehemaligen Generale der Weißen Armeen Krasnow P. M., Schkuro A. G., Sultan Keletsch-Girej, Krasnow S. M., Domanow T. I. sowie den deutschen General Helmut von Pannwitz, gefällt wurde, die wegen Spionage-Tätigkeit und Teilnahme an einer Organisation zum bewaffneten Kampf gegen die UdSSR angeklagt waren. Alle Angeklagten bekannten sich schuldig. Auf Grund des Art. I des Ukas des Präsidiums des Obersten Sowjets vom 19. 4. 1943 wurden alle Angeklagten zum Tod durch den Strang verurteilt. Das Urteil wurde vollstreckt."

Zur gleichen Zeit stimmten 1946 bei den Wahlen in Frankreich 30,5 Prozent für die kommunistische Liste. Bei den Wahlen 1948 in Italien wählten 31 Prozent kommunistisch.

*

Mitia freute sich über die Vorräte an Lebensmitteln, die man ihm auf den Weg mitgegeben hatte, denn auf diese Weise, so legte er sich zurecht, würde er eine weitere Strecke marschieren können, ohne das ständige Risiko einzugehen, das ihm in den Dörfern drohte. Er hatte jedoch keine Karte. Zwar besaß er eine große Fertigkeit, sich nach der Sonne zu orientieren, jedoch Schluchten und Flußläufe waren ihm hinderlich und zwangen ihn immer wieder, von seiner Marschrichtung abzuweichen. Das wichtigste Problem blieb aber weiterhin eben die Richtung. Wohin man auch gelangen will, man muß ein Ziel haben. Aber was war denn das Marschziel Mitias!? Mit quälender Offenheit mußte er sich eingestehen, daß er ein solches Ziel, an einen Ort gebunden, nicht besaß.
Er nahm seinen Weg durch den Wald. Von der Ruhe, die ringsumher herrschte, konnte man ohne Übertreibung sagen, sie stehe still, ohne sich zu bewegen. Die Mittagssonne warf Lichter und Schatten durch die Kronen der Bäume, und es war schwer zu bestimmen, was schöner war, Licht oder Schatten. Es ist schon so, daß die Wälder Osteuropas einen anderen Geruch ausströmen, vor allem stärker duften, so daß einem dieser Geruch von Moos, Baumrinde, Blättern, Pilzen, faulendem Laubwerk und mancherlei Pflanzen betäubend zu Kopfe steigt, besonders wenn die Sommersonne wärmend scheint. Dagegen fehlt ihnen jene Beleuchtung, die den Bergwäldern Südeuropas eigen ist. Nicht etwa, daß sie ganz des Spiels der Lichter und des Blätterschattens auf den Wegen entbehren. Gewiß nicht, aber es ist nicht mit der Schärfe der Konturen, der Intensität der Farben zu vergleichen. Dort fällt der Strahl der Sonne in das Dickicht wie der Klingenblitz eines Kosakensäbels, der in mattem Silberschein widerspiegelt, hier ist er wie das goldfabrene Schwert eines Engels.

Dort gewöhnt sich das Auge schnell, hier muß man es sich jeden Augenblick vor dem Übermaß an Farben schließen.
Mitia marschierte einen niedrigen Hang entlang, durch Mischwald, auf einem grasbedeckten Pfad, weich und leise wie ein Teppich. Von rechts sprang ein Rehbock ab und stob in die Tiefe. Die Gewaltsamkeit seiner Flucht erschreckte den Wanderer in der ersten Sekunde, ließ ihn wachsam haltmachen und befahl ihm, Umschau zu halten. Aber ringsum herrschte wieder Stille. So war er selbst die Ursache jener Angst, welche die Rehe aufscheuchte. Er schritt weiter den Pfad entlang. Ein Grünspecht strich von einer Tanne ab und floh vor ihm, hielt sich niedrig zwischen den Stämmen. Der Pfad wand sich sanft dahin. Er näherte sich einer Lichtung und hörte vor sich das Zwitschern der Meisen, wie dichte Perlenschnüre, als Begleitung des lauteren Pfeifens der Kleiber, die gern gemeinsam die Rinden der Bäume absuchen. Bei seinem Auftauchen wurden die Vogelstimmen kürzer, häufiger, kreischender, warnender. Schnell zerflatterte die kleine Schar über seinem Kopf. Er ging weiter, und auf sein Gesicht fielen abwechselnd Sonnenstrahlen und Blätterschatten. Er mochte wohl einen halben Kilometer gegangen sein, als der plötzliche Warnschrei eines Hähers lärmend die Stille zerriß. Er schrie mit einer so hartnäckigen Erbitterung auf ihn ein, als ob er ihm etwas zu Leide getan habe oder in sein privates Besitztum eingedrungen sei. Und der Wald gehörte doch, unabhängig von menschlichen Maßen, Gott und nicht den Hähern. Was will er also von ihm? . . . ‚Und doch betrachten mich hier alle, sogar die Vögel, als Eindringling und Feind. Sonderbar, daß es nicht anders sein kann . . .' Er blieb wie angewurzelt stehen. An dem Ast eines Baumes hing ein Kosak. Die Gestalt des Selbstmörders schien unmäßig lang gezogen, schwarz wie ein Kloben und hob sich doch aufdringlich von den dunklen Stämmen ab. Er schaukelte nicht, denn es ging kein Wind. Er rührte sich nicht, sondern hing ganz gerade, der Linie der Erdanziehung folgend. Sicher hatte er ein blauschwarzes Gesicht und streckte die Zunge heraus. Mitia machte einen Bogen durch den Wald und blickte nicht mehr hin. Er beschleunigte seinen Schritt. Aber

er konnte nicht länger den gleichen Pfad gehen. Wenn er ihn weiter beschritt, so fühlte er hinter sich den einsamen Erhängten. Er faßte den Sack fester, bog in die Büsche ab und ging bergab, quer durch den Wald. Ohne Karte ging er im Kreis und machte Umwege. Er merkte es nicht, daß er sich wieder dem Tal der Drau näherte. Am dritten Tag trug sich folgendes zu: Er trat auf einen Weg heraus, den unverhofft ein Bauer mit seinem Wagen gefahren kam. Es war eine einsame, menschenleere Gegend, es drohte also keine Gefahr. Mitias geübtes Auge erkannte an der Kleidung des Bauern Spuren militärischer Vergangenheit. Und wirklich stellte sich heraus, daß der Bauer Soldat gewesen war; günstige Umstände hatten es ihm ermöglicht, sich ungesehen nach Hause durchzuschlagen. Der Österreicher hatte an der Ostfront gekämpft und einige Brocken russisch in seinem Gedächtnis bewahrt. Ein paar deutsche Redewendungen waren Mitia geläufig, und so verständigten sie sich halbwegs. Nicht etwa, daß ihm der Bauer hätte behilflich sein wollen, ihm vorschlug, er werde ihn auf seinem Wagen mitnehmen oder ihn in sein Haus einlud. Davon war überhaupt nicht die Rede. Er bot ihm jedoch Tabak an und unterhielt sich ein wenig mit ihm. Aber gleichwohl war das eines der wichtigsten Gespräche, die man im Leben führen kann, das heißt, es war von unmittelbarem Einfluß auf das weitere Schicksal eines Menschen.

Der Unbekannte erzählte Mitia, er kehre jetzt aus der Gegend von Lienz zurück und er habe dort viele Pferde gesehen. Er machte eine Pause und, nachdem er einen Tabakkrümel von der Unterlippe gespuckt hatte, erinnerte er sich, daß er bei den Pferden Kosaken gesehen habe. Und dann, daß er sogar gehört habe, die Engländer hätten eine Anzahl Kosaken zum Pferdehüten oder zu ihrer Betreuung dagelassen. Wohl eine ganze Abteilung. Und plötzlich fing er an, auf Mitia einzureden: „So durch die Wälder zu streunen, dabei kommt doch nichts raus. Das ist eine hoffnungslose Sache. Warum also solle er die Gelegenheit nicht benutzen, oder wenigstens probieren, sich diesen Kosaken anzuschließen. Solange die Engländer sie brauchen, werden sie bestimmt nicht ausgeliefert. Und später kann man immer noch ein zweites Mal türmen.“ Der ehemalige Soldat sagte das ganz leidenschaftslos, wohl mehr um die Zeit totzuschlagen, bis sein Pferd ein wenig nach dem steilen Weg ausgeruht sei. Dann verabschiedete er sich von Mitia mit einer nachlässigen Handbewegung zum Mützenschild hin und trieb das Pferd mit einem Schnalzen an.

Mitia, der anfänglich nur mit einem Ohr zugehört hatte und den die Worte des Unbekannten keineswegs überzeugten, fing erst langsam an, sich über ihre Bedeutung klar zu werden. Besonders ein Wort ‚probieren‘ schien ihm zutreffend. Was hatte er nicht schon alles in seinem Leben probiert! Nun denn ... eben noch einmal. Er dachte plötzlich an den Erhängten am Baum, schüttelte sich und stieg ab, auf die Drau zu.

Es war nicht leicht, man mußte sich vor Patrouillen in acht nehmen. Man mußte sich möglichst unbeobachtet heranarbeiten, auf die eigenen Leute stoßen. Und vor allem wissen, wo man sie antreffen kann. Anderseits konnte man sich nach der größten Pferdeherde orientieren, sie von einem Versteck her beobachten. Er stellte wirklich fest, daß sich die Kosaken da ganz frei bewegten, ohne jede Bewachung. Endlich war ihm das Glück günstig, er konnte sich einem von ihnen nähern und mit ihnen reden.

Ja, richtig, alles sei so, wie ihm der Unbekannte unterwegs gesagt hatte: Die Engländer hätten eine Abteilung von 120 Kosaken zur Bewachung und Pflege der Pferde ausgesondert. Sie seien in zwei Gruppen zu je sechzig Mann eingeteilt. Der Hauptstandort sei Nikolsdorf gewesen, jetzt seien sie nach Dölsach verlegt worden. Gegenwärtig seien in Lienz ein großer Pferdepark und ein Pferdelazarett eingerichtet, denn ein großer Teil der Pferde sei an Räude erkrankt, man hätte sogar 200 erschießen müssen. Das alles erfuhr Mitia, aber noch etwas, das er nicht hätte außer acht lassen dürfen und das als schwerstes Hindernis vor dem erstrebten Ziel lag. Dies Hindernis war der Drang der Menschen zum Leben, sich an ein Stückchen dieses Lebens zu klammern, sich an die letzte Rettungsplanke mit krampfhaft verkrallten Fingern zu halten und jeden fortzustoßen, der diese Planke auch noch ergreifen und überbelasten könnte. Der Mensch ist schon im normalen Dasein zu vielen Dingen fähig, aber erst bei der Rettung seines eigenen Lebens kommt die ganze Skala seiner angeborenen Fähigkeiten zum Vorschein. Sich nicht den Brocken wegreißen zu lassen, das war Mitia noch aus sowjetischen Zeiten geläufig. Was er vergessen hatte, war die Regel, daß in solchen Augenblicken der Mensch sich am härtesten und grausamsten gerade denen gegenüber verhält, die ihm nahestehen. Ein Fremder flößt ihm diese Angst nicht ein. Aber wenn es um die eigenen Menschen geht, befürchtet er, daß ihm das Herz erbeben könnte, daß ihn das Mitleid übermannt, daß er seinen Platz auf der Planke verlieren und der andere ihn mit in die Tiefe ziehen könnte. Deshalb nun, um diese Gedanken und Gefühle zu vertreiben, versucht er, sich von vornherein mit einer um so größeren Feindseligkeit zu wappnen dem eigenen Landsmann gegenüber. So erzählte ihm zwar der Kosak, mit dem er sprach, alle Einzelheiten, aber mit einem Gesicht, das immer düsterer wurde, und schließlich brach er ab, in abweisendem Ton:

„Aber du hast nichts zu hoffen!"

„Warum denn nicht?"

„Nun darum, weil wir genug sind. Wenn jeder aus den Bergen, aus dem Wald herauskriecht, könnte er den andern um sein Leben bringen, das ist, Brüderchen, kein Geschäft mehr. Dann fangen die Engländer wieder an, auszusieben und den Bolschewisten auszuliefern."

„Aber sie haben euch doch irgendwelche Papiere gegeben?"

„Nein", antwortete er finster, „haben Sie nicht."

Es stellte sich heraus, daß sie keine namentlichen, sondern einen Sammelausweis besaßen und nur der Uriadnik, den sie als Dienstältesten eingesetzt oder vielleicht auch nur der Leutnant und der Veterinär im Pferdelazarett, den Ausweis ausgehändigt bekommen hatten. Mitia jedoch ging nicht verzichtend in den Wald zurück, sondern brachte in Erfahrung, daß der Uriadnik wie auch der Veterinär-Leutnant Bekannte aus der fünften Sotnie des 1. Kavallerie-Regimentes seien.

So gelang es ihm, nach langen Bemühungen, endlich mit unterzuschlüpfen und zu den 120 Privilegierten gezählt zu werden. Kurz darauf setzte man sie nach Villach in Marsch, um dort zurückgelassene Pferde der ungarischen Kavallerie zu übernehmen, die gleichfalls zum Hauptpferdepark nach Lienz getrieben werden sollten. Zwei Wochen gingen mit dieser Arbeit hin. Eines Abends, als sie in einer Gruppe von fünf Kosaken zusammensaßen und englischen Tee tranken, kam einer auf eine wichtige Frage zu sprechen:

„Na, was denkt ihr, Jungens, werden unsere treuen Pferde uns das Leben retten? Oder müssen auch wir in die Wälder fliehen, wenn die Arbeit hier beendet ist?"

„Endet die Arbeit hier überhaupt?"

„Ständig schicken sie Pferdetransporte ab. War gestern in Lienz. Oj, sind schon nicht mehr viele da."

„Wohin?"

„Weiß der Teufel, wohin. Jedenfalls, sie nehmen sie für sich, bringen sie nach Westen."

„Die Menschen nach Osten, die Pferde nach Westen ..."

„Die Pferde liefern sie den Bolschewisten nicht aus."

„Und was hast du denn gedacht? Ein Pferd ist ein paar Sterling wert, und du wieviel? Ein Pfund alter Filzzotteln unterm Sattel, und nicht mal das."

Der bärtige Kosak vom untern Don, mit rötlichen unrasierten Stoppeln, streckte sich und gähnte laut:

„Ein verständiges Volk, diese Engländer", sagte er und ging auf den Abort.

Einige Tage nach diesem Gespräch ließ man die Kosaken zum Appell antreten. Ein britischer Captain erschien und stellte durch den Dolmetscher die Frage:

„Ist jemand unter euch, der nach Rußland zurückkehren möchte?" Schweigen.

„Keiner von euch?" fragte er noch einmal.

„Zu Befehl, keiner!" antworteten sie diszipliniert wie aus einem Mund. Der Captain nickte mit dem Kopf, klemmte das Rohrstöckchen, das er in der Hand gehalten hatte, unter den Arm und ging.

Es verging noch ein Tag. Die letzten Pferdetransporte nach

Westen wurden abgefertigt. Zurück blieben nur einzelne, die besten Tiere, die sich die Offiziere ausgesucht hatten. Wieder rief man die Kosaken zusammen. Heiter und lachend trat ihnen der Dolmetscher entgegen. Die Menschen sind nicht schlecht. Es ist ihnen ein Vergnügen, andern eine Freude zu machen:
„Eine gute Nachricht!" rief er. „Ihr bekommt Zivilausweise und könnt euch freie Arbeit suchen!"
„Hurra! Die Engländer, sie leben hoch!"

*

Oberstleutnant Malcolm kümmerte sich als rechtschaffener und erfahrener Soldat auch darum, daß es den Männern und Offizieren des 8. Argyll Battalions auch nicht an Zerstreuung fehlte, während sie an der Drau lagen, so weit von der Heimat entfernt. So wurden Konzerte des schottischen Orchesters und Fußballwettkämpfe durchgeführt und verschiedene andere Veranstaltungen organisiert. Zu den repräsentativsten jedoch gehörten Pferdedressuren und Wettrennen. Viele Offiziere waren Pferdekenner und hatten ein Auge für die Auswahl der wertvollsten Tiere. So entging es auch nicht ihrer Aufmerksamkeit, daß die Stute ‚Katinka' von besonders schönem Wuchs war. Vornehmlich ritt sie Captain Evatts und später Captain John de Burgh von den 16/5 Lanciers. Sie wurde der Stolz des Bataillons und bald auch sein Ruhm. ‚Katinka' hatte einem der kaukasischen Generale gehört, und gerade in der Saison, da man die Generale in Moskau erhängte, trug ‚Katinka' bei den Pferderennen in Österreich, die zwischen der 46. und 78. britischen Division ausgetragen wurden, für die Farben des 8. Bataillons einen großen Sieg davon. Insgesamt waren es zehn erste Preise.
Oberstleutnant Malcolm war stolz auf dieses Beutestück seines Bataillons. Und zweifellos war es ein großes persönliches Verdienst des Obersten, daß diese Vollblutstute im März 1948 mit so besonderer Sorgfalt umgeben nach Poltalloch in Argyllshire in ein Gestüt transportiert wurde.

*

Mitia blieb damals im Westen. Seine Rettung verdankte er den Pferden. Man hatte ihm einmal gesagt:
„Geh doch hin, heute verladen sie die Pferde vom 1. Regiment! Vielleicht siehst du auch dein eigenes."
Er war nicht gegangen. Es war ihm peinlich. Er gab das nicht zu, ebenso wie die andern, aber er schämte sich ein wenig der Rolle, die er jetzt spielte. Er versuchte dieses Gefühl zu betäuben, ebenso wie die andern, auf verschiedene Weise. Besonders durch grobes Benehmen, ordinäre Schimpfreden oder zotige Witze. Sie hatten auch ihre Zerstreuungen. Zwar kulturell nicht so hochstehende wie die Soldaten des 8. Bataillons, aber es war auch schwer, es ihnen an kultureller Betriebsamkeit gleich zu tun. Sie spielten Karten, tranken Wein, der in diesem Land sehr billig war, manchmal auch sehr teuren Schnaps. Sie versuchten, Bekanntschaft mit Frauen anzuknüpfen. Als sie ihre Zivilausweise erhalten hatten, wußten sie nach dem ersten Freudenausbruch nicht recht, wo sie nun beginnen sollten. Die meisten zogen in DP-Lager, wo die Übung, sich dem Sieger gegenüber zu erniedrigen und sich über die Besiegten zu erheben, einen spezifischen Komplex der Spaltung, der aufgestachelten Ambitionen und verbitterter Prätensionen schaffte. So gewannen sie weder bei Siegern noch bei Besiegten Sympathien. Nach außen hin nahmen sie ihre Zuflucht zu rhetorischen Slogans, in den Baracken ließen sie ihrer Übellaunigkeit freien Lauf. Es begann der Kampf um die Existenz, um ein Visum. Es war eine Zeit trügerischen Lachens, falscher Aussagen, falscher Zeugen, hochtrabender Phrasen, der Überschreitung von Ordnungsvorschriften und einer krampfhaften Einhaltung der verpflichtenden politischen Linie.
Man muß Mitia Gerechtigkeit wiederfahren lassen: Weit entfernt von den Vorbildern menschlicher Ideale, dabei in der Atmosphäre größter Unterjochung individuellen Denkens aufgewachsen, hatte er sich unerwartet mehr persönliche Unabhängigkeit bewahrt als andere und sich nicht dem psychologischen Totalismus der neuen Form unterworfen. Und bald stellte er fest, daß ihm dies viel leichter fiel, als er in der Gesellschaftsform der westlichen Demokratie hatte er-

hoffen können. Das bedeutete freilich nicht, daß sich der Komplex von Bitterkeit und Skeptizismus bei ihm löste. Er nahm es sich eben ganz einfach heraus, oft eine eigne Meinung über die Dinge zu haben und sie auch häufig zu äußern. Das hing vielleicht auch damit zusammen, daß er früher als andere das Kollektiv der „Verschleppten Personen" verlassen hatte und Arbeit an den Ufern des Bodensees fand, in milder Luft, durchtränkt vom Geruch von Äpfeln, Wasser und dem frischen Hauch von den Höhen der Alpen.

Längst schon nannte ihn niemand mehr Mitia. Einmal, weil er unter fremden Menschen wohnte und dann, weil er unter seinen Landsleuten niemanden hatte, der ihn so nahe stand, um ihn mit seinem Kindernamen anzureden. Für die andern war er zu alt, und ‚Mitia' hätte lächerlich geklungen: Seine Schläfen bedeckte schon graues Haar. Unter seinen Landsleuten hatte er viele Bekannte, und da man ihn schätzte, sagte man zu ihm, wie es der Brauch verlangt: Dmitrij Alexandrowitsch.

Später wechselte er seinen Arbeitsplatz, ging vom Bodensee nach Frankfurt, um dort einer einträglicheren Beschäftigung nachzugehen. Dort verheiratete er sich und erwarb auf diese Weise durch die Mitgift eine zwar kleine aber eigene Gärtnerei. In der Berufsschule der Besserungsanstalt in der Sowjet-Union hatte er ja einen Agronomie-Kurs beendet. In dieser Zeit geschah es, daß er einigen seiner Schicksalsgenossen begegnete, und während sie zusammensaßen, aßen und tranken, dachten sie an die noch gar nicht so weit zurückliegende vergangene Zeit an der Drau.

Gewöhnlich wortkarg, versuchte Mitia, angeregt durch Erinnerung und Alkoholgenuß, in die allgemeine Diskussion etwas von seinen eigenen Erlebnissen einzuflechten, die er für gewichtig hielt. Anfänglich konnte er sich nicht durchsetzen, doch als er schließlich zu Wort kam, ging es ihm seltsam. Er begann eine geringfügige Episode zu erzählen, die sich ihm aus irgendeinem Grunde ins Gedächtnis eingeprägt hatte: Wie er damals nach der Begegnung mit der Kosakin bei dem gastlichen Bauern durch den Wald gegangen sei und wie er das bedrückende Gefühl gehabt habe, daß der Rehbock, ja sogar jeder Vogel, dem er begegnet sei, ihn als Eindringling, als Feind in diesem Land angesehen habe ... Er wollte daraus weitläufige Folgerungen ziehen, fast literarische Metaphern, aber es gelang ihm nicht, die rechten Worte zu finden. Und er fing wieder an, von diesem Wald zu erzählen, daß er da marschierte ... Daß schließlich, na, was soll man da schon sagen! Mensch, Tier oder Vogel! Alle sehen sie uns hier als Fremde an! Was soll man da sagen! ... Er war ein wenig angetrunken. Die meisten hielten seine Erzählung eher für langweilig. Nur einer, mit rotem Bärtchen, das Gesicht voller Runzeln, ein schon älterer Kosak, in Ust-Miedwiedica geboren, stützte seinen Kopf in die Hand, und die Finger der andern liefen nervös über die Tischplatte. Endlich unterbrach er ihn:

„Ja und ja — aber auch: Ja und nein!"

„Wie denn: Nein? Kannst du nach allem, was wir gesehen und gehört und erlebt haben, dich noch täuschen lassen, noch eine Hoffnung haben!?"

„Kann ich wohl!"

„Na denn, Brüderchen, weißt du ..."

„Und du. Dmitrij Alexandrowitsch, ereifre dich nicht. Hast ja recht, gewiß, ich sag' nichts dagegen. Aber hör auch mich an! Du sagst: Die Vögel. Aber welcher Unterschied ist zwischen einem Menschen und einem Vogel?"

„Daß er einen Schwanz hat", lachte einer.

„Laßt nur sein! Ich red' im Ernst. Nicht nur, daß er einen Schwanz hat und fliegt, denn die Menschen fliegen heute auch. Aber zu einem Vogel kannst du nicht reden, einen Menschen jedoch kannst du anreden! Ihm etwas erklären und ihn manchmal auch überzeugen!" ... „Das haben wir doch versucht! Damals an der Drau, zu überzeugen! ..."

„Dmitrij Alexandrowitsch, erhitz dich nicht! Ich sag' ja auch nicht, das geht plötzlich. Ich sag' auch nicht, das gelingt immer. Aber ich sag', daß es möglich ist. Mit einem Menschen läßt sich reden."

„Nach deiner Meinung sind die Bolschewisten auch Menschen?" „Ja, Menschen."

„Dann geh hin und red du mit ihnen!"

Lautes Lachen unterstrich die letzten Worte. Aber der hagere, ältliche Kosak mit dem roten, schütteren Bärtchen, gab sich nicht geschlagen.
„Mit Lachen", sagte er, „werdet ihr mir nicht den Mund verstopfen. Dmitrij Alexandrowitsch, du hast eine sehr wichtige Frage gestellt. Mit den Bolschewisten kann man nicht reden, und doch sind sie solche Menschen wie wir. Welche Folgerung ergibt sich daraus? Für mich ist das ganz klar: Nicht die Menschen sind schuld, sondern das System. Seht, das ist die ganze Philosophie. Und darauf beruht auch der ganze Unterschied gegenüber dem nichtsowjetischen System. Denn hier darf man reden. Siehst du jetzt den Unterschied?"
„Reden! Was haben denn du und andre viel davon!"
„Viel — oder nicht viel, aber es hängt alles davon ab. Nicht von diesem oder jenem Recht zum Leben, sondern vom Recht zu reden. Nicht daß gleich ein Ergebnis da wäre. Manchmal gehen Jahre darüber hin, manchmal sehr viele Jahre. Aber die Menschen erkennen doch ihre Fehler, machen ihre Fehler wieder gut. Das hängt nicht von den Maschinen ab, nicht von diesen oder jenen Erfindungen, Brüder. Sondern vom Reden. Bei uns gibt's ein altes Sprichwort: ‚Die Zunge bringt einen selbst nach Kiew'. Vielleicht hat man dies Sprichwort vor vielen hundert Jahren erdacht, und Kiew bedeutete in diesem Sprichwort so etwas wie ein Ziel. So ist das auch jetzt: Reden und reden, und schließlich gewinnst du die Wahrheit. Auf diesem oder jenem Weg. Denn die Freiheit, zu reden, das bedeutet Freiheit der Wahl, wenn auch wer weiß was für ein Unrecht geschieht; aber man darf darüber sprechen. Seht, das ist das Wichtigste dabei. Und erst dort, wo das Reden verboten wird, wo es heißt: Da — gibt's — nichts — zu — reden! Ach — dann erst Brüder, kann man keine Hoffnung mehr haben. Dann erst ist alles aus ... Seht, deshalb sag' ich, daß ..."
Aber sie unterbrachen ihn mit einem neuen Redeschwall und neuen Erinnerungen an den vergangenen Krieg. Und nachdem sie bis spät in die Nacht hinein geredet hatten, trennten sie sich und gingen nach Hause.

Einige Quellen für den historischen Hintergrund dieses Romans

Artemjew W. P. — Reschim i ochrana isprawitielno — trudowych lagierej MWD — München 1956

Churchill W. — The Second War — London 1952

Danilow J. N. — Rossija w mirowoj wojnie 1914/1915 — Berlin 1924

Denikin A. — Kto spas sowietskuju wlast od gibieli — Paris 1937

Görlitz W. — Der Zweite Weltkrieg — Stuttgart 1951

Iranek-Osmecki K. — Przyczynki do powstania warszawskiego — Kultura Nr. 11/73 — Paris 1953

Istoria Wsiesojusnoj Komunistitscheskoj Partii (bolschewikow) Kratki Kurs — Moskau 1950

Jakonowskij E. — Kandel. Wosroschdienije. Heft November-Dezember — Paris 1953

Jakowlew B. — Koncentracjonnyje lagieri SSSR — München 1955

Kalinow C. — Les Marechaux Sovietiques vous parlent — Paris 1950

Karow D. — Partisanskoje dwischenije w SSSR w 1941/45 — München 1954

Kasatschij Istoritscheskij Kalendar — Ohio USA 1955

Kleist P. — Zwischen Hitler und Stalin — Bonn 1950

Korjakow M. Oswoboschdienije Duschi — New York 1952

Kowalski J. — O szersze spojrzenie na dzieje polskiego ruchu robotniczego. Nowe Drogi, Heft 5/83 Mai — Warschau 1956

Kubanskij F. — Nie sabudiem! Nie prostim! — Paterson, New Jersey USA 1956

General Kutiepow. Sbornik Statiej. — Paris 1956
Lenin W. — Dziela. Band 8 und 19 — Warschau 1955
Linkow G. — Wojna w tylu wraga — Moskau 1956
Lewickyj B. — Ukraincy o powstaniu warszawskim. Kultura Nr. 6/56 Juni — Paris 1952
Mackiewicz J. — The Katyn Wood Murders — London 1951
Malcolm A. D. — History of the Argyll and Sutherland Highlanders 8th Battalion — London 1949
Manstein E. — Verlorene Siege — Bonn 1955
Mora S. — Sprwawiedliwosc sowiecka — Rom 1945
Naumenko W. — Sbornik Matierjalow o wydatschie kasakow w 1945 / Hektografiert / Heft 1—11 — Orangeburg USA
Niedasiek N. — Bolschewism w rewolucjonnom dwischenji Bialorusji München 1956
Ortynskij L. — Prawda o ukrainskiej dywizji. Kultura Nr. 11/61, November — Paris 1952
Plivier T. — Moskau — München 1952
Polskie Sily Zbrojne w Drugiej Wojnie Swiatowej. Band III — London 1950
Scholochow M. — Tichij Don — Moskau 1941
Schapiro L. — The Origin of the Communist Autocracy — Cambridge USA 1955
Thorwald J. — Wen sie verderben wollen — Stuttgart 1952
Tych F. — Przeciwko upraszczaniu historji polskiego ruchu robotniczego. Nowe Drogi Nr. 6/84 Juni — Warschau 1956

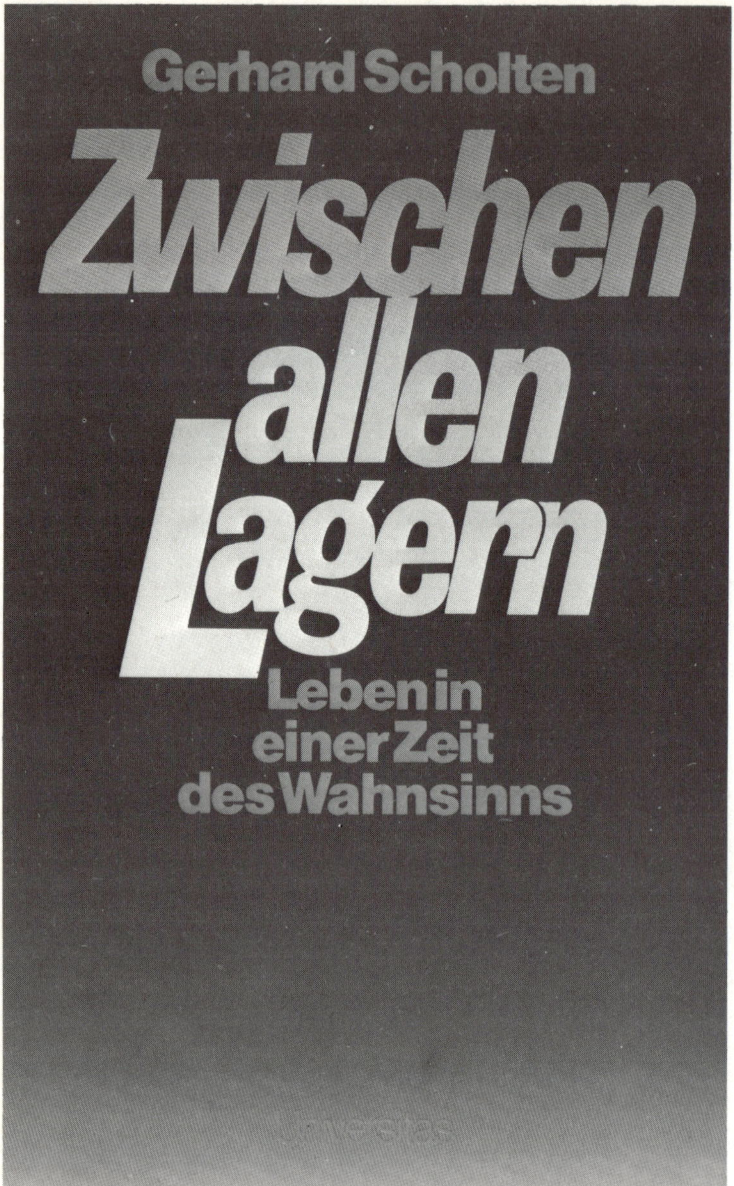
Gerhard Scholten
Zwischen allen Lagern
Leben in einer Zeit des Wahnsinns

Nicolas Baciu

Verraten und verkauft

Die tragischen Fehler Churchills und Roosevelts in Osteuropa

Walter Klenck
Wer das Schwert nimmt...
Erleben im Luft-und Seekrieg 1940-45
Universitas